吴 晖 主 编

面向独立学院的经济管理类教材

中级财务会计

INTERMEDIATE FINANCIAL ACCOUNTING

图书在版编目(CIP)数据

中级财务会计 / 吴晖主编. —杭州：浙江工商大学出版社，2016.7(2018.3 重印)

ISBN 978-7-5178-1743-7

Ⅰ. ①中… Ⅱ. ①吴… Ⅲ. ①财务会计—教材 Ⅳ. ①F234.4

中国版本图书馆 CIP 数据核字(2016)第 168639 号

中级财务会计

吴 晖 主编

责任编辑 郑 建

封面设计 林朦朦

责任校对 傅 恒

责任印制 包建辉

出版发行 浙江工商大学出版社

(杭州市教工路 198 号 邮政编码 310012)

(E-mail:zjgsupress@163.com)

(网址:http://www.zjgsupress.com)

电话:0571-88904980,88831806(传真)

排 版 杭州朝曦图文设计有限公司

印 刷 浙江新华数码印务有限公司

开 本 787mm×1092mm 1/16

印 张 20.75

字 数 467 千

版 印 次 2016 年 7 月第 1 版 2018 年 3 月第 3 次印刷

书 号 ISBN 978-7-5178-1743-7

定 价 49.00 元

浙江工商大学出版社营销部邮购电话 0571-88904970

总　序

我国的独立学院在近十几年中得到了迅速的发展，已经成为高等教育体系中的一个重要组成部分。独立学院人才培养的特性，使得为独立学院的学生撰写一套在教学上更具针对性的适用教材，已经成为一项不容耽搁的工作。我在多年从事大学的经济学教学实践中，并通过和独立学院的老师的经常交流，可以明显地感觉到，独立学院的学生在学习经济学和管理学等课程中，有着自身的特点和需求。独立学院的学生思想活跃、思维敏捷、关注现实、喜欢争论，但由于独立学院人才培养的定位及独立学院毕业生的职业生涯，相对于单纯基础理论知识的学习，独立学院学生更加偏好理论的应用，对应用理论解决实际问题有着更大的兴趣。课堂教学中安排过多的基础理论知识内容，可能会影响他们学习的兴趣。因此，编写一套适合的经济管理教材，可以说是许多在独立学院教学第一线的老师们的心愿。经过相当一段时间的筹备，浙江工商大学杭州商学院的老师们编写这套独立学院的经济管理教材，做出了新的尝试。

首先，在教材的内容设置上，本着独立学院的学生“基础理论够用、专业知识适用、实践能力管用”的要求来编排教学内容。在以往选用的大学教材中，内容通常较多，规定课时内根本无法从容地授完相应的内容，而且有不少理论知识过于抽象，学生在短时间内难以很好理解。因此，这套教材在教学内容安排上，尽量避免了一般教材中通而全的设置，从“基础理论够用”的要求出发，力求做到概念清晰，逻辑严谨，重点突出，体系完整，特别注重叙述方法的简明、易读、清晰，尽可能深入浅出地将理论讲透，如同一潭清水，清澈见底，方能窥得鱼儿的踪迹。以《微观经济学》这部教材为例，将原有庞博的微观经济学理论整合为七大章，分别简要阐述了市场供求理论、消费者行为理论、生产者行为理论、厂商市场竞争理论、生产要素理论和市场失灵及微观经济政策理论，较好地概括了微观经济学中的原理和最基础的知识。其次，在教材的编写上，尽可能将分析方法和分析工具讲透彻，以使学生能掌握这些方法和工具，更好地在实践中运用，而不是仅仅停留在教材内容的理解。为了达到这个目的，这套教材在一定程度上简化了教材各章节中的理论阐述，扩展了解读性内容的体量，每个章节都辅之相应的知识拓展和相关的案例，同时列出思考题，供课堂教学时开展讨论。这样的教学内容安排，一方面让学生在阅读教材时，既能知其然，又能知其所以然；另一方面可以增强教与学的互动，也符合独立学院学生思想活跃、喜好争论的特点。与此同时，教材尽量避免了过于复杂的数理推导内容，将一些必要的数理推导，以附录的形式放入每一章，供那些掌握了相应数学知识和有兴趣深入学习的学生阅读。

第三，为了增强教材的通俗可读性，教材在体例设计方面也作了一些改进与创新。教材的每一章不是先提出理论概念，而都是以故事和案例开头，通过具体的案例提出问题，然后说明这些问题的解释和解决，依据的就是本章所阐述的基本原理和方法。每章结束后，配有相应的案例或者习题，并竭力使其中的问题具有趣味性和指导性，为学生深入理解和掌握经济管理基本原理和知识提供非常有用的帮助。案例是理解经济学和管理学原理最为重要的素材，所以，在案例的选用上，编写者尽可能做到引入的案例是身边发生的经济现象和管理实践，通过拉近理论和实际的距离，提升学生的学习兴趣和热情，让学生更好地领悟到经济学和管理学都是学以致用的学科。同时，在教材的每一章的最后都会结合相应的教学内容，介绍两位经济学或管理学名家的生平和学术成就，拓宽学生的视野。

到目前为止，教育部公布认可的国内独立学院已达300多所，学生数量也已超过百万，撰写一套适用于独立学院学生的经济管理教材是一件非常有意义的事情。浙江工商大学杭州商学院在这方面率先做了有益的尝试，希望通过他们的努力，能够进一步带动和促进独立学院的经济管理教学水平的提高。

浙江大学教授、博导　史晋川

2014年11月

前 言

本书以最新《企业会计准则》为依据，全面系统地介绍财务会计的基本理论和基本方法。在内容的安排上，以“理论适度，注重实务”为标准，对全书内容作了统筹，在保持内容完整性、新颖性的前提下，加强实例示范，突出实用性和可操作性。在文字叙述上，力求言简意赅、通俗易懂、深入浅出、循序渐进。

本书共分 14 章。第一章总论，主要阐述财务会计的基本理论；第二章至第十二章主要阐述财务会计要素的确认和计量方法；第十三章主要阐述财务报表的构成及其编制方法；第十四章阐述会计调整事项的处理方法。

本书由浙江工商大学吴晖教授担任主编，负责全书的总纂、修改和定稿。各章分工如下：第一、四、五章由吴晖执笔，第二、十三、十四章由陈建宇执笔，第三、八、十一章由王文迪执笔，第六、七、九章由关月琴执笔，第十、十二章由赵开琴执笔。

本书适用于普通高等院校会计、财务管理、审计等专业的教学使用。也可作为经济管理人员、在职会计人员的培训教材及参考用书。

本书在编写的过程中，参阅了国内很多同类教材和著作，在此谨向相关作者致以诚挚的谢意。本书在编写过程中得到了浙江工商大学财务与会计学院副院长朱朝晖教授和浙江工商大学出版社社长鲍观明教授和郑建主任的大力支持和帮助，谨此深表谢意。

由于受编者的时间和学识的制约，书中难免会有疏漏和错误之处。敬请读者和同仁批评指正。

编者

2016 年 4 月

目　录

第一章　总　论

第二章　货币资金

第三章　存　货

第四章　金融资产

第五章　长期股权投资

第六章　固定资产

第七章　无形资产

第八章　投资性房地产

第九章　资产减值

第十章　负　债

第一章 总 论

本章学习目标

◇理解财务会计的基本特征和目标

◇掌握财务会计基本假设和会计基础

◇掌握财务会计信息质量要求

◇财务会计要素的确认和计量

第一节 财务会计概述

一、财务会计及其作用

财务会计与管理会计是企业会计的两大分支。由于财务会计主要是向企业外部与企业有经济利益关系的单位和个人提供会计信息，所以，财务会计也被称为“对外报告会计”。

财务会计是以会计准则或会计制度为主要依据，运用簿记系统的专门方法，对企业已经发生的交易或事项进行确认、计量、记录，并以财务报告的形式提供企业财务状况、经营成果以及现金流量等方面的财务信息，以满足信息使用者决策需要的信息系统。

财务会计由于需要服务于外部信息使用者，在保护投资者及社会公众利益、维护市场经济秩序健康发展方面起着越来越重要的作用。具体来说，财务会计的作用主要体现在以下几个方面：

(1)财务会计有助于提供决策所需的信息，提高企业透明度，规范企业行为。财务会计通过其核算职能，提供有关企业财务状况、经营成果和现金流量方面的信息，是包括投资者和债权人在内的各方面进行决策的依据。

(2)财务会计有助于企业加强经营管理，提高经济效益，促进企业可持续发展。企业经营管理水平的高低直接影响着企业的经济效益、经营成果、竞争能力和发展前景，在一定程度上决定着企业的前途和命运。

(3)财务会计有助于考核企业管理层经济责任的履行情况。企业接受了包括国家在内的所有投资者和债权人的投资，就有责任按照其预定的发展目标和要求，合理利用资源，加强经营管理，提高经济效益，接受考核和评价。

二、财务会计的基本特征

财务会计与管理会计相比有以下几方面特征：

（1）财务会计以企业外部与企业有经济利益关系的单位和个人作为主要的服务对象。财务会计虽然也向企业管理当局提供会计信息，但主要是向投资者、债权人等企业外部与企业有经济利益关系的单位和个人提供会计信息，使他们能够了解企业的财务状况、经营成果和现金流量，以保障他们的切身利益。

（2）财务会计提供的信息主要是历史信息。财务会计主要是对企业已经发生的交易或事项予以确认、计量、记录和报告，这就使得财务会计报告中的数据都来自于过去已经发生的交易和事项。因此，财务会计提供的主要是历史信息。

（3）财务会计有一套约定俗成的程序和方法。财务会计在以货币为主要计量单位反映企业已经发生的交易或事项的过程中，从原始凭证的审核与记账凭证的填制到账簿的登记和报表的编制，已经形成了一套比较科学的、统一的、定型的处理程序和方法。这种稳定的处理程序和方法有助于保证财务会计信息的质量，是财务会计信息取信于企业外部与企业有经济利益关系的单位和个人所必需的。

（4）财务会计受会计准则、会计制度的制约。在财务会计信息的提供者与使用者分离的情况下，为了保证财务会计信息的真实、公允、相关和可比，需要对财务会计的处理程序和方法以及财务报告进行规范。按照国际惯例，财务会计的规范形式是公认会计准则；在我国，财务会计的规范形式主要是《企业会计准则》和会计制度。也就是说，财务会计的处理程序和方法以及财务报告必须符合会计准则、会计制度的规定。

（5）财务会计以财务报告作为对外提供信息的主要手段。财务会计是一种强制性的经济信息系统，必须按照有关规定定期向企业外部利益关系单位和个人报告关于整个企业的财务状况、经营成果和现金流量等方面的信息。财务会计生成的信息主要借助于财务报告传递给企业外部信息使用者。

三、财务会计的目标

财务会计作为一个经济信息系统，主要是通过定期编制财务会计报告，向会计信息使用者提供有用的信息，所以，财务会计的目标也称为财务报告目标。

我国《企业会计准则——基本准则》第四条规定，企业财务会计报告的目标是向财务报告使用者提供与企业财务状况、经营成果和现金流量等有关的会计信息，反映企业管理层受托责任履行情况，有助于财务报告使用者做出经济决策。具体来说，我国财务会计目标主要包括以下两个方面：

1. 向财务报告使用者提供决策所需的信息

企业编制财务报告的主要目的是为了满足财务报告使用者的信息需要，有助于财务报告使用者做出经济决策。因此，向财务报告使用者提供决策所需的信息是财务报告的基本目标。如果企业在财务报告中提供的会计信息与使用者的决策无关，没有使用价值，那么财务报告就失去了其编制的意义。财务报告所提供的会计信息应当如实反映企业所拥有或者控制的经济资源、对经济资源的要求权以及经济资源要求权的变化情况，如实反映企业的各项收入、费用、利得和损失的金额及其变动情况，如实反映企业各项经营活动、投资活动和筹资活动等所形成的现金流入和现金流出情况等，从而有助于现在的或者潜在的投资者、债权人以及其他使用者正确、合理地评价企业的资产质量、偿债能力、盈利能力和营运效率等，有助于使用者根据相关会计信息做出理性的投资和信贷决策，有助于使用者评估与投资和信贷有关的未来现金流量的金额、时间和风险等。

2. 反映企业管理层受托责任的履行情况

在现代公司制下，企业所有权和经营权相分离，企业管理层是受委托人之托经营管理企业及其各项资产，负有受托责任，即企业管理层所经营管理的企业各项资产基本上均为投资者投入的资本（或者留存收益作为再投资）或者向债权人借入的资金所形成的，企业管理层有责任妥善保管并合理、有效地运用这些资产。企业投资者和债权人等，需要及时或者经常性地了解企业管理层保管、使用资产的情况，以便于评价企业管理层受托责任的履行情况和业绩情况，并决定是否需要调整投资或者信贷政策，是否需要加强企业内部控制和其他制度建设，是否需要更换管理层等。因此，财务报告应当反映企业管理层受托责任的履行情况，以有助于评价企业的经营管理责任和资源使用的有效性。

第二节 财务会计的基本假设与会计基础

一、财务会计基本假设

财务会计基本假设是企业会计确认、计量和报告的前提，是对会计核算所处时间、空间环境等所作的合理设定。财务会计的基本假设包括会计主体、持续经营、会计分期和货币计量。

（一）会计主体

会计主体，是指会计工作为之服务的特定单位。在会计主体假设下，企业应当对其本身发生的交易或者事项进行会计处理，反映企业本身所从事的各项生产经营活动。确定会计主体是进行会计确认、计量和报告工作的基本前提。会计主体规定了企业会计确认、计量和报告的空间范围。

明确会计主体，才能划定会计所要处理的各项交易或事项的空间范围；才能将会计主体的交易或者事项与会计主体所有者的交易或者事项以及其他会计主体的交易或者事项区分开来，特别是要将会计主体与企业所有者区分开来。也就是说，会计是为特定企业的交易或事项进行核算的，而不是为企业的某些个人事务进行核算的。如果没有会计主体假设，把企业和所有者的交易或者事项以及其他会计主体的交易或者事项混淆在一起，那么，会计就不能为投资者、债权人等会计信息的使用者提供评价一个企业财务状况、经营成果和现金流量的有用信息。

会计主体不同于法律主体，两者的区别：①一般来说，法律主体必然是会计主体。

在实务中，一个法律主体，可以是一个会计主体、也可以是多个会计主体；多个法律主体也可以作为一个会计主体。比如，典型的法律主体——有限责任公司，就可以成为一个会计主体；又比如，在控股经营的情况下，一个母公司拥有若干个子公司，母子公司各自都是法律主体和会计主体。但是，为了反映企业集团整体的财务状况、经营成果和现金流量，就需要将这个企业集团作为一个会计主体，编制合并报表。②一个会计主体可以不是法律主体。比如，独资企业、合伙企业，它们不具有法人资格，但它们可以成为会计主体。另外，一个公司的分部或分支机构，如分公司、分店、分所、分行等它们也都不具有法人资格，但它们都可作为会计主体。

（二）持续经营

持续经营，是指在可以预见的将来，会计主体将会按当前的规模和状态继续经营下去，不会停业，也不会大规模削减业务。在持续经营前提下，会计确认、计量和报告应当以企业持续、正常的生产经营活动为前提。

持续经营假设是会计人员选择会计程序和会计处理方法的基础，也是保持会计程序和方法一致性和稳定性的前提。会计主体能够持续经营下去，就意味着会计主体能够按照既定的用途使用或处置资产，按照既定的合约条件清偿债务。就资产计价而言，持续经营下采用的方法与清算时的方法是不同的。比如，正在生产线上加工的产品，如果企业持续经营，它们可以按其在加工过程中耗费的实际成本计价；但是，如果企业现在就破产清算，这些没有完工的产品就只有按当前的清算价格计量，其成本多少就没有意义了。因此，有了持续经营假设，就可以对这些资产采用实际成本计价。由此可见，持续经营假设为会计核算提供了一个正常的基础，保持了会计信息的连续性。

持续经营假设并不意味者会计主体会永久存在。当会计主体终止运营时，以持续经营假设为前提的会计处理方法便不再适用，应调整为以清算为基础的会计处理方法。

（三）会计分期

会计分期，是指将一个企业持续经营的生产经营活动期间划分为若干连续的、长短相同的期间。会计分期的目的在于通过会计期间的划分，将持续经营的生产经营活动期间划分成连续、相同的期间，据以结算盈亏，按期编报财务报告，从而及时向财务报告使用者提供有关企业财务状况、经营成果和现金流量的信息。会计分期规定了会计核算的时间范围。

根据持续经营假设，一个企业将按当前的规模和状态持续经营下去。要想最终确定企业的生产经营成果，只能等到企业在若干年后歇业时核算一次盈亏。但是，无论是企业的生产经营决策还是投资者、债权人等的决策都需要及时的信息，不能等到歇业时。因此，就必须将企业持续经营的生产经营活动期间划分为若干连续的、长短相同的期间，分期确认、计量和报告企业的财务状况、经营成果和现金流量。因为有了会计分期，才有本期与非本期之分；因为有本期与非本期之分，会计上才有跨期摊提问题的产生。

在会计分期假设下，企业应当划分会计期间，分期结算账目和编制财务报告。会计期间分为年度和中期。以年度为会计期间通常称为“会计年度”。会计年度的起讫时间，各个国家的划分方式不尽相同，有的国家采用公历年度，有的国家则另设起止时间。在我国，以公历年度作为企业的会计年度。为了及时提供会计信息，还可以将会计年度再划分为半年度、季度和月度。半年度、季度和月度这些短于一个完整会计年度的报告期间，称为“会计中期”。

（四）货币计量

货币计量，是指会计主体在进行会计确认、计量和报告时以货币计量反映会计主体的财务状况、经营成果和现金流量。

在会计的确认、计量和报告过程中选择货币作为基础进行计量，是由货币本身的属性决定的。货币是商品一般等价物，是衡量一般商品价值的共同尺度，具有价值尺度、流通手段、贮藏手段和支付手段等特点。其他计量单位，如重量、长度、容积、台、件等，都只能从一个侧面反映企业的生产经营情况，无法在量上进行汇总和比较，不便于会计计量和经营管理。因此，为全面反映企业的生产经营活动和有关交易、事项，会计确认、计量和报告选择货币作为计量单位。当然，统一采用货币计量也存在缺陷，例如，某些影响企业财务状况和经营成果的因素，如企业经营战略、研发能力、市场竞争力等，往往难以用货币来计量，但这些信息对于使用者决策也很重要。为此，企业可以在财务报告中补充披露有关非财务信息来弥补上述缺陷。

二、会计基础

企业应当以权责发生制为基础进行会计的确认、计量和报告。权责发生制，也称应收应付制，是一种以收款的权利或者付款的责任实际发生为依据来确认收入和费用的记账基础。权责发生制要求，凡是当期已经实现的收入和当期应当负担的费用，不论款项是否收到或支付，都作为当期的收入和费用处理；凡是不属于当期的收入和费用，即使款项已经收到或支付，也不作为当期的收入和费用处理。在实务中，企业交易或者事项的发生时间与相关货币收支时间有时并不完全一致。例如，款项已经收到，但销售并未实现；或者款项已经支付，但并不是为本期生产经营活动而发生的。为了更加真实、公允地反映特定会计期间的财务状况和经营成果，《企业会计准则》明确规定，企业在会计确认、计量和报告中应当以权责发生制为基础。

收付实现制，也称现金收付制，是与权责发生制相对应的一种会计基础。它是一种以款项的实际收付为依据来确认收入和费用的记账基础。收付实现制要求，凡是当期收到款项的收入和当期支付款项的费用，不论其是否应归属当期，都作为当期的收入和费用处理；凡是当期未曾收到款项的收入和未曾支付款项的费用，即使应归属当期，也不作为当期的收入和费用处理。目前，我国的行政单位会计采用收付实现制，事业单位会计除经营业务可以采用权责发生制外，其他大部分业务采用收付实现制。

第三节 财务会计信息的质量要求

财务会计信息的质量要求是对企业财务报告中所提供的会计信息质量的基本要

求，是使财务报告中所提供会计信息对使用者决策所需应具备的基本特征，它包括可靠性、相关性、可理解性、可比性、实质重于形式、重要性、谨慎性和及时性等。

一、可靠性

可靠性要求企业应当以实际发生的交易或者事项为依据进行会计确认、计量和报告，如实反映符合确认和计量要求的各项会计要素及其他相关信息，保证会计信息真实可靠、内容完整。

可靠性是会计信息最重要的一个质量要求。会计信息是投资人、债权人、政府有关部门及企业内部经营管理进行决策的依据，如果会计核算不能真实、客观地反映企业经济活动的实际情况，会计工作就失去了存在的意义，而且会误导投资者，干扰资本市场，导致会计秩序混乱。为了贯彻可靠性要求，企业应当做到：

(1)以实际发生的交易或者事项为依据进行确认、计量，将符合会计要素定义及其确认条件的资产、负债、所有者权益、收入、费用和利润等如实反映在财务报表中，不得根据虚构的、没有发生的或者尚未发生的交易或者事项进行确认、计量和报告。

(2)在符合重要性和成本效益原则的前提下，保证会计信息的完整性，其中包括应当编报的报表及其附注内容等应当保持完整，不能随意遗漏或者减少应予披露的信息，与使用者决策相关的有用信息都应当充分披露。

(3)在财务报告中的会计信息应当是中立的、无偏的。如果企业在财务报告中为了达到事先设定的结果或效果，通过选择或列示有关会计信息以影响决策和判断的，这样的财务报告信息就不是中立的。

二、相关性

相关性要求企业提供的会计信息应当与财务报告使用者的经济决策需要相关，有助于财务报告使用者对企业过去、现在或者未来的情况做出评价或者预测。

会计信息是否有用，是否具有价值，关键是看其与使用者的决策需要是否相关，是否有助于决策或者提高决策水平。相关的会计信息应当能够有助于使用者评价企业过去的决策，证实或者修正过去的有关预测，因而具有反馈价值。相关的会计信息还应当具有预测价值，有助于使用者根据财务报告所提供的会计信息预测企业未来的财务状况、经营成果和现金流量。

会计信息质量的相关性，是以可靠性为基础的，两者之间是统一的，并不矛盾，不应将两者对立起来。也就是说，会计信息在可靠性前提下，尽可能地做到相关性，以满足投资者等财务报告使用者的决策需要。

三、可理解性

可理解性要求企业提供的会计信息应当清晰明了，便于财务报告使用者理解和使用。信息的可理解性也是相关性的前提条件。

在实际工作中，会计信息即使与决策相关，但是信息使用者无法正确理解这一信息的含义，则同样对决策没有帮助。因此不具有可理解性的信息是无用的信息。

鉴于会计信息是一种专业性较强的信息产品，因此，在强调会计信息的可理解性要求的同时，还应假定使用者具有一定的有关企业生产经营活动和会计核算方面的知识，并且愿意付出努力去研究这些信息。对于某些复杂的信息，例如，交易本身较为复杂或者会计处理较为复杂，但其对使用者的经济决策是相关的，就应当在财务报告中予以披露，企业不能仅仅以该信息会使某些使用者难以理解而将其排除在财务报告所应披露的信息之外。

四、可比性

可比性要求企业提供的会计信息应当具有可比性。为了保证会计信息有助于决策，不同企业之间，同一企业不同时期之间的会计信息必须可比。

(1)从纵向考虑，同一企业对于不同时期之间的会计信息应具备可比性。因此，会计信息质量的可比性要求同一企业不同时期发生的相同或者相似的交易或者事项，应当采用一致的会计政策，不得随意变更。如果确需变更，有关会计政策变更的情况，应当在附注中予以说明。

(2)从横向考虑，不同企业之间的会计信息应具备可比性。为了便于使用者评价不同企业的财务状况、经营成果的水平及其变动情况，从而有助于使用者作出科学合理的决策。会计信息质量的可比性还要求不同企业发生的相同或者相似的交易或者事项，应当采用规定的会计政策，确保会计信息口径一致、相互可比，即对于相同或者相似的交易或者事项，不同企业应当采用一致的会计政策，以使不同企业按照一致的确认、计量和报告基础提供有关会计信息。

五、实质重于形式

实质重于形式要求企业应当按照交易或者事项的经济实质进行会计确认、计量和报告，不应仅以交易或者事项的法律形式为依据。这里的“实质”是指交易或事项的经济实质，这里的“形式”是指交易或事项的外在表现，既指其法律形式，又指法律形式之外的其他形式。

企业发生的交易或事项在多数情况下其经济实质和法律形式是一致的，但在有些情况下也会出现不一致。这种情况下，如果仅仅根据其法律形式为依据进行会计确认、计量和报告，那么就容易导致会计信息失真，不利于会计信息使用者决策。所以，会计信息要想反映其所应反映的交易或事项，就必须根据交易或事项的实质和经济现实来进行判断，而不能仅仅根据它们的法律形式。例如，企业以融资租赁方式租入固定资产，虽然从法律形式来讲，企业并不拥有其所有权，但是由于租赁合同中规定的租赁期都相当长，接近于该资产的使用寿命；租赁期结束时承租企业有优先购买该资产的选择权；在租赁期内承租企业有权支配该资产并从中受益等。所以，从其经济实质来看，企业能够控制融资租入固定资产所创造的未来经济利益，所以，在进行会计确认、计量和报告时，应当将以融资租赁方式租入的固定资产视为企业的资产，反映在企业的资产负债表上。

六、重要性

重要性要求企业提供的会计信息应当反映与企业财务状况、经营成果和现金流量有关的所有重要交易或者事项。

重要性的应用需要依据职业判断，企业应当根据所处的环境和实际情况，从项目的性质和金额大小两方面加以判断。凡是对会计信息使用者的决策有较大影响的交易或事项，应作为会计核算的重点；对不重要经济业务，在不影响会计信息真实性和不至于误导财务报告使用者做出正确判断的前提下，可适当简化核算。

在会计核算工作中，对重要程度不同的会计事项采用不同的会计处理方法，一方面可以减少不必要的工作量，节约提供会计信息的成本；另一方面可以使提供的会计信息分清主次，突出重点，提高会计信息的相关性。

重要性的要求与会计信息成本与效益直接相关。如果对一切会计业务的处理，一律不分轻重采取完全相同的处理方法，必将耗费过多的人力、物力和财力，使会计信息的成本大于收益。在会计核算中坚持重要性，能够使会计核算在全面反映企业业务的基础上，保证重点，有助于加强对经济活动和经济决策有重大影响和有重要意义的关键性问题的核算，并简化不重要经济业务的核算，节约人力、物力和财力，提高工作效率。

七、谨慎性

谨慎性要求企业对交易或者事项进行会计确认、计量和报告时应当保持应有的谨慎，不应高估资产或者收益、低估负债或者费用。

在市场经济环境下，企业的生产经营活动面临着许多风险和不确定性，例如，应收款项的可收回性、固定资产的使用寿命、售出存货可能发生的退货或者返修等。会计信息质量的谨慎性要求，即需要企业在面临不确定性因素的情况下做出职业判断时，保持应有的谨慎，充分估计到各种风险和损失，既不高估资产或者收益，也不低估负债或者费用。

需要注意的是，谨慎性的应用并不允许企业设置秘密准备，如果企业故意低估资产或者收益，或者故意高估负债或者费用，将不符合会计信息的可靠性和相关性要求，损害会计信息质量，扭曲企业实际的财务状况和经营成果，从而对使用者的决策产生误导，这是《企业会计准则》所不允许的。

八、及时性

及时性要求企业对于已经发生的交易或者事项，应当及时进行会计确认、计量和报告，不得提前或者延后。

会计信息的价值在于帮助使用者做出经济决策，因此具有时效性。即使是可靠、相关的会计信息，如果不及时提供，也就失去了时效性，对于使用者的效用就大大降低，甚至不再具有任何意义。在会计确认、计量和报告过程中贯彻及时性，一是要求及时收集会计信息，即在经济交易或者事项发生后，及时收集整理各种原始单据或者凭证。二是要求及时处理会计信息，即按照《企业会计准则》的规定，及时对经济交易或者事项进行确认或者计量，并编制出财务报告。三是要求及时传递会计信息，即按照国家规定的有关时限，及时地将编制的财务报告传递给财务报告使用者，便于其及时使用和决策。

第四节 财务会计要素及其确认与计量

一、财务会计要素

财务会计要素是按照交易或者事项的经济特征对财务会计对象所作的基本分类。我国《企业会计准则》规定的财务会计要素包括：资产、负债、所有者权益、收入、费用、利润 6 项。其中，资产、负债、所有者权益为反映企业财务状况的要素；收入、费用、利润为反映企业经营成果的要素。

（一）资产

资产，是指企业过去的交易或者事项形成的、由企业拥有或者控制的、预期会给企业带来经济利益的资源。

根据资产的定义，资产具有以下几个方面的特征：

1. 资产是由企业过去的交易或者事项形成的

资产应当是由企业过去的交易或者事项所形成的资源。过去的交易或者事项包括购买、生产、建造行为或者其他交易或事项。即只有过去的交易或事项才能产生资产，企业预期在未来发生的交易或者事项不形成资产。例如，企业有购买某存货的意愿或者计划，但是购买行为尚未发生，就不符合资产的定义，不能因此而确认存货资产。

2. 资产是由企业拥有或者控制的资源

资产作为一项资源，应当由企业拥有或者控制，具体是指企业享有某项资源的所有权，或者虽然不享有某项资源的所有权，但该资源能够被企业所控制，并能通过控制而获利。

企业享有资产的所有权，通常表明企业能够排他性地从资产中获取经济利益。通常在判断资产是否存在时，所有权是考虑的首要要素。但是有些情况下，资产虽然不为企业所拥有，即企业并不享有其所有权，但是企业控制了这些资产，这同样表明企业能够从该资产中获取经济利益，符合会计上对资产的定义。例如，企业以融资租赁方式租入一项固定资产，尽管企业并不拥有其所有权，但是由于企业控制了该资产的使用及其所能带来的经济利益，因此，应当将其作为企业的资产予以确认、计量和报告。反之，如果企业既不拥有也不控制资产所能带来的经济利益，那么就不能将其作为企业的资产予以确认。

3. 资产预期会给企业带来经济利益

资产预期会给企业带来经济利益，是指资产具有直接或者间接导致现金和现金等价物流入企业的潜力。这种潜力可以来自企业日常的生产经营活动，也可以来自企业非日常生产经营活动；带来的经济利益可以是现金或者现金等价物，或者是可以转化为现金或者现金等价物的其他资产，或者表现为减少现金或者现金等价物流出。

资产预期能为企业带来经济利益是资产的重要特征。如果某一项目预期不能给企业带来经济利益,那么就不能将其确认为企业的资产。过去已经确认为资产的一项资源,如果不能再为企业带来经济利益的,也不能再确认为企业的资产。例如,计入待处理财产损溢中的各项资产的毁损,因为其已经不能为企业带来经济利益,不符合资产的定义,因此,就不应再在资产负债表中确认为一项资产。

会计上,将资产按其流动性分为流动资产和非流动资产。流动资产是指可以在一年或超过一年的一个营业周期内变现或耗用的资产,主要包括货币资金、交易性金融资产、应收及预付款项、存货等。非流动资产是指准备持有时间或使用时间在一年或超过一年的一个营业周期以上的资产,主要包括可供出售金融资产、持有至到期投资、投资性房地产、长期股权投资、长期应收款、固定资产、无形资产等。

(二)负债

负债,是指企业过去的交易或者事项形成的、预期会导致经济利益流出企业的现时义务。

根据负债的定义,负债具有以下几个方面的特征:

1.负债是企业承担的现时义务

负债必须是企业承担的现时义务,它是负债的一个基本特征。现时义务是指企业在现行条件下已承担的义务。未来发生的交易或者事项形成的义务,不属于现时义务,不应当确认为负债。

现时义务可以是法定义务,也可以是推定义务。其中,法定义务是指具有约束力的合同或者法律、法规规定的义务,通常在法律意义上需要强制执行。例如,企业购买商品形成的应付账款、企业按照税法的规定应当交纳的税款等,均属于企业承担的法定义务。推定义务是指根据企业多年来的习惯做法、公开的承诺或者公开宣布的政策而导致企业将承担的责任,这些责任也使有关各方形成了企业将履行义务解脱责任的合理预期。例如,企业多年来制定有一项销售政策,即对于售出商品提供一定期限内的售后保修服务。在这种情况下,企业预期为售出商品提供的保修服务就属于推定义务,应当将其确认为一项负债。

2.负债的清偿预期会导致经济利益流出企业

负债的清偿会导致经济利益流出企业也是负债的一个本质特征,只有企业在履行义务时会导致经济利益流出企业的,才符合负债的定义。清偿负债导致经济利益流出企业的形式多种多样。例如,用现金偿还或以实物资产偿还,以提供劳务偿还,部分转移资产、部分提供劳务偿还,将负债转为资本等。

3.负债是由企业过去的交易或者事项形成的

负债应当由企业过去的交易或者事项所形成。过去的交易或者事项包括购买货物、使用劳务、接受银行贷款等。即只有过去发生的交易或者事项才形成负债,企业将在未来发生的承诺、签订的合同等交易或者事项,不形成负债。例如,企业已经向银行借入款项,即属于过去的交易或者事项所形成的负债。

会计上,将负债按其流动性分为流动负债和非流动负债。流动负债是指将在一年或者超过一年的一个营业周期内偿还的债务，包括短期借款、交易性金融负债、应付票据、应付账款、预收账款、应付职工薪酬、应付利息、应付股利、应交税费、预计负债、一年内到期的长期借款等。非流动负债是指偿还期在一年或者超过一年的一个营业周期以上的负债，包括长期借款、应付债券、长期应付款等。

（三）所有者权益

所有者权益，是指企业资产扣除负债后，由所有者享有的剩余权益。公司的所有者权益又称为股东权益。所有者权益反映了所有者对企业资产的剩余索取权，是企业资产中扣除债权人权益后应由所有者享有的部分。

根据所有者权益的定义，所有者权益具有以下几个方面的特征：

（1）除非发生减资、清算，企业不需要偿还所有者权益。

（2）企业清算时，只有在清偿所有的负债后，所有者权益才返还给所有者。

（3）所有者凭借所有者权益能够参与企业税后利润分配。

会计上，通常将所有者权益分为实收资本（或股本）、资本公积、其他综合收益、盈余公积和未分配利润。

所有者权益按其来源可以分为所有者投入的资本、直接计入所有者权益的利得和损失、留存收益等。（1）所有者投入的资本，是指所有者投入企业的资本部分，它既包括构成企业注册资本或者股本部分的金额，也包括投入资本超过注册资本或者股本部分的金额，即资本溢价或者股本溢价，这部分投入资本我国《企业会计准则》将其作为资本公积。（2）直接计入所有者权益的利得和损失，是指不应计入当期损溢、会导致所有者权益发生增减变动的、与所有者投入资本或者向所有者分配利润无关的利得或者损失。其中，利得是指由企业非日常活动所形成的、会导致所有者权益增加的、与所有者投入资本无关的经济利益的流入；损失是指由企业非日常活动所发生的、会导致所有者权益减少的、与向所有者分配利润无关的经济利益的流出。（3）留存收益是企业历年实现的净利润留存于企业的部分，主要包括计提的盈余公积和未分配利润。

（四）收入

收入，是指企业在日常活动中形成的、会导致所有者权益增加的、与所有者投入资本无关的经济利益的总流入。

根据收入的定义，收入具有以下几个方面的特征：

1. 收入应当是企业在日常活动中形成的

收入应当是企业在其日常活动中所形成的。其中，日常活动，是指企业为完成其经营目标所从事的经常性活动以及与之相关的活动。例如，工业企业制造并销售产品、商业企业销售商品、保险公司签发保单、咨询公司提供咨询服务、软件企业为客户开发软件、安装公司提供安装服务、商业银行对外贷款、租赁公司出租资产等，均属于企业的日常活动。明确界定日常活动是为了将收入与利得相区分，因为企业非日常活动所形成的经济利益的流入不能确认为收入，而应当计入利得。

2. 收入应当最终会导致所有者权益的增加

与收入相关的经济利益的流入最终应当会导致所有者权益的增加，不会导致所有者权益增加的经济利益的流入不符合收入的定义，不应确认为收入。例如，某企业向银行借入款项5000万元，尽管该借款导致了企业经济利益的流入，但是该流入并不会导致所有者权益的增加，反而使企业承担了一项现时义务。因此，企业对于因借入款项所导致的经济利益的增加，不应将其确认为收入，而应当确认一项负债。

3. 收入是与所有者投入资本无关的经济利益的总流入

收入应当会导致经济利益的流入，该流入不包括所有者投入的资本。收入应当会导致经济利益的流入，从而导致资产的增加。例如，企业销售商品，必须要收到现金或者有权利将收到现金，才表明该交易符合收入的定义。但是，企业经济利益的流入有时是由所有者投入资本的增加所导致的，所有者投入资本的增加不应当确认为收入，应当将其直接确认为所有者权益。因此，与收入相关的经济利益的流入应当将所有者投入的资本排除在外。

会计上，按照企业所从事的日常活动的性质，收入可以分为销售商品收入、提供劳务收入和让渡资产使用权收入；按照企业所从事的日常活动在企业中的重要性，收入可以分为主营业务收入和其他业务收入。

(五)费用

费用，是指企业在日常活动中发生的、会导致所有者权益减少的、与向所有者分配利润无关的经济利益的总流出。

根据费用的定义，费用具有以下几个方面的特征：

1. 费用应当是企业在日常活动中发生的

费用应当是企业在其日常活动中所发生的，这些日常活动的界定与收入定义中涉及的日常活动相一致。日常活动中所产生的费用通常包括销售成本、管理费用等。将费用界定为日常活动中所形成的，目的是为了将其与损失相区分，因企业非日常活动所形成的经济利益的流出不能确认为费用，应当计入损失。

2. 费用导致经济利益的总流出与向所有者分配利润无关

费用的发生应当会导致经济利益的流出，从而导致资产的减少或者负债的增加(最终也会导致资产的减少)。其表现形式包括，现金或者现金等价物的流出，存货、固定资产和无形资产等的流出或者消耗等。企业向所有者分配利润也会导致经济利益的流出，而该经济利益的流出属于所有者权益投资回报的分配，是所有者权益的抵减项目，因而不应确认为费用，应当将其排除在费用之外。

3. 费用会导致所有者权益的减少

与费用相关的经济利益的流出最终应当会导致所有者权益的减少，不会导致所有者权益减少的经济利益的流出不符合费用的定义，不应确认为费用。例如，某企业用银行存款50万元购买存货，该购买行为尽管使企业的经济利益流出了50万元，但并不会导致企业所有者权益的减少，而是使企业增加了另外一项资产。在这种情况下，就不应当将该经济利益的流出确认为费用。

会计上，按照费用与收入的关系，费用可以分为营业成本、期间费用、税金及附加等部分。营业成本包括主营业务成本和其他业务成本；期间费用包括管理费用、销售费用、财务费用;税金及附加主要包括营业税、消费税、资源税、土地增值税、城市维护建设税及其教育费附加等。

(六)利润

利润,是指企业在一定会计期间的经营成果。反映的是企业的经营业绩情况。利润通常是评价企业管理层业绩的一项重要指标,也是投资者、债权人等做出投资决策、信贷决策等的重要参考指标。

利润包括收入减去费用后的净额、直接计入当期利润的利得和损失等。其中,收入减去费用后的净额反映的是企业日常活动的业绩,直接计入当期利润的利得和损失反映的是企业非日常活动的业绩。直接计入当期利润的利得和损失,是指应当计入当期损溢、最终会引起所有者权益发生增减变动的、与所有者投入资本或者向所有者分配利润无关的利得或者损失。

会计上,按照利润构成,利润分为营业利润、利润总额和净利润三部分。

二、财务会计要素的确认与计量

(一)财务会计要素的确认

财务会计的确认是指将交易或事项中的某一项目作为资产、负债、收入、费用等会计要素加以记录并列入财务报表的过程。财务会计的确认分为初始确认和再确认。初始确认是指在交易或事项发生时,决定将某一项目确定为资产、负债、收入、费用等会计要素加以记录;再确认是指将记录过程中已确认的项目列入财务报表并对外报出。

从具体的操作过程来看,财务会计的确认主要解决三个问题:一是某一事项是否需要确认?二是该事项应在何时确认?三是该事项应确认为什么会计要素?

某一项目能否作为会计要素加以记录并列入财务报表,除了要符合会计要素的定义以外,还应当满足以下两项基本确认条件:

1.与该项目有关的经济利益很可能流入或流出企业

这里的"很可能"是指发生的可能性超过50%的概率。在实际工作中,如何判断一项资产是否很可能给企业带来经济利益,或一项负债是否很可能导致经济利益流出企业,需要会计人员进行职业判断。

2.该项目的成本或价值能够可靠地计量

如果某一项目的成本或价值能够可靠地计量,并同时满足会计要素确认的其他条件,就能够在财务报表中加以确认;否则,企业不应加以确认。

(二)财务会计要素的计量

会计计量问题是财务会计的核心问题,贯穿于财务会计从记录到报告的全过程。财务会计的确认,实际上是明确了某一事项属于什么会计要素问题;而财务会计的计量则是要进一步明确该事项归属某一会计要素的数量问题,体现了会计信息的定量化的特点。因此,为了产生并对外提供高质量的会计信息,可靠的计量具有十分重要的意义。

财务会计的计量是指为了将符合确认条件的会计要素登记入账，并列入财务报表而确定其金额的过程。财务会计的计量涉及会计计量单位和会计计量属性两个方面的问题。

会计计量单位是指对会计要素进行计量时所采用的尺度。计量尺度有实物计量尺度、时间计量尺度、货币计量尺度等。在商品经济社会中，以货币作为计量尺度成为会计计量的理想选择。当然，以货币作为计量尺度并不排斥在会计计量中同时运用实物或时间等计量尺度，但是会计计量应该以货币计量为主，实物、时间等只能作为货币计量的补充。

会计计量属性，又称会计计量基础，是指用货币对会计要素进行计量时所采用的标准。在会计实务中，存在着可用于会计要素计量的多种属性。常用的会计计量属性有历史成本、重置成本、可变现净值、现值和公允价值等。

1. 历史成本

在历史成本计量下，资产按照购置时支付的现金或者现金等价物的金额，或者按照购置资产时所付出的对价的公允价值计量。负债按照因承担现时义务而实际收到的款项或者资产的金额，或者承担现时义务的合同金额，或者按照日常活动中为偿还负债预期需要支付的现金或者现金等价物的金额计量。

2. 重置成本

在重置成本计量下，资产按照现在购买相同或者相似资产所需支付的现金或者现金等价物的金额计量。负债按照现在偿付该项债务所需支付的现金或者现金等价物的金额计量。

3. 可变现净值

在可变现净值计量下，资产按照其正常对外销售所能收到现金或者现金等价物的金额扣减该资产至完工时估计将要发生的成本、估计的销售费用以及相关税费后的金额计量。

4. 现值

在现值计量下，资产按照预计从其持续使用和最终处置中所产生的未来净现金流入量的折现金额计量。负债按照预计期限内需要偿还的未来净现金流出量的折现金额计量。

5. 公允价值

在公允价值计量下，资产和负债按照市场参与者在计量日发生的有序交易中，出售资产所能收到或者转移负债所需支付的价格计量。

会计计量属性尽管包括历史成本、重置成本、可变现净值、现值和公允价值等，但是企业在对会计要素进行计量时，应当严格按照规定选择相应的计量属性。一般情况下，会计要素的计量应当采用历史成本计量属性。这是因为：(1)历史成本是实际发生的数据，具有客观性；(2)历史成本有可查核的原始凭证，具有可验证性；(3)历史成本数据容易取得。

鉴于应用重置成本、可变现净值、现值、公允价值等其他计量属性，往往需要依赖于估计，为了使所估计的金额在提高会计信息的相关性的同时，又不影响其可靠性，《企业会计准则——基本准则》第四十三条要求企业采用重置成本、可变现净值、现值和公允价值计量的，应当保证所确定的会计要素金额能够取得并可靠计量，否则不允许采用这些计量属性。

思考题

1.财务会计的基本特征有哪些?

2.财务会计有哪几个假设?这些假设在财务会计实务中的作用是什么?

3.财务会计信息应具备哪些质量特征?

4.财务会计确认的条件是什么?

5.财务会计计量属性有哪些?

第二章 货币资金

本章学习目标

◎了解货币资金的构成

◎掌握现金使用范围

◎掌握银行存款的清查

◎掌握库存现金、银行存款、其他货币资金的核算

◎了解银行结算方式

第一节 库存现金

一、货币资金与库存现金的概念

货币资金是指企业在生产经营过程中暂时闲置停留的货币形态的那部分资金。它是企业的一项重要的流动资产，是企业资金运动的起点和终点。根据货币资金的存放地点及其用途的不同，货币资金分为库存现金、银行存款及其他货币资金。

库存现金是指存放在企业财务部门、由出纳人员管理的货币资金。包括人民币现金和外币现金。库存现金是流动性最强的一种货币性资产，随时可以用于进行各种经济业务的结算。库存现金收支频繁，用途广泛，随时可以转换成其他资产，最容易被他人挪用和侵占。因此，要建立完善的库存现金管理制度，确保库存现金的安全。

二、库存现金的管理

(一)现金的使用范围

根据国家现金管理制度和结算制度的规定，企业收支的各种款项必须按照国务院颁发的《现金管理暂行条例》的规定办理，在规定的范围内使用现金。允许企业使用现金结算的范围有：①职工工资、津贴；②个人劳务报酬；③根据国家规定颁发给个人的科学技术、文化艺术、体育等各种奖金；④各种劳保、福利费用以及国家规定的对个人的其他支出；⑤向个人收购农副产品和其他物资的价款；⑥出差人员必须随身携带的差旅费；⑦零星支出；⑧中国人民银行确定需要支付现金的其他支出。

属于上述现金结算范围的支出，企业可以根据需要向银行提取现金支付，不属于上述现金结算范围的款项支付一律通过银行进行转账结算。

(二)规定现金的库存限额

为了加强现金管理，同时便于企业的日常零星开支，国家规定每个企业可以保留一定数量的库存现金，称为库存现金限额。企业库存现金限额，由开户银行根据企业3～5天日常零星开支所需的现金核定。企业必须严格遵守核定的库存现金限额，超过限额的现金，应当送存开户银行，库存现金低于限额时，可向银行提取现金，补足库存现金限额。

(三)不准坐支现金

所谓“坐支”，就是企业从本单位的销售现金收入中直接支付现金支出。这是现金管理所不允许的。企业的全部现金收入都应及时送存银行，现金支出应按规定向银行提取。

三、库存现金的核算

企业应设置“库存现金”科目核算库存现金收支情况，借方登记库存现金增加额，贷方登记库存现金减少额。为了加强现金的管理和核算，随时掌握现金的动态和库存现金，保证现金的安全完整，企业必须设置“现金日记账”进行序时核算。“现金日记账”由出纳人员根据审核无误的收付款凭证，按照业务发生的先后顺序逐日逐笔序时登记。每日终了，应计算当日的现金收入合计数、现金支出合计数和结余数，并将结余数与实际库存数核对，做到账款相符；每月终了，“现金日记账”的结余数必须与”库存现金”总账的余额核对相符。有外币现金的企业，应分别人民币和外币设置“现金日记账”进行明细核算。

现金的日常收支核算并不复杂，但是比较繁琐，同类性质的经济业务经常反复发生。企业一切现金的收支，都必须以取得或填制的原始凭证作为收付款的书面证明。会计部门对证明收付款的一切原始凭证都应进行认真的审核。审核的内容主要包括：现金收支是否合理、合法；原始凭证填写的内容是否符合规定的要求。对违反国家政策、法令和制度的收支加以抵制，对手续不完备的凭证，应要求有关人员补办手续。

企业现金收入的途径主要有：从银行提取现金、职工交回的差旅费剩余款，因其他原因收到现金等。企业从银行提取现金时，借记“库存现金”科目，贷记“银行存款”科目；出差人员报销差旅费并交回的剩余款时，按实际收回的金额，借记“库存现金”科目，按应报销的金额，借记“管理费用”等科目，按原借出的金额，贷记“其他应收款”科目；因其他原因收到的现金，借记“库存现金”科目，贷记有关科目。

企业支出现金时，必须遵守国家现金管理的有关规定，在允许的范围内，办理现金支出业务。企业将现金存入银行时，借记“银行存款”科目，贷记“库存现金”科目；因职工出差而从单位借出现金时，借记“其他应收款”科目，贷记“库存现金”科目；因其他原因支出现金时，借记有关科目，贷记“库存现金”科目。

【例 2-1】甲公司20×6年6月20日从银行提取现金5 000元；当日购买办公用品支

付现金 200 元。甲公司账务处理如下：

(1)提取现金时

借:库存现金　　5 000

　　贷:银行存款　　5 000

(2)购买办公用品支付现金时

借:管理费用　　200

　　贷:库存现金　　200

【例 2-2】20×6 年 7 月 10 日，甲公司职工黄静预借差旅费 8 000 元现金。7 月 25 日黄静出差回来，向财务报销往返机票 3 200 元，出租车费 320 元，住宿费 3 800 元，交回现金 680 元。甲公司账务处理如下：

(1)7 月 10 日，黄静预借差旅费时

借:其他应收款——黄静　　8 000

　　贷:库存现金　　8 000

(2)7 月 25 日黄静报销出差费用时

借:管理费用　　7 320

　　库存现金　　680

　　贷:其他应收款——黄静　　8 000

四、备用金的核算

企业预付给职工和内部有关单位用作差旅费、零星采购和零星开支，以及事后报销的款项，就称为备用金。备用金核算企业一般通过"其他应收款——备用金"科目进行核算。备用金管理可以采用定额管理和非定额管理两种方法。

(一)定额管理

采用定额管理方法时，财会部门应与所属领用部门协商，根据需要核定备用金定额，并按定额拨付所属备用金；所属部门支用后凭单据向财会部门报账，由财会部门补足备用金定额。企业向所属领用部门拨付定额备用金时，借记"其他应收款——备用金"科目，贷记"库存现金"科目，统一报销时，根据报销内容，借记"管理费用""材料采购"等科目，贷记"其他应收款——备用金"科目。在备用金数额较大或业务较多的企业中，可以单独设置"备用金"科目进行核算。

【例 2-3】甲公司于 20×6 年 1 月 1 日起对总务部门实行定额备用金制度。

(1)财会部门根据核定的定额，拨付定额备用金 5000 元，以库存现金支付。甲公司账务处理如下：

借:其他应收款——备用金(总务部门)　　5 000

　　贷:库存现金　　5 000

(2)总务部门以备用金购买零星办公用品 600 元，支付市内车费等各种费用 500 元。备用金保管员持有效凭证到财会部门报销。财会部门审核后付给现金，补足其定额。账务处理如下：

借:管理费用　　1 100

　　贷:库存现金　　1 100

(二)非定额管理

采用非定额管理方法时,财会部门应与所属领用部门协商,根据需要拨付非定额备用金;财会部门于所属部门报账时按有关凭证所列金额冲减其备用金。企业向所属领用部门拨付非定额备用金时,借记"其他应收款——备用金"科目,贷记"库存现金"或"银行存款"科目,所属领用部门报账时,根据有关报账凭证,借记"管理费用""材料采购"等科目,贷记"其他应收款——备用金"科目。

【例 2-4】甲公司 20×6 年 9 月 1 日起对内部不独立核算的农产品 A 收购站,实行非定额备用金管理制度。

(1)财会部门拨付非定额备用金 30 000 元,以库存现金支付。甲公司账务处理如下:

借:其他应收款——备用金(A 收购站)　　30 000

　　贷:库存现金　　30 000

(2)A 收购站收购农产品 25 000 元,以相关的收购凭证向财务部门报账。假定不考虑增值税等相关税费,甲公司账务处理如下:

借:库存商品　　25 000

　　贷:其他应收款——备用金(A 收购站)　　25 000

五、现金的清查

为了保护现金的安全完整,做到账实相符,企业必须做好现金的清查工作。现金清查的基本方法是清点库存现金,并将现金实存数与库存现金日记账上的余额进行核对。实存数是指企业拥有的现款额,清查时不能用借条等单据来抵充现金。每日终了应核对库存现金实存数与其账面余额是否相符。

对于现金清查中发现的账实不符,即出现现金溢缺情况,应通过"待处理财产损溢——待处理流动资产损溢"科目进行核算。现金清查中发现短缺的现金,应按短缺的金额,借记"待处理财产损溢——待处理流动资产损溢"科目,贷记"库存现金"科目;现金清查中发现溢余的现金,应按溢余的金额,借记"库存现金"科目,贷记"待处理财产损溢——待处理流动资产损溢"科目;待查明原因,按管理权限,经批准后,视不同情况分别处理:

(1)如为现金短缺,属于应由责任人或保险公司赔偿的部分,借记"其他应收款"等科目,贷记"待处理财产损溢——待处理流动资产损溢"科目;剩余无法查明原因的部分,借记"管理费用"科目,贷记"待处理财产损溢——待处理流动资产损溢"科目。

【例 2-5】甲公司在现金清查中发现现金短缺 150 元,经查 80 元属于出纳员王某的责任,应由其赔偿,其余部分原因不明予以核销。甲公司账务处理如下:

借:待处理财产损溢——待处理流动资产损溢　　150

　　贷:库存现金　　150

借：其他应收款——王某　80

　管理费用　70

贷：待处理财产损溢——待处理流动资产损溢　150

（2）如为现金溢余，属于应支付给有关人员或单位的，应借记“待处理财产损溢——待处理流动资产损溢”科目，贷记“其他应付款”科目；属于无法查明原因的部分，视为盘盈利得处理，借记“待处理财产损溢——待处理流动资产损溢”科目，贷记“营业外收入”科目。

【例 2-6】乙公司在现金清查中发现现金溢余 200 元，经查 160 元系少付给甲公司的款项，其余部分原因不明予以核销。乙公司账务处理如下：

借：库存现金　200

　贷：待处理财产损溢——待处理流动资产损溢　200

借：待处理财产损溢——待处理流动资产损溢　200

　贷：其他应付款——甲公司　160

　　营业外收入　40

第二节　银行存款

一、银行存款的管理

银行存款是指企业存放于银行或其他金融机构的货币资金。按照国家有关规定，凡是独立核算的企业都必须在当地银行开设账户；企业在银行开设账户后，除按规定的限额保留库存现金外，超过限额的现金必须存入银行；除了在规定的范围可以直接用现金支付的款项外，在经营过程中发生的一切货币收支业务，都必须通过银行转账结算，由银行将结算款项从付款单位的存款账户中划拨到收款单位的存款账户中。

为了维护金融秩序，规范银行账户的开立与使用，中国人民银行制定的《银行账户管理办法》规定，一个企业可以根据需要在银行开立基本存款账户、一般存款账户、临时存款账户和专用存款账户。

根据规定，企业只能选择在一家银行的一个营业机构开立一个基本存款账户，用于办理日常结算和现金收付业务；一般存款账户是企业在基本存款账户以外开立的用于办理银行存款转存业务，以及办理与基本存款账户的企业不在同一地点的附属非独立核算的单位结算业务的账户，企业可以根据业务需要在不同银行的营业机构开立多个一般存款账户，并通过该账户办理转账结算（不含增值税业务）和现金缴存业务，但不能支取现金；临时存款账户是企业应临时经营活动的需要而开立的账户，企业可以通过该账户办理转账结算业务，并根据国家的现金管理规定办理相关的现金收付；专用存款账户是指企业因特定用途而开立的账户。

企业在开立了相关的存款账户后，在使用时应严格执行银行结算纪律的规定。包括不得利用银行账户进行非法活动；不得出借银行账户；不得签发没有资金保证的远期支票和空头支票；不得签发、取得和转让没有真实交易和债权债务的票据，套取银行和他人的资金;不准无理拒绝付款、任意占用他人资金;企业应及时与银行核对账目等。

二、银行结算方式

银行存款的收付应严格执行银行结算制度的规定。企业在办理支付结算时,必须使用按中国人民银行统一规定印制的票据凭证和统一规定的结算凭证。按现行银行结算办法规定,银行结算主要包括支票、银行本票、银行汇票、商业汇票、委托收款、汇兑和托收承付等结算方式。

(1)支票。支票是由出票人签发的、委托办理支票存款业务的银行在见票时无条件支付确定的金额给收款人或者持票人的票据。支票分为转账支票、现金支票。支票适用于单位和个人在同城的各种款项结算。支票的提示付款期限自出票日起 10 日内。企业必须在银行存款余额内,按规定向收款人签发支票,不准签发空头支票。

(2)银行本票。银行本票是申请人将款项交存银行,由银行签发给其据以办理转账结算或支取现金的票据。银行本票分为不定额本票和定额本票两种。不定额本票无金额起点限制。定额本票面额为 1 000 元、5 000 元、10 000 元和 50 000 元。银行本票由银行签发,保证兑付,信誉度高。银行本票可以用于转账,注明"现金"字样的银行本票也可以用于支付现金。单位和个人在同一票据交换期限需要支付各种款项均可采用这种结算方式。银行本票的提示付款期限自出票日起最长不得超过 2 个月,超过期限的,银行不予受理。在有效期限内收款人可以将银行本票背书转让给被背书人。

(3)银行汇票。银行汇票是汇款人将款项交存银行,由出票银行签发的,由其在见票时按照实际结算金额无条件支付给收款人或者持票人的票据。银行汇票由银行签发,保证兑付,信誉度高。银行汇票可以用于转账,注明"现金"字样的银行本票也可以用于支付现金。单位和个人各种款项的结算,均可使用银行汇票,但签发现金银行汇票只适用于申请人和付款人均为个人,单位不得使用。银行汇票具有使用灵活、票随人到、兑现性强等特点。银行汇票的提示付款期限为自出票日起 1 个月,逾期的汇票银行将不予受理。在有效期限内收款人可以将银行本票背书转让给被背书人。

(4)商业汇票。商业汇票是出票人签发、委托付款人在指定日期无条件支付确定的金额给收款人或者持票人的票据。在银行开立存款账户的法人以及其他组织之间,具有真实的交易关系或债权债务关系,不论在同城或异地均可使用商业汇票。商业汇票的付款期限由交易双方商定,但最长不超过 6 个月。商业汇票可以背书转让。符合条件商业汇票可以向银行申请贴现。商业汇票按承兑人的不同,可以分为商业承兑汇票和银行承兑汇票。

商业承兑汇票是指由付款人签发并承兑,或由收款人签发交由付款人承兑的汇票。商业承兑汇票的付款人收到开户银行的付款通知,应在当日通知银行付款。付款人在接到通知日的次日起 3 日内(遇法定休假日顺延)未通知银行付款的,视同付款人承诺付款,银行将于付款人接到通知日的次日起第 4 日(遇法定休假日顺延)上午开始营业时,将款项划给持票人。付款人提前收到由其承兑的商业汇票,应通知银行于汇票到期日付款。银行在办理划款时,付款人存款账户不足支付的,银行应填制付款人未付票款通知书,连同商业承兑汇票邮寄持票人开户银行转交持票人。银行承兑汇票是指由在承兑银行开立存款账户的存款人签发，由承兑银行承兑的票据。企业申请使用银行承兑汇票时，应向其承兑银行按票面金额的万分之五交纳手续费。银行承兑汇票的出票人应于汇票到期前将票款足额交存其开户银行，承兑银行应在汇票到期日或到期日后的见票当日支付票款。银行承兑汇票的出票人于汇票到期前未能足额交存票款时，承兑银行除凭票向持票人无条件付款外，对出票人尚未支付的汇票金额按照每天万分之五计收利息。

(5)汇兑。汇兑是指汇款人委托银行将款项汇给外地收款人的结算方式。它适用于异地各单位之间的商品交易、资金调拨、劳务供应、清理交易旧欠等款项的结算。汇兑结算方式不受金额起点的限制，便于汇款单位主动向异地收款单位付款。划拨款项时收付款双方不一定要事先订立经济合同，也不局限于商品交易款项汇划，因此具有简便灵活的特点。

(6)委托收款。委托收款结算方式是收款人向银行提供收款依据，委托银行向付款单位收取款项的一种结算方式。它适用于在银行或其他金融机构开立账户的单位和个体经营户进行商品交易、劳务供应款项(如水电费、电话费、邮电费)的结算。委托收款结算方式有邮寄和电划两种，其适用范围广，在同城和异地均可使用，方便灵活，并且不受金额起点限制。

(7)托收承付。托收承付结算方式是收款单位根据经济合同发货后，委托银行向异地付款单位收取款项，付款单位根据经济合同核对单证或验货后，向银行正确付款的一种结算方式。它适用于异地企业之间订有经济合同的商品交易及因商品交易而产生的劳务供应等款项的结算。托收承付结算每笔的金额起点为10 000元，新华书店系统每笔结算的金额起点为1000元。托收承付分为托收和承付两个阶段。托收是指收款人根据购销合同发货后委托银行向付款人收取款项的行为；承付是指由付款人向银行承认付款的行为。付款期分为验单付款(3天)和验货付款(10天)两种，付款日遇休假日顺延。

三、银行存款的核算

为了全面反映和监督银行存款的收入、支出和结存情况，企业应设置“银行存款”科目进行总分类核算。该科目属于资产类性质，款项存入时记在该科目的借方；提取或支出款项时登记在该科目的贷方；余额在借方，表示企业在银行的存款余额。企业将款项存入银行或其他金融机构时，借记“银行存款”科目，贷记“库存现金”等有关科目；提取和支出存款时，借记等有关科目，贷记“银行存款”科目。

发生的存款利息，根据银行通知及时编制收款凭证，借记“银行存款”科目，贷记“财务费用”科目；如为购建固定资产的专门借款发生的存款利息，在所购建的固定资产达到预定可使用状态之前，应冲减在建工程成本，借记“银行存款”科目，贷记“在建工程”科目。

企业的外埠存款、银行本票存款、银行汇票存款等在“其他货币资金”科目核算，不在“银行存款”科目核算。

为了逐日、逐笔反映和监督银行存款的收入来源、支出用途和结余情况，企业应按开户银行和其他金融机构、存款种类等，分别设置“银行存款日记账”进行序时核算，由出纳人员根据收付款凭证，按照业务的发生顺序逐笔登记，每日终了应结出余额。

【例 2-7】甲企业 20×6 年 3 月 22 日预付购买材料货款 9 000 元。甲公司账务处理如下：

借：预付账款　　9 000

　贷：银行存款　　9 000

四、银行存款的清查

为了检查企业银行存款记录的正确性，查明银行存款的实际余额，企业应当定期将“银行存款日记账”与“银行对账单”核对。如果同一时间银行对账单上的存款余额与企业银行存款日记账上的余额不一致，可能的原因有二：其一是企业和银行一方或双方记账错误，其二是存在未达账项。

未达账项是指企业或银行一方已取得结算凭证并已登记入账，而另一方尚未取得结算凭证而未登记入账的事项。未达账项主要是因为企业和银行收到结算凭证的时间不一致所产生的。企业和银行之间可能会发生以下 4 个方面的未达账项：

(1)银行已经收款入账，而企业尚未收到银行的收款通知因而未收款入账的款项；

(2)银行已经付款入账，而企业尚未收到银行的付款通知因而未付款入账的款项；

(3)企业已经收款入账，而银行尚未办理完转账手续因而未收款入账的款项；

(4)企业已经付款入账，而银行尚未办理完转账手续因而未付款入账的款项。

对于上述未达账项，企业应通过编制“银行存款余额调节表”来进行调节，以确定企业银行存款的实有数额。方法为：

银行对账单存款余额＋企业已收而银行未收账项－企业已付而银行未付账项＝企业账面存款余额＋银行已收而企业未收账项－银行已付而企业未付账项

【例 2-8】甲公司 20×6 年 12 月 31 日收到其开户银行转来的对账单一张，对账单的余额为 127 815 元，企业的银行存款日记账余额为 124 050 元。经核对，发现以下未达账项：

(1)企业已将收到的支票送存银行，金额 2 850 元，但银行尚未入账；

(2)银行收到托收的货款 4 500 元，企业尚未收到入账通知；

(3)银行划付的水电费 135 元，企业尚未收到付款通知；

(4)企业已开出支票但持票人尚未到银行办理兑付手续，金额 2 250 元。

根据以上未达账项，编制银行存款余额调节表见表 2-1 所示。

表 2-1　银行存款余额调节表

20×6 年 12 月 31 日　单位：元

项　目	金　额	项　目	金　额
企业银行存款日记账余额	124 050	银行对账单余额	127 815
加：银收企未收	4 500	加：企收银未收	2 850
减：银付企未付	135	减：企付银未付	2 250
调节后余额	128 415	调节后余额	128 415

第三节　其他货币资金

其他货币资金包括外埠存款、银行汇票存款、银行本票存款、信用卡存款、信用证保证金存款和存出投资款。这些货币资金的存款地点和用途与库存现金和银行存款是不同的，所以外埠存款、银行汇票存款、银行本票存款、信用证保证金存款、信用卡存款、存出投资款等，这些资金在会计核算上统称为“其他货币资金”。

企业应当设置“其他货币资金”科目核算，并分别设置“外埠存款”“银行汇票存款”“银行本票存款”“信用卡存款”“信用证保证金存款”和“存出投资款”等明细科目进行明细分类核算。企业增加其他货币资金时，借记“其他货币资金”科目，贷记“银行存款”科目；减少其他货币资金时，借记相关科目，贷记“其他货币资金”科目。

【例 2-9】甲公司到银行申请办理银行汇票，将款项 60 000 元交存银行取得汇票。根据银行盖章的“银行汇票委托书”存根联，账务处理如下：

(1)申请银行汇票时

借：其他货币资金——银行汇票存款　　60 000

　贷：银行存款　　60 000

【例 2-10】甲公司用银行汇票存款支付材料款 58 500 元，已收到销货方开具的增值税专用发票，其中货款 50 000 元，增值税 8 500 元。账务处理如下：

借：原材料　　50 000

　应交税费——应交增值税(进项税额)　　8 500

　贷：其他货币资金——银行汇票存款　　58 500

【例 2-11】采购结束后，该企业收到开户银行转来的银行汇票存款余额 1 500 元。根据银行的入账通知等单据，账务处理如下：

借：银行存款　　1 500

　贷：其他货币资金——银行汇票存款　　1 500

思考题

1. 企业哪些开支可以使用现金？
2. 企业在银行可以开立哪些账户？每个账户的用途是什么？
3. 银行结算方式有哪些？其各自特点如何？企业应如何选择使用？
4. 未达账项包括哪几种？银行存款余额调节表如何编制？

第三章 存 货

本章学习目标

◇了解存货的概念及分类

◇掌握存货入账价值的确定方法

◇掌握存货按实际成本法和按计划成本法两种情况下存货收发的账务处理

◇理解周转材料的内容及核算方法

◇掌握存货期末计价的成本与可变现净值孰低法的基本原理和具体运用

第一节 存货概述

一、存货的概念

存货是指企业在日常活动中持有以备出售的产成品或商品、处在生产过程中的在产品、在生产过程或提供劳务过程中耗用的材料和物料等。

由存货的概念可知，存货是企业为销售（商品、产成品、半成品、在产品等）或耗用（原材料、包装物、低值易耗品等）而储存的有形资产。因此，一项资产是否属于存货，主要取决于企业的性质及该项资产的持有目的。例如，为生产经营而持有的机器设备应作为固定资产，而生产、销售机器设备的制造企业应将其作为存货；企业自用的房屋建筑物应作为固定资产，而开发、销售房屋建筑物的房地产开发企业应将其作为存货。

二、存货的分类

不同行业的企业，经济业务的具体内容各不相同，存货的构成也不尽相同。服务性企业的经济业务主要是提供劳务，其存货主要是办公用品、家具用具。商品流通企业的经济业务主要是购销商品，其存货主要是待售的商品，也包括少量的周转材料。制造企业的经济业务主要是生产和销售产品，其存货的构成比较复杂，不仅包括各种将在生产经营过程中耗用的原材料、周转材料等，也包括仍然处在生产过程中的在产品，还包括待售的产成品、半成品等。因此，存货的具体内容和类别应依企业所处行业的性质而定。

一般来说，按经济用途，存货可作如下分类：

1. 原材料

原材料是指企业在生产过程中经加工改变其形态或性质并构成产品主要实体的各种原料及主要材料、辅助材料、外购半成品、修理用备件、包装材料、燃料等。

2. 在产品

在产品是指企业正在制造尚未完工的生产物,包括正在各个生产工序加工的产品和已加工完毕但尚未检验或已检验但尚未办理入库手续的产品。

3. 半成品

半成品是指经过一定生产过程并已验收合格交付半成品仓库保管,但尚未制造完工成为产成品,仍需进一步加工的中间产品。

4. 产成品

产成品是指企业已经完成全部生产过程并验收入库,可以按照合同规定的条件送交订货单位,或者可以作为商品对外销售的产品。企业接受外来原材料加工制造的代制品和为外单位加工修理的代修品,制造和修理完成验收入库后,应视同企业的产成品。

5. 商品

商品是指商品流通企业外购或委托加工完成验收入库用于销售的各种物品。

6. 周转材料

周转材料是指企业能够多次使用、逐渐转移其价值但仍保持原有形态、不确认为固定资产的材料,包括包装物、低值易耗品等。

包装物是指为了包装本企业商品、产品而储备的各种包装容器,如桶、箱、瓶、坛、袋等,其主要作用是盛装、装潢产品或商品。需要注意的是,下列物品在会计上不作为包装物核算:(1)各种包装材料,如纸、绳、铁丝、铁皮等。包装材料在会计上作为原材料核算。(2)生产经营过程中为储存和保管商品、产品、材料等而使用的包装物。这些包装物在会计上按其价值大小和使用年限长短,分别作为固定资产或低值易耗品核算。

低值易耗品是指不能作为固定资产的各种用具物品,如工具、管理用具、玻璃器皿、劳动保护用品,以及在经营过程中周转使用的容器等。其特点是单位价值较低或使用期限相对于固定资产较短,在使用过程中保持其原有实物形态基本不变。

三、存货的确认

某一资产项目要作为存货加以确认,除了要符合存货的概念,还应当同时满足下列两项条件:

1. 与该存货有关的经济利益很可能流入企业

资产最重要的特征是预期会给企业带来经济利益。因此,对存货的确认,关键是判断其是否很可能给企业带来经济利益,或者说与其有关的经济利益是否很可能流入企业。通常,拥有存货的所有权是存货包含的经济利益很可能流入本企业的一个重要标志。比如,企业根据销售合同已经售出,所有权已经转移的商品,因其所包含的经济利益已不能再次流入本企业,因而不能再作为企业的存货进行核算,即使该商品尚未运离本企业。再比如委托代销商品，由于其所有权并未转移至受托企业，因而委托代销的商品仍然是委托企业存货的一部分。总之，企业在判断与存货有关的经济利益能否流入企业时，通常应结合考虑该存货所有权的归属。

2. 该存货的成本能够可靠地计量

成本能够可靠地计量是资产确认的一项基本条件。存货作为企业资产的组成部分，要予以确认也必须能够对其成本进行可靠地计量。存货的成本能够可靠地计量必须以取得的确凿、可靠的证据为依据，并且具有可验证性。如果存货成本不能可靠地计量，则不能确认为一项存货。例如，企业承诺的订货合同，由于并未实际发生，不能可靠确定其成本，因此就不能确认为购货企业的存货。

第二节　存货的初始计量

一、外购的存货

（一）外购存货的成本

外购的存货，其成本由采购成本构成。存货的采购成本一般包括购买价款、相关税费、运输费、装卸费、保险费以及其他可以直接归属于存货采购成本的费用。其中，购买价款是指企业购入存货的发票账单上列明的价款，但不包括按规定可以抵扣的增值税额；相关税费是指企业购买存货发生的消费税、资源税（已包括在购买价款中）和不能抵扣的增值税进项税额等；其他可以直接归属于存货采购成本的费用是指采购成本中除上述各项以外的可直接归属于存货采购成本的费用，如在存货采购过程中发生的仓储费、包装费、运输途中的合理损耗、入库前的挑选整理费用等。

发生以上其他可归属于存货采购成本的费用，能分清负担对象的，应直接计入该存货的采购成本；不能分清负担对象的，应选择合理的分配方法，分配计入有关存货的采购成本。分配方法通常包括按所购存货的重量或购买价款比例进行分配。

商品流通企业在采购商品过程中发生的运输费、装卸费、保险费以及其他可归属于存货采购成本的费用等，应当计入存货的采购成本。企业采购商品的进货费用金额较小的，可以在发生时直接计入当期损溢。

需要注意的是，对于采购过程中发生的物资毁损、短缺等，除合理损耗应作为存货的“其他可归属于存货采购成本的费用”计入采购成本外，应区别不同情况进行账务处理：(1)应从供应单位、外部运输机构等收回的物资短缺或其他赔款，冲减物资的采购成本；(2)因遭受意外灾害发生的损失和尚待查明原因的途中损耗，不得增加物资的采购成本，应暂作为待处理财产损溢进行核算，在查明原因后再作处理。

（二）外购存货的账务处理

企业外购的存货，由于结算方式和采购地点的不同，存货入库和货款支付在时间上不一定完全同步，相应的账务处理也有所不同。

1. 发票账单与存货同时到达

企业在支付货款或开出、承兑商业汇票，存货验收入库后，根据发票账单等结算凭证确定的存货实际成本，借记“原材料”“周转材料”“库存商品”等科目，根据取得的增值税专用发票上注明的税额，借记“应交税费——应交增值税（进项税额）”（一般纳税人，下同）科目，按照实际支付的款项或应付票据面值，贷记“银行存款”或“应付票据”等科目。

【例 3-1】甲公司为增值税一般纳税人。20×8 年 3 月 1 日，该企业购入原材料一批，取得的增值税专用发票上注明价款为 1 000 000 元，增值税为 170 000 元，发票等结算凭证已经收到，货款已通过银行转账支付。甲公司账务处理如下：

借：原材料　　1 000 000

　　应交税费——应交增值税（进项税额）　　170 000

　　贷：银行存款　　1 170 000

2. 发票账单已到但存货尚未到达

企业在支付货款或开出、承兑商业汇票时，应根据发票账单等结算凭证确定的存货实际成本，借记“在途物资”科目，根据取得的增值税专用发票上注明的税额，借记“应交税费——应交增值税（进项税额）”科目，按照实际支付的款项或应付票据面值，贷记“银行存款”或“应付票据”等科目。待存货到达、验收入库后，再根据收料单，借记“原材料”“周转材料”“库存商品”等科目，贷记“在途物资”科目。

【例 3-2】沿用**【例 3-1】**的资料，假设购入材料的发票等结算凭证已到，货款已经支付，但材料尚未运到。甲公司账务处理如下：

（1）甲公司收到发票等结算凭证时

借：在途物资　　1 000 000

　　应交税费——应交增值税（进项税额）　　170 000

　　贷：银行存款　　1 170 000

（2）上述材料到达验收入库时

借：原材料　　1 000 000

　　贷：在途物资　　1 000 000

3. 存货已到但发票账单尚未到达

为了简化会计核算，在月份内发生的可以暂不入账，待收到发票账单等结算凭证支付货款或开出、承兑商业汇票后再按正常程序进行账务处理。若月末发票账单等结算凭证仍未达到，应按存货的暂估价，借记“原材料”“周转材料”“库存商品”等科目，贷记“应付账款——暂估应付账款”科目。下月初予以冲回，以便下月收到发票账单并付款或开出、承兑商业汇票时，按正常程序进行账务处理。

【例 3-3】沿用**【例 3-1】**的资料，假设材料已经运到并验收入库，但发票账单等结算凭证至月末尚未收到，货款尚未支付，月末按照暂估价入账。假设该材料的暂估价值为 800 000 元。甲公司的账务处理如下：

(1)月末，材料按暂估价入账时

借：原材料　　800 000

　　贷：应付账款——暂估应付账款　　800 000

(2)下月初编制红字记账凭证冲回估价入账分录

借：原材料　　[800 000]

　　贷：应付账款——暂估应付账款　　[800 000]

(3)下月收到有关结算凭证并支付货款时

借：原材料　　1 000 000

　　应交税费——应交增值税(进项税额)　　170 000

　　贷：银行存款　　1 170 000

二、自制的存货

(一)自制存货的成本

自制的存货，其成本由采购成本、加工成本以及使存货达到目前场所和状态所发生的其他成本构成。

存货加工成本是指在存货生产过程中发生的追加费用，包括直接人工以及按照一定方法分配的制造费用。其中，直接人工是指企业在生产产品过程中，直接从事产品生产的工人工资和福利费。直接人工和间接人工的划分依据的是生产工人是否与所生产的存货直接相关。制造费用是指企业为生产产品和提供劳务而发生的各项间接费用，包括企业生产部门(如生产车间)管理人员的薪酬、折旧费、修理费、办公费、水电费、机物料消耗、劳动保护费、季节性和修理期间的停工损失等。在生产车间只生产一种产品的情况下，企业归集的制造费用可直接计入该产品成本；在生产多种产品的情况下，企业应采用与该制造费用相关性较强的方法对其进行合理分配。通常采用的方法有生产工人工时比例法、生产工人工资比例法、机器工时比例法和按年度计划分配率分配法等，还可以按照耗用原材料的数量或成本、直接成本及产品产量分配制造费用。分配方法一经确定，不得随意变更。

存货其他成本是指除采购成本、加工成本以外的，使存货达到目前场所和状态所发生的其他支出，如企业为特定客户设计产品所发生的设计费用。

需要注意的是，非正常消耗的直接材料、直接人工及制造费用，应计入当期损溢，不得计入存货成本。如因自然灾害而发生的直接材料、直接人工及制造费用，由于这些费用的发生无助于使该存货达到目前场所和状态，不应计入存货成本，而应确认为当期营业外支出。

(二)自制存货的账务处理

自制的存货在验收入库后，按其实际成本，借记“原材料”“周转材料”“库存商品”等科目，贷记“生产成本”科目。

【例 3-4】丙厂生产车间分别以 A、B 两种材料生产甲、乙两种产品。20×8 年 6 月，投入A材料160 000元生产甲产品，投入B材料100 000元生产乙产品。当月，生产甲产品发生直接人工费用40 000元，生产乙产品发生直接人工费用20 000元。该生产车间当月发生的制造费用总额为60 000元。当月投入生产的甲、乙两种产品均于当月完工，并验收入库。该企业生产车间的制造费用按直接人工费用比例进行分配。

甲产品应分摊的制造费用＝60 000×[40 000÷(40 000＋20 000)]＝40 000(元)

乙产品应分摊的制造费用＝60 000×[20 000÷(40 000＋20 000)]＝20 000(元)

甲产品的成本＝160 000＋40 000＋40 000＝240 000(元)

乙产品的成本＝100 000＋20 000＋20 000＝140 000(元)

根据上述计算结果，丙企业应作如下账务处理：

借：库存商品——甲产品	240 000	
——乙产品	140 000	
贷：生产成本		380 000

三、委托加工的存货

(一)委托加工存货的成本

委托加工的存货，其成本由委托加工过程中实际耗用的原材料或者半成品的成本、加工费、运输费、装卸费等以及按规定应计入成本的税金构成。

(二)委托加工存货的账务处理

委托加工的存货通过设置"委托加工物资"科目核算。该科目的借方登记发出加工用材料物资的成本、加工费、运输费、装卸费等费用以及按规定应计入成本的税金，贷方登记加工完成验收入库物资的成本及退回的剩余材料物资的成本，期末借方余额反映委托加工但尚未加工完成物资的成本。委托加工存货在账务处理上主要包括发出加工物资、支付加工费、运杂费和税金、收回加工物资等几个环节。

1. 发出加工用材料物资

发出加工用材料物资时，按发出物资的实际成本，借记"委托加工物资"科目，贷记"原材料""库存商品"等科目。

2. 支付加工费、运杂费和增值税

支付加工费、运杂费和增值税时，按实际支付的金额，借记"委托加工物资""应交税费——应交增值税(进项税额)"科目，贷记"银行存款"等科目。

3. 缴纳消费税

需要缴纳消费税的委托加工物资，其由受托方代收代缴的消费税应分别以下两种情况进行处理：

(1)委托加工的物资收回后直接用于销售的，应将受托方代收代缴的消费税计入委托加工物资的成本，借记"委托加工物资"科目，贷记"银行存款""应付账款"等科目。

(2)委托加工的物资收回后用于连续生产应税消费品的，所交纳的消费税准予抵扣以后销售环节应交纳的消费税，按受托方代收代缴的消费税，借记"应交税费——应交

消费税”科目，贷记“银行存款”“应付账款”等科目。

4. 收回加工完成的物资

收回加工完成的物资时，按其实际成本，借记“原材料”“周转材料”“库存商品”等科目，贷记“委托加工物资”科目。

【例 3-5】甲公司委托乙公司加工 A 材料一批（属于应税消费品）。发出加工用原材料的成本为 50 000 元，支付加工费 15 000 元（不含增值税），支付增值税 2 550 元，支付消费税 5 000 元。甲公司的账务处理如下：

（1）发出加工用原材料时

借：委托加工物资　　50 000

　　贷：原材料　　50 000

（2）支付加工费用和税金时

①委托加工的材料收回后用于连续生产应税消费品

借：委托加工物资　　15 000

　　应交税费——应交增值税（进项税额）　　2 550

　　　　　　——应交消费税　　5 000

　　贷：银行存款　　22 550

②委托加工的材料收回后直接用于销售

借：委托加工物资　　20 000

　　应交税费——应交增值税（进项税额）　　2 550

　　贷：银行存款　　22 550

（3）收回加工完成的 A 材料时

①委托加工的材料收回后用于连续生产应税消费品

借：原材料　　65 000

　　贷：委托加工物资　　65 000

②委托加工的材料收回后直接用于销售

借：原材料（或库存商品）　　70 000

　　贷：委托加工物资　　70 000

四、投资者投入的存货

（一）投资者投入存货的成本

投资者投入存货的成本，应当按照投资合同或协议约定的价值确定，但合同或协议约定价值不公允的除外。在投资合同或协议约定价值不公允的情况下，按照该项存货的公允价值作为其入账价值。

（二）投资者投入存货的账务处理

投资者投入存货时，按投资合同或协议约定的价值，借记“原材料”“包装物”“低值易耗品”“库存商品”等科目，按增值税专用发票上注明的增值税额，借记“应交税费——

应交增值税(进项税额)”科目,按投资者在企业注册资本中拥有的份额,贷记“实收资本”或“股本”科目,按上述账户的差额贷记“资本公积”科目。

【例 3-6】甲公司由 A、B、C 共 3 位投资者共同投资设立,原注册资本为 6 000 万元。为了扩大经营规模,甲公司增加注册资本 2 000 万元。新增资本由 D 投资者以原材料投入。投资协议约定,D 投资者投入的原材料价值为 2 000 万元,D 投资者在甲公司注册资本中所占比例为 25%。20×8 年 10 月 1 日,甲公司收到 D 投资者投入的原材料,增值税专用发票上注明的价款为 2 400 万元,增值税为 408 万元。投资协议约定价值是公允的。甲公司的账务处理如下:

借:原材料　24 000 000

　应交税费——应交增值税(进项税额)　4 080 000

　贷:实收资本——D 投资者　20 000 000

　　资本公积——资本溢价　8 080 000

第三节　发出存货的计量

一、发出存货成本的计量方法

企业在发出存货时,会计上首先需要解决的问题是如何确定发出存货的成本。我国《企业会计准则》规定,企业在确定发出存货的成本时,可以采用先进先出法、月末一次加权平均法、移动加权平均法、个别计价法。

(一)先进先出法

先进先出法是以先入库的存货先发出(销售或耗用)这样一种存货实物流转假设为前提,对发出存货和结存存货进行计量的方法。采用这种方法,先入库的存货成本在后入库的存货成本之前转出,据此确定发出存货和结存存货的成本。

【例 3-7】甲公司采用先进先出法确定发出存货和期末结存存货的成本。20×8 年 5 月份 A 商品明细账如表 3-1 所示。

表 3-1　存货明细账

存货类别:　　　　计量单位:元、件

存货编号:　　　　最高存量:

存货名称:A 商品　　　　最低存量:

20×8 年		凭证编号	摘要	收入			发出			结存		
月	日			数量	单价	金额	数量	单价	金额	数量	单价	金额
5	1		期初结存							200	60	12 000
	5		购进	500	66	33 000				700		
	7		发出				400			300		
	16		购进	600	70	42 000				900		

续表

20×8年		凭证编号	摘要	收入			发出			结存		
月	日			数量	单价	金额	数量	单价	金额	数量	单价	金额
	18		发出				800			100		
	27		购进	500	68	34 000				600		
	29		发出				300			300		
5	31		期末总计	1 600		109 000	1 500			300	68	20 400

甲公司采用先进先出法计算的A商品本月发出和月末结存成本如下：

5月7日发出A商品成本＝60×200＋66×200＝25 200(元)

5月18日发出A商品成本＝66×300＋70×500＝54 800(元)

5月29日发出A商品成本＝70×100＋68×200＝20 600(元)

月末结存A商品成本＝68×300＝20 400(元)

根据上述计算，本月A商品的收入、发出和结存情况，如表3-2所示。

表3-2　存货明细账(先进先出法)

存货类别：　　　　计量单位：元/件

存货编号：　　　　最高存量：

存货名称：A商品　　　　最低存量：

20×8年		凭证编号	摘要	收入			发出			结存		
月	日			数量	单价	金额	数量	单价	金额	数量	单价	金额
5	1		期初结存							200	60	12 000
	5		购进	500	66	33 000				700		45 000
	7		发出				400		25 200	300		19 800
	16		购进	600	70	42 000				900		61 800
	18		发出				800		54 800	100		7 000
	27		购进	500	68	34 000				600		41 000
	29		发出				300		20 600	300		20 400
5	31		期末总计	1 600		109 000	1 500		100 600	300	68	20 400

在先进先出法下，发出存货的成本是按较早入库的存货单位成本确定的，而期末存货的成本是按最近入库的存货单位成本确定，因而，期末结存存货的成本比较接近该存货的现行市场价值。但是，先进先出法计算工作量较大，特别是存货收发频繁的企业更是如此。而且，在物价波动较大的情况下，该方法会对企业当期利润的确定产生较大的影响。当物价上涨时，可能会高估企业当期的利润；反之，可能会低估企业当期的利润。

(二)月末一次加权平均法

月末一次加权平均法是指以月初结存存货的数量和本月收入存货的数量为权数，计算出本月存货的加权平均单位成本，以此为基础确定本月发出存货成本和月末结存存货成本的一种方法。计算公式如下：

加权平均单位成本=(月初结存存货的成本+本月收入存货的成本)÷(月初结存存货的数量+本月收入存货的数量)

本月发出存货的成本=本月发出存货的数量×加权平均单位成本

月末结存存货的成本=月末结存存货的数量×加权平均单位成本

【例 3-8】沿用**【例 3-7】**的资料，假定甲公司采用月末一次加权平均法确定发出存货和月末结存存货的成本。本月发出 A 商品和月末结 A 商品的成本计算如下：

加权平均单位成本$=\frac{12\ 000+109\ 000}{200+1\ 600}=67.22$(元/件)

月末结存 A 商品成本=67.22×300=20 166(元)

本月发出 A 商品成本=(12 000+109 000)-20 166=100 834(元)

考虑到计算出的加权平均单位成本不一定是整数，往往要小数点后四舍五入，为了保持账面数字之间的平衡关系，一般采用倒挤法计算发出存货的成本，即：

月末结存存货的成本=月末结存存货的数量×加权平均单位成本

本月发出存货的成本=月初结存存货的成本+本月收入存货的成本-月末结存存货的成本

根据上述计算，本月 A 商品的收入、发出和结存情况，如表 3-3 所示。

表 3-3 存货明细账(月末一次加权平均法)

存货类别： 计量单位：元、件

存货编号： 最高存量：

存货名称：A 商品 最低存量：

20×8 年		凭证编号	摘要	收入			发出			结存		
月	日			数量	单价	金额	数量	单价	金额	数量	单价	金额
5	1		期初结存							200	60	12 000
	5		购进	500	66	33 000				700		
	7		发出				400			300		
	16		购进	600	70	42 000				900		
	18		发出				800			100		
	27		购进	500	68	34 000				600		
	29		发出				300			300		
5	31		期末结存	1 600		109 000	1 500		100 834	300	67.22	20 166

采用月末一次加权平均法，只在月末一次计算加权平均单位成本并确定本月发出存货成本和月末结存存货成本，简便易行。但是，这种方法平时无法从账面上提供发出存货和结存存货的单价和金额，不利于存货的管理。

(三)移动加权平均法

移动加权平均法是指每批存货入库后，即以原有库存存货的数量和本批收入存货的数量为权数，计算出存货的加权平均单位成本，以此为基础确定下次进货前各批发出存货成本和结存存货成本的一种方法。

移动加权平均成本以及本次发出存货成本和期末结存存货成本的计算公式如下：

$$移动加权平均单位成本=\frac{原有存货成本+本次购入存货成本}{原有存货数量+本次购入存货数量}$$

本批发出存货成本＝最近移动加权平均单位成本×本次发出存货数量

期末结存存货成本＝期末移动加权平均单位成本×期末结存存货数量

与月末一次加权平均成本法相类似，采用移动加权平均成本法也应采用倒挤的方法，将计算尾差计入发出存货成本。即先按移动加权平均单位成本计算结存存货成本，然后倒挤出发出存货成本，以保证各批发出存货后及期末结存存货数量、单位成本和总成本的一致性。

【例 3-9】沿用**【例 3-7】**的资料，假定甲公司采用移动加权平均法确定发出存货和结存存货的成本。甲公司采用月末一次加权平均法计算的 A 商品本月加权平均单位成本及本月发出和月末结存成本如下：

$$5月5日购进后移动加权平均单位成本=\frac{12\,000+33\,000}{200+500}=64.29(元/件)$$

5 月 7 日结存 A 商品成本＝64.29×300＝19 287(元)

5 月 7 日发出 A 商品成本＝45 000－19 287＝25 713(元)

$$5月16日购进后移动加权平均单位成本=\frac{19\,287+42\,000}{300+600}=68.10(元/件)$$

5 月 18 日结存 A 商品成本＝68.10×100＝6 810(元)

5 月 18 日发出 A 商品成本＝61 287－6 810＝54 477(元)

$$5月27日购进后移动加权平均单位成本=\frac{6\,810+34\,000}{100+500}=68.02(元/件)$$

5 月 27 日结存 A 商品成本＝68.02×300＝20 406(元)

5 月 27 日发出 A 商品成本＝40 810－20 406＝20 404(元)

月末结存 A 商品成本＝68.02×300＝20 406(元)

根据上述计算，本月 A 商品的收入、发出和结存情况，如表 3-4 所示。

表 3-4 存货明细账(移动加权平均法)

存货类别：　　　　计量单位：元、件

存货编号：　　　　最高存量：

存货名称：A 商品　　　　最低存量：

20×8 年		凭证编号	摘要	收入			发出			结存		
月	日			数量	单价	金额	数量	单价	金额	数量	单价	金额
5	1		期初结存							200	60	12 000
	5		购进	500	66	33 000				700	64.29	45 000
	7		发出				400		25 713	300	64.29	19 287
	16		购进	600	70	42 000				900	68.10	61 287

续 表

20×8年		凭证编号	摘要	收入			发出			结存		
月	日			数量	单价	金额	数量	单价	金额	数量	单价	金额
	18		发出				800		54 477	100	68.10	6 810
	27		购进	500	68	34 000				600	68.02	40 810
	29		发出				300		20 404	300	68.02	20 406
5	31		期末结存	1 600		109 000	1 500		100 594	300	68.02	20 406

采用移动加权平均法可以使管理当局及时了解存货的结存情况,有利于存货的管理。而且,由于加权平均的范围较小,使计算出的平均单位成本以及发出和结存的存货成本比较客观。但是,每次收货时都要计算一次加权平均单位成本,计算工作量比较大,对存货收发比较频繁的企业不适用。

(四)个别计价法

个别计价法是逐一辨认各批次发出存货和期末结存存货所属的收入批别,分别按其收入时所确定的单位成本作为确定各批次发出存货成本和期末结存存货成本的方法。

【例 3-10】沿用**【例 3-7】**的资料,假定甲公司采用个别计价法确定发出存货和结存存货的成本。经具体辨认,5 月 7 日发出的 400 件 A 商品中,有 100 件属于期末结存的商品,有 300 件属于 5 月 5 日第一批购进的商品;5 月 18 日发生的 800 件 A 商品中,有 100 件属于期初结存的商品,有 100 件属于 5 月 5 日第一批购进的商品,其余 600 件属于 5 月 16 日第二批购进的商品;5 月 29 日发出的 300 件 A 商品均属于 5 月 27 日第三批购进的商品。甲公司采用个别计价法计算的 A 商品本月发出和月末结存成本如下:

5 月 7 日发出 A 商品成本=60×100+66×300=25 800(元)

5 月 18 日发出 A 商品成本=60×100+66×100+70×600=54 600(元)

5 月 29 日发出 A 商品成本=68×300=20 400(元)

月末结存 A 商品成本=66×100+68×200=20 200(元)

根据上述计算,本月 A 商品的收入、发出和结存情况,如表 3-5 所示。

表 3-5　存货明细账(个别计价法)

存货类别:　　　　　　　　　　计量单位:元、件

存货编号:　　　　　　　　　　最高存量:

存货名称及规格:A 商品　　　　　　　　　　最低存量:

20×8年		凭证编号	摘要	收入			发出			结存		
月	日			数量	单价	金额	数量	单价	金额	数量	单价	金额
5	1		期初结存							200	60	12 000
	5		购进	500	66	33 000				700		45 000

续 表

20×8 年		凭证编号	摘要	收入			发出			结存		
月	日			数量	单价	金额	数量	单价	金额	数量	单价	金额
	7		发出				400		25 800	300		19 200
	16		购进	600	70	42 000				900		61 200
	18		发出				800		54 600	100		6 600
	27		购进	500	68	34 000				600		40 600
	29		发出				300		20 400	300		20 200
5	31		期末结存	1 600		109 000	1500		100 800	300	67.33	20 200

个别计价法按照存货的实物流动方式确定发出存货的成本和结存存货的成本，计算结果合理、准确。但是，采用这种方法的前提是需要对发出和结存存货的批次进行具体认定，以辨别其所属的收入批次，所以实务操作的工作量繁重。个别计价法一般适用于不能替代使用的存货以及为特定项目专门购入或制造的存货。

二、发出存货的账务处理

(一)发出原材料

企业发出原材料的账务处理应当根据发出原材料的不同用途分别进行。

1. 生产经营领用原材料

企业生产经营领用原材料时，按其实际成本，借记“生产成本”“制造费用”“销售费用”“管理费用”等科目，贷记“原材料”科目。

2. 在建工程领用原材料

企业在建工程领用原材料时，按原材料的实际成本，借记“在建工程”科目，贷记“原材料”科目。

3. 将原材料用于捐赠赞助

企业将原材料用于捐赠赞助时，按原材料的实际成本加上增值税销项税额，借记“营业外支出”科目，按原材料的实际成本，贷记“原材料”科目，按增值税销项税额，贷记“应交税费——应交增值税(销项税额)”科目。

4. 销售原材料

企业销售原材料时，按已收或应收的货款，借记“银行存款”“应收账款”等科目，按实现的营业收入，贷记“其他业务收入”科目，按增值税销项税额，贷记“应交税费——应交增值税(销项税额)”科目。同时，按出售原材料的实际成本，借记“其他业务成本”科目，贷记“原材料”科目。

【例 3-11】20×8 年 10 月，甲企业材料仓库共发出原材料 400 000 元，其中，基本生产车间生产产品领用 300 000 元，基本生产车间一般性耗用领用 20 000 元，辅助生产车间领用 10 000 元，行政管理部门领用 4 000 元，产品销售部门领用 6 000 元，对外销售 60 000 元。甲企业的账务处理如下：

借:生产成本——基本生产成本　　300 000
　　　　　　——辅助生产成本　　10 000
　　制造费用　　20 000
　　管理费用　　4 000
　　销售费用　　6 000
　　其他业务成本　　60 000
　　贷:原材料　　400 000

需要指出的是,由于企业材料的日常领发业务频繁,为了简化日常核算工作,平时一般只登记材料明细分类账,反映各种材料的收发和结存金额,月末或定期根据发料凭证,按领用部门和用途汇总编制“发料凭证汇总表”,据以编制记账凭证,登记总分类账。

(二)发出库存商品

企业发出库存商品的账务处理应当根据发出商品的不同用途分别进行。

1. 销售商品

企业销售商品时,应分别以下两种情况进行账务处理:

(1)在发出商品时即满足收入确认条件的情况下,按已收或应收的货款,借记“银行存款”“应收账款”等科目,按实现的营业收入,贷记“主营业务收入”科目,按增值税销项税额,贷记“应交税费——应交增值税(销项税额)”科目。同时,按商品的实际成本,借记“主营业务成本”科目,贷记“库存商品”科目。

(2)在发出商品时不满足收入确认条件的情况下,按商品的实际成本,借记“发出商品”科目,贷记“库存商品”科目。

2. 将库存商品用于捐赠赞助

企业将库存商品用于捐赠赞助时,按库存商品的实际成本加上增值税销项税额,借记“营业外支出”科目,按库存商品的实际成本,贷记“库存商品”科目,按增值税销项税额,贷记“应交税费——应交增值税(销项税额)”科目。

(三)发出包装物

企业发出包装物的账务处理应当根据发出包装物的不同用途分别进行。

1. 生产领用包装物

企业生产部门领用的用于包装产品的包装物,构成产品的组成部分,因此,应将包装物的成本计入产品生产成本。生产领用包装物时,按其实际成本,借记“生产成本”科目,贷记“周转材料”科目。

2. 随同商品出售包装物

随同商品出售包装物应分别以下两种情况进行账务处理:

(1)随同商品出售不单独计价的包装物,在包装物发出时,按其实际成本,借记“销售费用”科目,贷记“周转材料”科目。

(2)随同商品出售单独计价的包装物,应单独反映其销售收入,相应地应单独结转其销售成本。因此,在包装物发出时,按已收或应收的货款,借记“银行存款”“应收账款”等科目，按实现的营业收入，贷记“其他业务收入”科目，按增值税销项税额，贷记“应交税费——应交增值税（销项税额）”科目。同时，按包装物的实际成本，借记“其他业务成本”科目，贷记“周转材料”科目。

3. 出租、出借包装物

出租包装物是一种有偿让渡资产使用权的行为，收取的租金应确认为其他业务收入，相应地包装物出租期间发生的价值损耗应确认为其他业务成本。出借包装物是商品销售过程中发生的无偿让渡资产使用权的行为，包装物出借期间发生的价值损耗应确认为销售费用。由于出租、出借包装物可以重复使用，并且在使用过程中基本保持原来的实物形态，其价值随着使用而逐渐损耗，因此，出租、出借包装物的成本应当采用适当的摊销方法计入各期损溢。我国《企业会计准则》规定，企业应当采用一次摊销法或者五五摊销法对出租、出借包装物进行摊销。出租、出借包装物的账务处理因采用的摊销方法不同而有所不同。

（1）一次摊销法

一次摊销法，是指在第一次领用全新包装物用于出租或出借时将其成本一次计入当期损溢的方法。在这种方法下，企业在第一次领用全新包装物用于出租或出借时，按其实际成本，借记“其他业务成本”或“销售费用”科目，贷记“周转材料”科目。出租、出借包装物不能使用而报废时，将收回的残料价值作为当月包装物摊销额的减少冲减有关费用，按其残料价值，借记“原材料”等科目，贷记“其他业务成本”或“销售费用”科目。

【例 3-12】甲公司出租给 A 公司包装物 500 只，每只实际成本 80 元，每只包装物收取押金 100 元和租金 20 元已存入银行。租用期满后，A 公司退回包装物 450 只，其中 40 只不能继续使用，报废时收回残料 200 元，另外 50 只包装物 A 公司逾期未退回，按合同约定没收押金 5 000 元，其余押金退回。该企业适用的增值税税率为 17%。甲公司的账务处理如下：

①领用包装物用于出租时

借：其他业务成本　　40 000

　　贷：周转材料　　40 000

②收取租金和押金时

借：银行存款　　60 000

　　贷：其他业务收入　　8 547

　　　　应交税费——应交增值税（销项税额）　　1 453

　　　　其他应付款　　50 000

③A 公司到期退回包装物 450 只，退还其押金时

借：其他应付款　　45 000

　　贷：银行存款　　45 000

④报废 40 只包装物，残料入库时

借：原材料　　200

　　贷：其他业务成本　　200

对于仍可继续使用的 410 只包装物在备查簿上登记即可。

⑤A 公司逾期未退回 50 只包装物而没收其押金时

借:其他应付款 5 000

贷:其他业务收入 4 274

应交税费——应交增值税(销项税额) 726

(2)五五摊销法

五五摊销法是指在第一次领用全新包装物用于出租、出借时先摊销其成本的 50%,在报废或收不回来时再摊销其成本的 50%的一种方法。在这种方法下,"周转材料"科目应设置"库存未用""库存已用""出租""出借""摊销"5 个明细科目。在第一次领用全新包装物用于出租、出借时,按其实际成本,借记"周转材料——出租"或"周转材料——出借"科目,贷记"周转材料——库存未用"科目。同时,按其实际成本的 50%,借记"其他业务成本"或"销售费用"科目,贷记"周转材料——摊销"科目。出租、出借包装物收回入库时,按其实际成本,借记"周转材料——库存已用"科目,贷记"周转材料——出租"或"周转材料——出借"科目。包装物报废时或收不回来时,按其实际成本的其余 50%,借记"其他业务成本"或"销售费用"科目,贷记"周转材料——摊销"科目;同时按其实际成本,借记"周转材料——摊销"科目,贷记"周转材料——出租"或"周转材料——出借"科目。对于出租、出借包装物报废时的残料价值,应借记"原材料"等科目,贷记"其他业务成本"或"销售费用"科目。

【例 3-13】沿用**【例 3-12】**的资料,假定出租包装物采用五五摊销法进行摊销。甲公司的账务处理如下:

①领用包装物用于出租时

借:周转材料——出租 40 000

贷:周转材料——库存未用 40 000

借:其他业务成本 20 000

贷:周转材料——摊销 20 000

②收回出租包装物 450 只时

借:周转材料——库存已用 32 800

贷:周转材料——出租 32 800

借:其他业务成本 1 600

贷:周转材料——摊销 1 600

借:周转材料——摊销 3 200

贷:周转材料——出租 3 200

借:原材料 200

贷:其他业务成本 200

③A 公司逾期未退回 50 只包装物时

借:其他业务成本 2 000

贷:周转材料——摊销 2 000

借:周转材料——摊销 4 000

贷:周转材料——出租 4 000

其余业务的账务处理与一次摊销法相同，这里从略。

(四)发出低值易耗品

低值易耗品在企业生产经营过程中可以重复使用，并且在使用过程中基本保持原来的实物形态，其价值随着使用而逐渐损耗，因此，低值易耗品的成本应当采用适当的摊销方法计入各期损溢。我国《企业会计准则》规定，企业应当采用一次摊销法或者五五摊销法对低值易耗品进行摊销。低值易耗品发出的账务处理因采用的摊销方法不同而有所不同。

1. 一次摊销法

在这种方法下，在领用低值易耗品时，按其实际成本，借记"制造费用""管理费用""销售费用"等科目，贷记"周转材料"科目。低值易耗品报废时，将收回的残料价值作为当月低值易耗品摊销额的减少冲减有关成本费用，借记"原材料"等科目，贷记"制造费用""管理费用""销售费用"等科目。

2. 五五摊销法

在这种方法下，应在"周转材料"科目下设置"在库""在用""摊销"3 个明细科目。领用低值易耗品时，按其实际成本，借记"周转材料——在用"科目，贷记"周转材料——在库"科目；同时，按其实际成本的 50%，借记"制造费用""管理费用""销售费用"等科目，贷记"周转材料——摊销"科目。低值易耗品报废时，按其实际成本的其余 50%，借记"制造费用""管理费用""销售费用"等科目，贷记"周转材料——摊销"科目；同时，按其实际成本，借记"周转材料——摊销"科目，贷记"周转材料——在用"科目。对于低值易耗品报废时的残料价值，应借记"原材料"等科目，贷记"制造费用""管理费用""销售费用"等科目。

【例 3-14】甲公司对低值易耗品采用五五摊销法摊销。20×8 年 5 月，基本生产车间领用工具一批，实际成本 80 000 元。20×8 年 10 月，该批工具不能继续使用予以报废，收回残料 2 000 元。甲公司的账务处理如下：

(1)领用低值易耗品时

	借	贷
借：周转材料——在用	80 000	
贷：周转材料——在库		80 000
借：制造费用	40 000	
贷：周转材料——摊销		40 000

(2)低值易耗品报废时

	借	贷
借：制造费用	40 000	
贷：周转材料——摊销		40 000
借：周转材料——摊销	80 000	
贷：周转材料——在用		80 000
借：原材料	2 000	
贷：制造费用		2 000

第四节　存货的简化核算方法

以上介绍的是存货按实际成本进行核算的方法。存货按实际成本进行核算，要求存货的收入和发出凭证、明细分类账、总分类账全部按实际成本计价，这对于存货品种繁多、收发频繁的企业来说，日常核算工作量太大。为了简化存货的账务处理，企业可以采用计划成本法、毛利率法、售价成本法等方法进行核算。

一、计划成本法

(一)计划成本法的程序

计划成本法是指存货的收入、发出和结存均按预先指定的计划成本计价，同时另设"材料成本差异"或"产品成本差异"科目反映实际成本与计划成本的差额，期末通过分摊存货成本差异将发出存货和结存存货的计划成本调整为实际成本的一种核算方法。

计划成本法的基本程序如下：

(1)制定各种存货的计划单位成本，并列入存货目录中，作为会计核算的依据。存货计划成本所包括的内容与存货实际成本相同。企业应根据正常的供需条件，结合各种存货近期的市场价格水平和技术状况，按供应单位所在地的远近等因素确定可直接归属于存货采购的运杂费(包括运输费、装卸费、保险费、包装费、仓储费等)以及合理的途中损耗率，指定计划成本。计划成本一般由会计部门会同采购等部门共同制定，制定的计划成本应尽可能地接近实际，以利于发挥计划成本的考核和控制作用。存货计划单位成本一经确定，在年度内一般不做调整。

(2)取得存货时，按预先制定的计划成本计价入账，同时将存货的实际成本与计划成本之间的差异记入"材料成本差异"或"产品成本差异"科目。实际成本大于计划成本的超支差异记入"材料成本差异"或"产品成本差异"科目的借方，实际成本小于计划成本的节约差异记入"材料成本差异"或"产品成本差异"科目的贷方。

(3)发出存货时，按计划成本结转其成本。

(4)月份终了，通过分配存货成本差异，将本月发出存货的计划成本和月末结存存货的计划成本调整为实际成本。月初存货成本差异和本月形成的存货成本差异之和，应在本月发出存货和月末结存存货之间进行分配。本月发出存货应负担的成本差异，随同本月发出存货的计划成本从"材料成本差异"或"产品成本差异"科目的贷方转入有关科目，将发出存货的计划成本调整为实际成本；月末结存存货应负担的成本差异，仍然保留在"材料成本差异"或"产品成本差异"科目中，作为存货的调整项目，以月末结存存货的计划成本加上或减去于月末结存存货应负担的成本差异，即为月末结存存货的实际成本。企业必须按月分配存货成本差异，不得在季末或年末一次分配存货成本差异。

存货成本差异的分配通常情况下通过月末计算本月存货成本差异率来进行。计算公式如下：

本月存货成本差异率＝（月初库存存货的成本差异＋本月收入存货的成本差异）÷（月初库存存货的计划成本＋本月收入存货的计划成本）×100％

本月发出存货应负担的成本差异＝本月发出存货的计划成本×本月存货成本差异率

一般情况下，企业应当按本月存货成本差异率计算本月发出存货应负担的成本差异。如果月初成本差异率与本月成本差异率相差不大，企业也可按月初成本差异率计算本月发出存货应负担的成本差异。月初存货成本差异率的计算公式如下：

月初存货成本差异率＝月初结存存货的成本差异÷月初结存存货的计划成本×100％

发出存货应负担的成本差异的计算方法一经确定，不得随意变更。如需变更，应在会计报表附注中予以说明。

计划成本法一般适用于品种繁多、收发频繁的存货，如大中型企业中的各种原材料、周转材料等。产成品品种较多的企业，或者在管理上需要分别核算其计划成本和成本差异的企业，也可以采用计划成本法进行核算。以下以原材料为例讨论计划成本法的账务处理。

（二）取得原材料的账务处理

1.外购的原材料

在计划成本法下，企业外购原材料需要通过“材料采购”科目进行核算。该科目核算企业外购材料的实际成本并确定外购材料实际成本与计划成本的差异。该科目借方登记外购材料的实际成本和结转的入库材料的节约差异，贷方登记入库材料的计划成本和结转的入库材料的超支差异，期末借方余额表示在途材料的实际采购成本。

企业外购原材料时，在支付货款或开出、承兑商业汇票后，应根据发票账单等结算凭证确定的材料实际成本，借记“材料采购”科目，根据增值税专用发票上注明的税额，借记“应交税费——应交增值税（进项税额）”科目，按照实际支付的款项或应付票据的面值，贷记“银行存款”或“应付票据”等科目。材料验收入库时，一方面应结转入库材料的计划成本，借记“原材料”科目，贷记“材料采购”科目；另一方面应结转入库材料的成本差异：对于实际成本大于计划成本的超支差异，应借记“材料成本差异”科目，贷记“材料采购”科目；对于实际成本小于计划成本的节约差异，应借记“材料采购”科目，贷记“材料成本差异”科目。

对于已验收入库但尚未收到发票账单的材料，为了简化会计核算，在月份内发生的可以暂不入账，待收到发票账单支付货款或开出、承兑商业汇票后再按正常程序进行账务处理。若月末发票账单仍未收到，应按存货的计划成本暂估入账，借记“原材料”科目，贷记“应付账款——暂估应付账款”科目。下月初予以冲回，以便下月收到发票账单并付款或开出、承兑商业汇票时，按正常程序进行账务处理。

【例 3-15】甲公司为增值税一般纳税人，原材料采用计划成本法核算。20×8 年 1 月发生的材料采购业务及相应的账务处理如下：

（1）3 日，购入材料一批，增值税专用发票上注明的价款为 200 000 元，增值税为

34 000元。货款已通过银行转账支付，材料已验收入库。该批材料的计划成本为220 000元。

借：材料采购　　200 000

　　应交税费——应交增值税（进项税额）　　34 000

　　贷：银行存款　　234 000

借：原材料　　220 000

　　贷：材料采购　　220 000

借：材料采购　　20 000

　　贷：材料成本差异　　20 000

（2）6日，购入材料一批，增值税专用发票上注明的价款为400 000元，增值税为68 000元。货款已通过银行转账支付，材料尚在运输途中。

借：材料采购　　400 000

　　应交税费——应交增值税（进项税额）　　68 000

　　贷：银行存款　　468 000

（3）10日，购入材料一批，材料已经运到并已验收入库，但发票账单等结算凭证尚未收到，货款尚未支付。该批材料的计划成本为500 000元。

为简化会计核算，对于该批已验收入库但尚未收到发票账单的材料暂不作账务处理。

（4）12日，收到1月6日购进的材料并验收入库。该批材料的计划成本为370 000元。

借：原材料　　370 000

　　贷：材料采购　　370 000

借：材料成本差异　　30 000

　　贷：材料采购　　30 000

（5）18日，收到1月10日已入库材料的发票账单等结算凭证，增值税专用发票上注明的价款为480 000元，增值税为81 600元。甲企业开出商业承兑汇票一张该批材料的货款。

借：材料采购　　480 000

　　应交税费——应交增值税（进项税额）　　81 600

　　贷：应付票据　　561 600

借：原材料　　500 000

　　贷：材料采购　　500 000

借：材料采购　　20 000

　　贷：材料成本差异　　20 000

（6）25日，购入材料一批，材料已经运到并已验收入库，但发票账单等结算凭证尚未收到，货款尚未支付。该批材料的计划成本为300 000元。

为简化会计核算，对于该批已验收入库但尚未收到发票账单的材料暂不作账务处理。

(7)31 日,1 月 25 日已入库材料的发票账单等结算凭证仍未收到,企业按该批材料的计划成本暂估入账。

借:原材料　　300 000

　　贷:应付账款——暂估应付账款　　300 000

下月初予以红字冲回:

借:原材料　　[300 000]

　　贷:应付账款——暂估应付账款　　[300 000]

需要指出的是,在会计实务中,为了简化会计核算,企业在平时收到材料时,可以不进行结转入库材料计划成本和入库材料成本差异的总分类核算。等到月份终了时,再将本月已付款或已开出、承兑商业汇票并已验收入库的材料,按实际成本和计划成本分别汇总,一次结转本月入库材料的计划成本和入库材料的成本差异。

2. 自制的原材料

自制的材料验收入库时,按其计划成本,借记"原材料"科目,按其实际成本,贷记"生产成本"科目,按其差额,借记或贷记"材料成本差异"科目。

3. 委托加工的原材料

企业委托加工原材料,在发出加工用材料物资时,按其计划成本,借记"委托加工物资"科目,贷记"原材料""库存商品"等科目。同时,计算结转发出材料物资应负担的成本差异,借记"委托加工物资"科目,贷记"材料成本差异"或"产品成本差异"科目,以便将发出材料物资的计划成本调整为实际成本。在收回加工完成的原材料时,按其计划成本,借记"原材料"科目,按其实际成本,贷记"委托加工物资"科目,按其差额,借记或贷记"材料成本差异"科目。

4. 投资者投入的原材料

企业接受投资者投入的原材料时,按计划成本,借记"原材料"科目,按增值税专用发票上注明的增值税额,借记"应交税费——应交增值税(进项税额)"科目,按计划成本与投资合同或协议约定价值之间的差额,借记或贷记"材料成本差异"科目,按投资者在企业注册资本中拥有的份额,贷记"实收资本"或"股本"科目,按投资合同或协议约定价值及增值税专用发票上注明的增值税额之和与投资者在企业注册资本中拥有份额的差额,贷记"资本公积"科目。

(三)材料发出的账务处理

原材料采用计划成本法核算的企业,发出材料时,按其计划成本,借记"生产成本""制造费用""管理费用""销售费用"等科目,贷记"原材料"科目。月末,再将期初结存材料的成本差异和本月收入材料形成的成本差异,在本月发出材料和月末结存材料之间进行分摊,将本月发出材料和月末结存材料的计划成本调整为实际成本。结转发出材料应负担的成本差异时,借记"生产成本""制造费用""管理费用""销售费用"等科目,贷记"材料成本差异"科目。其中,发出材料应负担的成本差异额为超支差异时用蓝字登记,发出材料应负担的成本差异额为节约差异时用红字登记。本月发出材料应负担的成本差异从“材料成本差异”科目转出后，该科目的余额为月末结存材料应负担的成本差异。月末结存材料的计划成本加上或减去月末结存材料应负担的成本差异即为月末结存材料的实际成本。

【例 3-16】甲公司的原材料采用计划成本法核算。20×8 年 3 月，月初结存材料的计划成本为 200 000 元，成本差异为节约差异 4 000 元；本月入库材料的计划成本为 1 900 000 元，成本差异为超支差异 50 000 元；本月发出材料的计划成本为 2 000 000 元，其中，基本生产车间生产产品领用 1 200 000 元，基本生产车间一般耗用领用 800 000 元。甲公司的账务处理如下：

(1)结转发出材料的计划成本

借：生产成本——基本生产成本　　1 200 000

　　制造费用　　800 000

　　贷：原材料　　2 000 000

(2)结转发出材料应负担的成本差异

本月材料成本差异率＝(－4 000＋50 000)÷(200 000＋1 900 000)×100%＝2.2%

本月发出材料应负担的成本差异＝2 000 000×2.2%＝44 000(元)

借：生产成本——基本生产成本　　26 400

　　制造费用　　17 600

　　贷：材料成本差异　　44 000

二、毛利率法

毛利率法是根据本期销售净额乘以上期实际毛利率或本期计划毛利率匡算本期销售毛利，据以计算发出存货和期末结存存货成本的一种方法。计算步骤如下：

(1)根据本期销售净额和上期实际毛利率或本期计划毛利率匡算本期销售毛利

本期销售净额＝本期商品销售收入－本期销售退回与折让

本期销售毛利＝本期销售净额×上期实际毛利率或本期计划毛利率

(2)计算本期销售成本

本期销售成本＝本期销售净额－本期销售毛利

(3)计算期末结存存货成本

期末结存存货成本＝期初结存存货成本＋本期收入存货成本－本期销售成本

【例 3-17】20×8 年 5 月，乙公司甲类商品月初结存 600 000 元，本月购进 320 000 元，本月销售收入 520 000 元，本月发生销售折让 26 000 元，上季度甲类商品的毛利率为 20%。

甲类商品本月销售成本和月末结存存货成本计算如下：

本月甲类商品销售净额＝520 000－26 000＝494 000(元)

本月甲类商品销售毛利＝494 000×20%＝98 800(元)

本月甲类商品销售成本＝494 000－98 800＝395 200(元)

月末甲类商品结存成本＝600 000＋320 000－395 200＝524 800(元)

毛利率法在我国商品流通企业比较常用，特别是商业批发企业。商业批发企业经营的商品品种繁多，若按每种商品计算并结转商品销售成本，工作量较为繁重，而商业批发企业的同类商品的毛利率大致相同，采用毛利率法按商品大类计算并结转商品销售成本也比较接近实际。

需要指出的是，由于上期的实际毛利率或本期的计划毛利率与本期的实际毛利率不可能一致，毛利率法的计算结果只能是一个近似值。因此，这种方法只能在每个季度的前两个月采用，最后一个月应采用月末一次加权平均法等方法计算期末结存存货的成本和本月销售成本。这样，季度的前两个月的销售成本和期末结存存货成本是估计数，而整个季度的发出存货成本和期末结存存货成本仍然是实际数。

采用毛利率法，商品销售成本按商品大类计算，在大类商品账上结转成本，计算手续简便。库存商品明细账平时只记数量，不记金额，每季末的最后一个月，再根据月末结存数量，按照月末一次加权平均法等方法，先计算月末结存商品的成本，然后再计算出本月商品销售成本。

【例 3-18】乙公司甲类商品包括 A、B 两种商品。20×8 年第三季度甲类商品的有关资料如表 3-6、3-7、3-8 所示。

表 3-6　库存商品明细账

商品名称及规格：A 商品　　　　计量单位：元/kg

20×8 年		凭证编号	摘要	收入			发出			结存		
月	日			数量	单价	金额	数量	单价	金额	数量	单价	金额
7	1	略	期初余额							200	8.50	1 700
	10		购入	500	8.60					700		
	22		销售				600			100		
	31		本月合计	500			600			100		
8	20		购入	400	9.20					500		
	28		销售				300			200		
	31		本月合计	400			300			200		
9	5		购入	600	8.70					800		
	19		销售				500			300		
	30		本月合计	600			500			300	8.70	2 610

表 3-7　库存商品明细账

商品名称及规格：B 商品　　　　计量单位：元/kg

20×8 年		凭证编号	摘要	收入			发出			结存		
月	日			数量	单价	金额	数量	单价	金额	数量	单价	金额
7	1	略	期初余额							400	6.80	2 720
	12		购入	600	6.70					1000		
	25		销售				500			500		
	31		本月合计	600			500			500		

续 表

20×8年		凭证编号	摘要	收入			发出			结存		
月	日			数量	单价	金额	数量	单价	金额	数量	单价	金额
8	18		购入	400	7.30					900		
	31		本月合计	400						900		
9	20		销售				900			0		
	26		购入	200	7.00					200		
	30		本月合计	200			900			200	7.00	1 400

表 3-8 库存商品大类账

存货类别：甲类商品　　　　计量单位：元/kg

20×8年		凭证编号	摘要	收入			发出			结存		
月	日			数量	单价	金额	数量	单价	金额	数量	单价	金额
7	1	略	期初余额							600		4 420
	10		购入	500		4 300				1 100		8 720
	12		购入	600		4 020				1 700		12 740
	31		结转本月销售成本				1 100		9 000	600		3 740
8	18		购入	400		2 920				1 000		6 660
	20		购入	400		3 680				1 400		10 340
	31		结转本月销售成本				300		2 700	1 100		7640
9	5		购入	600		5 220				1 700		12 860
	26		购入	200		1 400				1 900		14 260
	30		结转本月销售成本				1 400		10 250	500		4 010

其他有关资料如下：(1)20×8 年第二季度甲类商品的毛利率为 10%；(2)A、B 商品的售价分别为 10 元和 8 元；(3)季度末该公司采用先进先出法对发出存货和期末存货的成本进行计量。

第三季度各月商品销售成本计算如下：

7 月份甲类商品销售成本＝(600×10＋500×8)×(1－10%)＝9 000(元)

8 月份甲类商品销售成本＝300×10×(1－10%)＝2 700(元)

9 月末甲类商品结存成本＝300×8.70＋200×7.00＝4 010(元)

9 月份甲类商品销售成本＝14 260－4 010＝10 250(元)

三、售价成本法

售价成本法是指用售价成本率乘以期末存货的售价总额计算期末存货成本，并据以计算本期发出存货成本的一种方法。计算步骤如下：

(1)计算期末存货售价总额

期末存货售价总额＝期初存货售价总额＋本期收入存货售价总额－本期已销存货售价总额

(2)计算售价成本率

售价成本率＝(期初存货成本＋本期收入存货成本)÷(期初存货售价总额＋本期收入存货售价总额)×100％

(3)计算期末存货成本

期末存货成本＝期末存货售价总额×售价成本率

(4)计算本期销售成本

本期销售成本＝期初存货成本＋本期收入存货成本－期末存货成本

【例 3-19】20×8 年 5 月，甲商场期初结存商品的成本总额为 800 000 元，售价总额为 1 000 000 元；本期购入商品的成本总额为 3 600 000 元，售价总额为 5 400 000 元；本期销售收入为 5 120 000 元。

本期商品销售成本和期末结存商品成本的计算如下：

期末结存商品的售价总额＝1 000 000＋5 400 000－5 120 000＝1 280 000(元)

售价成本率＝(800 000＋3 600 000)÷(1 000 000＋5 400 000)×100％＝68.75％

期末存货成本＝1 280 000×68.75％＝880 000(元)

本期销售成本＝800 000＋3 600 000－880 000＝3 520 000(元)

售价成本法主要适用于商业零售企业，因为商业零售企业商品的品种、型号、规格繁多，收发频繁，难以采用其他方法来计算确定发出存货成本和结存存货成本。而商业零售企业的商品都要标明零售价格，为售价成本法的实施提供了基础。售价成本法在商业零售企业也被称为零售价格法。

零售企业采用售价成本法计算确定发出存货成本和结存存货成本时，具体有两种做法：一是商品存货的购进、销售和结存均按成本记账，同时另设备查登记簿登记商品存货的售价，以便于计算售价成本率；二是商品存货的购进、销售和结存均按售价记账，售价与成本的差额记入“商品进销差价”科目，期末通过计算商品进销差价率的办法计算本期已销商品和结存商品应分摊的进销差价，将已销商品和结存商品的售价金额调整为实际成本。后一种做法在会计实务中被称为“售价金额核算法”。

售价金额核算法是我国商业零售企业广泛采用的库存商品的核算方法。这种方法的核心是商品进销差价的分摊。商品进销差价分摊的计算公式如下：

商品进销差价率＝(期初结存商品进销差价＋本期收入商品进销差价)÷(期初结存商品售价＋本期收入商品售价)×100％

本期已销商品应分摊的进销差价＝本期商品销售收入×商品进销差价率

期末结存商品应分摊的进销差价＝期初结存商品进销差价＋本期收入商品进销差价－本期已销商品应分摊的进销差价

本期商品销售成本＝本期商品销售收入－本期已销商品应分摊的进销差价

期末结存商品成本＝期末结存商品的售价金额－期末结存商品应分摊的进销差价

【例 3-20】乙商场为增值税一般纳税人，库存商品采用售价金额核算法核算。20×8 年 7 月，“库存商品”科目期初余额为 250 000 元，“商品进销差价”科目期初余额为 50 000 元；本月购进商品的成本为 900 000 元，支付的增值税为 153 000 元，售价金额为 1 350 000 元；本月销售商品收入为 1 280 000 元（不含增值税），收取的增值税为 217 600 元。乙商场的账务处理如下：

(1)支付货款时

借：在途物资　　900 000

　　应交税费——应交增值税（进项税额）　　153 000

　　贷：银行存款　　1 053 000

(2)商品验收入库时

借：库存商品　　1 350 000

　　贷：在途物资　　900 000

　　　　商品进销差价　　450 000

(3)销售商品时

借：银行存款　　1 497 600

　　贷：主营业务收入　　1 280 000

　　　　应交税费——应交增值税（销项税额）　　217 600

借：主营业务成本　　1 280 000

　　贷：库存商品　　1 280 000

(4)月末结转已销商品应分摊的进销差价时

商品进销差价率＝(50 000＋450 000)÷(250 000＋1 350 000)×100％＝31.25％

本月已销商品应分摊的进销差价＝1 280 000×31.25％＝400 000(元)

借：商品进销差价　　400 000

　　贷：主营业务成本　　400 000

第五节　期末存货的计量

一、期末存货的计量原则

我国《企业会计准则》规定，资产负债表日，存货应当按照成本与可变现净值孰低计量。存货成本高于其可变现净值的，应当计提存货跌价准备，计入当期损溢。

这里的“成本”是指期末存货的实际成本；如果企业在存货的日常核算中采用计划成本法、售价金额核算法等简化核算方法，则“成本”应为经调整后的实际成本。这里的“可变现净值”是指在企业日常活动中，以存货的估计售价减去至完工估计将要发生的成本、估计的销售费用以及相关税费后的金额。

企业预计的销售存货现金流量，并不完全等于存货的可变现净值。存货在销售过程中可能发生的销售费用和相关税费，以及为达到预定可销售状态还可能发生的加工成本等相关支出，构成现金流入的抵减项目。企业预计的销售存货现金流量，扣除这些抵减项目后，才能确定存货的可变现净值。

按照成本与可变现净值孰低对期末存货进行计量，主要是为了使期末存货符合资产的概念。当期末存货的可变现净值下跌至成本以下时，表明该存货给企业带来的未来经济利益低于其账面金额，因此应将这部分损失从资产价值中扣除，计入当期损溢。否则，当存货的可变现净值低于其成本时，仍然以其成本计量，就会出现虚计资产的问题。

二、存货减值迹象的判断

存货存在下列情形之一的，通常表明存货的可变现净值低于成本：

(1)该存货的市场价格持续下跌，并且在可预见的未来无回升的希望；

(2)企业使用该项原材料生产的产品的成本大于产品的销售价格；

(3)企业因产品更新换代，原有库存原材料已不适应新产品的需要，而该原材料的市场价格又低于其账面成本；

(4)因企业所提供的商品或劳务过时或消费者偏好改变而使市场的需求发生变化，导致市场价格逐渐下跌；

(5)其他足以证明该项存货实质上已经发生减值的情形。

存货存在下列情形之一的，通常表明存货的可变现净值为零：

(1)已霉烂变质的存货；

(2)已过期且无转让价值的存货；

(3)生产中已不再需要，并且已无使用价值和转让价值的存货；

(4)其他足以证明已无使用价值和转让价值的存货。

三、存货可变现净值的确定

(一)确定存货的可变现净值时应考虑的因素

企业在确定存货的可变现净值时，应当以取得可靠证据为基础，并且考虑持有存货的目的、资产负债表日后事项的影响等因素。

(1)存货可变现净值的确凿证据。存货可变现净值的确凿证据，是指对确定存货的可变现净值有直接影响的客观证明，如产成品或商品的市场销售价格、与产成品或商品相同或类似商品的市场销售价格、销售方提供的有关资料和生产成本资料等。

(2)持有存货的目的。企业持有存货的目的不同，确定存货可变现净值的计算方法也不同。因此，企业在确定存货的可变现净值时，应当考虑持有存货的目的。按企业持有目的的不同，存货可以分为持有以备出售的存货和用于继续加工的存货。产成品、商品和用于出售的原材料等持有以备出售的存货，其可变现净值应以存货的估计售价减去估计的销售费用以及相关税费后的金额确定。原材料、在产品、委托加工材料等用于继续加工的存货，其可变现净值应以存货的估计售价减去至完工估计将要发生的成本、估计的销售费用以及相关税费后的金额确定。

(3)资产负债表日后事项等的影响。在确定资产负债表日存货的可变现净值时，不仅要考虑资产负债表日与该存货相关的价格与成本波动，而且还应考虑未来的相关事项。

(二)存货可变现净值的具体确定方法

在确定存货可变现净值时，应针对下列不同情况分别进行：

(1)为执行销售合同而持有的存货(产成品、商品等)，其可变现净值应当为产成品或商品的合同价格减去估计的销售费用和相关税费后的金额。

如果企业与购买方签订了销售合同，并且销售合同订购的数量大于或等于企业持有的存货数量，在确定与该项销售合同直接相关存货的可变现净值时，应当以销售合同价格作为其可变现净值的计量基础。即如果企业就其产成品或商品签订了销售合同，则该批产成品或商品的可变现净值应当以合同价格作为计量基础；如果企业销售所规定的标的物还没有生产出来，但持有专门用于该标的物生产的原材料，其可变现净值也应当以合同价格作为计量基础。

【例 3-21】20×7 年 10 月 15 日，甲公司与乙公司签订了一份不可撤销的销售合同，双方约定，20×8 年 3 月 15 日，甲公司应按每台 100 000 元的价格向乙公司提供 A 型号的机器 10 台。20×7 年 12 月 31 日，甲公司 A 型号机器的数量为 8 台，每台成本为 80 000 元。20×7 年 12 月 31 日，A 型号机器的市场销售价格为每台 90 000 元。

本例中，根据甲公司与乙公司签订的销售合同，甲公司该批 A 型号机器的销售价格已由销售合同约定，并且其库存数量小于销售合同订购的数量。在这种情况下，计算库存 A 型号机器的可变现净值时，应以销售合同约定的价格 800 000(100 000×8)元作为计量基础。

【例 3-22】20×7 年 12 月 15 日，甲公司与丙公司签订了一份不可撤销的销售合同，双方约定，20×8 年 4 月 15 日，甲公司应按每台 100 000 元的价格向丙公司提供 10 台 B 型号的机器。20×7 年 12 月 31 日，甲公司还没有生产该批 B 型号机器，但持有专门用于生产该批 10 台 B 型号机器的原材料——钢材，其成本为 500 000 元，市场销售价格为 400 000 元。

本例中，根据甲公司与丙公司签订的销售合同，甲公司该批 B 型号机器的销售价格已由销售合同约定，虽然甲公司还未生产，但持有专门用于生产该批 B 型号机器的原材料——钢材，且可生产的 B 型号机器的数量不大于销售合同订购的数量。在这种情况下，计算该批原材料——钢材的可变现净值时，应以销售合同约定的 B 型号机器的销售价格总额 1 000 000(100 000×10)元作为计量基础。

如果企业持有的同一项存货的数量多于销售合同订购的数量的，应分别确定其可变现净值，并与其相对应的成本进行比较，分别确定存货跌价准备的计提或转回金额。超出合同部分的存货的可变现净值，应当以一般销售价格为基础计算。

【例 3-23】20×7 年 10 月 15 日，甲公司与丁公司签订了一份不可撤销的销售合同，双方约定，20×8 年 2 月 15 日，甲公司应按每台 200 000 元的价格向丁公司提供 C 型号的机器 10 台。20×7 年 12 月 31 日，甲公司 C 型号机器的数量为 12 台，每台成本为 150 000 元。20×7 年 12 月 31 日，C 型号机器的市场销售价格为每台 250 000 元。

本例中，根据甲公司与丁公司签订的销售合同，甲公司该批 C 型号机器的销售价格已由销售合同约定，但是其库存数量大于销售合同约定的数量。在这种情况下，对于销售合同约定数量内(10 台)的 C 型号机器的可变现净值应以销售合同约定的价格总额 2 000 000(200 000×10)元作为计量基础；而对于超出部分(2 台)的 C 型号机器的可变现净值应以一般销售价格总额 500 000(250 000×2)元作为计量基础。

(2)持有以备出售但没有销售合同约定的商品存货(产成品、商品等)，其可变现净值应当为产成品或商品的一般销售价格(即市场销售价格)减去估计的销售费用和相关税费后的金额。

【例 3-24】20×7 年 12 月 31 日，甲公司 D 型号机器的数量为 10 台，每台成本为 150 000 元。20×7 年 12 月 31 日，D 型号机器的市场销售价格为每台 200 000 元。甲公司没有签订有关 D 型号机器的销售合同。

本例中，由于甲公司没有就 D 型号机器签订销售合同，因此，在这种情况下，计算确定 D 型号机器的可变现净值应以其一般销售价格总额 2 000 000 元(200 000×10)作为计量基础。

(3)用于出售的材料存货，其可变现净值应当以材料存货的市场价格减去估计的销售费用和相关税费后的金额。

【例 3-25】20×7 年，甲公司根据市场需求的变化，决定停止生产 D 型号机器。为减少不必要的损失，甲公司决定将原材料中专门用于生产 D 型号机器的外购原材料——钢材全部出售，20×7 年 12 月 31 日其库存数量为 10 吨，每吨成本为 100 000 元。根据市场调查，此种钢材的市场销售价格为每吨 50 000 元，销售这 10 吨钢材预计发生销售费用及相关税费 10 000 元。

本例中，由于甲公司已决定不再生产 D 型号机器，因此，该批钢材的可变现净值不能再以 D 型号机器的销售价格作为其计量基础，而应按钢材的市场销售价格作为计量基础。因此，该批钢材的可变现净值应为 490 000(50 000×10－10 000)元。

四、用于继续加工的材料存货的期末计量

用于继续加工的材料存货，如原材料、在产品、委托加工材料等，由于持有该材料存货的目的是用于生产产成品，而不是出售，该材料存货的价值将体现在用其生产的产成品上。因此，用于继续加工的材料存货的期末价值，应当以所生产的产成品的可变现净值与成本的比较为基础加以确定。如果所生产的产成品的可变现净值高于成本，则该材料存货仍然应当按照其成本计量。如果所生产的产成品的可变现净值低于成本，则该材料存货应当按成本与可变现净值孰低计量。

【例 3-26】20×8 年 12 月 31 日，乙厂库存的用于生产甲产品的 A 材料的成本为 400 000 元，市场购买价格为 360 000 元。由于 A 材料市场价格下降，用 A 材料生产的甲成品的售价也发生了相应的下降，由原来的 950 000 元降为 880 000 元。估计将 A 材料加工成甲产品尚需投入人工及制造费用 200 000 元，估计销售费用及相关税费为 40 000元。20×8 年 12 月 31 日，A 材料的价值可按以下步骤进行确定：

第一步，计算用 A 材料所生产的产成品的可变现净值。

甲产品的可变现净值＝880 000－40 000＝840 000(元)

第二步，将用A材料所生产的产成品的可变现净值与其成本进行比较，以确定用A材料所生产的产成品是否发生价值减损。

甲产品的生产成本＝400 000＋200 000＝600 000(元)

甲产品的可变现净值高于成本，用A材料所生产的产成品没有发生价值减损。

第三步，确定A材料的期末价值。

由于用A材料所生产的产成品没有发生价值减损，因此，A材料的期末价值应为其成本400 000元，即A材料仍应按其成本400 000元列示在20×8年12月31日资产负债表的存货项目中。

【例3-27】20×8年12月31日，甲厂库存的用于生产乙产品的B材料的成本为240 000元，市场购买价格为210 000元。由于B材料市场价格下降，用B材料生产的乙产品的售价也发生了相应的下降，由原来的640 000元降为580 000元。估计将B材料加工成乙产品尚需投入人工及制造费用400 000元，估计销售费用及相关税费为20 000元。20×8年12月31日，B材料的价值可按以下步骤进行确定：

第一步，计算用B材料所生产的产成品的可变现净值。

乙产品的可变现净值＝580 000－20 000＝560 000(元)

第二步，将用B材料所生产的产成品的可变现净值与其成本进行比较，以确定用B材料所生产的产成品是否发生价值减损。

乙产品的生产成本＝240 000＋400 000＝640 000(元)

乙产品的可变现净值低于成本，用B材料所生产的产成品发生了价值减损。

第三步，计算B材料的可变现净值，并确定B材料的期末价值。

B材料的可变现净值＝580 000－400 000－20 000＝160 000(元)

B材料的可变现净值160 000元低于其成本240 000元，因此，B材料的期末价值应为其可变现净值160 000元，即B材料应按160 000元列示在20×8年12月31日资产负债表的存货项目中。

五、存货跌价准备的计提方法

一般情况下，企业应当按照单个存货项目计提存货跌价准备，即资产负债表日，企业将每个存货项目的成本与其可变现净值逐一进行比较，按较低者计量存货，对其中可变现净值低于成本的，两者的差额即为应计提的存货跌价准备。企业应当根据管理的要求及存货的特点，具体规定存货项目的确定标准。例如，将某一型号和规格的材料作为一个存货项目，或者将某一品牌和规格的商品作为一个存货项目。

对于数量繁多、单价较低的存货，可以按存货类别计提存货跌价准备，即按存货类别的成本总额与可变现净值总额进行比较，每个类别均按较低者确定期末价值，并且按可变现净值总额低于成本总额的差额计提存货跌价准备。

在某些情况下，与在同一地区生产和销售的产品系列相关、具有相同或类似最终用途或目的，且难以与其他项目分开计量的存货，可以合并计提存货跌价准备。存货与在同一地区生产和销售的产品系列相关、具有类似最终用途或目的，意味着所处的经济环境、法律环境、市场环境等相同，具有相同的风险和报酬。因此，在这种情况下，企业可以对存货合并计提存货跌价准备。

六、期末存货计量的账务处理

资产负债表日，企业首先应比较存货的成本与可变现净值，确定期末存货的减值金额，然后将期末存货的减值金额与“存货跌价准备”科目的现有余额进行比较，如果期末存货的减值金额大于“存货跌价准备”科目的现有余额，应按两者之差补提存货跌价准备，借记“资产减值损失”科目，贷记“存货跌价准备”科目；如果期末存货的减值金额小于“存货跌价准备”科目的现有余额，应按两者之差冲回已计提的存货跌价准备，借记“存货跌价准备”科目，贷记“资产减值损失”科目。

【例 3-28】乙公司每半年对期末存货按照成本与可变现净值孰低计量。20×7 年初“存货跌价准备——甲商品”账户余额为 0。20×7 至 20×9 年，该公司有关甲商品期末计量的资料及相应的账务处理如下：

(1)20×7 年 6 月 30 日，库存甲商品的账面成本为 300 000 元，可变现净值为 280 000元。

甲商品的减值金额＝300 000－280 000＝20 000(元)

本期应补提的存货跌价准备＝20 000－0＝20 000(元)

借：资产减值损失　　20 000

　　贷：存货跌价准备　　20 000

(2)20×8 年 12 月 31 日，上述甲商品尚未售出，可变现净值为 250 000 元。

甲商品的减值金额＝300 000－250 000＝50 000(元)

本期应补提的存货跌价准备＝50 000－20 000＝30 000(元)

借：资产减值损失　　30 000

　　贷：存货跌价准备　　30 000

(3)20×9 年 6 月 30 日，上述甲商品仍未售出，可变现净值回升至 260 000 元。

甲商品的减值金额＝300 000－260 000＝40 000(元)

本期应冲回的存货跌价准备＝50 000－40 000＝10 000(元)

借：存货跌价准备　　10 000

　　贷：资产减值损失　　10 000

思考题

1. 什么是存货？存货如何分类？
2. 外购存货的成本是如何构成的？
3. 自制存货的成本是如何构成的？
4. 委托加工存货的成本是如何构成的？
5. 投资者投入存货的成本是如何构成的？
6. 发出存货成本的计量方法有哪些？各种方法有哪些优点和缺点？
7. 什么是计划成本法？其账务处理怎样进行？
8. 什么是存货的可变现净值？确定存货的可变现净值应考虑哪些因素？
9. 用于继续加工的材料存货期末如何计量？

第四章 金融资产

本章学习目标

◎理解金融资产的概念及分类

◎掌握以公允价值计量且变动计入当期损溢的金融资产的会计处理

◎掌握持有至到期投资的会计处理

◎掌握应收款项的会计处理

◎掌握可供出售金融资产的会计处理

◎掌握金融资产减值的确认与计量

第一节 金融资产概述

一、金融资产概念

金融资产是一切可以在有组织的金融市场上进行交易、具有现实价格和未来估价的金融工具的总称。

金融工具，是指形成一个企业的金融资产，并形成其他单位的金融负债或权益工具的合同。金融工具按照其发展进程分为基本金融工具和衍生工具。基本金融工具是指一切能证明债权债务关系、权益关系的具有一定格式的合法书面文件，常见的基本金融工具包括货币、商业及银行票据、股票和债券等；衍生工具是在基本金融工具的基础上派生出的金融工具或其他合同，其主要特征为：(1)价值随特定利率、金融工具价格、商品价格、汇率、价格指数、费率指数、信用等级、信用指数或其他类似变量的变动而变动，变量为非金融变量的，该变量与合同的任一方不存在特定关系；(2)不要求初始净投资，或与对市场情况变化有类似反应的其他类型合同相比，要求很少的初始净投资；(3)在未来某一日期结算，常见的衍生工具如远期合同、期货合同、互换和期权等。

金融工具对其持有者来说才是金融资产。金融资产的最大特征是能够在市场交易中为其所有者提供即期或远期的现金流量。

二、金融资产的分类

金融资产主要包括库存现金、银行存款、应收账款、应收票据、贷款、垫款、其他应收款、应收利息、债权投资、股权投资、基金投资、衍生金融资产等。

金融资产的分类与其计量密切相关，企业应当结合自身业务特点和风险管理要求，将取得的金融资产在初始确认时划分为下列 4 类：

(1)以公允价值计量且其变动计入当期损溢的金融资产；

(2)持有至到期投资；

(3)贷款和应收款项；

(4)可供出售金融资产。

上述分类一经确定，不得随意变更。具体应按如下规定处理：

(1)企业在初始确认时将某金融资产划分为以公允价值计量且其变动计入当期损溢的金融资产后，不能重分类为其他类金融资产；其他类金融资产也不能重分类为以公允价值计量且其变动计入当期损溢的金融资产。

(2)持有至到期投资、贷款和应收款项、可供出售金融资产 3 类金融资产之间，也不得随意重分类。

(3)企业因持有意图或能力的改变，使某项投资不再适合划分为持有至到期投资的，应当将其重分类为可供出售金融资产。企业将持有至到期投资在到期前处置或重分类，通常表明其违背了将投资持有到期的最初意图。如果处置或重分类为其他类金融资产的金额相对于该类投资(即企业全部持有至到期投资)在出售或重分类前的总额较大，则企业在处置或重分类后应立即将其剩余的持有至到期投资(即全部持有至到期投资扣除已处置或重分类的部分)重分类为可供出售金融资产。

第二节　以公允价值计量且其变动计入当期损溢的金融资产

一、以公允价值计量且其变动计入当期损溢的金融资产

按照《企业会计准则第 22 号——金融工具确认与计量》的规定，以公允价值计量且其变动计入当期损溢的金融资产，分为交易性金融资产和直接指定为以公允价值计量且其变动计入当期损溢的金融资产两类。

(一)交易性金融资产

满足下列条件之一的金融资产，应当划分为交易性金融资产：

(1)取得该金融资产的目的，主要是为了近期内出售。例如，企业为充分利用闲置资金、以赚取差价为目的从二级市场购入的股票、债券、基金等。

(2)属于进行集中管理的可辨认金融工具组合的一部分，且有客观证据表明企业近期采用短期获利方式对该组合进行管理。

(3)属于衍生工具。但是，被指定且为有效套期工具的衍生工具、属于财务担保合同的衍生工具、与在活跃市场中没有报价且其公允价值不能可靠计量的权益工具投资挂钩并须通过交付该权益工具结算的衍生工具除外。其中，财务担保合同是指保证人和债权人约定，当债务人不履行债务时，保证人按照约定履行债务或者承担责任的合同。

(二)直接指定为以公允价值计量且其变动计入当期损溢的金融资产

直接指定为以公允价值计量且其变动计入当期损溢的金融资产，是企业基于风险管理、战略投资需要等所作的指定。企业不能随意将某项金融资产直接指定为以公允价值计量且其变动计入当期损溢的金融资产。只有在满足以下条件之一时，企业才能将某项金融资产直接指定为以公允价值计量且其变动计入当期损溢的金融资产：

(1)该指定可以消除或明显减少由于该金融资产的计量基础不同所导致的相关利得或损失在确认或计量方面不一致的情况；

(2)企业风险管理或投资策略的正式书面文件已载明，该金融资产组合或该金融资产和金融负债组合，以公允价值为基础进行管理、评价并向关键管理人员报告。

在活跃市场中没有报价、公允价值不能可靠计量的权益工具投资，不得指定为以公允价值计量且其变动计入当期损溢的金融资产。其中，活跃市场，是指同时具有以下特征的市场：①市场内交易的对象具有同质性；②可随时找到自愿交易的买方和卖方；③市场价格信息是公开的。

二、以公允价值计量且其变动计入当期损溢的金融资产的会计处理

企业划分为以公允价值计量且其变动计入当期损溢的金融资产的股票、债券、基金等，应当按照取得时的公允价值作为初始确认金额，相关的交易费用在发生时计入当期损溢。支付的价款中包含已宣告但尚未发放的现金股利或已到付息期但尚未领取的债券利息，应当单独确认为应收项目。企业在持有以公允价值计量且其变动计入当期损溢的金融资产期间取得的利息或现金股利，应当确认为投资收益。资产负债表日，企业应将以公允价值计量且其变动计入当期损溢的金融资产的公允价值变动计入当期损溢。处置该金融资产或金融负债时，其公允价值与初始入账金额之间的差额应确认为投资收益，同时调整公允价值变动损溢。

在会计核算时，企业应设置“交易性金融资产”科目，并按其类别和品种，分别设置“成本”“公允价值变动”等明细科目。相关账务处理如下：

(1)企业取得交易性金融资产，按其公允价值，借记“交易性金融资产——成本”科目，按发生的交易费用，借记“投资收益”科目，按已到付息期但尚未领取的利息或已宣告但尚未发放的现金股利，借记“应收利息”或“应收股利”科目，按实际支付的金额，贷记“银行存款”等科目。

(2)交易性金融资产持有期间被投资单位宣告发放的现金股利，或在资产负债表日按分期付息、一次还本债券投资的票面利率计算的利息，借记“应收股利”或“应收利息”科目，贷记“投资收益”科目。

(3)资产负债表日，交易性金融资产的公允价值高于其账面余额的差额，借记“交易性金融资产——公允价值变动”科目，贷记“公允价值变动损溢”科目；公允价值低于其账面余额的差额做相反的会计分录。

(4)出售交易性金融资产，应按实际收到的金额，借记“银行存款”等科目，按该金融资产的账面余额，贷记“交易性金融资产”科目，按其差额，贷记或借记“投资收益”科目。同时，将原计入该金融资产的公允价值变动转出，借记或贷记“公允价值变动损溢”科

目，贷记或借记“投资收益”科目。

【例 4-1】20×4 年 1 月 1 日，甲企业支付价款 208 万元购入丙公司 20×3 年 1 月 1 日发行的债券，另发生交易费用 4 万元。该债券面值 200 万元，剩余期限为 2 年，票面年利率为 4%，每年付息一次，甲企业将其划分为交易性金融资产。其他资料如下：

(1)20×4 年 1 月 5 日，收到该债券 20×3 年利息；

(2)20×4 年 12 月 31 日，该债券的公允价值为 220 万元(不含利息)；

(3)20×5 年 1 月 10 日，收到该债券 2×10 年利息；

(4)20×5 年 3 月 31 日，甲企业将该债券出售，取得价款 236 万元(含 1 季度利息 2 万元)。

假定不考虑其他因素。甲企业的账务处理如下：

(1)20×4 年 1 月 1 日，购入债券时

借：交易性金融资产——成本	2 000 000	
应收利息	80 000	
投资收益	40 000	
贷：银行存款		2 120 000

(2)20×4 年 1 月 5 日，收到 20×3 年利息时

借：银行存款	80 000	
贷：应收利息		80 000

(3)20×4 年 12 月 31 日，确认债券公允价值变动和投资收益时

借：交易性金融资产——公允价值变动	200 000	
贷：公允价值变动损溢		200 000
借：应收利息	80 000	
贷：投资收益		80 000

(4)20×5 年 1 月 10 日，收到该债券上年利息时

借：银行存款	80 000	
贷：应收利息		80 000

(5)20×5 年 3 月 31 日，出售该债券时

借：应收利息	20 000	
贷：投资收益		20 000
借：银行存款	2 360 000	
贷：交易性金融资产——成本		2 000 000
——公允价值变动		200 000
应收利息		20 000
投资收益		140 000
借：公允价值变动损溢	200 000	
贷：投资收益		200 000

【例 4-2】甲股份有限公司 20×4 年有关交易性金融资产的资料如下：

(1)3 月 1 日以银行存款购入乙公司股票 50 000 股，并准备随时变现，每股买价 16

元，同时支付相关税费 4 000 元。

(2)4 月 20 日乙公司宣告发放的现金股利每股 0.4 元。

(3)4 月 21 日又购入乙公司股票 50 000 股，并准备随时变现，每股买价 18.4 元(其中包含已宣告发放尚未支取的股利每股 0.4 元)，同时支付相关税费 6 000 元。

(4)4 月 25 日收到乙公司发放的现金股利 20 000 元。

(5)6 月 30 日乙公司股票市价为每股 16.4 元。

(6)7 月 18 日该公司以每股 17.5 元的价格转让乙公司股票 60 000 股，扣除相关税费 6 000 元，实得金额为 1 040 000 元。

(7)12 月 31 日乙公司股票市价为每股 18 元。

假定不考虑其他因素。甲企业的账务处理如下：

(1)20×4 年 3 月 1 日，购入乙公司股票时

借：交易性金融资产——A 公司股票(成本)　　800 000

　　投资收益　　4 000

　　贷：银行存款　　804 000

(2)20×4 年 4 月 20 日，乙公司宣告发放的现金股利时

借：应收股利　　20 000

　　贷：投资收益　　20 000

(3)20×4 年 4 月 21 日，再次购入乙公司股票时

借：交易性金融资产——A 公司股票(成本)　　900 000

　　应收股利　　20 000

　　投资收益　　6 000

　　贷：银行存款　　926 000

(4)20×4 年 4 月 25 日，收到乙公司发放的股利时

借：银行存款　　20 000

　　贷：应收股利　　20 000

(5)20×4 年 6 月 30 日，乙公司股票公允价值变动时

公允价值变动损溢＝16.4×100 000－(800 000＋900 000)＝－60 000(元)

借：公允价值变动损溢　　60 000

　　贷：交易性金融资产——A 公司股票(公允价值变动)　　60 000

(6)20×4 年 7 月 18 日，出售部分乙公司股票时

借：银行存款　　1 040 000

　　交易性金融资产——A 公司股票(公允价值变动)　　36 000

　　贷：交易性金融资产——A 公司股票(成本)　　1 020 000

　　　　投资收益　　56 000

借：投资收益　　36 000

　　贷：公允价值变动损溢　　36 000

(7)20×4 年 12 月 31 日，公允价值变动时

18×40 000－[(800 000＋900 000－1 020 000)－(60 000－36 000)]＝64 000(元)

借:交易性金融资产——A公司股票(公允价值变动)　　64 000
　贷:公允价值变动损溢　　64 000

第三节　持有至到期投资

一、持有至到期投资的含义

持有至到期投资,是指到期日固定、回收金额固定或可确定,且企业有明确意图和能力持有至到期的非衍生金融资产。以下非衍生金融资产不应当划分为持有至到期投资:(1)初始确认时被指定为以公允价值计量且其变动计入当期损溢的非衍生金融资产;(2)初始确认时被指定为可供出售的非衍生金融资产;(3)贷款和应收款项。持有至到期投资的主要特点如下:

(1)该金融资产的到期日固定、回收金额固定或可确定。例如,企业从二级市场上购入的固定利率三年期国债、浮动利率两年期债券等,如果同时符合持有至到期投资的其他条件,可以划分为持有至到期投资;购入的股权投资因其没有固定的到期日,则不能划分为持有至到期投资。需要注意的是,持有至到期投资通常具有长期性质,但期限较短(1年以内)的债券投资,如符合持有至到期投资的条件,可以将其划分为持有至到期投资;同时,如果符合其他条件,也不能因为所投资的债券是浮动利率而不将其划分为持有至到期投资。

(2)企业有明确意图将该金融资产持有至到期。企业在取得金融资产时的意图就是明确的,除非遇到一些企业不能控制、预期不会重复发生且难以合理预计的独立事件,否则将持有至到期。存在下列情况之一的,表明企业没有明确意图将金融资产投资持有至到期:①持有该金融资产的期限不确定;②发生市场利率变化、流动性需要变化、替代投资机会及其投资收益率变化、融资来源和条件变化、外汇风险变化等情况时,将出售该金融资产。但是,无法控制、预期不会重复发生且难以合理预计的独立事项引起的金融资产出售除外;③该金融资产的发行方可以按照明显低于其摊余成本的金额清偿;④其他表明企业没有明确意图将该金融资产持有至到期的情况。

(3)企业有能力将该金融资产持有至到期。企业有足够的财务资源,并不受外部因素影响将该金融资产持有至到期。存在下列情况之一的,表明企业没有能力将具有固定期限的金融资产投资持有至到期:①没有可利用的财务资源持续地为该金融资产投资提供资金支持,以使该金融资产投资持有至到期;②受法律、行政法规的限制,使企业难以将该金融资产投资持有至到期;③其他表明企业没有能力将具有固定期限的金融资产投资持有至到期的情况。

(4)持有至到期投资提前处置或重分类为可供出售金融资产。企业将尚未到期的某项持有至到期投资在本会计年度内出售或重分类为可供出售金融资产的金额,相对于该类投资在出售或重分类前的总额较大时,应当将该类投资的剩余部分重分类为可供出售金融资产,且在本会计年度及以后两个完整的会计年度内不得再将该金融资产划分为持有至到期投资。例如,某企业在20×7年将某项持有至到期投资部分出售或重分类为可供出售金融资产，且出售部分或重分类的金额相对于该企业出售或重分类之前全部持有至到期投资总额比例较大，那么该企业应当将剩余的其他持有至到期投资划分为可供出售金融资产。与此同时，该企业在当年以及 20×8 年和 20×9 年两个完整的会计年度内不得再将任何金融资产划分为持有至到期投资。

需要说明的是，下列情况下可以例外：

(1)出售日或重分类日距离该项投资到期日或赎回日较近(如到期前三个月内)，市场利率变化对该项投资的公允价值没有显著影响。

(2)根据合同约定的定期偿付或提前还款方式收回该投资几乎所有初始本金后，将剩余部分予以出售或重分类。

(3)出售或重分类是由于企业无法控制、预期不会重复发生且难以合理预计的独立事项所引起。此种情况主要包括：

①因被投资单位信用状况严重恶化，将持有至到期投资予以出售；

②因相关税收法规取消了持有至到期投资的利息税前可抵扣政策，或显著减少了税前可抵扣金额，将持有至到期投资予以出售；

③因发生重大企业合并或重大处置，为保持现行利率风险头寸或维持现行信用风险政策，将持有至到期投资予以出售；

④因法律、行政法规对允许投资的范围或特定投资品种的投资限额作出重大调整，将持有至到期投资予以出售；

⑤因监管部门要求大幅度提高资产流动性，或大幅度提高持有至到期投资在计算资本充足率时的风险权重，将持有至到期投资予以出售。

二、持有至到期投资的会计处理

由于受金融市场利率的影响，债券的购买价格可能会有按面值购买、按高于面值购买、按低于面值购买 3 种情况。当票面利率等于市场利率时，企业会按面值购买；当票面利率大于市场利率时，企业购买债券的价格会高于债券的面值，这部分差额称为债券溢价，对投资企业来说，债券溢价是为了以后各期多得利息而预先付出的代价，而对发行债券的企业来说，债券溢价是为了以后各期多付的利息而预先收到的补偿；当票面利率小于市场利率时，企业购买债券的价格会低于债券的面值，这部分差额称为债券折价，对于投资企业来说，债券折价是为了以后各期少得的利息而预先得到的补偿，而对发行债券的企业来说，债券折价是为以后各期少付的利息而预先付出的代价。

持有至到期投资应按照取得时的公允价值和相关交易费用之和作为初始确认金额。实际支付的价款中包含的已到付息期但尚未领取的债券利息，应单独确认为应收项目，不构成持有至到期投资的初始成本。

在持有期间，持有至到期投资应当按照摊余成本和实际利率计算确认利息收入，计入投资收益。其中，实际利率应当在取得持有至到期投资时确定，在该持有至到期投资预期存续期间或适用的更短期间内保持不变；实际利率与票面利率差别较小的，也可按票面利率计算利息收入，计入投资收益。处置持有至到期投资时，应将所取得价款与该投资账面价值之间的差额计入投资收益。

在会计核算时，企业应当设置“持有至到期投资”科目，并按其类别和品种，分别设置“成本”“利息调整”“应计利息”等明细科目。相关账务处理如下：

(1)企业取得的持有至到期投资，应按该投资的面值，借记“持有至到期投资——成本”，按支付的价款中包含的已到付息期但尚未领取的利息，借记“应收利息”科目，按实际支付的金额，贷记“银行存款”等科目，按其差额，借记或贷记“持有至到期投资——利息调整”。

(2)资产负债表日，持有至到期投资为分期付息、一次还本债券投资的，应按票面利率计算确定的应收未收利息，借记“应收利息”科目，按持有至到期投资摊余成本和实际利率计算确定的利息收入，贷记“投资收益”科目，按其差额，借记或贷记“持有至到期投资——利息调整”。持有至到期投资为一次还本付息债券投资的，应于资产负债表日按票面利率计算确定的应收未收利息，借记“持有至到期投资——应计利息”，按持有至到期投资摊余成本和实际利率计算确定的利息收入，贷记“投资收益”科目，按其差额，借记或贷记“持有至到期投资——利息调整”科目。

(3)企业因持有至到期投资部分出售或重分类的金额较大，使该投资的剩余部分不再适合划分为持有至到期投资的，企业应将剩余部分重分类为可供出售金融资产，并以公允价值进行后续计量。重分类日，企业应按该金融资产当前的公允价值，借记“可供出售金融资产”科目，按账面摊余成本，贷记“持有至到期投资——成本、利息调整、应计利息”科目，按其差额贷记或借记“其他综合收益”科目。已计提减值准备的，还应同时结转减值准备。以后处置该可供出售金融资产时，原重分类计入“其他综合收益”的金额要转入“投资收益”科目。

(4)出售持有至到期投资，应按实际收到的金额，借记“银行存款”等科目，按其账面余额，贷记“持有至到期投资——成本、利息调整、应计利息”科目，按其差额，贷记或借记“投资收益”科目。已计提减值准备的，还应同时结转减值准备。

【例 4-3】甲公司于 20×2 年 1 月 1 日购入乙公司 20×1 年 1 月 1 日发行的债券，该债券 4 年期、票面年利率 4%、每年 1 月 5 日支付上年利息，到期日为 20×5 年 1 月 1 日，到期还本并支付最后一期利息。甲企业购入债券的面值为 1 000 万元，实际支付 972.77 万元，另支付相关费用 40 万元。购入债券时的市场利率为 5%。假定甲公司明确持有该债券至到期，并且有充分的财务能力持有此债券至到期。因此，甲公司将该批债券划分为持有至到期投资。

不考虑所得税、减值损失因素。每年的投资收益如表 4-1 所示。

表 4-1　投资收益计算表

单位：万元

年　份	期初摊余成本(1)＝上期(5)	投资收益(2)＝(1)×5%	应收利息(3)＝(按面值×4%计算)	折价摊销(4)＝(2)－(3)	期末摊余成本(5)＝(1)＋(4)
20×2 年 1 月 1 日	—	—	—	—	972.77
20×2 年 12 月 31 日	972.77	48.64	40	8.64	981.41
20×3 年 12 月 31 日	981.41	49.07	40	9.07	990.48

续 表

年　份	期初摊余成本(1)＝上期(5)	投资收益(2)＝(1)×5%	应收利息(3)＝(按面值×4%计算)	折价摊销(4)＝(2)－(3)	期末摊余成本(5)＝(1)＋(4)
20×4 年 12 月 31 日	990.48	49.52	40	9.52	1 000

根据上述资料，甲公司有关账务处理如下：

(1)20×2 年 1 月 1 日，购入债券时

借：持有至到期投资——乙公司(成本)　　10 000 000

　　应收利息　　400 000

　　贷：持有至到期投资——乙公司(利息调整)　　272 300

　　　　银行存款　　10 127 700

(2)20×2 年 1 月 5 日，收到票面利息时

借：银行存款　　400 000

　　贷：应收利息　　400 000

(3)20×2 年 12 月 31 日，确认利息收入时

借：应收利息　　400 000

　　持有至到期投资——乙公司(利息调整)　　86 400

　　贷：投资收益　　486 400

(4)20×3 年 1 月 5 日，收到票面利息时

借：银行存款　　400 000

　　贷：应收利息　　400 000

(5)20×3 年 12 月 31 日，确认利息收入时

借：应收利息　　400 000

　　持有至到期投资——乙公司(利息调整)　　90 700

　　贷：投资收益　　490 700

(6)20×4 年 1 月 5 日，收到票面利息时

借：银行存款　　400 000

　　贷：应收利息　　400 000

(7)20×4 年 12 月 31 日，确认利息收入时

借：应收利息　　400 000

　　持有至到期投资——乙公司(利息调整)　　95 200

　　贷：投资收益　　495 200

(8)20×5 年 1 月 1 日，偿还本金及最后一期利息时

借：银行存款　　10 400 000

　　贷：持有至到期投资——乙公司(成本)　　10 000 000

　　　　应收利息　　400 000

第四节　贷款和应收款项

一、贷款的核算

贷款是商业银行的一项主要业务，应设置“贷款”科目对按规定发放的各种贷款进行核算。企业发放的贷款，应按贷款的合同本金，借记“贷款——本金”，按实际支付的金额，贷记“吸收存款”“存放中央银行款项”等科目，有差额的，借记或贷记“贷款——利息调整”。

资产负债表日，应按贷款的合同本金和合同利率计算确定的应收未收利息，借记“应收利息”科目，按贷款的摊余成本和实际利率计算确定的利息收入，贷记“利息收入”科目，按其差额，借记或贷记“贷款——利息调整”。合同利率与实际利率差异较小的，也可以采用合同利率计算确定利息收入。

收回贷款时，应按客户归还的金额，借记“吸收存款”“存放中央银行款项”等科目，按收回的应收利息金额，贷记“应收利息”科目，按归还的贷款本金，贷记“贷款——本金”，按其差额，贷记“利息收入”科目。存在利息调整余额的，还应同时结转。

二、应收款项的核算

企业的应收款项，通常包括“应收账款”“应收票据”“预付账款”“其他应收款”等内容，现分述如下：

(一)应收账款

1. 应收账款的范围

应收账款是指企业因销售商品或产品、提供劳务而应向购货单位或接受劳务单位收取的款项。应收账款有其特定的范围：

(1)应收账款是指因销售活动或提供劳务活动形成的债权。不包括应收职工欠款、应收债务人的利息、应收保险赔款等。

(2)应收账款是指流动资产性质的债权。不包括长期债权，如合同或协议约定价款的收用采用延期方式、实质上具有融资性质的，属于长期应收款。

(3)应收账款是指本企业应收客户的款项，不包括本企业付出的各类存出保证金。如投标保证金和租入包装物保证金等。

2. 应收账款的计量

应收账款应当按照实际发生额确认入账价值。应收账款的入账价值包括销售货物或提供劳务的价款、增值税，以及代购货方垫付的包装费、运杂费等。同时，应当考虑有关折扣的因素。企业向购货单位提供的折扣有两种：商业折扣和现金折扣。

(1)商业折扣。是指企业为促进销售在商品标价上给予的价格扣除。商业折扣是鼓励购方多买的一种促销手段。由于商业折扣在交易成立及实际付款之前予以扣除，因此，对应收账款和营业收入均不产生影响，会计记录只按商品标价扣除商业折扣后的净额入账。例如:某企业向客户赊销一批商品,按价目表上标明的价格计算,其售价金额为10万元,由于购方成批购买,给予5%的商业折扣,假定不考虑相关税费,则该企业在确认应收账款时,应按9.5万元(10×95%)计价。

(2)现金折扣。是指企业为了鼓励客户在一定时间内早日付款而给予的价格优待。折扣多少由客户付款的早晚决定。它通常表示为"2/10,/1/20,n/30",读作"如果在10天内付款可享受2%的折扣,20天内付款可享受1%的折扣,超过20天付款则无折扣"。

在存在现金折扣的情况下,应收账款入账价值的确定有两种方法:一种是总价法;另一种是净价法。在总价法下,应收账款按未扣除现金折扣前的金额作为入账价值。现金折扣只有客户在折扣期内支付货款时,才予以确认。在这种方法下,销售方把给予客户的现金折扣视为融资的理财费用,会计上作为财务费用处理。在净价法下,是将扣除现金折扣后的金额作为应收账款的入账价值。这种方法是把客户取得的折扣视为正常现象,认为客户一般都会提前付款,而将由于客户超过折扣期限付款而多收的款项,视为提供信贷获得的收入,于收到时入账,冲减财务费用。

根据我国《企业会计准则》规定,企业应收账款的入账价值,应按照总价法确定。

3.应收账款的核算

为了反映应收账款的增减变动情况,企业应设置"应收账款"科目进行核算。该科目借方登记企业应向购货单位或接受劳务单位收取的款项,包括应收取的价款、增值税、代购货单位垫付的运杂费等;贷方登记已收回的款项、改用商业汇票结算的应收账款、已确认为坏账的应收账款、以债务重组方式收回的债权等;期末余额在借方,表示尚未收回的应收账款。

【例4-4】甲企业赊销一批商品给乙企业,按价目表上标明的价格计算,其售价金额为200 000元,由于是批量销售,甲企业给予乙企业10%的商业折扣,折扣金额为20 000元,适用的增值税率为17%。甲企业会计处理如下:

(1)销售商品时

借:应收账款　　210 600

　贷:主营业务收入　　180 000

　　应交税费——应交增值税(销项税额)　　30 600

(2)收回应收账款时

借:银行存款　　210 600

　贷:应收账款　　210 600

【例4-5】甲企业赊销一批商品给乙企业,不含税收入为100 000元,适用的增值税率17%,代垫运杂费3 000元(假定不作为计税基数),规定的付款条件是:2/10,n/30。假定计算现金折扣时不考虑增值税及代垫运费因素。甲企业账务处理如下:

(1)销售商品时

借:应收账款　　120 000

　贷:主营业务收入　　100 000

　　应交税费——应交增值税(销项税额)　　17 000

银行存款 3 000

(2)假定客户于 10 天内付款时

借:银行存款 118 000

财务费用 2 000

贷:应收账款 120 000

(3)假定客户于 30 天内付款时,则无现金折扣

借:银行存款 120 000

贷:应收账款 120 000

4. 应收账款融通

所谓应收账款融通,是指企业通过质押应收账款取得借款或通过出售应收账款方式筹集资金的行为。

(1)质押应收债权取得借款。若企业将应收债权质押给银行取得借款,该项质押借款应确认为企业对银行等金融机构的一项负债,会计上作为短期借款处理。借款期间发生的借款利息及向银行等金融机构偿付借入款项的本息时的会计处理,应按照有关借款费用核算的规定进行处理。

【例 4-6】20×4 年 7 月 10 日,甲公司销售给乙公司货物一批,取得不含税收入 100 万元,增值税的销项税为 17 万元,货款尚未收到。合同约定应于 20×4 年 11 月 10 日付款。20×4 年 8 月 1 日,应急需流动资金,经与银行协商,甲公司以应收乙公司应收账款为质押,取得借款 70 万元,期限 3 个月,年利率 6%,每月末偿付利息。不考虑其他因素,甲企业账务处理如下:

①20×4 年 7 月 10 日,销售商品时

借:应收账款 1 170 000

贷:主营业务收入 1 000 000

应交税费——应交增值税(销项税额) 170 000

②20×4 年 8 月 1 日,取得借款时

借:银行存款 700 000

贷:短期借款 700 000

(注:企业应设置备查簿,详细记录质押的应收债权的账面金额、质押期限及回款情况)

③20×4 年 8、9 月末偿付利息时

借:财务费用 3 500

贷:银行存款 3 500(700 000×6%÷12)

④20×4 年 10 月 30 日质押到期,偿付短期借款本金及最后一期利息时

借:财务费用 3 500

短期借款 700 000

贷:银行存款 703 500

(2)出售应收账款。出售应收账款通常分为不附追索权的出售和附追索权的出售两种形式。所谓不附追索权的出售,是指企业将应收账款出售给银行等金融机构,根据

企业、债务人及银行等金融机构之间的协议，在所售应收账款到期无法收回时，银行等金融机构不能够向出售应收账款的企业进行追偿。在这种情况下，企业应将所售应收账款予以转销，结转计提的相关坏账准备，确认按协议约定预计将发生的销售退回、销售折让、现金折扣等，确认出售损溢。所谓附追索权的出售，是指企业将应收账款出售给银行等金融机构后，如果有关应收账款到期无法从债务人处收回，银行等金融机构有权向出售应收账款的企业追偿，或按照协议约定，企业有义务按照约定金额自银行等金融机构回购部分应收账款，应收账款的坏账风险由出售应收账款的企业承担。在这种情况下，企业应按照以应收账款为质押取得借款的核算原则进行会计处理。

【例 4-7】20×7 年 3 月 15 日，甲公司销售一批商品给乙公司，增值税专用发票上注明价款为 600 000 元，增值税额为 102 000 元，款项尚未收到。双方约定，乙公司应于 20×7 年 10 月 31 日付款。20×7 年 6 月 4 日，经与工商银行协商后约定：甲公司将应收乙公司的货款出售给工商银行，价款为 526 500 元；在应收乙公司货款到期无法收回时，工商银行不能向甲公司追偿。甲公司根据以往经验，预计该批商品将发生的销售退回金额为 46 800 元(其中增值税额 6 800 元)，成本为 26 000 元，实际发生的销售退回由甲公司承担。20×7 年 8 月 3 日，甲公司收到乙公司退回的商品，价款为 46 800 元。甲公司与不附追索权的应收债权出售有关的账务处理如下：

(1)20×7 年 6 月 4 日，出售应收债权时

科目	借方	贷方
借：银行存款	526 500	
营业外支出	128 700	
其他应收款	46 800	
贷：应收账款		702 000

(2)20×7 年 8 月 3 日，收到退回的商品时

科目	借方	贷方
借：主营业务收入	40 000	
应交税费——应交增值税(销项税额)	6 800	
贷：其他应收款		46 800
借：库存商品	26 000	
贷：主营业务成本		26 000

【例 4-8】20×7 年 2 月 5 日，甲公司销售一批商品给乙公司，增值税专用发票上注明的价款为 310 000 元，增值税税额为 52 700 元，款项尚未收到。双方约定，乙公司应于 20×7 年 9 月 30 日付款。20×7 年 5 月 1 日，甲公司因急需流动资金，经与农业银行协商后约定，甲公司将以应收乙公司货款出售给农业银行，价款 360 000 元；在应收乙公司货款无法收回时，农业银行有权向甲公司追偿，并加收罚息；在收到乙公司货款之前，农业银行按年利率 6% 于每月末收取利息。甲公司与附追索权的应收债权出售有关的账务处理如下：

(1)5 月 1 日，出售应收债权时

科目	借方	贷方
借：银行存款	360 000	
贷：短期借款		360 000

(2)每月末支付利息时

借:财务费用　　1 800

　贷:银行存款　　1 800

(3)9 月 30 日,乙公司按期偿还货款时

借:短期借款　　360 000

　财务费用　　2 700

　贷:应收账款　　362 700

(二)应收票据

1. 应收票据的概念

应收票据是指企业因销售商品、产品、提供劳务等而收到的,还没有到期的,尚未兑现的商业汇票。根据我国现行法律的规定,商业汇票的期限不得超过 6 个月,因而我国的商业汇票是一种流动资产。

应收票据按承兑人不同分为商业承兑汇票和银行承兑汇票。按是否带息,应收票据分为带息应收票据和不带息应收票据两种。带息票据是指票面上注明利率及付款日期的票据,不带息票据是指票据到期时按面值支付,票面上未注明利率的票据。此外,商业汇票具有较强的流通性,持票人可以贴现、背书或抵押,有利于企业的资金调度。

2. 应收票据的核算

企业应设置"应收票据"科目进行会计核算。该科目属于资产类科目,借方发生额反映企业因销售商品、提供劳务等收到的商业汇票,贷方发生额反映到期收回的商业汇票或未到期向银行申请贴现的商业汇票以及已背书转让给其他单位的商业汇票,期末借方余额反映企业尚未收回的应收票据的金额。

(1)不带息票据的核算。不带息票据的到期值等于应收票据的面值。收到票据时,按其面值,借记"应收票据"科目,贷记"主营业务收入""应收账款"等科目。到期收回时,按实收金额(即面值),借记"银行存款"科目,贷记"应收票据"科目。商业承兑汇票到期,承兑人违约拒付或无力偿还票款,收款企业应将到期应收票据按账面余额转入"应收账款"科目。

【例 4-9】甲公司 20×4 年 2 月 1 日收到乙公司签发并承兑的期限 3 个月、面值为 80 000 元的不带息商业汇票一张,以抵偿所欠货款。甲公司账务处理如下:

①收到票据时

借:应收票据　　80 000

　贷:应收账款　　80 000

②3 个月后,商业汇票到期,收到银行收款通知时

借:银行存款　　80 000

　贷:应收票据　　80 000

(2)带息票据的核算。带息票据的到期值为票据面值与到期利息之和,即:

票据到期值=票据面值+票据到期利息

票据到期利息=票据面值×利率×期限

在计算票据利息时,需要确定票据到期日,可分为两种情况:如果以月为单位,则以

到期月份的同一天为票据的到期日；如果以日为单位，应从出票日起按实际天数计算，习惯上出票日和到期日只能算其中一天。例如3月1日出票的期限为3个月的票据，到期日为6月1日，如果期限为90天，则到期日为5月30日。

由于我国商业汇票的期限较短，企业收到的带息商业汇票仍按其面值入账。会计期末应按期计提利息，作为利息收入，冲减财务费用，并增加应收票据的账面价值。如果利息金额不大，根据重要性原则也可不预提，票据到期时，实际收回金额（票据到期值）与应收票据账面价值（票据面值）之间的差额（票据到期利息）冲减财务费用。

【例4-10】甲公司20×7年9月1日销售一批商品给乙公司，货已发出，增值税专用发票上注明的价款为300 000元，增值税额为51 000元。当日收到乙公司交来的商业承兑汇票一张，期限为6个月，票面利率为5%。6个月后，如期收回票款。甲公司的账务处理如下：

（1）20×7年9月1日，收到商业汇票

借：应收票据　　351 000

　贷：主营业务收入　　300 000

　　应交税费——应交增值税（销项税额）　　51 000

（2）20×7年12月31日，计提利息

借：应收票据　　5 850

　贷：财务费用　　5 850

（3）到期收回票款

借：银行存款　　359 775

　贷：应收票据　　356 850

　　财务费用　　2 925

3. 应收票据转让与贴现的核算

企业可以背书转让所持有的商业汇票，用以偿还债务、购买物料或取得劳务。也可以将未到期的商业汇票向银行进行贴现。

（1）应收票据背书转让

企业通过背书转让所持有的商业汇票以取得所需物料时，应按取得物资的价值和专用发票上载明的增值税额，借记“材料采购”或“原材料”“库存商品”“应交税费——应交增值税（进项税额）”等科目，按商业汇票的票面金额，贷记“应收票据”科目，如有差额，借记或贷记“银行存款”等科目。如果背书转让的是带息票据，除了按应收票据的账面余额，贷记“应收票据”科目外，还应按尚未计提的利息，贷记“财务费用”科目，如有差额，再按应收或应付的金额，借记或贷记“银行存款”科目。

【例4-11】甲公司20×4年6月10日，因销售商品收到乙公司开具的90日到期的不带息票据一张，面值为15 000元。6月30日，甲公司向丙公司采购A材料，将上述商业汇票通过背书转让给丙公司，同时收到丙公司开具的增值税发票，专用发票上注明的价款20 000元，增值税额3 400元。甲公司以银行存款向丙公司补付8 400元。根据上述业务，20×4年6月30日，甲公司账务处理如下：

借：库存商品　　20 000

应交税费——应交增值税(进项税额) 3 400

贷:应收票据 15 000

银行存款 8 400

(2)应收票据贴现

商业汇票是一种远期票据,在未到期前,不能从承兑人方面取得资金。但是,企业如果急需资金,可以按规定向银行背书转让,办理贴现。所谓贴现是指票据持有人在票据到期前,为取得货币资金,向银行申请贴付一定利息,把票据转让给银行的一种信用活动。

根据贴现商业汇票的到期值和贴现息,可以计算出商业汇票的贴现净额。相关计算公式如下:

贴现净额=票据到期值-贴现息

贴现息是根据商业汇票到期值、银行制定的贴现率和贴现期计算的,其公式为:

贴现息=票据到期值×贴现率×贴现期

贴现期是指贴现日至到期日的时间间隔,贴现日和到期日只能二者取其一。

【例 4-12】甲公司将持有的一张面值 100 000 元的商业汇票向银行贴现。该票据不带息,期限 2 个月,出票日 7 月 1 日。企业于 8 月 1 日向银行贴现,银行贴现率为 6%。由于是不带息票据,其到期值即面值 100 000 元,贴现期为 1 个月,则:

贴现息=100 000×6%×1/12=500(元)

贴现净额=100 000-500=99 500(元)

当甲公司将贴现所得存入银行时,则账务处理如下:

借:银行存款 99 500

财务费用 500

贷:应收票据 100 000

假定该票据为带息票据,票面利率 4%,其他情况不变,则:

票据到期利息=100 000×4%×2/12=666.67(元)

票据到期值=100 000+666.67=100 666.67(元)

贴现息=100 666.67×6%×1/12=503.33(元)

贴现净额=100 666.67-503.33=100 163.34(元)

假定甲公司未按期计提利息,则收到贴现款时,则账务处理如下:

借:银行存款 100 163.34

贷:应收票据 100 000

财务费用 163.34

实际上,票据贴现是融通资金的一种信贷形式。企业通过将未到期票据贴现,提前取得货币资金,从而可以加快了企业的资金周转速度,提高了企业资金使用效率。但同时,票据贴现也可能会导致或有负债的出现。即若商业承兑票据到期,对方无力支付,则贴现银行会向贴现该票据的企业追索款项,从而形成企业新的负债或资产的减少。

需要注意的是,企业应当设置“应收票据备查簿”,逐笔登记商业汇票的种类、号数和出票日、票面金额、交易合同和付款、承兑人、背书人的姓名单位名称、到期日、背书转让日、贴现日、贴现率和贴现净额以及收款日期和收回金额、退票情况等资料。商业汇票到期结清票款或退票后,在备查簿中应予以注销。

(三)预付账款

预付账款是指企业按照购货合同或劳务合同规定,预先支付给供应方或提供劳务方的款项。企业预付货款后,有权要求对方按照购货合同规定发货。预付账款是企业暂时被供货单位占有的资金,如同应收账款属于企业的短期债权。预付账款应在向购货单位支付款项时予以确认,按照实际预付的金额作为入账价值。

为了加强对预付账款的管理,企业一般应单独设置"预付账款"科目进行核算。该科目的借方登记企业向供应单位预付、补付的款项;贷方登记企业收到所购物资的应付金额及退回的多余款项;期末余额如在借方,表示企业实际预付的款项;期末如为贷方余额,表示企业尚未补付的款项。该科目应按供货单位设置明细账,进行明细分类核算。预付账款不多的企业,也可以将预付的款项直接记入"应付账款"科目的借方,不单独设置"预付账款"科目。但在编制资产负债表时,需要将"预付账款"和"应付账款"的金额分开列示。

企业按照合同规定预付货款时,按预付金额借记"预付账款"科目,贷记"银行存款"科目。企业收到所购货物时,根据发票账单所列明的应计入购入物资成本的金额借记"原材料""库存商品"等科目,按增值税专用发票上注明的增值税额借记"应交税费——应交增值税(进项税额)"科目,按应付金额贷记"预付账款"科目。补付货款时,应借记"预付账款"科目,贷记"银行存款"科目。退回多付的货款时,应借记"银行存款"科目,贷记"预付账款"科目。

【例 4-13】20×4 年 5 月 10 日,甲公司根据购货合同向乙公司预付材料款 20 000 元。5 月 25 日收到所购材料,增值税专用发票上注明商品的价款为 100 000 元,增值税额为 17 000 元。5 月 30 日,向甲公司补付价税款 97 000 元。甲公司的账务处理如下:

(1)5 月 10 日,预付货款时

借:预付账款——乙公司	20 000	
贷:银行存款		20 000

(2)5 月 25 日,收到材料时

借:原材料	100 000	
应交税费——应交增值税(进项税额)	17 000	
贷:预付账款——乙公司		117 000

(3)5 月 30 日,支付剩余款项时

借:预付账款——乙公司	97 000	
贷:银行存款		97 000

(四)其他应收款

其他应收款是指企业除了应收票据、应收账款、预付账款等以外的其他各种应收、暂付款。主要包括:应收的各种赔款、罚款;应收出租包装物的租金;应向职工收取的各种垫付款项的其他各项应收、暂付款项。

企业发生各种其他应收款时，按应收金额借记“其他应收款”科目，贷记“库存现金”“银行存款”等科目。收回其他应收款时，借记“库存现金”“银行存款”等科目，贷记“其他应收款”科目。

【例 4-14】甲公司向乙公司租入包装物一批，甲公司以银行存款向乙公司支付押金 5 000 元。甲公司的账务处理如下：

(1)用银行存款支付押金时

借：其他应收款　　5 000

　贷：银行存款　　5 000

(2)甲公司归还包装物，收到乙公司退还的押金时

借：银行存款　　5 000

　贷：其他应收款　　5 000

第五节　可供出售金融资产

一、可供出售金融资产的含义

可供出售金融资产，是指初始确认时即被指定为可供出售的非衍生金融资产，以及除下列各类资产以外的金融资产：(1)贷款和应收款项；(2)持有至到期投资；(3)以公允价值计量且其变动计入当期损溢的金融资产。例如，企业购入的在活跃市场上有报价的股票、债券和基金等，没有划分为以公允价值计量且其变动计入当期损溢的金融资产或持有至到期投资等金融资产的，可归为此类。

二、可供出售金融资产的会计处理

可供出售金融资产应当按取得该金融资产的公允价值和相关交易费用之和作为初始确认金额。支付的价款中包含的已到付息期但尚未领取的债券利息或已宣告但尚未发放的现金股利，应单独确认为应收项目。可供出售金融资产持有期间取得的利息或现金股利，应当计入投资收益。资产负债表日，可供出售金融资产应当以公允价值计量，且公允价值变动计入其他综合收益。处置可供出售金融资产时，应将取得的价款与该金融资产账面价值之间的差额，计入投资损溢；同时，将原直接计入所有者权益的公允价值变动累计额对应处置部分的金额转出，计入投资损溢。

在会计核算时，企业应设置“可供出售金融资产”科目，并分别设置“成本”“利息调整”“应计利息”“公允价值变动”等明细科目。具体账务处理如下：

(1)企业取得可供出售的金融资产，应按其公允价值与交易费用之和，借记“可供出售金融资产——成本”科目，按支付的价款中包含的已宣告但尚未发放的现金股利，借记“应收股利”科目，按实际支付的金额，贷记“银行存款”等科目。

企业取得的可供出售金融资产为债券投资的，应按债券的面值，借记“可供出售金融资产——成本”科目，按支付的价款中包含的已到付息期但尚未领取的利息，借记“应收利息”科目，按实际支付的金额，贷记“银行存款”等科目，按差额，借记或贷记“可供出

售金融资产——利息调整”科目。

(2)资产负债表日,可供出售债券为分期付息、一次还本债券投资的,应按票面利率计算确定的应收未收利息,借记“应收利息”科目,按可供出售债券的摊余成本和实际利率计算确定的利息收入,贷记“投资收益”科目,按其差额,借记或贷记“可供出售金融资产——利息调整”科目。

可供出售债券为一次还本付息债券投资的,应于资产负债表日按票面利率计算确定的应收未收利息,借记“可供出售金融资产——应计利息”科目,按可供出售债券的摊余成本和实际利率计算确定的利息收入,贷记“投资收益”科目,按其差额,借记或贷记“可供出售金融资产——利息调整”科目。

(3)资产负债表日,可供出售金融资产的公允价值高于其账面余额的差额,借记“可供出售金融资产——公允价值变动”科目,贷记“其他综合收益——可供出售金融资产变动损溢”科目;公允价值低于其账面余额的差额做相反的会计分录。

确定可供出售金融资产发生减值的,按应减记的金额,借记“资产减值损失”科目,按应从所有者权益中转出原计入其他综合收益的累计损失金额,贷记“其他综合收益”科目,按其差额,贷记“可供出售金融资产——公允价值变动”科目。

对于已确认减值损失的可供出售金融资产,在随后会计期间内公允价值已上升且客观上与确认原减值损失事项有关的,应按原确认的减值损失,借记“可供出售金融资产——公允价值变动”科目,贷记“资产减值损失”科目;但可供出售金融资产为股票等权益工具投资的(不含在活跃市场上没有报价、公允价值不能可靠计量的权益工具投资),借记“可供出售金融资产——公允价值变动”科目,贷记“其他综合收益”科目。

(4)将持有至到期投资重分类为可供出售金融资产的,应在重分类日按其公允价值,借记“可供出售金融资产”科目,按其账面余额,贷记“持有至到期投资”科目,按其差额,贷记或借记“其他综合收益——持有至到期投资重分类为可供出售金融资产损溢”科目。已计提减值准备的,还应同时结转减值准备。

(5)出售可供出售的金融资产,应按实际收到的金额,借记“银行存款”等科目,按其账面余额,贷记“可供出售金融资产——成本、公允价值变动、利息调整、应计利息”等科目,按应从所有者权益中转出的公允价值累计变动额,借记或贷记“其他综合收益”科目,按其差额,贷记或借记“投资收益”科目。

【例 4-15】20×7 年 5 月,甲公司以 480 万元购入乙公司股票 60 万股作为可供出售金融资产,另支付手续费 10 万元。20×7 年 6 月 30 日该股票每股市价为 7.5 元,20×7 年 8 月 10 日,乙公司宣告分派现金股利,每股 0.20 元,8 月 20 日,甲公司收到分派的现金股利。至 12 月 31 日,甲公司仍持有该可供出售金融资产,期末每股市价为 8.5 元,20×8年 1 月 3 日以 515 万元出售该可供出售金融资产。假定甲公司每年 6 月 30 日和 12 月 31 日对外提供财务报告。甲公司的账务处理如下:

(1)20×7 年 5 月购入股票时

借:可供出售金融资产——成本　　4 900 000

　　贷:银行存款　　4 900 000

(2)20×7 年 6 月 30 日,确认股票价格变动时

借:其他综合收益——可供出售金融资产公允价值变动 400 000

贷:可供出售金融资产—公允价值变动 400 000

(3)20×7 年 8 月 10 日乙公司宣告分派现金股利时

借:应收股利 120 000

贷:投资收益 120 000

(4)20×7 年 8 月 20 日收到现金股利时

借:银行存款 120 000

贷:应收股利 120 000

(5)20×7 年 12 月 31 日,确认股票价格变动时

借:可供出售金融资产—公允价值变动 600 000

贷:其他综合收益——可供出售金融资产公允价值变动 600 000

(6)20×8 年 1 月 3 日处置时

借:银行存款 5 150 000

贷:可供出售金融资产——成本 4 900 000

可供出售金融资产——公允价值变动 200 000

投资收益 50 000

借:其他综合收益——可供出售金融资产公允价值变动 200 000

贷:投资收益 200 000

【例 4-16】20×4 年 3 月,由于贷款基准利率的变动和其他市场因素的影响,乙公司持有的、原划分为持有至到期投资的丙公司债券价格持续下跌。为此,乙公司于 4 月 1 日对外出售持有至到期债券投资的 10%,收取价款 360 000 元。假定 4 月 1 日该债券出售之前的账面余额(成本)为 3 000 000 元,不考虑债券出售等其他相关因素影响,乙公司账务处理如下:

(1)出售 10%所持丙公司债券时

借:银行存款 360 000

贷:持有至到期投资——丙公司(成本) 300 000

投资收益 60 000

(2)将持有至到期投资重分类为可供出售金融资产时

借:可供出售金融资产——丙公司(成本) 3 240 000

贷:持有至到期投资——丙公司(成本) 2 700 000

其他综合收益——持有至到期投资重分类为可供出售金融资产损溢 540 000

(3)假定,5 月 20 日乙公司将该债券全部出售,收取价款 3 340 000 元,则乙公司相关会计处理如下:

借:银行存款 3 340 000

贷:可供出售金融资产——丙公司(成本) 3 240 000

投资收益 100 000

借:其他综合收益——持有至到期投资重分类为可供出售金融资产损溢 540 000

贷:投资收益 540 000

第六节 金融资产减值

企业应当在资产负债表日对以公允价值计量且其变动计入当期损溢的金融资产以外的金融资产的账面价值进行检查,有客观证据表明该金融资产发生减值的,应当计提减值准备。

金融资产的减值包括贷款、应收款项、持有至到期投资和可供出售金融资产的减值。对于贷款的减资的会计核算可以参考“金融会计”的相关内容。因此,本节仅阐述应收款项、持有至到期投资和可供出售金融资产的减值及其会计处理方法。

一、应收款项减值

(一)应收款项减值的确认

按照《企业会计准则》的规定,企业应当在资产负债表日对应收款项的账面价值进行检查,有客观证据表明该应收款项发生减值的,应当将该应收款项的账面价值减记至预计未来现金流量现值,减记的金额确认减值损失,计提坏账准备。

表明应收款项发生减值的客观证据是指应收款项初始确认后实际发生的、对该应收款项的预计未来现金流量有影响,且企业能够对该影响进行可靠计量的事项。应收款项发生减值的证据,包括下列各项:①债务人发生严重财务困难;②债务人违反了合同条款,如偿付利息或本金发生违约或逾期等;③债权人出于经济或法律等方面的因素考虑,对发生财务困难的债务人做出让步;④债务人可能倒闭或进行其他债务重组;⑤无法辨认一组应收款项中的某项资产的现金流量是否已经减少但根据公开的数据对其进行总体评价后发现,该组应收款项自初始确认以来的预计未来现金流量确已减少且可计量;⑥其他表明应收款项发生减值的客观证据。

(二)应收款项减值的会计处理

企业应当设置“坏账准备”科目,核算应收款项的坏账准备计提、转销等情况。借方登记实际发生的坏账损失金额和冲减的坏账准备金额,贷方登记当期计提的坏账准备金额,期末贷方余额,反映企业已计提但尚未转销的坏账准备。

资产负债表日,应收款项发生减值的,按应减记的金额,借记“资产减值损失”科目,贷记“坏账准备”科目。本期应计提的坏账准备大于其账面余额的,应按其差额计提;应计提的坏账准备小于其账面余额的差额做相反的会计分录。

对于确实无法收回的应收款项,按管理权限报经批准后作为坏账,转销应收款项,借记“坏账准备”科目,贷记“应收账款”“应收票据”“预付账款”等科目。

对于已确认并转销的应收款项以后又收回的,应按实际收回的金额,借记“应收账款”“应收票据”“预付账款”等科目,贷记“坏账准备”科目;同时借记“银行存款”科目,贷记“应收账款”“应收票据”“预付账款”等科目。

对于已确认并转销的应收款项以后又收回的，也可以按照实际收回的金额，借记“银行存款”科目，贷记“应收账款”等科目。

在对应收款项进行减值测试时，可以对单项应收款项或应收款项组合进行测试从而确定应收款项的减值损失。主要有两种方法：“余额百分比法”和“账龄分析法”。

1. 余额百分比法

余额百分比法是按照期末应收账款余额的一定百分比估计坏账损失的方法。坏账百分比由企业根据以往的资料或经验自行确定。在余额百分比法下，企业应在每个会计期末根据本期末应收账款的余额和相应的坏账率估计出期末坏账准备科目应有的余额，它与调整前坏账准备科目已有的余额的差额，就是当期应提的坏账准备金额。

采用余额百分比法计提坏账准备的计算公式如下：

(1)首次计提坏账准备的计算公式：

坏账准备＝期末应收账款余额×坏账准备计提百分比

(2)以后计提坏账准备的计算公式：

坏账准备＝当期按应收账款计算应计提的坏账准备金额＋(或－)坏账准备科目借方余额(或贷方余额)

【例 4-17】甲公司 20×4 年末应收账款余额为 1 000 000 元，坏账准备科目余额为 0，企业根据风险特征估计坏账准备的提取比例为应收账款余额的 0.4%。20×5 年发生坏账 5 000 元，该年末应收账款余额为 900 000 元。20×6 年出现了 20×5 冲销的账款中有 2 000 元本年度又收回。甲公司的会计处理如下：

(1)20×4 年应提坏账准备时

	借方	贷方
借：资产减值损失	4 000	
贷：坏账准备		4 000

(2)20×5 年发生坏账损失时

	借方	贷方
借：坏账准备	5 000	
贷：应收账款		5 000

(3)20×5 年年末计提坏账准备时

	借方	贷方
借：资产减值损失	4 600	
贷：坏账准备		4 600

(4)20×6 年收回已冲销的应收账款时

	借方	贷方
借：应收账款	2 000	
贷：坏账准备		2 000
借：银行存款	2 000	
贷：应收账款		2 000

2. 账龄分析法

账龄分析法是根据应收账款的账龄的长短来估计坏账损失的方法。账龄是指客户所欠款项的时间长度。通常而言，应收账款的账龄越长，发生坏账的可能性越大。为此，将企业的应收账款按账龄长短进行分组，分别确定不同的计提百分比来估算坏账损失，使坏账损失的计算结果更符合客观情况。

【例 4-18】20×4 年末乙公司的应收账款账龄及估计坏账损失如表 4-2 所示：

表 4-2　应收账款账龄分析表

单位：元

应收账款账龄	应收账款金额	估计损失(%)	估计损失金额
1 年以内	200 000	1	2 000
1～2 年	100 000	3	3 000
2～3 年	60 000	5	3 000
3 年以上	40 000	10	4 000
合计	400 000		12 000

假设乙公司 20×4 年初坏账准备科目余额为贷方 1 000 元，计算出 20×4 年乙公司应计提的坏账准备以及 20×4 年末坏账准备科目余额。

20×4 年末坏账准备科目余额应为 12 000 元，20×4 年年初已有坏账准备贷方余额 1 000 元，因此在 20×4 年应计提坏账准备 12 000－1 000＝11 000(元)。

借：资产减值损失　　11 000

　贷：坏账准备　　11 000

在实务工作中，企业应定期或至少于年度终了对应收款项进行检查，分析各项应收款项的可收回性，预计可能发生的坏账损失。对预计可能发生的坏账损失，应计提坏账准备。坏账准备的计提方法由企业自行确定。企业应当制定计提坏账准备的政策，明确计提坏账准备的范围、提取方法、账龄的划分和提取比例，按照管理权限，经股东大会或董事会，或经理(厂长)会议或类似机构批准，按照法律、行政法规的规定报有关各方备案。坏账准备计提方法一经确定，不得随意变更。如确需变更，应按会计估计变更的程序和方法进行处理并在会计报表附注中予以说明。

应收项目通常在报表上按照应收票据、应收账款、预付款项、应收股利、应收利息和其他应收款项目次序，根据其期末余额披露。但应收账款项目若有资产减值损失，通常是按“应收账款”期末余额扣除“坏账准备”余额后的净额披露，即报表上表示的是企业期末可能收回的应收账款净值。

二、持有至到期投资减值损失

持有至到期投资减值损失的确认与计量，比照贷款和应收款项减值损失的相关规定处理。

需要注意的是，(1)持有至到期投资、贷款和应收款项确认减值损失后，利息收入应当按照确定减值损失时对未来现金流量进行折现采用的折现率作为利率计算确认。(2)已确认减值损失的持有至到期投资、贷款和应收款项等以摊余成本计量的金融资产，如有客观证据表明该金融资产价值已经恢复，且客观上与确认该损失后发生的事项有关(如债务人的信用评级已经提高等)，原确认的减值损失应当予以转回，计入当期损溢。但是，该转回后的账面价值不应当超过假定不计提减值准备情况下的该金融资产在转回日的摊余成本。

【例 4-19】20×1 年 1 月 1 日，甲公司支付价款 957 920 元(含交易费用)从上海证券交易所购入 A 公司同日发行的 5 年期公司债券 10 000 份，债券票面价值总额为 1 000 000元，票面年利率为 5%，于年末支付本年度债券利息(即每年利息为 50 000 元)，本金在债券到期时一次性偿还。合同约定：A 公司在遇到特定情况时可以将债券赎回，且不需要为提前赎回支付额外款项。甲公司在购买该债券时，预计 A 公司不会提前赎回。甲公司有意图也有能力将该债券持有至到期，划分为持有至到期投资。有关资料如下：

(1)20×2 年 12 月 31 日，有客观证据表明 A 公司发生了严重财务困难，甲公司据此认定对 A 公司的债券投资发生了减值，并预期 20×3 年 12 月 31 日将收到利息 50 000元，20×4 年 12 月 31 日将收到利息 50 000 元，但 20×5 年 12 月 31 日将仅收到本金 800 000 元。

(2)20×3 年 12 月 31 日，收到 A 公司支付的债券利息 50 000 元。

(3)20×4 年 12 月 31 日，收到 A 公司支付的债券利息 50 000 元，并且有客观证据表明 A 公司财务状况显著改善，A 公司的偿债能力有所恢复，估计 20×5 年 12 月 31 日将收到利息 50 000 元，本金 850 000 元。

(4)20×5 年 12 月 31 日，收到 A 公司支付的债券利息 50 000 元和偿还的本金 850 000元。

假定不考虑所得税因素，计算该债券的实际利率 r：

$$50\,000\times(1+r)^{-1}+50\,000\times(1+r)^{-2}+50\,000\times(1+r)^{-3}+50\,000\times(1+r)^{-4}+(1\,000\,000+50\,000)\times(1+r)^{-5}=957\,920(\text{元})$$

采用插值法，计算得出 Y=6%

表 4-3 利息调整计算表

日期	现金流入	实际利息收入	已收回本金	期末摊余成本
	①	②=期初④×6%	③=①-②	④=期初④-③
20×1.1.1				957 920
20×1.12.31	50 000	57 475	-7 475	965 395
20×2.12.31	50 000	57 924	-7 924	973 319
减值损失			209 969	763 350
20×3.12.31	50 000	58 399	-8 399	981 718
		45 801	4 199	759 151
20×4.12.31	50 000	58 903	-8 903	99 0621
		45 549	4 451	754 700
减值恢复			-94 360	849 060
20×5.12.31	50 000	59 379 *	-9 379	1 000 000
		50 940 * *	-940	850 000

续 表

日期	现金流入	实际利息收入	已收回本金	期末摊余成本
	①	②＝期初④×6%	③＝①－②	④＝期初④－③
小计	250 000	292 080	－42 080	1 000 000
		257 688	－7 689	850 000
20×5.12.31	1 000 000	—	1 000 000	0
	850 000	—	850 000	0
合计	1 250 000	292 080	957 920	—
	1 100 000	257 688	842 311	—

注:表中斜体数据表示计提减值准备后及恢复减值后应存在的数字

* 尾数调整:50 000－(990 621－1 000 000)＝59 379

* * 尾数调整:50 000－(849 060－850 000)＝50 940

根据表 4-3 中的数据,甲公司相关账务处理如下:

(1)20×1 年 1 月 1 日,购入 A 公司债券

借:持有至到期投资——成本　　1 000 000

　贷:银行存款　　957 920

　　持有至到期投资——利息调整　　42 080

(2)20×1 年 12 月 31 日,确认 A 公司债券实际利息收入、收到债券利息

借:应收利息　　50 000

　持有至到期投资——利息调整　　7 475

　贷:投资收益——A 公司债券　　57 475

借:银行存款　　50 000

　贷:应收利息　　50 000

(3)20×2 年 12 月 31 日,确认 A 公司债券实际利息收入、收到债券利息

借:应收利息　　50 000

　持有至到期投资——利息调整　　7 924

　贷:投资收益——A 公司债券　　57 924

借:银行存款　　50 000

　贷:应收利息　　50 000

按照金融工具确认和计量准则的规定,20×2 年 12 月 31 日甲公司对 A 公司债券应确认的减值损失按该日确认减值损失前的摊余成本与未来现金流量现值之间的差额确定。

根据表 4-3 可知:

①20×2 年 12 月 31 日未确认减值损失前,甲公司对 A 公司债券投资的摊余成本为 973 319 元。

②20×2 年 12 月 31 日,甲公司预计从对 A 公司债券投资将收到现金流量的现值计算如下:

$$50\,000\times(1+6\%)^{-1}+50\,000\times(1+6\%)^{-2}+800\,000\times(1+6\%)^{-3}=763\,350(\text{元})$$

③20×2 年 12 月 31 日，甲公司应对 A 公司债券投资确认的减值损失＝973 319－763 350＝209 969(元)

④20×2 年 12 月 31 日，确认 A 公司债券投资的减值损失。

借：资产减值损失　　209 969

　贷：持有至到期投资减值准备——A 公司债券　　209 969

(4)20×3 年 12 月 31 日，确认 A 公司债券实际利息收入、收到债券利息。

借：应收利息　　50 000

　持有至到期投资——利息调整　　4 199

　贷：投资收益　　45 801

借：银行存款　　50 000

　贷：应收利息　　50 000

(5)20×4 年 12 月 31 日，确认 A 公司债券实际利息收入、收到债券利息。

借：应收利息　　50 000

　持有至到期投资——利息调整　　4 451

　贷：投资收益　　45 549

借：银行存款　　50 000

　贷：应收利息　　50 000

20×4 年 12 月 31 日，甲公司预计从 A 公司债券投资将收到的现金流量的现值计算如下：

$(50\,000+850\,000)\times(1+6\%)^{-1}=849\,060$(元)

根据金融工具确认和计量准则的规定，20×4 年 12 月 31 日甲公司对 A 公司债券转回减值损失后的账面价值不应当超过假定不计提减值准备情况下该金融资产在转回日的摊余成本。

根据表 4-3 可知：

①20×4 年 12 月 31 日假定不计提减值准备情况下 A 公司债券投资的摊余成本为 990 621 元。

②20×4 年 12 月 31 日，甲公司可对 A 公司债券投资转回的减值准备金额＝849 060－754 700＝94 360(元)＜990 621－754 700＝235 921(元)

③20×4 年 12 月 31 日，确认 A 公司债券投资减值损失的转回。

借：持有至到期投资减值准备——A 公司债券　　94 360

　贷：资产减值损失　　94 360

(6)20×5 年 12 月 31 日，确认 A 公司债券实际利息收入、收到债券利息和本金。

借：应收利息　　50 000

　持有至到期投资——利息调整　　940

　贷：投资收益　　50 940

借：银行存款　　50 000

　贷：应收利息——A 公司　　50 000

借：银行存款　　850 000

持有至到期投资减值准备——A公司债券　115 609

持有至到期投资——利息调整　34 291

贷：持有至到期投资——成本　100 000

三、可供出售金融资产减值损失

(1)分析判断可供出售金融资产是否发生减值，应当注重该金融资产公允价值是否持续下降。通常情况下，如果可供出售金融资产的公允价值发生较大幅度下降，或在综合考虑各种相关因素后，预期这种下降属于非暂时性的，可以认定该可供出售金融资产已发生减值，应当确认减值损失。

(2)可供出售金融资产发生减值时，即使该金融资产没有终止确认，原直接计入所有者权益的因公允价值下降形成的累计损失，也应当予以转出，计入当期损溢。该转出的累计损失，为可供出售金融资产的初始取得成本扣除已收回本金和已摊销金额、当前公允价值和原已计入损溢的减值损失后的余额。

对于在活跃市场中没有报价且其公允价值不能可靠计量的权益工具投资，或与该权益工具挂钩并须通过交付该权益工具结算的衍生金融资产，在后续持有期间因为公允价值无法获得，需按取得时的成本进行计量。当该类金融资产发生减值时，应当将该权益工具投资或衍生金融资产的账面价值，与按照类似金融资产当时市场收益率对未来现金流量折现确定的现值之间的差额，确认为减值损失，计入当期损溢。

(3)对于已确认减值损失的可供出售债务工具，在随后的会计期间公允价值已上升且客观上与原减值损失确认后发生的事项有关的，原确认的减值损失应当予以转回，计入当期损溢。

对于可供出售权益工具投资发生的减值损失，不得通过损溢转回。而是通过其他综合收益转回。但是，在活跃市场中没有报价且其公允价值不能可靠计量的权益工具投资，或与该权益工具挂钩并须通过交付该权益工具结算的衍生金融资产发生的减值损失，不得转回。

(4)可供出售金融资产发生减值后，利息收入应当按照确定减值损失时对未来现金流量进行折现采用的折现率作为利率计算确认。

【例 4-20】20×7 年 2 月 10 日，甲公司从股票二级市场购入乙公司普通股 100 000 股，每股市价 8 元，另支付相关税费 2 100 元，占乙公司有表决权股票的 1%，对乙公司财务和经营政策无重大影响。甲公司将该项投资划分为可供出售金融资产。有关资料如下：

(1)20×7 年 5 月 3 日，乙公司宣告分派每股 0.3 元的股利。

(2)20×7 年 5 月 20 日，收到现金股利 3 万元。

(3)20×7 年 12 月 31 日，乙公司股票市价为每股 7.8 元，甲公司预计乙公司股票价格下跌是暂时的。

(4)20×8 年 5 月 1 日，乙公司宣告分派每股 0.1 元的现金股利。

(5)20×8 年 5 月 15 日，收到现金股利 1 万元。

(6)20×8 年 12 月 20 日，乙公司因违反证券法规受到查处，受此影响，12 月 31 日的每股市价为6.5元。

(7)20×9年,乙公司未分派现金股利。违反证券法规所受处罚低于预期,12月31日的每股市价为每股7元。

根据上述资料,甲公司的相关账务处理如下:

(1)20×7年2月10日,购入股票

借:可供出售金融资产——成本　　802 100

　贷:银行存款　　802 100

(2)20×7年5月3日,B公司宣告分派现金股利

借:应收股利　　30 000

　贷:投资收益　　30 000

(3)20×7年5月20日,收到现金股利

借:银行存款　　30 000

　贷:应收股利　　30 000

(4)20×7年12月31日,确认公允价值变动

公允价值变动=100 000×7.8−802 100=−22 100(元)

借:其他综合收益——可供出售金融资产公允价值变动　　22 100

　贷:可供出售金融资产——公允价值变动　　22 100

(5)20×8年5月1日,B公司宣告分派现金股利

借:应收股利　　10 000

　贷:投资收益　　1 000

(6)20×8年5月15日,收到现金股利

借:银行存款　　10 000

　贷:应收股利　　10 000

(7)20×8年12月31日,确认B公司股票减值损失

减值准备=100 000×(7.8−6.5)=130 000(元)

应确认的减值损失=130 000+22 100=152 100(元)

借:资产减值损失　　152 100

　贷:其他综合收益——可供出售金融资产公允价值变动　　22 100

　　可供出售金融资产——减值准备　　130 000

(8)20×9年12月31日,恢复已确认的B公司股票减值

应转回的减值准备=100 000×(7−6.5)=50 000(元)

借:可供出售金融资产——减值准备　　50 000

　贷:其他综合收益——可供出售金融资产公允价值变动　　50 000

【例4-21】20×7年1月1日,甲公司从二级市场购入乙公司公开发行的债券10 000张,每张面值100元,票面利率为3%,每年1月1日支付上年度利息。购入时每张支付款项97元,另支付相关费用2 200元,划分为可供出售金融资产。购入债券时的市场利率为4%。20×7年12月31日,由于乙公司发生财务困难,该公司债券的公允价值下降为每张70元,甲公司预计,如乙公司不采取措施,该债券的公允价值预计会持续下

跌。20×8年1月1日收到债券利息30 000元。20×8年，乙公司采取措施使财务困难大为好转。20×8年12月31日，该债券的公允价值上升到每张90元。20×8年1月1日收到债券利息30 000元。20×9年1月10日，甲公司将上述债券全部出售，收到款项902 000元存入银行。

甲公司的会计处理如下：

(1)20×7年1月1日

借：可供出售金融资产——成本　　1 000 000

　贷：银行存款　　972 200

　　可供出售金融资产—利息调整　　27 800

(2)20×7年12月31日，由于甲公司预计，如乙公司不采取措施，该债券的公允价值预计会持续下跌，因此对该债券投资计提减值准备

应收利息＝1 000 000×3%＝30 000(元)

应确认的利息收入＝972 200×4%＝38 888(元)

20×7年12月31日确认减值损失前，该债券的摊余成本＝972 200＋38 888－30 000＝981 088(元)。

应确认减值损失＝981 088－10 000×70＝281 088(元)

借：应收利息　　30 000

　可供出售金融资产——利息调整　　8 888

　贷：投资收益　　38 888

借：资产减值损失　　281 088

　贷：可供出售金融资产——公允价值变动　　281 088

(3)20×8年1月1日

借：银行存款　　30 000

　贷：应收利息　　30 000

(4)20×8年12月31日

应收利息＝1 000 000×3%＝30 000(元)

20×8年1月1日该债券的摊余成本＝981 088－281 088＝700 000(元)，所以，应确认的利息收入＝700 000×4%＝28 000(元)。此处假设在20×7年12月31日确认减值时，将未来现金流量进行折现所采用的折现率仍然是实际利率4%。

减值损失回转前该债券的摊余成本＝700 000＋28 000－30 000＝698 000(元)

20×8年12月31日该债券的公允价值＝900 000(元)

应转回的金额＝900 000－698 000＝202 000(元)

借：应收利息　　30 000

　贷：投资收益　　28 000

　　可供出售金融资产——利息调整　　2 000

借：可供出售金融资产—公允价值变动　　202 000

　贷：资产减值损失　　202 000

(5)20×9年1月1日

借:银行存款　　30 000

　贷:应收利息　　30 000

(6)20×9 年 1 月 10 日

借:银行存款　　902 000

　可供出售金融资产——公允价值变动　　79 088

　　　　　　　　　——利息调整　　20 912

　贷:可供出售金融资产——成本　　1000000

　　投资收益　　2 000

思考题

1. 金融资产如何分类?不同类型的金融资产,其重分类要求有何不同,为什么?

2. 交易性金融资产如何进行初始计量和期末计量?处置时如何处理?

3. 持有至到期投资如何进行初始计量和期末计量?处置时如何处理?

4. 贷款和应收款项如何进行初始计量和期末计量?处置时如何处理?

5. 可供出售金融资产如何进行初始计量和期末计量?处置时如何处理?

6. 金融资产减值迹象如何判定?相关减值损失如何确认与计量?

第五章 长期股权投资

本章学习目标

◇理解长期股权投资的范围

◇掌握长期股权投资的初始计量

◇掌握长期股权投资成本法核算特点

◇掌握长期股权投资权益法核算特点

◇掌握成本法、权益法转换

◇掌握长期股权投资处置核算

第一节 长期股权投资的初始计量

一、长期股权投资的范围

长期股权投资，是指企业准备长期持有的权益性投资。主要包括 3 个方面：

(1)投资方能够对被投资单位实施控制的权益性投资，即对子公司投资。

所谓控制，是指投资方拥有对被投资单位的权力，通过参与被投资单位的相关活动而享有可变回报，并且有能力运用对被投资单位的权力影响其回报金额。

(2)投资方与其他合营方一同对被投资单位实施共同控制且对被投资单位净资产享有权利的权益性投资，即对合营企业投资。

所谓共同控制，是指按照相关约定对某项安排所共有的控制，并且该安排的相关活动必须经过分享控制权的参与方一致同意后才能决策。相关活动，是指对某项安排的回报产生重大影响的活动。某项安排的相关活动应当根据具体情况进行判断，通常包括商品或劳务的销售和购买、金融资产的管理、资产的购买和处置、研究与开发活动以及融资活动等。在判断是否存在共同控制时，应当首先判断所有参与方或参与方组合是否集体控制该安排，其次再判断该安排相关活动的决策是否必须经过这些集体控制该安排的参与方一致同意。如果存在两个或两个以上的参与方组合能够集体控制某项安排的，不构成共同控制，仅享有保护性权利的参与方不享有共同控制。

(3)投资方对被投资单位具有重大影响的权益性投资，即对联营企业投资。

所谓重大影响，是指对一个企业的财务和经营政策有参与决策的权力，但并不能够控制或者与其他方一起共同控制这些政策的制定。实务中,较为常见的重大影响体现为在被投资单位的董事会或类似权力机构中派有代表,通过在被投资单位财务和经营决策制定过程中的发言权实施重大影响。投资方直接或通过子公司间接持有被投资单位20%以上但低于50%的表决权时,一般认为对被投资单位具有重大影响,除非有明确的证据表明该种情况下不能参与被投资单位的生产经营决策,不形成重大影响。在确定能否对被投资单位施加重大影响时,一方面应考虑投资方直接或间接持有被投资单位的表决权股份,同时要考虑投资方及其他方持有的当期可执行潜在表决权在假定转换为对被投资单位的股权后产生的影响,如被投资单位发行的当期可转换的认股权证、股份期权及可转换公司债券等的影响。

除上述情况以外,企业持有的其他权益性投资,应当按照金融工具确认和计量准则的规定,划分为以公允价值计量且变动计入当期损溢的金融资产或可供出售金融资产。

二、长期股权投资的初始计量

长期股权投资可以通过企业合并形成,也可以通过支付现金、发行权益债券、投资者投入、非货币资产交换、债务重组等企业合并以外的其他方式取得。在不同取得方式下,长期股权投资初始成本的确定方式有所不同。但是,无论企业以何种方法取得长期股权投资,实际支付价款或对价中包含的已宣告但尚未领取的现金股利或利润都应作为应收项目单独入账,不构成取得长期投资成本。

(一)企业合并形成的长期股权投资

企业合并,是指将两个或者两个以上单独的企业合并形成一个报告主体的交易或事项。企业合并形成的长期股权投资,应分别同一控制下控股合并与非同一控制下控股合并确定其初始投资成本。

1.同一控制下企业合并形成的长期股权投资

合并方以支付现金、转让非现金资产或承担债务方式作为合并对价的,应当在合并日按照所取得的被合并方在最终控制方合并财务报表中的净资产的账面价值的份额作为长期股权投资的初始投资成本。被合并方在合并日的净资产账面价值为负数的,长期股权投资成本按零确定,同时在备查簿中予以登记。如果被合并方在被合并以前,是最终控制方通过非同一控制下的企业合并所控制的,则合并方长期股权投资的初始投资成本还应包含相关的商誉金额。长期股权投资的初始投资成本与支付的现金、转让的非现金资产及所承担债务账面价值之间的差额,应当调整资本公积(资本溢价或股本溢价);资本公积(资本溢价或股本溢价)的余额不足冲减的,依次冲减盈余公积和未分配利润。

合并方以发行权益性工具作为合并对价的,应按发行股份的面值总额作为股本,长期股权投资的初始投资成本与所发行股份面值总额之间的差额,应当调整资本公积(股本溢价);资本公积(股本溢价)不足冲减的,依次冲减盈余公积和未分配利润。合并方发生的审计、法律服务、评估咨询等中介费用以及其他相关管理费用,于发生时计入当期损溢。与发行权益性工具作为合并对价直接相关的交易费用,应当冲减资本公积,

（资本溢价或股本溢价），资本公积（资本溢价或股本溢价）不足冲减的，依次冲减盈余公积和未分配利润。与发行债务性工具作为合并对价直接相关的交易费用，应当计入债务性工具的初始确认金额。

在按照合并日应享有被合并方在最终控制方合并财务报表中的净资产的账面价值的份额确定长期股权投资的初始投资成本时，前提是合并前合并方与被合并方采用的会计政策应当一致。企业合并前合并方与被合并方采用的会计政策不同的，应基于重要性原则，统一合并方与被合并方的会计政策。在按照合并方的会计政策对被合并方在最终控制方合并财务报表中的净资产的账面价值进行调整的基础上，计算确定长期股权投资的初始投资成本。如果被合并方编制合并财务报表，则应当以合并日被合并方的合并财务报表为基础确认长期股权投资的初始投资成本。

【例 5-1】20×4 年 6 月 30 日，甲公司向其母公司 W 发行 1 000 万股普通股（每股面值为 1 元，市价为 4.65 元），取得母公司 W 拥有对乙公司 100%的股权，并于当日起能够对乙公司实施控制，合并后乙公司仍维持其独立法人资格继续经营。两公司在企业合并前采用的会计政策相同。合并日，W 公司合并财务报表中的乙公司净资产的账面价值为 5 000 万元。假定甲公司和乙公司都受 W 公司最终同一控制，在企业合并前采用的会计政策相同。甲公司以银行存款支付审计、评估费用、法律服务费用等共计 30 万元。

根据上述资料，该项合并为同一控制下的企业合并。甲公司应按照合并日所取得的乙公司在最终控制方 W 公司合并财务报表中的净资产的账面价值的份额，作为长期股权投资的初始投资成本。甲公司账务处理如下：

（1）确认长期股权投资

科目	借方	贷方
借：长期股权投资	50 000 000	
贷：股本	10 000 000	
资本公积——股本溢价		40 000 000

（2）支付直接合并费用

科目	借方	贷方
借：管理费用	300 000	
贷：银行存款		300 000

企业通过多次交易分步取得同一控制下被投资单位的股权，最终形成企业合并的应当判断多次交易是否属于“一揽子交易”。多次交易的条款、条件以及经济影响符合以下一种或多种情况，通常表明应将多次交易作为一揽子交易进行处理：①这些交易是同时或者在考虑了彼此影响的情况下订立的；②这些交易整体才能达成一项完整的商业结果；③一项交易的发生取决于其他至少一项交易的发生；④一项交易单独看是不经济的，但是和其他交易一并考虑时是经济的。

属于一揽子交易的，合并方应当将各项交易作为一项取得控制权的交易进行会计处理。不属于“一揽子交易”的，取得控制权日，应按照以下步骤进行会计处理：

（1）确定同一控制下企业合并形成的长期股权投资的初始投资成本。在购买日，根据合并后应享有被合并方净资产在最终控制方合并报表中的账面价值的份额，确定长期股权投资成本。

(2)长期股权投资成本与合并对价账面价值之间的差额的处理。合并日长期股权投资成本,与达到合并前的长期股权投资账面价值加上合并日进一步取得股份新支付对价的账面价值之和的差额,调整资本公积(资本溢价或股本溢价),资本公积不足冲减的,冲减留存收益。

(3)合并日之前持有的股权投资,因采用权益法核算或金融工具确认和计量准则核算而确认的其他综合收益,暂不进行会计处理,直到处置该项投资时采用与被投资单位直接处置相关资产或负债相同的基础进行会计处理;因采用权益法核算而确认的被投资单位净资产中除净损溢、其他综合收益和利润分配以外的所有者权益其他变动,暂不进行会计处理,直至处置该项投资时转入当期损溢。其中,处置后剩余股权采用成本法或权益法核算的,其他综合收益和其他所有者权益应按比例结转,处置后剩余股权改按金融工具确认和计量准则进行会计处理的,其他综合收益和其他所有者权益应全部结转。

【例 5-2】20×9 年 1 月 1 日,甲公司取得同一控制下的乙公司 25%股权,实际支付价款 9 000 万元,并能产生重大影响。当日乙公司可辨认净资产账面价值为 33 000 万元(假定与公允价值相等)。20×9 年及 2×10 年度,乙公司累计实现净利润 1 500 万元,无其他所有者权益变动。2×11 年 1 月 1 日,甲公司以 13 500 万元为对价,取得同一控制下另一企业所持有乙公司 35%股权,甲公司取得对乙公司控制权。当日,乙公司在最终控制方合并报表中净资产账面价值为 34 500 万元。假定甲公司和乙公司采用的会计政策和会计期间相同,均按照 10%的比例提取法定盈余公积金,甲公司和乙公司一直受同一最终控制方控制。上述交易不属于"一揽子交易"。不考虑相关税费等其他因素影响。甲公司账务处理如下:

(1)确定合并日长期股权投资的初始投资成本

合并日追加投资后甲公司持有乙公司的股份比例为 60%(25%+35%)。

合并日甲公司享有乙公司在最终控制方合并报表中的账面价值的份额为 20 700 万元(34 500×60%),确定长期股权投资成本。

(2)长期股权投资初始成本与合并对价账面价值的差额的处理

原 25%的股权投资采用成本法核算,在合并日的原账面价值为 9 375 万元(9 000+1 500×25%)。

追加投资(35%)所支付对价账面价值为 13 500 万元。

合并对价账面价值为 22 875 万元(9 375+13 500)。

长期股权投资初始成本与合并对价账面价值的差额为－2 175 万元(20 700－22 875)。

借:长期股权投资——乙公司	207 000 000	
资本公积	21 750 000	
贷:长期股权投资——乙公司(投资成本)		90 000 000
——乙公司(损溢调整)		3 750 000
银行存款		135 000 000

2. 非同一控制下企业合并形成的长期股权投资

非同一控制下的控股合并中，购买方应当按照确定的企业合并成本作为长期股权投资的初始投资成本。企业合并成本包括购买方付出的资产、发生或承担的负债、发行的权益性工具或债务性工具的公允价值之和。购买方为企业合并发生的审计、法律服务、评估咨询等中介费用以及其他相关管理费用，应于发生时计入当期损溢；购买方作为合并对价发行的权益性工具或债务性工具的交易费用，应当计入权益性工具或债务性工具的初始确认金额。

【例 5-3】20×4 年 3 月 31 日，甲公司取得乙公司 60%的股权，并于当日起能够对乙公司实施控制。合并中，甲公司支付的有关资产在购买日的账面价值与公允价值如表 5-1 所示。合并中，甲公司为核实乙公司的资产价值，聘请专业资产评估机构对乙公司的资产进行评估，支付评估费用 1 000 000 元。假定合并前甲公司与乙公司不存在任何关联方关系。不考虑其他相关税费等因素。

表 5-1　甲公司支付的有关资产购买日的账面价值与公允价值

20×4 年 3 月 31 日　　　　单位：元

项目	账面价值	公允价值
土地使用权（自用）	40 000 000 成本 60 000 000，累计摊销 20 000 000	64 000 000
专利技术	16 000 000 成本 20 000 000，累计摊销 4 000 000	20 000 000
银行存款	16 000 000	16 000 000
合计	72 000 000	100 000 000

本例中因甲公司与乙公司在合并前不存在任何关联方关系，应作为非同一控制下的企业合并处理。甲公司对于合并形成的对乙公司的长期股权投资，应按支付对价的公允价值确定其初始投资成本。甲公司应进行的账务处理为：

(1)确认长期股权投资

借：长期股权投资——乙公司　　100 000 000

　　累计摊销　　24 000 000

　　贷：无形资产　　80 000 000

　　　　银行存款　　16 000 000

　　　　营业外收入　　28 000 000

(2)支付直接合并费用

借：管理费用　　1 000 000

　　贷：银行存款　　1 000 000

企业通过多次交易分步实现非同一控制下企业合并的，应当区分个别财务报表和合并财务报表进行会计处理。在编制个别财务报表时，应当按照原持有的股权投资的账面价值加上新增投资成本之和，作为改按成本法核算的初始投资成本。

购买日之前持有的股权投资采用权益法核算的，相关其他综合收益应当在处置该项投资时采用与被投资单位直接处置相关资产相同的基础进行会计处理，因被投资单位除净损溢、其他综合收益和利润分配以外的所有者权益变动而确认的所有者权益，应在处置该项投资时相应转入处置期间的当期损溢。其中，处置后剩余股权采用成本法或权益法核算的，其他综合收益和其他所有者权益应按比例结转，处置后剩余股权改按金融工具确认和计量准则进行会计处理的，其他综合收益和其他所有者权益应全部结转。

购买日之前持有的股权投资，采用金融资产确认与计量准则进行会计处理的，应当将按照准则确认的股权投资的公允价值加上新增投资成本之和，作为改按成本法核算的初始投资成本，原持有股权的公允价值与账面价值之间的差额以及原计入其他综合收益的累计公允价值变动应全部转入改按成本法核算的当期投资收益。

在合并财务报表中的会计处理，将在《高级财务会计》中阐述，本章不涉及。

【例 5-4】20×4 年 1 月 1 日，甲公司以每股 5 元的价格购入某上市公司乙的股票 100 万股，并由此持有乙公司 2%的股权。甲公司与乙公司不存在关联方关系。甲公司将对乙公司投资作为可供出售金融资产。20×5 年 1 月 1 日，甲公司以 17 500 万元为对价，向乙公司的大股东收购 50%的股权，甲公司取得控制权，手续当日完成。假定不属于"一揽子交易"，20×5 年 1 月 1 日，乙公司当日股价为每股 7 元，乙可辨认净资产公允价值为 20 000 万元。不考虑其他因素。甲公司账务处理如下：

(1)长期股权投资的初始投资成本

购买日前，甲公司持有对乙公司的股权投资作为可供出售金融资产进行会计处理，购买日甲公司原持有的可供出售金融资产的账面价为 700 万元(7×100)。长期股权投资的初始投资成本＝原投资账面价＋追加投资成本＝700＋17 500＝18 200(万元)

原可供出售金融资产公允价值变动计入其他综合收益的累计金额＝200(万元)[(7－5)×100]，上述 200 万元其他综合收益的金额要转入投资收益。

(2)20×5 年 1 月 1 日，甲公司账务处理

	借方	贷方
借：长期股权投资——乙	7 000 000	
贷：可供出售金融资产		7 000 000
借：长期股权投资——乙	175 000 000	
贷：银行存款		175 000 000
借：其他综合收益	2 000 000	
贷：投资收益		2 000 000

(二)企业合并以外的其他方式取得的长期股权投资

1. 以支付现金取得的长期股权投资

以支付现金取得的长期股权投资，应当按照实际支付的购买价款作为初始投资成本，包括与取得长期股权投资直接相关的费用、税金及其他必要支出，但不包括应自被投资单位收取的已宣告但尚未发放的现金股利或利润。

【例 5-5】甲公司于 20×4 年 10 月 20 日自公开市场中买入乙公司 20%的股份，实际

支付价款 160 000 000 元。在购买过程中支付手续费等相关费用 2 000 000 元。甲公司取得该部分股权后能够对乙公司施加重大影响。假定甲公司取得该项投资时,乙公司已宣告但尚未发放现金股利,甲公司按其持股比例计算确定可分得 600 000 元。甲公司账务处理如下:

借:长期股权投资——乙公司(投资成本)　　161 400 000

　　应收股利　　600 000

　　贷:银行存款　　162 000 000

2. 以发行权益性证券方式取得的长期股权投资

以发行权益性证券方式取得的长期股权投资,其成本为所发行权益性证券的公允价值,但不包括应自被投资单位收取的已宣告但尚未发放的现金股利或利润。

为发行权益性证券支付给有关证券承销机构等的手续费、佣金等与权益性证券发行直接相关的费用,不构成取得长期股权投资的成本。该部分费用按照《企业会计准则第 37 号——金融工具列报》的规定,应自权益性证券的溢价发行收入中扣除,权益性证券的溢价收入不足冲减的,应冲减盈余公积和未分配利润。

【例 5-6】20×1 年 3 月 5 日,甲公司通过增发 9 000 万股本公司普通股(每股面值 1 元)取得乙公司 20%的股权,该 9 000 万股股份的公允价值为 15 600 万元。为增发该部分股份,甲公司向证券承销机构等支付了 600 万元的佣金和手续费。假定甲公司取得该部分股权后,能够对乙公司的财务和生产经营决策施加重大影响。甲公司账务处理如下:

(1)确认长期股权投资

甲公司应当以所发行股份的公允价值作为取得长期股权投资的成本,账务处理为:

借:长期股权投资　　156 000 000

　　贷:股本　　90 000 000

　　　　资本公积——股本溢价　　66 000 000

(2)发行权益性证券过程中支付的佣金和手续费,应冲减权益性证券的溢价发行收入,账务处理为:

借:资本公积——股本溢价　　6 000 000

　　贷:银行存款　　6 000 000

一般而言,投资者投入的长期股权投资应根据法律法规的要求进行评估作价,在公平交易当中,投资者投入的长期股权投资的公允价值,与所发行证券(工具)的公允价值不应存在重大差异。如有确凿证据表明,取得长期股权投资的公允价值比所发行证券(工具)的公允价值更加可靠的,以投资者投入的长期股权投资的公允价值为基础确定其初始投资成本。投资方通过发行债务性证券(债务性工具)取得长期股权投资的,比照通过发行权益性证券(权益性工具)处理。

(3)以债务重组、非货币性资产交换等方式取得的长期股权投资,其初始投资成本应按照《企业会计准则第 12 号——债务重组》和《企业会计准则第 7 号——非货币性资产交换》的规定确定。

第二节　长期股权投资的后续计量

企业取得的长期股权投资在持有期间，要根据所持股份的性质、占被投资单位股份总额比例大小以及对被投资单位财务和经营政策的影响程度等情况的不同，分别采用成本法及权益法进行核算。对子公司的长期股权投资应当按成本法核算，对合营企业、联营企业的长期股权投资应当按权益法核算。

一、长期股权投资的成本法

（一）成本法的适用范围

成本法，是指长期股权投资价值通常按初始投资成本计量，除追加或收回投资外，一般不对长期股权投资的账面价值进行调整的一种会计处理方法。在追加投资时，按照追加投资支付的成本的公允价值及发生的相关交易费用增加长期股权投资的账面价值。

企业对子公司的投资应当采用成本法核算，投资方为投资性主体且子公司不纳入其合并财务报表的除外。投资方在判断对被投资单位是否具有控制时，应综合考虑直接持有的股权和通过子公司间接持有的股权。在个别财务报表中，投资方进行成本法核算时，应仅考虑直接持有的股权份额。

（二）成本法的会计处理

采用成本法核算长期股权投资，企业应设置"长期股权投资——××单位"科目进行核算。

采用成本法核算的长期股权投资，一般的会计处理为：

（1）初始投资或追加投资时，按照初始投资或追加投资时的成本增加长期股权投资的账面成本，同一控制下的控股合并形成的长期股权投资初始投资成本为合并日取得的被合并方账面所有者权益的份额；

（2）被投资单位宣告分派的利润或现金股利，投资企业按应享有的部分确认当期投资收益。

投资企业确认自被投资单位应分得的现金股利或利润后，应当考虑长期股权投资是否发生减值。在判断该类长期股权投资是否存在减值迹象时，应当关注长期股权投资的账面价值是否大于享有被投资单位净资产（包括商誉）账面价值的份额的情况。出现类似情况时，企业应当按照资产减值准则的规定对长期股权投资进行减值测试，可收回金额低于长期股权投资账面价值的，应当计提减值准备。

【例 5-7】甲公司于 20×4 年 4 月 10 日自非关联方处取得乙公司 60%股权，成本为 24 000 000 元，相关手续于当日完成，并能够对乙公司实施控制。20×5 年 2 月 6 日，乙公司宣告分派现金股利，甲公司按照持股比例可取得 200 000 元。乙公司于 20×5 年 2 月 12 日实际分派现金股利。不考虑相关税费等其他因素的影响。甲公司账务处理如下：

(1)20×4 年 4 月 10 日

借:长期股权投资——乙公司　　24 000 000

　　贷:银行存款　　24 000 000

(2)20×5 年 2 月 6 日

借:应收股利　　200 000

　　贷:投资收益　　200 000

(3)20×5 年 2 月 12 日

借:银行存款　　200 000

　　贷:应收股利　　200 000

进行上述处理后,如相关长期股权投资存在减值迹象的,应当进行减值测试。

子公司将未分配利润或盈余公积直接转增股本(实收资本),且未向投资方提供等值现金股利或利润的选择权时,母公司并没有获得收取现金股利或者利润的权力,这通常属于子公司自身权益结构的重分类,母公司不应确认相关的投资收益。

二、长期股权投资的权益法

(一)权益法的适用范围

权益法,是指长期股权投资最初以投资成本计量,以后则要根据投资企业应享有被投资企业所有者权益份额的变动,对长期股权投资的账面价值进行相应调整的一种会计处理方法。

企业对合营企业和联营企业投资应当采用权益法核算。投资方在判断对被投资单位是否具有共同控制、重大影响时,应综合考虑直接持有的股权和通过子公司间接持有的股权。在综合考虑直接持有的股权和通过子公司间接持有的股权后。如果认定投资方在被投资单位拥有共同控制或重大影响,在个别财务报表中,投资方进行权益法核算时,应仅考虑直接持有的股权份额;在合并财务报表中,投资方进行权益法核算时,应同时考虑直接持有和间接持有的份额。

(二)权益法的会计处理

采用权益法核算长期股权投资,应在“长期股权投资——××单位”科目下分别设置“投资成本”“损溢调整”“其他权益变动”“其他综合收益”明细科目进行明细分类核算。

采用权益法核算的长期股权投资,一般的会计处理为:

(1)初始投资或追加投资时,按照初始投资成本或追加投资的投资成本,增加长期股权投资的账面价值。

(2)比较初始投资成本与投资时应享有被投资单位可辨认净资产公允价值的份额,前者大于后者的,不调整长期股权投资账面价值;前者小于后者的,应当按照两者之间的差额调增长期股权投资的账面价值,同时计入取得投资当期损溢(营业外收入)。

(3)持有投资期间,随着被投资单位所有者权益的变动相应调整增加或减少长期股权投资的账面价值,并分别以下情况处理:对于因被投资单位实现净损溢和其他综合收益而产生的所有者权益的变动，投资方应当按照应享有的份额，增加或减少长期股权投资的账面价值，同时确认投资损溢和其他综合收益；对于被投资单位宣告分派的利润或现金股利计算应分得的部分，相应减少长期股权投资的账面价值；对于被投资单位除净损溢、其他综合收益以及利润分配以外的因素导致的其他所有者权益变动，相应调整长期股权投资的账面价值，同时确认资本公积(其他资本公积)。

值得注意的是，尽管在评估投资方对被投资单位是否具有重大影响时，应当考虑潜在表决权的影响，但在确定应享有的被投资单位实现的净损溢、其他综合收益和其他所有者权益变动的份额时，潜在表决权所对应的权益份额不应予以考虑。

在持有投资期间，被投资单位编制合并财务报表的，应当以合并财务报表中净利润、其他综合收益和其他所有者权益变动中归属于被投资单位的金额为基础进行会计处理。

此外，如果被投资单位发行了分类为权益的可累积优先股等类似的权益工具，无论被投资单位是否宣告分配优先股股利，投资方计算应享有被投资单位的净利润时，均应将归属于其他投资方的累积优先股股利予以扣除。

1. 初始投资成本的调整

投资方取得对联营企业或合营企业的投资以后，对于取得投资时初始投资成本与应享有被投资单位可辨认净资产公允价值份额之间的差额，应区别情况处理。

(1)初始投资成本大于取得投资时应享有被投资单位可辨认净资产公允价值份额的，该部分差额是投资方在取得投资过程中通过作价体现出的与所取得股权份额相对应的商誉价值，这种情况下不要求对长期股权投资的成本进行调整。

(2)初始投资成本小于取得投资时应享有被投资单位可辨认净资产公允价值份额的，两者之间的差额体现为双方在交易作价过程中转让方的让步，该部分经济利益流入应计入取得投资当期的营业外收入，同时调整增加长期股权投资的账面价值。

【例 5-8】甲公司于 20×1 年 1 月 2 日取得乙公司 30%的股权，支付价款60 000 000元。取得投资时被投资单位账面所有者权益的构成如下(假定该时点被投资单位各项可辨认资产、负债的公允价值与其账面价值相同，单位：元)：

实收资本	60 000 000
资本公积	48 000 000
盈余公积	12 000 000
未分配利润	30 000 000
所有者权益总额	150 000 000

假定在乙公司的董事会中，所有股东均以其持股比例行使表决权。甲公司在取得对乙公司的股权后，派人参与了乙公司的财务和生产经营决策。因能够对乙公司的生产经营决策施加重大影响，甲公司对该项投资采用权益法核算。取得投资时，甲公司账务处理如下：

借：长期股权投资——乙公司(投资成本)　　60 000 000

　　贷：银行存款　　60 000 000

长期股权投资的成本 60 000 000 元大于取得投资时应享有乙公司可辨认净资产公

允价值的份额 45 000 000 元(150 000 000×30%),不对其初始投资成本进行调整。

假定上例中取得投资时乙公司可辨认净资产公允价值为 240 000 000 元,甲公司按持股比例 30%计算确定应享有 72 000 000 元,则初始投资成本与应享有乙公司可辨认净资产公允价值份额之间的差额 12 000 000 元应计入取得投资当期的损溢。

借:长期股权投资——乙公司(投资成本) 72 000 000

贷:银行存款 60 000 000

营业外收入 12 000 000

2. 投资损溢的确认

投资企业取得长期股权投资后,应当按照被投资单位实现的净利润或发生的净亏损中,投资企业应享有或应分担的份额确认投资损溢,同时调整长期股权投资的账面价值。

【例 5-9】沿用**【例 5-8】**,假定 20×2 年乙公司实现净利润 16 000 000 元。甲公司、乙公司均以公历年度作为会计年度,采用相同的会计政策。由于投资时乙公司各项资产、负债的账面价值与其公允价值相同,不需要对乙公司的净利润进行调整,甲公司应确认的投资收益为 4 800 000 元(16 000 000×30%),一方面增加长期股权投资的账面价值,另一方面作为利润表中的投资收益确认。甲公司的账务处理如下:

借:长期股权投资——乙公司(损溢调整) 4 800 000

贷:投资收益 4 800 000

需要注意的是,采用权益法核算的长期股权投资,在确认应享有或分担被投资单位的净损溢时,在被投资单位账面净利润的基础上,应考虑以下因素的影响进行适当调整:

(1)被投资单位采用的会计政策和会计期间与投资方不一致的,应按投资方的会计政策和会计期间对被投资单位的财务报表进行调整,在此基础上确定被投资单位的损溢。

(2)以取得投资时被投资单位固定资产、无形资产等的公允价值为基础计提的折旧额或摊销额,以及有关资产减值准备金额等对被投资单位净利润的影响。

投资方取得投资时,被投资单位有关资产、负债的公允价值与其账面价值不同的,未来期间,在计算归属于投资方应享有的净利润或应承担的净亏损时,应考虑对被投资单位计提的折旧额、摊销额以及资产减值准备金额等进行调整。

投资方在对被投资单位的净利润进行调整时,应考虑重要性原则,不具有重要性的项目可不予调整。存在下列情况之一的,投资企业可以按照被投资单位的账面净损溢与持股比例计算确认投资损溢,但应在财务报表附注中说明这一事实及其原因:

①投资企业无法合理确定取得投资时被投资单位各项可辨认资产、负债等公允价值的;

②投资时被投资单位可辨认资产、负债的公允价值与账面价值之间的差额不具有重要性的;

③其他原因导致无法取得对被投资单位净利润进行调整所需资料的。

【例 5-10】甲公司于 20×1 年 1 月 2 日购入乙公司 30%的股份,购买价款为

40 000 000元，自取得股份之日起派人参与乙公司的生产经营决策。取得投资日乙公司可辨认净资产公允价值为 120 000 000 元，除下列项目外，其他资产、负债的公允价值与账面价值相同。如表 5-2 所示：

表 5-2　公允价值与账面价值不同的资产、负债

单位：元

项目	账面原价	已提折旧	公允价值	原预计使用年限	剩余使用年限
存货	10 000 000		14 000 000		
固定资产	20 000 000	4 000 000	24 000 000	20	16
无形资产	1 200 000	2 400 000	16 000 000	10	8
总计	4 200 000	6 400 000	54 000 000		

假定乙公司 20×1 年实现净利润 12 000 000 元，其中在甲公司取得投资时的账面存货 10 000 000 元中有 80%对外出售。甲公司与乙公司的会计年度和采用的会计政策相同。固定资产、无形资产等均按直线法提取折旧或摊销，预计净残值均为 0。假定甲、乙公司间未发生其他任何内部交易。

甲公司在确定其应享有乙公司 20×1 年的投资收益时，应在乙公司实现净利润的基础上。根据取得投资时乙公司有关资产的账面价值与其公允价值差额的影响进行调整（假定不考虑相关税费等其他因素影响）：

调整后的净利润＝12 000 000－（14 000 000－10 000 000）×80%－（24 000 000÷16－20 000 000÷20）－（16 000 000÷8－12 000 000÷10）＝7 500 000（元）

甲公司应享有份额＝7 500 000×30%＝2 250 000（元）

借：长期股权投资——乙公司（损溢调整）　　2 250 000

　贷：投资收益　　2 250 000

（3）对于投资方或纳入投资方合并财务报表范围的子公司与其联营企业及合营企业之间发生的未实现内部交易损溢应予抵销。即，投资方与联营企业及合营企业之间发生的未实现内部交易损溢，按照应享有的比例计算归属于投资方的部分，应当予以抵销，在此基础上确认投资损溢。投资方与被投资单位发生的内部交易损失，按照资产减值准则等规定属于资产减值损失的，应当全额确认。

未实现内部损溢的抵销，应当分别顺流交易和逆流交易进行会计处理。顺流交易是指投资方向其联营企业或合营企业投出或出售资产。逆流交易是指联营企业或合营企业向投资方出售资产。未实现内部交易损溢体现在投资方或其联营企业或合营企业持有的资产账面价值中的，在计算确认投资收益时应予以抵销。

对于投资方向联营企业或合营企业投出或出售资产的顺流交易，在交易存在未实现内部交易损溢的情况下（即有关资产未对外部独立第三方出售或未被消耗），投资方在采用权益法计算确认应享有联营企业或合营企业的投资收益时，应抵销该未实现内部交易损溢的影响，同时调整对联营企业和合营企业长期股权投资的账面价值。投资方因投出或出售资产给其联营或合营企业而产生的损溢中，应仅限于确认归属于联营企业或合营企业其他投资方的部分。

【例 5-11】甲公司持有乙公司 30%的股份，能够对乙公司实施重大影响。20×4 年 8 月，甲公司将其成本为 40 万元的商品以 60 万元的价格出售给乙公司，乙公司将取得的商品作为存货。至 20×4 年 12 月 31 日乙公司仍未对外售出该存货。假定甲公司取得该项投资时，乙公司各项可辨认资产、负债的公允价值与其账面价值相同，两者在以前期间未发生过内部交易。乙公司 20×4 年实现净利润 220 万元。不考虑相关税费等其他因素。甲公司账务处理如下：

借：长期股权投资——乙公司(损溢调整)

600 000[2 200 000－(600 000－400 000)]×30%

贷：投资收益 600 000

对于联营企业或合营企业向投资方投出资产或出售资产的逆流交易，比照上述顺流交易处理。

【例 5-12】甲公司持有乙公司 30%的股份，能够对乙公司实施重大影响。20×4 年 8 月，乙公司将其成本为 50 万元的商品以 70 万元的价格出售给甲公司，甲公司将取得的商品作为存货。至 20×4 年 12 月 31 日甲公司仍未对外售出该存货。假定甲公司取得该项投资时，乙公司各项可辨认资产、负债的公允价值与其账面价值相同，两者在以前期间未发生过内部交易。乙公司 20×4 年实现净利润 360 万元。不考虑相关税费等其他因素。甲公司账务处理如下：

借：长期股权投资——乙公司(损溢调整)

1 020 000[3 600 000－(700 000－500 000)]×30%

贷：投资收益 1 020 000

假定 20×5 年，甲公司将该商品以 90 万元的价格出售给外部独立第三方，因该部分内部交易损溢已经实现，甲公司在确认应享有乙公司 20×5 年净损溢时，应考虑将原未确认的该部分内部交易损溢计入投资收益，即应在考虑其他因素计算确定的投资收益基础上调整增加 6 万元。假定乙公司 20×5 年实现的净利润为 400 万元。甲公司的账务处理如下：

借：长期股权投资——乙公司(损溢调整)

1 260 000[4 000 000＋(700 000－500 000)]×30%

贷：投资收益 1 260 000

应当说明的是，投资方与其联营企业及合营企业之间发生的无论是顺流交易还是逆流交易产生的未实现内部交易损失，其中属于所转让资产发生减值损失的，有关未实现内部交易损失不应予以抵销。

3. 被投资单位其他综合收益变动的处理

被投资单位其他综合收益发生变动的，投资方应当按照归属于本企业的部分，相应调整长期股权投资的账面价值，同时增加或减少其他综合收益。

【例 5-13】甲公司持有乙公司 40%的股份，能够对乙公司施加重大影响。当期乙公司因持有的可供出售金融资产公允价值的变动计入其他综合收益的金额为30 000 000元。除该事项外，乙企业当期实现的净利润为 50 000 000 元。假定甲公司与乙公司适用的会计政策、会计期间相同，两者在当期及以前期间未发生任何内部交易，投资时乙公司各项可辨认资产、负债的公允价值与其账面价值相同。不考虑相关税费等其他因素影响。

甲公司应进行以下账务处理：

借：长期股权投资——乙公司（损溢调整）	20 000 000	
——乙公司（其他综合收益）	12 000 000	
贷：投资收益		20 000 000
其他综合收益		12 000 000

4.取得现金股利或利润的处理

按照权益法核算的长期股权投资，投资方自被投资单位取得的现金股利或利润，应抵减长期股权投资的账面价值。在被投资单位宣告分派现金股利或利润时，借记“应收股利”科目，贷记“长期股权投资——损溢调整”科目。

5.超额亏损的确认

权益法下，投资方确认应分担被投资单位发生的损失，原则上应以长期股权投资及其他实质上构成对被投资单位净投资的长期权益减记至零为限，投资方负有承担额外损失义务的除外。这里所讲“其他实质上构成对被投资单位净投资的长期权益”通常是指长期应收项目，比如，投资方对被投资单位的长期债权，该债权没有明确的清收计划、且在可预见的未来期间不准备收回的，实质上构成对被投资单位的净投资。应予说明的是，该类长期权益不包括投资方与被投资单位之间因销售商品、提供劳务等日常活动所产生的长期债权。

投资方在确认应分担被投资单位发生的亏损时，应按照以下顺序处理：

首先，冲减长期股权投资的账面价值。具体冲减“长期股权投资——××单位（损溢调整）”明细科目金额，如果“损溢调整”明细科目金额不够冲减的，可将其冲减为负数，不得冲减长期股权投资其他明细科目的金额。

其次，如果长期股权投资的账面价值不足以冲减的，应当考虑是否有其他构成长期权益的项目，如果有，则以其他实质上构成对被投资单位长期权益的账面价值为限，继续确认投资损失，冲减长期应收项目等的账面价值。

最后，在经过上述处理后，如果按照投资合同或协议约定，投资方需要履行其他额外的损失赔偿义务，则需按预计将承担责任的金额确认预计负债，计入当期投资损失。

除按上述顺序已确认的损失以外仍有额外损失的，应在账外作备查登记，不再予以确认。

在确认了有关的投资损失以后，被投资单位以后期间实现盈利的，应按以上相反顺序分别减记已确认的预计负债、恢复其他长期权益和长期股权投资的账面价值，同时确认投资收益。即应当按顺序分别借记“预计负债”“长期应收款”“长期股权投资”等科目，贷记“投资收益”科目。

【例5-14】20×4年1月1日甲公司以银行存款1 500万元购入乙公司40%的普通股。假定甲公司取得投资时，乙公司各项可辨认资产、负债的公允价值与账面价值相同，双方采用的会计政策和会计期间也相同。20×4年乙公司实现净利润500万元，20×5年4月20日宣告分派20×4年度利润300万元，20×5年5月10日收到乙公司发放的120万元，20×5年乙公司发生净亏损4 200万元，20×6年乙公司实现净利润2 000万元，20×7年乙公司实现净利润2 500万元。假定20×6年、20×7年两年未进行过利润分配。假定20×5年末，甲公司持有乙公司长期应收款50万元。假定按照投资合同或协议约定，甲公司仍承担额外义务。

因为甲公司投资时，乙公司各项可辨认资产、负债的公允价值与账面价值相同，甲公司与乙公司采用的会计政策和会计期间也相同，故不需要对乙公司净损溢进行调整。甲公司的账务处理如下：

①20×4年1月1日投资时

借：长期股权投资——乙公司（成本）　15 000 000

　贷：银行存款　15 000 000

②20×4年末乙公司实现净利润时

借：长期股权投资——乙公司（损溢调整）　2 000 000

　贷：投资收益　2 000 000

③20×5年4月20日宣告分派利润时

借：应收股利　1 200 000

　贷：长期股权投资——乙公司（损溢调整）　1 200 000

④20×5年5月10日收到乙公司发放的股利

借：银行存款　1 200 000

　贷：应收股利　1 200 000

⑤20×5年末乙公司发生亏损时

借：投资收益　16 800 000

　贷：长期股权投资——乙公司（损溢调整）　15 800 000

　　长期应收款——乙公司　500 000

　　预计负债　500 000

⑥20×6年末乙公司实现净利润时

借：预计负债　500 000

　长期应收款——乙公司　500 000

　长期股权投资——乙公司（损溢调整）　7 000 000

　贷：投资收益　8 000 000

⑦20×7年末乙公司实现净利润时

借：长期股权投资——乙公司（损溢调整）　10 000 000

　贷：投资收益　10 000 000

6. 被投资单位除净损溢、其他综合收益以及利润分配以外的所有者权益的其他变动

被投资单位除净损溢、其他综合收益以及利润分配以外的所有者权益的其他变动的因素，主要包括被投资单位接受其他股东的资本性投入、被投资单位发行可分离交易的可转债中包含的权益成分、以权益结算的股份支付、其他股东对被投资单位增资导致投资方持股比例变动等。投资方应按所持股权比例计算应享有的份额，调整长期股权投资的账面价值，同时计入资本公积（其他资本公积），并在备查簿中予以登记，投资方在后续处置股权投资但对剩余股权仍采用权益法核算时，应按处置比例将这部分资本公积转入当期投资收益；对剩余股权终止权益法核算时，将这部分资本公积全部转入当期投资收益。

【例 5-15】甲公司与其他企业一起投资成立乙公司。甲公司的投资占乙公司表决权资本的 40%，采用权益法核算。20×4 年 5 月 10 日，乙公司接受新股东投资形成资本公积 250 万元。甲企业账务处理如下：

借：长期股权投资——乙公司(其他权益变动)　　1 000 000

　　贷：资本公积——其他资本公积　　1 000 000

三、长期股权投资核算方法的转换

(一)公允价值计量转权益法核算

原持有的对被投资单位的股权投资(不具有控制、共同控制或重大影响的)，按照金融工具确认和计量准则进行会计处理的，因追加投资等原因导致持股比例上升，能够对被投资单位施加共同控制或重大影响的，在转按权益法核算时，投资方应当按照金融工具确认和计量准则确定的原股权投资的公允价值加上为取得新增投资而应支付对价的公允价值，作为改按权益法核算的初始投资成本。原持有的股权投资分类为可供出售金融资产的，其公允价值与账面价值之间的差额，以及原计入其他综合收益的累计公允价值变动应当转入改按权益法核算的当期损溢。然后，比较上述计算所得的初始投资成本，与按照追加投资后全新的持股比例计算确定的应享有被投资单位在追加投资日可辨认净资产公允价值份额之间的差额，前者大于后者的，不调整长期股权投资的账面价值；前者小于后者的，差额应调整长期股权投资的账面价值，并计入当期营业外收入。

【例 5-16】20×4 年 2 月，甲公司以 18 000 000 元现金自非关联方处取得乙公司 10%的股权。甲公司根据金融工具确认和计量准则将其作为可供出售金融资产。20×5 年 1 月 2 日，甲公司又以 36 000 000 元的现金自另一非关联方处取得乙公司 15%的股权，相关手续于当日完成。当日，乙公司可辨认净资产公允价值总额为 300 000 000 元，甲公司对乙公司的可供出售金融资产的公允价值 28 000 000 元，计入其他综合收益的累计公允价值变动为 10 000 000 元。取得该部分股权后，甲公司能够对乙公司施加重大影响，对该项股权投资转为采用权益法核算。不考虑相关税费等其他因素影响。20×5 年 1 月 2 日，甲公司账务处理如下：

(1)确认长期股权投资

原可供出售资产的公允价值 28 000 000 元，加上为取得新增投资而应支付对价的公允价值 36 000 000，作为改按权益法核算的初始投资成本。因此甲公司对乙公司 25%股权的初始投资成本为 64 000 000 元。

借：长期股权投资——乙公司(投资成本)　　64 000 000

　　贷：可供出售金融资产　　28 000 000

　　　　银行存款　　36 000 000

(2)调整投资成本

因为长期股权投资的初始投资成本64 000 000元小于与按照追加投资后全新的持股比例(25%)计算确定的应享有被投资单位在追加投资日可辨认净资产公允价值份额75 000 000(300 000 000元×25%)元,两者之间的差额,应调整长期股权投资的成本,并计入当期营业外收入。

借:长期股权投资——乙公司(投资成本)　　9 000 000

　贷:营业外收入　　9 000 000

(3)结转其他综合收益

将原计入其他综合收益的累计公允价值变动金额转入投资收益

借:其他综合收益　　10 000 000

　贷:投资收益　　10 000 000

(二)公允价值计量或权益法核算转成本法核算

投资方原持有的对被投资单位不具有控制、共同控制或重大影响的按照金融工具确认和计量准则进行会计处理的权益性投资,或者原持有对联营企业、合营企业的长期股权投资,因追加投资等原因,能够对被投资单位实施控制的,应按企业合并形成的长期股权投资有关内容进行会计处理。

【例5-17】20×3年1月1日,甲公司以3 000万元自非关联方处取得了乙公司20%股权,并能产生重大影响。当日乙公司可辨认净资产公允价值为14 000万元。20×5年7月1日,甲公司以8 000万元为对价,自另一非关联方处取得了乙公司40%股权并取得控制权。假定不属于"一揽子交易"。购买日,甲公司原持有的对乙公司的20%股权公允价值为4 000万元,账面价值3 500万元,甲公司确认与乙公司权益法核算相关的累计其他综合收益为400万元,其他所有者权益变动100万元,乙可辨认净资产公允价值为18 000万元。不考虑其他因素。甲公司账务处理如下:

(1)长期股权投资初始投资成本

甲公司长期股权投资原账面价=3 500(3 000+400+100)(万元)。购买日,长期股权投资初始投资成本=原投资账面价+追加投资成本=3 500+8 000=11 500(万元)。

(2)原采用权益法确认的其他综合收益及其他权益变动的处理

甲公司原采用权益法确认的其他综合收益累计金额400万元和其他权益变动计入资本公积的累计金额100万元,在购买日不处理。待以后处置该项长期股权投资时,采用与被投资单位直接处置相关资产或负债相同的基础进行会计处理。即,以后处置该项长期股权投资时,上述其他综合收益和资本公积累计金额要转入投资收益。

(3)甲公司账务处理

借:长期股权投资——乙　　35 000 000

　贷:长期股权投资——乙(投资成本)　　30 000 000

　　　　　　　　——乙(其他综合收益)　　4 000 000

　　　　　　　　——乙(其他权益变动表)　　1 000 000

借:长期股权投资——乙　　80 000 000

贷:银行存款　　80 000 000

(三)权益法核算转公允价值计量

原持有的对被投资单位具有共同控制或重大影响的长期股权投资,因部分处置等原因导致持股比例下降,不能再对被投资单位实施共同控制或重大影响的。应改按金融工具确认和计量准则对剩余股权投资进行会计处理,其在丧失共同控制或重大影响之日的公允价值与账面价值之间的差额计入当期损溢。原采用权益法核算的相关其他综合收益应当在终止采用权益法核算时,采用与被投资单位直接处置相关资产或负债相同的基础进行会计处理,因被投资方除净损溢、其他综合收益和利润分配以外的其他所有者权益变动而确认的所有者权益,应当在终止采用权益法核算时全部转入当期损溢。

【例 5-18】甲公司持有乙公司 40%的有表决权股份,能够对乙公司施加重大影响,对该股权投资采用权益法核算。20×1 年 10 月,甲公司将该项投资中的 80%出售给非关联方,取得价款 84 000 000 元。相关手续于当日完成。甲公司无法再对乙公司施加重大影响,将剩余股权投资转为可供出售金融资产。出售时,该项长期股权投资的账面价值为 96 000 000 元,其中投资成本 78 000 000 元,损溢调整为 9 000 000 元,其他综合收益为 6 000 000 元(为被投资单位的可供出售金融资产的累计公允价值变动),除净损溢、其他综合收益和利润分配外的其他所有者权益变动为 3 000 000 元;剩余股权的公允价值为 21 000 000 元。不考虑相关税费等其他因素影响。甲公司账务处理如下:

(1)确认有关股权投资的处置损溢

借:银行存款　　84 000 000

　　贷:长期股权投资——乙公司(投资成本)(78 000 000×80%)　　62 400 000

　　　　(损溢调整)(9 000 000×80%)　　7 200 000

　　　　(其他综合收益)(6 000 000×80%)　　4 800 000

　　　　(其他权益变动)(3 000 000×80%)　　2 400 000

　　　　投资收益　　7 200 000

(2)由于终止采用权益法核算,将原确认的相关其他综合收益全部转入当期损溢

借:其他综合收益　　6 000 000

　　贷:投资收益　　6 000 000

(3)由于终止采用权益法核算,将原计入资本公积的其他所有者权益变动全部转入当期损溢

借:资本公积——其他资本公积　　3 000 000

　　贷:投资收益　　3 000 000

(4)剩余股权投资转为可供出售金融资产,当日公允价值为 21 000 000 元,账面价值为 19 200 000 元,两者差异应计入当期投资收益

借:可供出售金融资产　　21 000 000

　　贷:长期股权投资——乙公司(投资成本)　　15 600 000

　　　　(损溢调整)　　1 800 000

（其他综合收益） 1 200 000

（其他权益变动） 600 000

投资收益 1 800 000

(四)成本法转权益法

因处置投资等原因导致对被投资单位由能够实施控制转为具有重大影响或者与其他投资方一起实施共同控制的,首先应按处置投资的比例结转应终止确认的长期股权投资成本。

然后,比较剩余长期股权投资的成本与按照剩余持股比例计算原投资时应享有被投资单位可辨认净资产公允价值的份额,前者大于后者的,不调整长期股权投资的账面价值;前者小于后者的,在调整长期股权投资成本的同时,调整留存收益。

对于原取得投资时至处置投资时(转为权益法核算)之间被投资单位实现净损溢中投资方应享有的份额,应调整长期股权投资的账面价值,同时,对于原取得投资时至处置投资当期期初被投资单位实现的净损溢(扣除已宣告发放的现金股利和利润)中应享有的份额,调整留存收益,对于处置投资当期期初至处置投资之日被投资单位实现的净损溢中享有的份额,调整当期损溢;对于被投资单位其他综合收益变动中应享有的份额,在调整长期股权投资账面价值的同时,应当计入其他综合收益;除净损溢、其他综合收益和利润分配外的其他原因导致被投资单位其他所有者权益变动中应享有的份额,在调整长期股权投资账面价值的同时,应当计入资本公积(其他资本公积)。

【例 5-19】甲公司原持有乙公司 60%的股权,能够对乙公司实施控制。

20×1 年 11 月 6 日,甲公司对乙公司的长期股权投资账面价值为 60 000 000 元。未计提减值准备,甲公司将其持有的对乙公司长期股权投资中的 1/3 出售给非关联方,取得价款 36 000 000 元,当日被投资单位可辨认净资产公允价值总额为 160 000 000 元。相关手续于当日完成,甲公司不再对乙公司实施控制,但具有重大影响。甲公司原取得乙公司 60%股权时,乙公司可辨认净资产公允价值总额为 90 000 000 元(假定公允价值与账面价值相同)。自甲公司取得对乙公司长期股权投资后至部分处置投资前,乙公司实现净利润 50 000 000 元。其中,自甲公司取得投资日至 20×1 年年初实现净利润 40 000 000 元。处置期初至处置日之间实现的净损溢10 000 000元。假定乙公司一直未进行利润分配,也未发生其他计入资本公积的交易或事项。甲公司按净利润的 10%提取法定盈余公积。不考虑相关税费等其他因素影响。甲公司账务处理如下:

(1)确认长期股权投资处置损溢

借:银行存款 36 000 000

贷:长期股权投资——乙公司 20 000 000

投资收益 16 000 000

(2)调整长期股权投资账面价值

剩余长期股权投资的账面价值为 40 000 000 元,与原投资时应享有被投资单位可辨认净资产公允价值份额之间的差额 4 000 000(40 000 000—90 000 000×40%)元为商誉,该部分商誉的价值不需要对长期股权投资的成本进行调整。处置投资以后按照持股比例计算享有被投资单位自购买日至处置投资当期期初之间实现的净损溢为16 000 000(40 000 000×40%)元,应调整增加长期股权投资的账面价值,同时调整留存收益;处置期初至处置日之间实现的净损溢 4 000 000(10 000 000×40%)元,应调整增加长期股权投资的账面价值,同时计入当期投资收益。

借:长期股权投资——乙公司(损溢调整)　　20 000 000
　贷:盈余公积——法定盈余公积　　1 600 000
　　利润分配——未分配利润　　14 400 000
　　投资收益　　4 000 000

(五)成本法核算转公允价值计量

原持有的对被投资单位具有控制的长期股权投资,因部分处置等原因导致持股比例下降,不再对被投资单位实施控制、共同控制或重大影响的,应改按金融工具确认和计量准则进行会计处理,在丧失控制之日的公允价值与账面价值之间的差额计入当期投资收益。

【例 5-20】甲公司持有乙公司 60%的有表决权股份,能够对乙公司实施控制,对该股权投资采用成本法核算。20×1 年 8 月,甲公司将该项投资中的 80%出售给非关联方,取得价款 180 000 000 元,相关手续于当日完成。甲公司无法再对乙公司实施控制,也不能施加共同控制或重大影响,将剩余股权投资转为可供出售金融资产。出售时,该项长期股权投资的账面价值为 180 000 000 元,剩余股权投资的公允价值为 44 000 000 元。不考虑相关税费等其他因素影响。

甲公司有关账务处理如下:

(1)确认有关股权投资的处置损溢

借:银行存款　　180 000 000
　贷:长期股权投资——乙公司　　144 000 000
　　投资收益　　36 000 000

(2)剩余股权投资转为可供出售金融资产,当天公允价值为 44 000 000 元,账面价值为 36 000 000 元,两者差异应计入当期投资收益

借:可供出售金融资产　　44 000 000
　贷:长期股权投资——乙公司　　36 000 000
　　投资收益　　8 000 000

四、长期股权投资的减值

投资方应当关注长期股权投资的账面价值是否大于享有被投资单位所有者权益账面价值的份额等类似情况。出现类似情况时,投资方应当按照第九章“资产减值”相关内容对长期股权投资进行减值测试,可收回金额低于长期股权投资账面价值的,应当计提减值准备。

五、长期股权投资的处置

处置长期股权投资时,应相应结转与所售股权相对应的长期股权投资的账面价值,

一般情况下，出售所得价款与处置长期股权投资账面价值之间的差额，应确认为处置损溢。

投资方全部处置权益法核算的长期股权投资时，原采用权益法核算时计入其他综合收益的金额，应当在终止采用权益法核算时采用与被投资单位直接处置相关资产或负债相同的基础进行会计处理，即将“其他综合收益”的金额转入“投资收益”；因被投资方除净损溢、其他综合收益和利润分配以外的其他所有者权益变动而确认的所有者权益（资本公积），应当在终止采用权益法核算时，转入当期投资收益，即将“资本公积”的金额转入“投资收益”。

投资方部分处置权益法核算的长期股权投资，剩余股权仍采用权益法核算的，原权益法核算的相关其他综合收益应当采用与被投资单位直接处置相关资产或负债相同的基础处理并按比例结转，因被投资方除净损溢、其他综合收益和利润分配以外的其他所有者权益变动而确认的所有者权益，应当按比例结转入当期投资收益。即将“其他综合收益”和“资本公积”按比例转入“投资收益”。

【例 5-21】甲企业原持有乙公司 40%的股权，20×4 年 12 月 20 日，甲公司决定出售 10%乙公司的股权，出售时，甲公司账面上对乙公司长期股权投资的构成为：投资成本 1 600 万元，损溢调整 400 万元，其他综合收益 200 万元，其他权益变动 100 万元，出售取得价款 680 万元。甲公司账务处理如下：

（1）出售 10%的股权时

	借方	贷方
借：银行存款	6 800 000	
贷：长期股权投资——乙公司（成本）		4 000 000
——乙公司（损溢调整）		1 000 000
——乙公司（其他综合收益）		500 000
——乙公司（其他权益变动）		250 000
投资收益		1 050 000

（2）将原记入其他综合收益的金额按比例转入投资收益

	借方	贷方
借：其他综合收益	500 000	
贷：投资收益		500 000

（3）将原记入资本公积的金额按比例转入投资收益

	借方	贷方
借：资本公积——其他资本公积	250 000	
贷：投资收益		250 000

假设上例中，甲公司将乙公司 30%的股权出售给非关联的第三方，剩余 10%股权作为可供出售金融资产核算，其他条件不变。这种情况，属于本节前面所述的“权益法核算转公允价值计量”的情形。相关的其他综合收益和其他所有者权益（资本公积）应全部结转。账务处理见**【例 5-16】**所示，不再赘述。

思考题

1. 长期股权投资的范围？
2. 企业合并形成的长期股权投资初始成本的确定方法？
3. 以非企业合并方式取得的长期股权投资初始成本的确定方法？
4. 长期股权投资成本法、权益法的会计处理方法？
5. 长期股权投资核算方法的转换、处置的会计处理方法？

第六章 固定资产

本章学习目标

◎理解固定资产的概念和基本特征

◎掌握固定资产确认的条件、初始计量、后续计量及其会计核算

◎掌握固定资产折旧的计提范围、折旧方法及其会计核算

◎掌握在建工程的会计核算

◎掌握固定资产的处置的会计核算

第一节 固定资产概述

一、固定资产的概念与特征

(一)固定资产的概念

固定资产,是指为生产商品、提供劳务、出租或经营管理而持有的,使用寿命超过一个会计年度的有形资产。也就是说,固定资产通常是指为生产经营活动而持有的、使用期限较长、单位价值较高,并且在使用过程中保持原有实物形态的资产。包括房屋与建筑物、机器设备、运输工具、工具器具等。

(二)固定资产的特征

从固定资产定义的概念,我们可以看出固定资产具有下列特征:

(1)持有目的:为生产商品、提供劳务、出租或经营管理而持有,也就是说企业持有固定资产的目的不是为了出售。这一特征是区分固定资产和其他资产的根本标志。企业持有固定资产的目的是为了生产商品、提供劳务、出租或经营管理,这意味着,企业持有的固定资产是企业的劳动工具或手段,而不是直接用于出售的产品。此外,持有目的中的“出租”固定资产,指用以经营租赁方式出租的机器设备类固定资产,不包括以经营租赁方式出租的建筑物,后者属于企业的投资性房地产,不属于固定资产。

(2)使用寿命:超过一个会计年度。这一特征是区分固定资产和流动资产的重要标志。企业对一项固定资产预计使用的时间要在一年以上,且不改变其形态,这是固定资产的基本特征;而流动资产往往在一年内被耗用或改变形态。固定资产的使用寿命,是

指企业使用固定资产的预计期间，或者该固定资产所能生产产品或提供劳务的数量。通常情况下，固定资产的使用寿命是指使用固定资产的预计期间，比如自用房屋建筑物的使用寿命表现为企业对该房屋建筑物的预计使用年限。但是，对于某些机器设备或运输设备等固定资产，其使用寿命往往以该固定资产所能生产产品或提供劳务的数量来表示，例如，发电设备按其预计发电量估计使用寿命，汽车或飞机等按其预计行驶里程估计使用寿命。

(3)存在形态：有形资产。这一特征是区分固定资产与无形资产的重要标志。固定资产具有实物特征，且在使用过程中保持其原有的实物形态，这一特征，将固定资产与无形资产区分开来。

二、固定资产的分类

为了加强管理，便于组织固定资产的会计核算，企业有必要对固定资产进行科学合理的分类。常见的固定资产分类方法有以下几种：

(一)按固定资产的经济用途分类

按固定资产的经济用途分类，可以分为生产经营用固定资产和非生产经营用固定资产。

生产经营用固定资产是指直接服务于企业生产经营过程的各项固定资产，如生产用的房屋、建筑物、机器、设备等。非生产经营用固定资产是指不直接服务于企业生产经营过程的各项固定资产，如职工宿舍、食堂、浴室等使用的房屋、设备等固定资产。

按固定资产的经济用途分类，可以反映和监督企业生产经营用固定资产和非生产经营用固定资产之间以及生产经营用各类固定资产之间的组成和结构变化，借以分析和考核企业固定资产的利用情况，促使企业合理配置固定资产。

(二)按固定资产的使用情况分类

按固定资产的使用情况分类，可分为使用中固定资产、未使用固定资产和不需用固定资产。

使用中固定资产是指正在使用中的固定资产。由于季节性经营或大修理等原因暂时停止使用的固定资产，仍属于企业使用中的固定资产，企业出租(指经营性租赁)给其他单位使用的固定资产和内部替换使用的固定资产也属于使用中的固定资产。未使用固定资产是指已完工或已购建的尚未正式使用的新增固定资产以及因进行改建、扩建等原因暂停使用的固定资产。不需用固定资产是指本企业多余或不适用的各种固定资产。

按固定资产的使用情况分类，有利于分析和考核固定资产的利用情况，促使企业充分发挥固定资产的使用效率，及时处置不需用固定资产。

(三)按固定资产的所有权分类

按固定资产的所有权分类，可分为自有固定资产和租入固定资产。

自有固定资产是指企业拥有的可供企业自由支配使用的固定资产。租入固定资产是指企业采用租赁方式从其他单位租入的固定资产。企业对租入固定资产只有使用权，一般不享有所有权和最终处置权。按租入方式的不同，租入固定资产又可以分为经营性租入固定资产和融资租入固定资产。

按固定资产的所有权分类，有利于分析企业固定资产的产权结构，促使企业挖掘自有固定资产的潜力，节约租金支出。

(四)按固定资产的经济用途和使用情况综合分类

按固定资产的经济用途和使用情况综合分类，可以把企业的固定资产分为：生产经营用固定资产；非生产经营用固定资产；租出(经营租赁方式)用固定资产；未使用固定资产；不需用固定资产；土地；融资租入固定资产等。其中，土地，是指因历史遗留原因，已经估计单独入账的土地。企业取得的土地使用权应作为无形资产核算，不能作为固定资产管理。

由于企业的经营性质不同，经营规模各异，对固定资产的分类不可能完全一致，企业可以根据各自的具体情况和经营管理、会计核算的需要进行必要的分类。

第二节　固定资产的确认和初始计量

一、固定资产的确认条件

某一资产项目，如果要作为固定资产加以确认，首先，要符合固定资产的定义；其次，还要符合固定资产的确认条件。固定资产同时满足下列条件的，才能予以确认：

1. 与该固定资产有关的经济利益很可能流入企业

企业持有固定资产的目的是为了通过固定资产作用直接或间接的获取经济利益，如果一项固定资产预期不能给企业带来经济利益，即使取得它花费了企业的资金，也不能确认为固定资产。判断固定资产包含的经济利益能否流入企业，主要看与该项固定资产所有权有关的风险与报酬是否已经转移到该企业。

2. 该固定资产的成本能够可靠地计量

固定资产的成本能够可靠地计量，必须以取得确凿的、可靠的证据为依据，并且具有可验证性。

二、固定资产的初始计量

具备固定资产确认条件的固定资产应当以成本计量。其中，成本包括企业为购建某项固定资产达到预定可使用状态前所发生的一切合理的、必要的支出。这些支出既包括直接发生的价款、运杂费、包装费和安装成本等，也包括间接发生的其他一些费用，如应承担的借款利息、外币借款折算差额以及应分摊的其他间接费用。在某些特殊行业如石油天然气行业的固定资产，确定其成本时，还应当考虑预计弃置费用因素，即将固定资产预计的处置费用按折现值计入固定资产的成本。

固定资产初始计量时，需要注意购入固定资产增值税进项税的处理。2009 年之前，我国采用的是“生产型增值税”，这种增值税税制，不允许扣除购入机器设备、运输工具等固定资产时所承担的增值税进项税，而是将购进时的进项税计入固定资产成本；2004 年 7 月 1 日起，我国陆续在东北等部分地区进行增值税转型试点，将增值税税制从“生产型增值税”改革为“消费型增值税”，改革的核心是允许购入机器设备、运输工具等固定资产时所承担增值税的进项税抵扣销项税；2009 年 1 月 1 日起，我国允许全国范围内，所有一般纳税人抵扣其购入设备所含的进项税额，未抵扣完的结转下期继续抵扣。

(一)外购固定资产的成本

1. 购入不需要安装的固定资产

企业购入不需要安装的固定资产，按实际支付的买价、相关税费以及为使固定资产达到预定可使用状态前所发生的可直接归属于该资产的其他支出，作为购入固定资产的原价入账，借记“固定资产”科目；根据可以抵扣的进项税额借记“应交税费——应交增值税(进项税额)”科目，按支付的总金额贷记“银行存款”等科目。

【例 6-1】甲公司购入运货卡车一辆，发票价 1500 00 元，增值税 25 500 元。上述所有款项均以银行存款付清。甲公司的相关账务处理如下：

借：固定资产——卡车　　150 000

　应交税费——应交增值税(进项税额)　　25 500

　贷：银行存款　　175 500

2. 购入需要安装的固定资产

企业购入需要安装的固定资产支付的买价、包装费、运输费以及发生的安装费等均应通过“在建工程”科目核算，待安装完毕达到预定可使用状态时，再由“在建工程”科目转入“固定资产”科目。

【例 6-2】甲公司购入需安装设备一台，发票价 75 000 元，增值税额 12 750 元，发生运费 750 元，安装费用 9 000 元，所有款项均已付清。甲公司的相关账务处理如下：

(1)购入设备时

借：在建工程　　75 750

　应交税费——应交增值税(进项税额)　　12 750

　贷：银行存款　　88 500

(2)支付安装费用时

借：在建工程　　9 000

　贷：银行存款　　9 000

(3)设备安装完毕交付使用时

借：固定资产　　84 750

　贷：在建工程　　84 750

3. 以一笔款项购入多项没有单独标价的固定资产

如果企业以一笔款项购入多项没有单独标价的固定资产，应当按照各项固定资产公允价值的比例对总成本进行分配，分别确定各项固定资产的成本。

【例 6-3】甲公司于 20×4 年 1 月 1 日一次购入 3 套不同型号且具有不同生产能力的设备 A、B、C。甲公司为该批设备共支付货款 1 192.5 万元，增值税额 202.725 万元，包装费 7.5 万元，全部以银行存款支付；假定设备 A、B、C 分别符合固定资产的定义及确认条件，其公允价值分别为：525 万元、600 万元、375 万元。甲公司的相关账务处理如下：

(1)甲公司确认固定资产入账总成本＝1 192.5＋7.5＝1 200(万元)

(2)确定 A、B、C 设备各自的入账价值：

设备 A 入账价值＝1 200×525÷(525＋600＋375)＝420(万元)

设备 B 入账价值＝1 200×600÷(525＋600＋375)＝480(万元)

设备 C 入账价值＝1 200×375÷(525＋600＋375)＝300(万元)

(3)会计分录

借：固定资产——A 设备	4 200 000	
——B 设备	4 800 000	
——C 设备	3 000 000	
应交税费——应交增值税(进项税额)	2 027 250	
贷：银行存款		14 027 250

4. 延期支付购入固定资产

如果企业购买固定资产的价款超过正常信用条件延期支付，实质上具有融资性质的，固定资产的成本以购买价款的现值为基础确定。实际支付的价款与购买价款的现值之间的差额，除按照《企业会计准则第 17 号——借款费用》规定应予以资本化外，应当在信用期间计入当期损溢。

【例 6-4】甲公司 20×7 年 1 月 1 日从乙公司购入一台大型设备作为固定资产使用。购货合同约定，该机器的总价款为 1 500 万元(假定不考虑增值税)，分 3 年支付，20×7 年 12 月 31 日支付 750 万元，20×8 年 12 月 31 日支付 450 万元，20×9 年 12 月 31 日支付 300 万元。假定 3 年期银行借款年利率为 6%。根据上述资料，甲公司的相关账务处理如下：

(1)3 年支付的总价款的现值

$750 \div (1+6\%) + 450 \div (1+6\%)^2 + 300 \div (1+6\%)^3 = 1\,359.93$(万元)

(2)总价款与现值的差额

1 500－1 359.93＝140.07(万元)

(3)会计分录

借：固定资产	13 599 300	
未确认融资费用	1 400 700	
贷：长期应付款		15 000 000

(二)自行建造固定资产的成本

自行建造固定资产的成本，由建造该项固定资产达到预定可使用状态前所发生的必要支出构成。建造该项固定资产达到预定可使用状态前所发生的必要支出，包括工程用物资成本、人工成本、应予以资本化的借款费用、缴纳的相关税金以及应分摊的其他间接费用等。

自行建造固定资产按其工程实施的方式不同分为自营工程和出包工程两种。

企业以自营方式建造固定资产，表示企业自行组织工程物资的采购、自行组织施工人员从事工程施工。企业以自营方式建造固定资产，其成本应当按照直接材料、直接人工、直接机械施工费等计量。企业自营施工会计上需要设置"工程物资""工程施工"等科目进行核算。出包工程是指企业采用招标等方式将工程出包给建造商由建造商组织施工的建筑工程和安装工程。在出包工程方式下，主要通过"在建工程"科目核算企业支付给承包单位的工程价款以及建设期间的资本化借款利息。

1. 自营工程

企业购入为工程准备的物资时，按购入物资的实际成本，借记"工程物资"科目，允许抵扣的进项税额借记"应交税费——应交增值税（进项税额）"科目，按照价税合计贷记"银行存款"等科目；企业自营工程领用工程物资时，按领用物资的实际成本，借记"在建工程"科目，贷记"工程物资"科目；自营工程领用企业生产产品用的原材料时，借记"在建工程"科目，贷记"原材料"等科目；自营工程建造过程中发生工人工资、长期借款利息费用及其他费用时，按发生额，借记"在建工程"科目，贷记"应付职工薪酬""长期借款"等科目；自营工程达到预定可使用状态时，按实际发生的全部支出，借记"固定资产"科目，贷记"在建工程"科目。

【例 6-5】20×4 年 1 月，甲公司准备自行建造仓库一幢，为此购入工程物资一批，增值税专用发票上注明的价款为 1 500 000 元，增值税税额为 255 000 元，款项以银行存款支付，物资全部投入工程建设。工程领用生产用原材料一批，成本为 75 000 元，该批材料的进项税为 12 750 元。另外，在建造过程中，发生工程建设应负担的职工薪酬 225 000元，辅助生产车间为工程提供劳务 30 000 元。9 月末，工程达到预定可使用状态。甲公司的相关账务处理如下：

(1)购入工程物资时

	借方	贷方
借：工程物资	1 500 000	
应交税费——应交增值税（进项税额）	255 000	
贷：银行存款		1 755 000

(2)领用工程物资时

	借方	贷方
借：在建工程	1 500 000	
贷：工程物资		1 500 000

(3)工程领用原材料时

	借方	贷方
借：在建工程	75 000	
贷：原材料		75 000

(4)计提应付工程人员薪酬时

	借方	贷方
借：在建工程	225 000	
贷：应付职工薪酬		225 000

(5)辅助生产车间为工程提供劳务时

借:在建工程　30 000

　贷:生产成本——辅助生产成本　30 000

(6)工程达到预定可使用状态时

借:固定资产——仓库　1 830 000

　贷:在建工程　1 830 000

工程达到预定可使用状态前因进行试运转所发生的净支出,计入工程成本。企业的在建工程项目在达到预定可使用状态前所取得的试运转过程中形成的、能够对外销售的产品所发生的成本,计入在建工程成本,销售或转为库存商品时,按实际销售收入或按预计售价冲减工程成本。

2.出包工程

采用出包方式建造的固定资产,其工程的具体支出在承包单位核算。企业将支付给承包单位的工程价款作为工程成本,通过“在建工程”科目核算。此时,“在建工程”科目实际成为企业与承包单位的结算账户。

【例 6-6】20×4 年 1 月,甲公司将一幢新建办公楼工程出包给乙企业承建。20×4 年 12 月 31 日,按合同规定向乙企业支付工程价款 600 万元。工程完工后,收到乙企业的工程结算单据,补付工程款 225 万元。20×5 年 10 月,工程达到预定可使用状态。甲公司的相关账务处理如下:

(1)支付工程价款时

借:在建工程　6 000 000

　贷:银行存款　6 000 000

(2)补付工程价款时

借:在建工程　2 250 000

　贷:银行存款　2 250 000

(3)工程达到预定可使用状态时

借:固定资产　8 250 000

　贷:在建工程　8 250 000

(三)投资者投入固定资产的成本

投资者投入固定资产的成本,应当按照投资合同或协议约定的价值确定,但合同或协议约定的价值不公允的除外。

对于接受投资者投入企业的固定资产,在办理移交手续后,按照投资合同或协议约定的价值加上应支付的相关税费作为固定资产的入账价值;按投资合同或协议约定的价值在其注册资本中所占的份额,确认为实收资本或股本;投资合同或协议约定的价值与实收资本或股本的差额,确认为资本公积,支付的相关税费确认为银行存款或应交税费。

【例 6-7】甲公司注册资本为 3 000 万元,20×4 年 6 月 1 日,甲公司接受乙公司固定资产投资,设备原价 2 550 万元,已提折旧 1 837.5 万元,协议约定价值 1 095 万元,占甲

公司原注册资本的35%。假定不考虑税费因素,甲公司的相关账务处理如下:

借:固定资产 10 950 000

　　贷:实收资本 10 500 000

　　　　资本公积 450 000

(四)接受捐赠固定资产

企业接受捐赠固定资产,应根据具体情况合理确定其入账价值。一般分为两种情况:第一种情况,捐赠方提供了有关凭据的,按凭据上标明的金额加上应支付的相关税费,作为入账价值;第二种情况,捐赠方没有提供有关凭据的,按以下顺序确定其入账价值:同类或类似固定资产存在活跃市场的,按同类或类似固定资产的市场价格估计的金额,加上应支付的相关税费,作为入账价值;同类或类似固定资产不存在活跃市场的,按该接受捐赠的固定资产的预计未来现金流量的现值,作为入账价值。

【例6-8】20×4年3月1日,甲公司接受乙公司捐赠的全新大型机器设备一台,乙公司提供了购买这台机器设备的有关发票等凭证,据此确定该机器设备原价为345 000万元。甲公司为使机器设备达到预定可使用状态所发生的运输费、安装调试费22 500元。假定不考虑税费因素,甲公司的相关账务处理如下:

(1)借:在建工程 345 000

　　　贷:营业外收入 345 000

(2)借:在建工程 22 500

　　　贷:银行存款 22 500

(3)借:固定资产 367 500

　　　贷:在建工程 367 500

(五)存在弃置义务的固定资产

对于特殊行业的特定固定资产,确定其初始入账成本时,还应考虑弃置费用。弃置费用通常是指根据国家法律和行政法规、国际公约等规定,企业承担的环境保护和生态恢复等义务所确定的支出,如油气资产、核电站核设施等的弃置和恢复环境义务。弃置费用的金额与其现值比较,通常相差较大,需要考虑货币时间价值,对于这些特殊行业的特定固定资产,企业应当根据《企业会计准则第13号——或有事项》,按照现值计算确定应计入固定资产成本的金额和相应的预计负债。在固定资产的使用寿命内按照预计负债的摊余成本和实际利率计算确定的利息费用应计入财务费用。一般工商企业的固定资产发生的报废清理费用不属于弃置费用,应当在发生时作为固定资产清理费用处理。

【例6-9】经国家审批,某企业计划建造一个核电站,其主体设备核反应堆将会对当地的生态环境产生一定的影响。根据法律规定,企业应在该项设备使用期满后将其拆除,并对造成的污染进行整治。20×7年1月1日,该项设备建造完成并交付使用,建造成本共120 000 000元。预计使用寿命10年,预计弃置费用为1 500 000元。假定折现率(即为实际利率)为10%。

(1)计算已完工的固定资产的成本

核反应堆属于特殊行业的特定固定资产，确定其成本时应考虑弃置费用。

20×7 年 1 月 1 日

弃置费用的现值＝1 500 000×(P/F,10%,10)＝1 500 000×0.385 5＝578 250(元)

固定资产入账价值＝120 000 000＋578 250＝120 578 250(元)

借:固定资产　　120 578 250

　　贷:在建工程　　120 000 000

　　　　预计负债　　578 250

(2)计算第 1 年应负担的利息(按实际利率法计算)＝578 250×10%＝57 825(元)

借:财务费用　　57 825

　　贷:预计负债　　57 825

(3)计算第 2 年应负担的利息＝(578 250＋57 825)×10%＝63 607.5(元)

借:财务费用　　63 607.5

　　贷:预计负债　　63 607.5

(六)盘盈的固定资产

盘盈的固定资产，同类或类似固定资产存在活跃市场的，按同类或类似固定资产的市场价格，减去按该项资产的新旧程度估计的价值损耗后的余额，作为入账价值。同类或类似固定资产不存在活跃市场的，以盘盈的固定资产的预计未来现金流量现值作为入账价值。

根据规定，企业盘盈的固定资产应作为前期差错记入“以前年度损溢调整”科目。之所以做前期损溢，是因为固定资产出现由于企业无法控制的因素而造成盘盈的可能性极小，企业出现了固定资产的盘盈必定是企业以前会计期间少计、漏计而产生的，应当作为会计差错进行更正处理。企业应当按照盘盈固定资产的入账价值，借记“固定资产”科目，贷记“以前年度损溢调整”科目；由于以前年度损溢调整增加的所得税费用，借记“以前年度损溢调整”科目，贷记“应交税费——应交所得税”科目；经上述调整后，将“以前年度损溢调整”科目的余额转入留存收益。

【例 6-10】20×4 年 8 月 31 日，甲公司盘盈一台设备，该设备市场价格为 90 000 元，八成新。企业所得税率为 25%。甲公司的相关账务处理如下：

(1)盘盈时

借:固定资产　　72 000

　　贷:以前年度损溢调整　　72 000

(2)计算应补交的所得税

借:以前年度损溢调整　　18 000

　　贷:应交税费——应交所得税　　18 000

(3)结转以前年度损溢调整账户

借:以前年度损溢调整　　54 000

　　贷:利润分配——未分配利润　　48 600

　　　　盈余公积　　5 400

第三节　固定资产的后续计量

固定资产的后续计量主要包括固定资产折旧和固定资产后续支出两个环节。

一、固定资产折旧

（一）固定资产折旧的概念

折旧是指在固定资产使用寿命内，按照确定的方法对应计折旧额进行系统分摊的过程。

其中，固定资产使用寿命，是指固定资产在考虑有形损耗和无形损耗情况下的经济使用年限，而不是指自然使用年限。具体确定固定资产使用年限时，应考虑预计生产能力或实物产量、预计有形损耗和无形损耗以及现行法律法规对特定资产使用的限制等因素。

应计折旧额，是指应当计提折旧的固定资产的原价扣除其预计净残值后的金额。已计提减值准备的固定资产，还应当扣除已计提的固定资产减值准备累计金额。

（二）固定资产折旧范围的确定

1. 固定资产计提折旧的资产范围

除下列情况外，企业应当对所有固定资产计提折旧：

（1）已提足折旧仍继续使用的固定资产；

（2）按照规定单独估价作为固定资产入账的土地。

需要注意的是，以融资租赁方式租入的固定资产和经营租赁方式租出的固定资产，应当计提折旧。以融资租赁方式租出的固定资产和经营租赁方式租入的固定资产，不应当计提折旧。

2. 固定资产计提折旧的时间范围

固定资产应当按月计提折旧。当月增加的固定资产，当月不提折旧，从下月开始计提折旧；当月减少的固定资产，当月仍提折旧，从下月起停止计提折旧。

此外，固定资产提足折旧后，不管能否继续使用，均不再提取折旧；提前报废的固定资产，也不再补提折旧。

（三）影响固定资产折旧的因素

影响固定资产折旧的主要因素有 3 个：固定资产原值、固定资产使用寿命和预计净残值。如果固定资产已经计提了减值准备，则还要考虑已提减值准备这一因素。

1. 固定资产原值

固定资产原值是指取得某项固定资产并使其达到预定可使用状态前所发生的一切合理和必要支出。固定资产原值的高低，直接影响着各期折旧额的大小。以固定资产原价作为计提折旧的基数，可以使折旧的计算建立在客观的基础上，不受主观因素的影响。

2. 固定资产使用寿命

固定资产使用寿命是指企业使用固定资产的预计期间，或者固定资产所能生产产品或者提供劳务的数量。具体确定固定资产使用年限时，应考虑预计生产能力或实物产量、预计有形损耗和无形损耗以及法律或者类似规定对资产使用的限制。

3. 预计净残值

预计净残值是指假定固定资产预计使用寿命已满并处于使用寿命终了的预期状态，目前从该项资产处置中获得的扣除预计处置费用后的余额。即固定资产的预计残值收入扣除清理费用后的净额。预计残值收入是指固定资产报废清理时预计可收回的残料价值收入；预计清理费用是指固定资产报废清理时预计发生的拆卸、整理和搬运等费用。固定资产原价减去预计净残值后的金额为固定资产的应提折旧额。

企业应当根据固定资产的性质和使用情况，合理确定固定资产的使用寿命和预计净残值。固定资产的使用寿命和预计净残值一经确定，不得随意变更。但是，企业应当至少于每年年度终了，对固定资产的使用寿命、预计净残值和折旧方法进行复核。使用寿命预计数与原先估计数有差异的，应当调整固定资产折旧年限。预计净残值预计数与原先估计数有差异的，应当调整预计净残值。固定资产包含的经济利益预期实现方式有重大改变的，应当改变固定资产折旧方法。固定资产使用寿命、预计净残值和折旧方法的改变应当作为会计估计变更处理。

(四)固定资产的折旧方法

企业应当根据固定资产所包含的经济利益预期实现方式，合理选择固定资产折旧方法。可选用的折旧方法包括年限平均法、工作量法、加速折旧法(双倍余额递减法和年数总和法)等。

1. 年限平均法

年限平均法，也称为平均年限法或直线法，是将固定资产的应计折旧额均衡分摊到固定资产预计使用寿命内的一种方法。其计算公式如下：

固定资产年折旧额＝(原始价值－预计净残值)÷预计使用年限

＝原始价值×(1－预计净残值率)÷预计使用年限

其中，预计净残值率＝预计净残值÷固定资产原价×100％

固定资产月折旧额＝固定资产年折旧额÷12

在实际工作中，固定资产折旧额通常按事先确定的折旧率计算。固定资产折旧率是指一定时期内固定资产折旧额与原始价值的比率。其计算公式如下：

固定资产年折旧率＝年折旧额÷原始价值×100％

＝(1－预计净残值率)÷预计使用年限×100％

固定资产月折旧率＝年折旧率÷12

固定资产月折旧额＝原始价值×月折旧率

【例 6-11】甲公司一台设备的原始价值为 7.5 万元，预计使用年限为 4 年，预计净残值率为 4％。该设备的折旧率和折旧额计算如下：

年折旧率＝(1－4％)÷4×100％＝24％

月折旧率＝24％÷12＝2％

月折旧额＝75 000×2％＝1 500(元)

上述折旧率是按个别固定资产单独计算的，称为个别折旧率，即某项固定资产在一定期间的折旧额和该项固定资产原始价值的比率。此外，还有分类折旧率和综合折旧率。

分类折旧率是指固定资产分类折旧额与该类固定资产原始价值的比率。采用分类折旧率计算固定资产折旧，应先把性质、结构和使用年限相近的固定资产归为一类，再按类计算平均折旧率，用分类折旧率计算各类固定资产的折旧额。分类折旧率计算公式如下：

某类固定资产年分类折旧率＝该类固定资产年折旧额之和÷该类固定资产原始价值之和×100％

综合折旧率是指某一期间企业全部固定资产折旧额与全部固定资产原始价值的比率。其计算公式如下：

固定资产年综合折旧率＝全部固定资产年折旧额之和÷全部固定资产原始价值之和×100％

年限平均法的优点是简便易行，但它也存在明显不足。首先，年限平均法没有考虑固定资产在不同使用年限提供的经济效益和使用强度不同的客观现实。一般来说，固定资产在其使用前期工作效率较高，所带来的经济利益也较多；而在使用后期，工作效率下降，因而带来的经济利益也就逐渐减少。其次，年限平均法没有考虑固定资产在不同使用年限发生修理费不同的情况。固定资产修理费会随着其使用时间的延长而不断增加，而产量则不断减少，造成单位产品负担的费用不尽合理。

2. 工作量法

工作量法是根据固定资产实际完成的工作量计提折旧的一种方法。其计算公式如下：

单位工作量折旧额＝固定资产原始价值×(1－净残值率)÷预计总工作量

某项固定资产月折旧额＝该项固定资产当月工作量×单位工作量折旧额

【例 6-12】甲公司一辆运货汽车的原始价值为 75 000 元，预计可行驶 750 000km，预计净残值率为 5％，本月行驶 6 000km。该汽车本月折旧额计算如下：

每公里折旧额＝75 000×(1－5％)÷750 000＝0.095(元/km)

本月折旧额＝6 000×0.095＝570(元)

工作量法克服了年限平均法的不足，计算也较简便。但这种方法只注重固定资产的使用强度，而忽视了固定资产的无形损耗和自然损耗。

3. 加速折旧法

加速折旧法亦称快速折旧法，是指在固定资产使用的前期多提折旧，后期少提折旧的方法。

企业采用加速折旧法的原因在于：①固定资产在使用的前期效率较高，生产能力较强，给企业带来的经济利益也较多，应多分摊折旧费，以充分体现收入和费用相配比的原则。②固定资产的使用成本主要包括折旧费和修理费，在固定资产使用的早期修理费较少，而在使用的后期修理费较多。为了保持各期固定资产使用成本的均衡，在修理费较少的早期应多提折旧，而在修理费较多的后期应少提折旧。③固定资产折旧既要考虑有形损耗，又要考虑无形损耗，采用加速折旧法计提折旧可以减少固定资产无形损耗所带来的损失。

加速折旧法有多种，常用的是以下两种：

(1)双倍余额递减法

双倍余额递减法是在不考虑固定资产预计净残值的情况下，根据每期期初固定资产账面余额和双倍的直线法折旧率来计算固定资产折旧的一种方法。其计算公式如下：

年折旧率＝2÷预计使用年限×100％

年折旧额＝年初固定资产账面净值×年折旧率

由于双倍余额递减法不考虑固定资产的预计净残值，因此，在运用该方法时必须注意不能使固定资产的账面净值降低到它的预计净残值以下。我国会计制度规定，采用双倍余额递减法计提折旧时，应当在固定资产预计使用年限到期前两年内，将固定资产账面净值扣除预计净残值后的余额平均摊销。

【例 6-13】甲公司一台设备的原始价值为 150 000 元，预计使用年限为 5 年，预计净残值为 1 500 元，采用双倍余额递减法计提折旧。该设备每年应提折旧额计算如下：

年折旧率＝2÷5×100％＝40％

第一年应提折旧额＝150 000×40％＝60 000(元)

第二年应提折旧额＝(150 000－60 000)×40％＝36 000(元)

第三年应提折旧额＝(150 000－60 000－36 000)×40％＝21 600(元)

第四年年初设备的账面净值＝150 000－(60 000＋36 000＋21 600)＝32 400(元)

第四年应提折旧额＝(32 400－1 500)÷2＝15 450(元)

第五年应提折旧额＝(32 400－1 500)÷2＝15 450(元)

需要注意的是，上例的各年折旧额实际上是指 12 月的折旧额。所以在会计实务中，采用双倍余额递减法要注意跨年折旧的问题。

【例 6-14】乙企业 20×4 年 3 月 10 日购入固定资产一项 15 000 元，预计使用年限为 5 年，预计净残值 300 元，采用双倍余额递减法计算每年的折旧额。该设备每年应提折旧额计算如下：

折旧率＝2÷5×100％＝40％

第 20×4 年＝15 000×40％÷12×9＝4 500(元)

第 20×5 年＝15 000×40％÷12×3＋9 000×40％÷12×9＝4 200(元)

第 20×6 年＝9 000×40％÷12×3＋5 400×40％÷12×9＝4 000＝2 520(元)

第 20×7 年＝5 400×40％÷12×3＋(3 240－300)÷2÷12×9＝1 642.5(元)

第 20×8 年＝(3 240－300)÷2＝1 470(元)

第 20×9 年＝(3 240－300)÷2÷12×3＝367.5(元)

(2)年数总和法

年数总和法是将固定资产的原始价值减去预计净残值后的净额乘以一个逐年递减

的分数来计算固定资产折旧的一种方法。这个分数的分子代表固定资产尚可使用的年数,分母代表使用年数的逐年数字总和。其计算公式如下:

年折旧率=尚可使用年数/预计使用年限的年数总和

年折旧额=(固定资产原始价值-预计净残值)×年折旧率

【例 6-15】沿用**【例 6-13】**的资料,假定采用年数总和法计算折旧额。该设备每年应提的折旧额计算如下:

第一年应提折旧额=(150 000-1 500)×5÷15=49 500(元)

第二年应提折旧额=(150 000-1 500)×4÷15=39 600(元)

第三年应提折旧额=(150 000-1 500)×3÷15=29 700(元)

第四年应提折旧额=(150 000-1 500)×2÷15=19 800(元)

第五年应提折旧额=(150 000-1 500)×1÷15=9 900(元)

(五)固定资产折旧的会计处理

企业在计提固定资产折旧时,应当以月初固定资产的账面原始价值为依据。当月增加的固定资产,当月不提折旧,从下月开始计提折旧;当月减少的固定资产,当月仍提折旧,从下月起停止计提折旧。因此,可以在上月计提的折旧额基础上,对上月固定资产的增减情况进行调整后计算本月应计提的折旧额。其计算公式如下:

本月应计提的折旧额=上月计提的折旧额+上月增加固定资产应计提的折旧额-上月减少固定资产应计提的折旧额

企业按月计提固定资产折旧时,应根据固定资产的用途借记“制造费用”“销售费用”“管理费用”“其他业务成本”等科目,贷记“累计折旧”科目。

【例 6-16】甲企业 20×4 年 6 月份固定资产计提折旧情况如下:

(1)车间厂房折旧 45 000 元,车间机器折旧 22 500 元。

(2)管理部门房屋建筑物折旧 60 000 元,管理用的设备、汽车等折旧 15 000 元。

(3)销售部门的房屋建筑物折旧 18 000 元,管理用的设备、汽车等折旧 12 000 元。

(4)仓库类固定资产本月增加 3 000 000 元,本月减少 1 500 000 元,月末余额 13 500 000元。假定仓库类固定资产的月折旧额为 0.5%。

(5)售后服务部门本月购入小轿车一辆,价值为 300 000 元,预计使用年限为 5 年。

根据上述资料,甲公司有关固定资产折旧的相关账务处理如下:

仓库类固定资产应提折旧额=(13 500 000-3 000 000+1 500 000)×0.5%=60 000(元),应计入管理费用。

售后服务部门新购置的小轿车,本月不计提折旧。

借:制造费用　　67 500

　　管理费用　　135 000

　　销售费用　　30 000

　　贷:累计折旧　　232 500

二、固定资产的后续支出

固定资产的后续支出是指固定资产使用过程中发生的更新改造支出、修理费用等。

后续支出的处理原则为：符合固定资产确认条件的，应当计入固定资产成本，同时将被替换部分的账面价值扣除；不符合固定资产确认条件的，应当计入当期损溢。

（一）资本化的后续支出

固定资产发生可资本化的后续支出时，企业一般应将该固定资产的原价、已计提的累计折旧和减值准备转销，将固定资产的账面价值转入在建工程，并停止计提折旧。发生的后续支出，通过"在建工程"科目核算。在固定资产发生的后续支出完工并达到预定可使用状态时，再从在建工程转为固定资产，并按重新确定的使用寿命、预计净残值和折旧方法计提折旧。

【例 6-17】甲公司是一家从事印刷业的企业，有关资料如下：

(1)20×4 年 12 月，该公司自行建成了一条印刷生产线，建造成本为 852 000 元；采用年限平均法计提折旧；预计净残值率为固定资产原价的 3%，预计使用年限为 6 年。

(2)20×7 年 1 月 1 日，由于生产的产品适销对路，现有生产线的生产能力已难以满足公司生产发展的需要，但若新建生产线成本过高，周期过长，于是公司决定对现有生产线进行改扩建，以提高其生产能力。假定该生产线未发生减值。

(3)20×7 年 1 月 1 日至 3 月 31 日，经过 3 个月的改扩建，完成了对这条印刷生产线的改扩建工程，共发生支出 403 350 元，全部以银行存款支付。

(4)该生产线改扩建工程达至到预定可使用状态后，大大提高了生产能力，预计将其使用年限延长了 4 年，即预计使用年限为 10 年。假定改扩建后的生产线的预计净残值率为改扩建后固定资产账面价值的 3%；折旧方法仍为年限平均法。

(5)为简化计算过程，整个过程不考虑其他相关税费；公司按年度计提固定资产折旧。

本例中，印刷生产线改扩建后生产能力将大大提高，能够为企业带来更多的经济利益，改扩建的支出金额也能可靠计量，因此该后续支出符合固定资产的确认条件，应计入固定资产的成本。假定不考虑税费因素，甲公司的相关账务处理如下：

(1)20×5 年 1 月 1 日至 20×6 年 12 月 31 日两年间，即，固定资产后续支出发生前，该条生产线的应计折旧额＝852 000×(1－3%)＝826 440(元)，年折旧额＝826 440÷6＝137 740(元)，各年计提固定资产折旧的相关会计分录为：

借：制造费用	137 740	
贷：累计折旧		137 740

(2)20×7 年 1 月 1 日，固定资产的账面价值＝852 000－(137 740×2)＝576 520(元)

固定资产转入改扩建：

借：在建工程	576 520	
累计折旧	275 480	
贷：固定资产		852 000

(3)20×7 年 1 月 1 日至 3 月 31 日，发生改扩建工程支出：

借：在建工程	403 350	

贷:银行存款 403 350

(4)20×7 年 3 月 31 日,生产线改扩建工程达到预定可使用状态,固定资产的入账价值=576 520+403 350=979 870(元)

借:固定资产 979 870

贷:在建工程 979 870

(5)20×7 年 3 月 31 日,转为固定资产后,按重新确定的使用寿命、预计净残值和折旧方法计提折旧。应计折旧额=979 870×(1-3%)=950 473.9(元)

月折旧额=950 473.9÷(7×12+9)=10 220.15(元)

年折旧额=10 220.15×12=122 641.8(元)

20×7 年应计提的折旧额=10 220.15×9=91 981.35(元)会计分录为:

借:制造费用 91 981.35

贷:累计折旧 91 981.35

企业发生的一些固定资产后续支出可能涉及替换原固定资产的某组成部分,当发生的后续支出符合固定资产确认条件时,应将其计入固定资产成本,同时将被替换部分的账面价值扣除。这样可以避免将替换部分的成本和被替换部分的成本同时计入固定资产成本,导致固定资产成本重复计算。企业对固定资产进行定期检查发生的大修理费用,有确凿证据表明符合固定资产确认条件的部分,可以计入固定资产成本,不符合固定资产的确认条件的应当费用化,计入当期损溢。固定资产在定期大修理间隔期间,照提折旧。

(二)费用化的后续支出

与固定资产有关的修理费用等后续支出,不符合固定资产确认条件的,应当根据不同情况分别在发生时计入当期管理费用或销售费用。

一般情况下,固定资产投入使用之后,由于固定资产磨损、各组成部分耐用程度不同,可能导致固定资产的局部损坏,为了维护固定资产的正常运转和使用,充分发挥其使用效能,企业将对固定资产进行必要的维护。固定资产的日常修理费用在发生时应直接计入当期损溢。企业生产车间(部门)和行政管理部门等发生的固定资产修理费用等后续支出计入"管理费用";企业专设销售机构的,其发生的与专设销售机构相关的固定资产修理费用等后续支出,计入"销售费用"科目。固定资产更新改造支出不满足固定资产的确认条件,在发生时直接计入当期损溢。

【例 6-18】甲公司对管理用的一台设备进行维修,支付修理费用 3 450 元。以银行存款转账支付。甲公司的相关账务处理如下:

借:管理费用 3 450

贷:银行存款 3 450

第四节 固定资产的处置

固定资产满足下列条件之一的,应当予以终止确认:(1)该固定资产处于处置状态;

(2)该固定资产预期通过使用或处置不能产生未来经济利益。

企业在生产经营过程中,对那些不适用或不需用的固定资产进行的出售转让;对不能继续有效使用的固定资产按规定进行报废清理;对遭受灾害而发生毁损的固定资产进行毁损清理;利用固定资产进行投资、抵债和捐赠等都属于固定资产的处置。固定资产处置一般通过"固定资产清理"科目核算。

一、固定资产出售、报废和毁损的核算

企业出售、转让、报废固定资产或发生固定资产毁损,应当将处置收入扣除账面价值和相关税费后的金额计入当期损溢。其会计核算一般经过以下几个步骤:

第一,固定资产转入清理的处理。出售、报废、毁损的固定资产转入清理时,按固定资产净额,借记"固定资产清理"科目,按已提折旧,借记"累计折旧"科目,按已提减值准备,借记"固定资产减值准备"科目,按固定资产原始价值,贷记"固定资产"科目。

第二,清理费用和税费的处理。固定资产清理过程中发生费用以及应交的税费时,借记"固定资产清理"科目,贷记"银行存款""应交税费"等科目。

第三,出售收入、增值税和残料等的处理。固定资产清理过程中取得的出售收入、相关增值税、残料价值和变价收入等,应冲减清理支出,借记"银行存款""原材料"等科目,贷记"固定资产清理""应交税费——应交增值税(销项税额)"等科目。

第四,赔偿收入的处理。固定资产清理过程中应由保险公司或过失人赔偿的损失,应冲减清理支出,借记"其他应收款""银行存款"等科目,贷记"固定资产清理"科目。

第五,清理净损溢的处理。固定资产清理后的净收益,属于筹建期间的,冲减长期待摊费用,借记"固定资产清理"科目,贷记"长期待摊费用"科目;属于生产经营期间的,直接计入当期损溢,借记"固定资产清理"科目,贷记"营业外收入"科目。固定资产清理后的净损失,属于筹建期间的,计入长期待摊费用,借记"长期待摊费用"科目,贷记"固定资产清理"科目;属于生产经营期间的,直接计入当期损溢,借记"营业外支出"科目,贷记"固定资产清理"科目。

【例 6-19】甲公司出售一台设备,原价为 900 000 元,已计提折旧 600 000 元,未计提减值准备,实际出售价格为 500 000 元(不含税),另外按照 17%的税率向对方收取增值税额 85 000 元,款项已通过银行收取。甲公司的相关账务处理如下:

(1)将出售固定资产转入清理时

借:固定资产清理	300 000	
累计折旧	600 000	
贷:固定资产		900 000

(2)收回出售固定资产的价款时

借:银行存款	585 000	
贷:固定资产清理		500 000
应交税费——应交增值税(销项税额)		85 000

(3)结转出售固定资产实现的利得时

借:固定资产清理	200 000	

贷:营业外收入——处置非流动资产利得 200 000

【例 6-20】甲公司一台设备因不能继续使用,决定予以报废。该设备原始价值为300 000元,已计提折旧225 000元,已计提减值准备52 500元。在清理过程中,以银行存款支付清理费用4 500元,取得残料变价收入6 000元。假定不考虑相关税费,甲公司的相关账务处理如下:

(1)固定资产转入清理时

借:固定资产清理 22 500

累计折旧 225 000

固定资产减值准备 52 500

贷:固定资产 300 000

(2)发生清理费用时

借:固定资产清理 4 500

贷:银行存款 4 500

(3)取得残料变价收入时

借:银行存款 6 000

贷:固定资产清理 6 000

(4)结转清理净损失时

借:营业外支出 21 000

贷:固定资产清理 21 000

二、固定资产捐赠的核算

企业捐赠转出固定资产,应按固定资产的净额,借记"固定资产清理"科目,按已计提的累计折旧,借记"累计折旧"科目,按已计提的减值准备,借记"固定资产减值准备"科目,按固定资产的原始价值贷记"固定资产"科目。按捐赠转出固定资产应支付的相关税费,借记"固定资产清理"科目,贷记"银行存款""应交税费"等科目。按"固定资产清理"账户的余额,借记"营业外支出——捐赠支出"科目,贷记"固定资产清理"科目。

三、盘亏固定资产的核算

盘亏的固定资产,按固定资产净额,借记"待处理财产损溢——待处理固定资产损溢"科目,按已计提的累计折旧,借记"累计折旧"科目,按已计提的减值准备,借记"固定资产减值准备"科目,按固定资产原价,贷记"固定资产"科目。盘亏的固定资产报经批准转销时,借记"营业外支出——固定资产盘亏"科目,贷记"待处理财产损溢——待处理固定资产损溢"科目。

【例 6-21】甲公司年末对固定资产进行清理时,发现丢失一件设备。该设备原价135 000元,已计提折旧22 500元,计提减值准备9 000元。经查明,设备丢失的原因在于保管员看守不当。经批准,由保管员赔偿12 000元。假定不考虑相关税费,甲公司的相关账务处理如下:

(1)发现设备丢失时

借:待处理财产损溢——待处理固定资产损溢　　103 500

　累计折旧　　22 500

　固定资产减值准备　　9 000

　贷:固定资产　　135 000

(2)报经批准后

借:其他应收款　　12 000

　营业外支出——盘亏损失　　91 500

　贷:待处理财产损溢——待处理固定资产损溢　　103 500

思考题

1.判断固定资产的标准是什么?

2.如何进行固定资产的初始计量?

3.固定资产的折旧的年限平均法和工作量法各有哪些特点?

4.固定资产的加速折旧法有哪两种?这两种方法各有什么特点?

5.如何进行固定资产处置的核算?

第七章 无形资产

本章学习目标

◎理解无形资产的概念、特征

◎掌握无形资产的初始计量与后续计量的会计核算

◎掌握研究与开发费用的会计核算

◎掌握无形资产处置的会计核算

第一节 无形资产概述

一、无形资产的概念和特征

(一)无形资产的概念

无形资产,是指企业拥有或者控制的没有实物形态的可辨认非货币性资产。包括专利权、非专利技术、商标权、著作权、土地使用权和特许权等。

(二)无形资产具有以下特征

根据无形资产的概念,可以看出无形资产具有下列特征:

(1)无形资产不具有实物形态。无形资产不具有实物形态,这是无形资产区别于其他有实物形态资产的特征之一。无形资产通常表现为某种权利、某项技术或者某种获取超额利润的综合能力,如专利权、土地使用权、商标权等。无形资产没有实物形态,但却能提高企业的经济效益,甚至为企业带来超额收益。

(2)无形资产具有可辨认性。无形资产具有可辨认性,是指无形资产能够单独辨认并区别于其他资产的特性。一项资产要作为无形资产核算,就必须能够从企业中分离或划分出来,并能单独用于出售和转让。需要注意的是,产生于合同性权利或其他法定权利,也被认为具有可辨认性,而无论这些权利是否可以从企业或其他权利和义务中转移或者分离。

商誉是与企业整体价值联系在一起的,其存在无法与企业自身区分开来,不能单独的取得和转让,不具有可辨认性,因而不属于无形资产。

(3)无形资产具有非货币性。无形资产具有非货币性,这是无形资产区别货币资金、应收账款等货币性资产的重要特征。所谓非货币性资产，是指企业持有的除货币资金和将以固定或可确定的金额收取的资产以外的其他资产。无形资产由于没有发达的交易市场，一般不容易转化成现金，在持有过程中为企业带来未来经济利益的情况不确定，不属于以固定或可确定的金额收取的资产，属于非货币性资产。

(4)无形资产具有不确定性。无形资产作为企业拥有或者控制的经济资源，同样具有为企业带来未来经济利益的属性。但与其他资产相比，无形资产能为企业带来多少未来的经济利益却具有较大的不确定性。原因在于科学技术的迅速发展，市场竞争环境的变化，可能导致某项无形资产所具有的优越性在短期内被其他无形资产所取代，因此，原来能为企业创造超额盈利的能力，也可能很快消失。这就要求企业在对无形资产核算时要持更为谨慎的态度，同时也要求企业重视无形资产的风险管理。

二、无形资产的内容

无形资产通常包括专利权、非专利技术、商标权、著作权、特许权、土地使用权等。

(一)专利权

专利权，是指国家专利主管机关依法授予发明创造专利申请人，对其发明创造在法定期限内所享有的专有权利，包括发明专利权、实用新型专利权和外观设计专利权。

(二)非专利技术

非专利技术，也称专有技术，是指不为外界所知、在生产经营活动中已采用了的、不享有法律保护的、可以带来经济利益的各种技术和诀窍，包括工业专有技术、商业贸易专有技术、管理专有技术等。

(三)商标权

商标权，是指专门在某类指定的商品或产品上使用特定的名称或图案的权利。经商标局核准注册的商标为注册商标。

(四)著作权

著作权，也称版权，是指作者对其创作的文学、科学和艺术作品依法享有的某些特殊权利，包括作品署名权、发表权、修改权、保护作品完整权、改编权、翻译权等。

(五)特许权

特许权，也称经营特许权、专营权，是指企业在某一地区经营或销售某种特定商品的权利或者一家企业接受另一家企业使用其商标、商号、技术秘密等的权利。通常有两种形式，一种是由政府机构授权，准许企业使用或在一定地区享有经营某种业务的特权，如水、电、邮电通信等专营权、烟草专卖权等；另一种是企业间依照签订的合同，有限期或无限期使用另一家企业的某些权利，如连锁店分店使用总店的名称等。

(六)土地使用权

土地使用权，是指国家准许某企业在一定期间内对国有土地享有开发、利用、经营的权利。

需要指出的是：对于商誉，正如前面所述，它与企业整体价值联系在一起的，无法与企业自身区分开来，无法单独取得和转让，不具有可辨认性，因而不属于无形资产；对于客户关系、人力资源等，由于企业无法控制其带来的未来经济利益，不符合无形资产的定义，不应将其确认为无形资产；对于内部产生的品牌、报刊名、刊头、客户名单和实质上类似的项目支出，由于不能与整个业务开发成本区分开来，因而其成本无法可靠计量，因此，这类项目也不应确认为无形资产。

三、无形资产的确认

由于无形资产没有实物形态，因而其确认要比有形资产困难。根据《企业会计准则》的规定，某个项目要确认为无形资产，首先应符合无形资产的定义，同时还应满足以下两个条件：

（一）与该无形资产有关的经济利益很可能流入企业

作为无形资产确认的项目，必须具备其所产生的经济利益很可能流入企业这一条件。通常情况下，无形资产产生的未来经济利益可能包括在销售商品、提供劳务的收入当中，或者企业使用该项无形资产而减少或节约了成本，或者体现在获得的其他利益当中。例如，生产加工企业在生产工序中使用了某种知识产权，使其降低了未来生产成本。

会计实务中，要确定无形资产所创造的经济利益是否很可能流入企业，需要实施职业判断。在实施这种判断时，需要对无形资产在预计使用寿命内可能存在的各种经济因素作出合理估计，并且应当有确凿的证据支持。例如，企业是否有足够的人力资源、高素质的管理队伍、相关的硬件设备、相关的原材料等来配合无形资产为企业创造经济利益。同时，更为重要的是关注一些外界因素的影响，例如，是否存在与该无形资产相关的新技术、新产品冲击，或据其生产的产品是否存在市场等。在实施判断时，企业的管理当局应对在无形资产的预计使用寿命内存在的各种因素作出最稳健的估计。

（二）该无形资产的成本能够可靠地计量

成本能够可靠地计量是确认资产的一项基本条件，对于无形资产而言，这个条件相对更为重要。例如，企业自创商誉以及内部产生的品牌、报刊名等，因其成本无法可靠地计量，因此不作为无形资产确认。

第二节 无形资产的初始计量

一、外购的无形资产

外购无形资产的成本，包括购买价款、相关税费以及直接归属于使该项资产达到预定用途所发生的其他支出。其中，直接归属于使该项资产达到预定用途所发生的其他支出，是指使无形资产达到预定用途所发生的专业服务费用、测试无形资产是否能够正常发挥作用的费用等。企业外购无形资产时，按其实际成本，借记“无形资产”科目，贷记“银行存款”等科目。

如果购买无形资产的价款超过正常信用条件延期支付，实质上具有融资性质的，无形资产的成本应以购买价款的现值为基础确定，应按未来应付款项的现值，借记“无形资产”科目，按未来应付价款总额，贷记“长期应付款”科目，按其差额，借记“未确认融资费用”科目。在信用期间内分期支付价款时，借记“长期应付款”科目，贷记“银行存款”科目，同时，按实际利率法分摊本期的融资费用，借记“财务费用”科目，贷记“未确认融资费用”科目。

【例 7-1】20×4 年 5 月 10 日，甲公司从乙公司购入一项专利技术，实际支付价款 22 500 000 元。为购该项专利技术，甲公司还聘请了一家服务机构进行咨询和鉴定，并另支付相关费用 300 000 元，款项已通过银行转账支付。假定不考虑税费因素，甲公司的相关账务处理如下：

借：无形资产——专利权	22 800 000	
贷：银行存款		22 800 000

二、自行研究开发形成的无形资产

(一)研究阶段与开发阶段的划分

对于企业自行进行的研究开发项目，应当区分研究阶段与开发阶段分别进行核算。

研究是指为获取并理解新的科学或技术知识而进行的独创性的有计划调查。比如，意在获取知识而进行的活动，研究成果或其他知识的应用研究、评价和最终选择，材料、设备、产品、工序、系统或服务的替代品的研究，新的或经改进的材料、设备、产品、工序、系统或服务的可能替代品的配制、设计、评价和最终选择等，均属于研究活动。研究阶段是探索性的，是为进一步的开发活动进行资料及相关方面的准备，已进行的研究活动将来是否会转入开发、开发后是否会形成无形资产等均具有较大的不确定性。在这一阶段不会形成阶段性成果。

开发是指在进行商业性生产或使用前，将研究成果或其他知识应用于某项计划或设计，以生产出新的或具有实质性改进的材料、装置、产品等。比如，生产或使用前的原型和模型的设计、建造和测试；含新技术的工具、夹具、模具和冲模的设计；不具有商业性生产经济规模的试生产设施的设计、建造和运营；新的或经改造的材料、设备、产品、工序、系统或服务所选定的替代品的设计、建造和测试等，均属于开发活动。相对于研究阶段而言，开发阶段在很大程度上具备了形成一项新产品或新技术的基本条件。

(二)研究开发支出的会计处理

由于研究阶段是探索性的，是为进一步的开发活动进行资料及相关方面的准备，已进行的研究活动将来是否会转入开发、开发后是否会形成无形资产等均具有较大的不确定性，所以，我国《企业会计准则》规定，研究阶段所发生的支出，在发生时应当费用化，计入当期损溢。

相对于研究阶段而言，开发阶段在很大程度上具备了形成一项新产品或新技术的基本条件，所以，我国《企业会计准则》规定，开发阶段所发生的支出，同时满足以下条件的，应当予以资本化，确认为无形资产：

(1)完成该无形资产以使其能够使用或出售在技术上具有可行性；

(2)具有完成该无形资产并使用或出售的意图；

(3)无形资产产生经济利益的方式，包括能够证明运用该无形资产生产的产品存在市场或无形资产自身存在市场，无形资产将在内部使用的，应当证明其有用性；

(4)有足够的技术、财务和其他资源支持，以完成该无形资产的开发，并有能力使用或出售该无形资产；

(5)归属于该无形资产开发阶段的支出能够可靠地计量。

开发阶段发生的支出，不同时满足上述资本化条件的，在发生时应当费用化，计入当期损溢。

如果确实无法区分研究阶段的支出和开发阶段的支出，应当将所发生的研究开发支出全部费用化，计入当期损溢。

企业自行研究开发无形资产所发生的研发支出，不满足资本化条件的，借记“研发支出——费用化支出”科目，满足资本化条件的，借记“研发支出——资本化支出”科目，贷记“原材料”“银行存款”“应付职工薪酬”等科目。

期末，应将当期发生的费用化研发支出转入管理费用，借记“管理费用”科目，贷记“研发支出——费用化支出”科目。

研究开发项目达到预定用途形成无形资产的，应按“研发支出——资本化支出”科目的余额，借记“无形资产”科目，贷记“研发支出——资本化支出”科目。

【例 7-2】20×4 年 1 月 1 日，甲公司经董事会批准研发某项专利技术。该公司在研究开发过程中发生材料费用 2 250 000 元、以银行存款支付工资费用 1 500 000 元，支付其他费用 750 000 元，总计 4 500 000 元，其中，符合资本化条件的支出为 3 750 000 元。20×4 年 12 月 31 日，该项专利技术已经达到预定用途并注册成功。假定不考虑税费因素，甲公司的相关账务处理如下：

(1)发生研究支出时

	借方	贷方
借：研发支出——费用化支出	750 000	
——资本化支出	3 750 000	
贷：原材料		2 250 000
应付职工薪酬		1 500 000
银行存款		750 000

(2)将当期发生的费用化研究支出转入管理费用时

	借方	贷方
借：管理费用	750 000	
贷：研发支出——费用化支出		750 000

(3)专利技术达到预定用途时

	借方	贷方
借：无形资产——非专利技术	3 750 000	
贷：研发支出——资本化支出		3 750 000

三、投资者投入的无形资产

投资者投入无形资产的成本，应当按照投资合同或协议约定的价值确定，但合同或协议约定价值不公允的除外。如果投资合同或协议约定价值不公允的，应按无形资产的公允价值作为无形资产的成本。

企业收到投资者投入的无形资产时，按投资合同或协议约定的价值，借记“无形资产”科目，按投资者在企业注册资本中拥有的份额，贷记“实收资本”或“股本”科目，按上述账户的差额贷记“资本公积”科目。

【例 7-3】20×4 年 1 月 1 日，甲公司接受乙公司以专利权向本公司的投资，双方协议约定的专利权价值为 1 500 万元，这一价值与按照市场情况估计的公允价值相同，已办理相关手续。假定不考虑税费因素，甲公司的相关账务处理如下：

借：无形资产——专利权　　15 000 000

　　贷：实收资本——乙公司　　15 000 000

四、土地使用权的处理

企业取得的土地使用权，通常应当按照取得时所支付的价款及相关税费确认为无形资产。土地使用权用于自行开发建造厂房等地上建筑物时，土地使用权的账面价值不与地上建筑物合并计算其成本，而仍作为无形资产进行核算，土地使用权与地上建筑物分别进行摊销和计提折旧。

但是，如果房地产开发企业取得的土地使用权用于建造对外出售的房屋建筑物的，其相关的土地使用权的价值应当计入所建造的房屋建筑物成本。

企业外购的房屋建筑物，实际支付的价款中包括土地使用权以及建筑物的价值，则应当对实际支付的价款按照合理的方法在土地使用权和地上建筑物之间进行分配，并分别确认为无形资产和固定资产；如果确实无法在土地使用权和地上建筑物之间进行合理分配的，应当全部作为固定资产，按照固定资产确认和计量的规定进行处理。

企业改变土地使用权的用途，将其用于赚取租金或资本增值时，应将其转为投资性房地产。

【例 7-4】20×4 年 2 月 10 日，甲公司购入一块土地的使用权，以银行存款转账支付 270 000 000 元，并在该土地上自行建造厂房，发生材料费用 30 000 000 元，工资费用 15 000 000 元，其他费用 30 000 000 元(假定均以银行存款支付)。该项工程于 20×4 年 12 月 31 日达到预定可使用状态。假定土地使用权的使用年限为 50 年，厂房的使用年限为 20 年，两者都考虑净残值，都采用直线法摊销和计提折旧。为简化起见，假定甲公司按年摊销土地使用权和对厂房计提折旧。假定不考虑税费因素，甲公司的相关账务处理如下：

(1)购入土地使用权时

借：无形资产——土地使用权　　270 000 000

　　贷：银行存款　　270 000 000

(2)自行建造厂房时

借:在建工程　　75 000 000

　　贷:工程物资　　30 000 000

　　　　应付职工薪酬　　15 000 000

　　　　银行存款　　30 000 000

(3)厂房达到预定可使用状态时

借:固定资产　　75 000 000

　　贷:在建工程　　75 000 000

(4)按年摊销土地使用权时

借:管理费用　　5 400 000

　　贷:累计摊销　　5 400 000

(5)按年计提折旧时

借:制造费用　　3 750 000

　　贷:累计折旧　　3 750 000

第三节　无形资产的后续计量

一、无形资产后续计量的总体要求

(一)无形资产后续计量的基本要求

无形资产后续计量取决于无形资产的使用寿命能否可靠地确定,对于使用寿命能够可靠确定的无形资产,应将其认定为使用寿命有限的无形资产,并将初始入账成本在估计的使用寿命内进行摊销;对于使用寿命不能可靠确定的无形资产,应将其认定为使用寿命不确定的无形资产,且不进行摊销,但应于每年年末进行减值测试。

无形资产准则规定,企业应当于取得无形资产时分析判断其使用寿命。无形资产的使用寿命如为有限的,应当估计该使用寿命的年限或者构成使用寿命的产量等类似计量单位数量;无法预见无形资产为企业带来未来经济利益期限的,应当视为使用寿命不确定的无形资产。

(二)无形资产使用寿命的确定

源自合同性权利或其他法定权利取得的无形资产,其使用寿命不应超过合同性权利或其他法定权利的期限。例如,企业以支付土地出让金方式取得一块土地的使用权,如果企业准备持续持有,在50年期间内没有计划出售,该块土地使用权预期为企业带来未来经济利益的期间为50年。如果合同性权利或其他法定权利能够在到期时因续约等延续,当有证据表明企业续约不需要付出重大成本时,续约期才能够包括在使用寿命的估计中。下列情况一般说明企业无须付出重大成本即可延续合同性权利或其他法定权利:有证据表明合同性权利或法定权利将被重新延续,如果在延续之前需要第三方同意,则还需有第三方将会同意的证据;有证据表明为获得重新延续所必需的所有条件相对于企业的未来经济利益不具有重要性。如果企业在延续无形资产持有期间时付出的成本与预期流入企业的未来经济利益相比具有重要性，本质上来看是企业获得了一项新的无形资产。

没有明确的合同或法律规定的无形资产，企业应当综合各方面情况，如聘请相关专家进行论证或与同行业的情况进行比较以及企业的历史经验等，来确定无形资产为企业带来未来经济利益的期限，如果经过这些努力确实无法合理确定无形资产为企业带来经济利益期限，再将其作为使用寿命不确定的无形资产。例如，企业通过公开拍卖取得一项出租车运营许可，按照所在地规定，以现有出租运营许可为限，不再授予新的运营许可，而且在旧的出租车报废以后，其运营许可可用于新的出租车。企业估计在有限的未来，其将持续经营出租车行业。对于该运营许可，其为企业带来未来经济利益的期限从目前情况看无法可靠估计，应视为使用寿命不确定的无形资产。

(三)无形资产使用寿命的复核

由于无形资产的使用寿命依赖于会计人员的分析和判断，因此，企业至少应当于每年年度终了，对无形资产的使用寿命进行复核。如果有证据表明无形资产的使用寿命不同于以前的估计，应当作为会计估计变更处理，并在未来期间改变其摊销年限。

对于使用寿命不确定的无形资产，如果有证据表明其使用寿命是有限的，则应视为会计估计变更进行处理，并估计其使用寿命并按照使用寿命有限的无形资产进行系统摊销。

二、使用寿命有限的无形资产摊销

使用寿命有限的无形资产，应在其预计的使用寿命内采用系统合理的方法对应摊销金额进行摊销。其中应摊销金额是指无形资产的成本扣除残值后的金额。

(一)摊销期和摊销方法

1. 无形资产的摊销期

使用寿命有限的无形资产自其可供使用(即其达到预定用途)时开始至终止确认时止为摊销期限。

2. 摊销方法

在无形资产的使用寿命内系统地分摊其应摊销金额，存在多种方法。这些方法包括直线法、产量法、双倍余额递减法等。企业选择的无形资产摊销方法，应当能够反映与该项无形资产有关的经济利益的预期实现方式，并一致地运用于不同会计期间。例如，受技术陈旧因素影响较大的专利权和专有技术等无形资产，可采用类似固定资产加速折旧的方法进行摊销；有特定产量限制的特许经营权或专利权，应采用产量法进行摊销。无法可靠确定其预期实现方式的，应当采用直线法进行摊销。

【例 7-5】20×4 年 1 月 1 日，甲公司从外单位购得一项专利权，支付价款 360 万元，款项已支付，该专利权的使用寿命为 20 年。假定该专利权无残值，按直线法进行摊销。假设不考虑税费因素，甲公司的相关账务处理如下：

(1)购入专利权时

借:无形资产——专利权　　3 600 000

　贷:银行存款　　3 600 000

(2)按月摊销专利权时

借:管理费用　　15 000

　贷:累计摊销　　15 000

无形资产的摊销一般应计入当期损溢,但如果某项无形资产是专门用于生产某种产品或其他资产的,其所包含的经济利益是通过转入到所生产的产品或其他资产中体现的,无形资产的摊销金额应计入相关资产的成本。

(二)残值的确定

无形资产的残值一般为零,但下列情况例外:

(1)有第三方承诺在无形资产使用寿命结束时愿意以一定的价格购买该项无形资产。例如,某企业取得一项专利技术,法律保护期间为20年,企业预计运用该专利生产的产品在未来15年内会为企业带来经济利益。就该项专利技术,第三方向企业承诺在5年内以其取得之日公允价值的60%购买该项专利权,从企业管理层目前的持有计划来看,准备在5年内将其出售给第三方,该项专利技术应在企业持有其5年内摊销,残值为该专利在取得之日公允价值的60%。

(2)可根据活跃的市场得到预计残值信息,并且从目前情况看,在无形资产使用寿命结束时,该市场还可能存在的情况下,可以预计无形资产的残值。残值确定以后,在持有无形资产的期间,至少应于每年年末进行复核,预计其残值与原估计金额不同的,应按照会计估计变更进行处理。

如果无形资产的残值重新估计以后高于其账面价值的,则无形资产不再摊销,直至残值降至低于账面价值时再恢复摊销。

三、使用寿命不确定的无形资产

根据可获得的相关信息判断,有确凿证据表明无法合理估计某项无形资产的使用寿命,才能将其作为使用寿命不确定的无形资产进行核算。企业不得随意判断使用寿命不确定的无形资产。按照无形资产准则规定,对于使用寿命不确定的无形资产,在持有期间内不需要进行摊销,但应当在每个会计期间进行减值测试。如经减值测试表明其已经发生减值,则需要计提相应的减值准备。其相关的会计处理为:借记“资产减值损失”科目,贷记“无形资产减值准备”科目。

第四节　无形资产的处置

无形资产的处置,主要是指无形资产对外出租、出售、对外捐赠,或者是无法为企业带来未来经济利益时,应予转销并终止确认。

一、无形资产的出租

企业出租无形资产时,其实质是企业让渡无形资产使用权,通常应作为其他业务处理。按让渡无形资产使用权取得的租金收入,借记"银行存款"科目,贷记"其他业务收入"科目;按摊销的无形资产的成本及发生与转让有关的各种费用支出,借记"其他业务成本"科目,贷记"累计摊销""银行存款"等科目;按应缴纳的营业税等相关税费,借记"税金及附加"科目,贷记"应交税费"科目。

【例 7-6】20×4 年 1 月 1 日,甲公司将其拥有的一项专利技术出租给乙公司使用。合同约定,租期 3 年,乙公司每年支付租金 600 000 元。该专利技术的成本为 4 500 000 元,估计的使用寿命为 10 年,估计的残值为 0,采用直线法摊销。假定甲公司按年摊销该项专利技术。假设不考虑税费因素,甲公司的相关账务处理如下:

(1)取得租金收入时

借:银行存款	600 000	
贷:其他业务收入		600 000

(2)计提专利技术的摊销额时

借:其他业务成本	450 000	
贷:累计摊销		450 000

二、无形资产的出售

企业出售无形资产时,应将取得的价款与该无形资产的账面价值的差额,确认为处置非流动资产的利得或损失,计入营业外收入或营业外支出。按出售无形资产所得价款,借记"银行存款"科目;按累计摊销额,借记"累计摊销"科目;按无形资产计提的减值准备,借记"无形资产减值准备"科目;按无形资产的初始入账价值,贷记"无形资产"科目;按应缴的税金,贷记"应交税费"科目;按其差额贷记"营业外收入"或借记"营业外支出"科目。

【例 7-7】20×4 年 1 月 1 日,甲公司将所拥有的一项专利权出售给丙公司,取得出售收入 3 000 000 元。该专利权的成本为 7 500 000 元,已累计摊销 4 500 000 元,已计提的减值准备为 750 000 元。假定甲公司为增值税一般纳税人,销售无形资产适用的增值税率为 6%,甲公司的相关账务处理如下:

借:银行存款	3 000 000	
累计摊销	4 500 000	
无形资产减值准备	750 000	
贷:无形资产——专利权		7 500 000
应交税费——应交增值税(销项税额)		180 000
营业外收入——处置非流动资产利得		570 000

三、无形资产的报废

如果无形资产预期不能为企业带来未来经济利益,不再符合无形资产的定义,应将其转销。无形资产已被其他新技术所替代，不能为企业带来经济利益；或者无形资产不再受到法律保护，且不能为企业带来经济利益等。例如，甲企业的某项无形资产法律保护期限已过，用其生产的产品没有市场，则说明该无形资产无法为企业带来未来经济利益，应予转销。

无形资产预期不能为企业带来经济利益的，应按已摊销的累计摊销额，借记“累计摊销”科目；原已计提减值准备的，借记“无形资产减值准备”科目；按其账面余额，贷记“无形资产”科目；按其差额，借记“营业外支出”科目。

【例 7-8】甲公司有关无形资产业务如下：

(1)20×4 年 6 月，甲公司研发部门准备研究开发一项专利技术。在研究阶段，企业为了研究成果的应用研究、评价，以银行存款支付了相关费用 900 万元。

(2)20×4 年 8 月，上述专利技术研究成功，转入开发阶段。企业将研究成果应用于该项专利技术的设计，直接发生的研发人员工资、材料费及相关设备折旧费分别为 868.5 万元、1950 万元和 300 万元，同时以银行存款支付了其他相关费用 150 万元，甲公司原材料适用的增值税税率 17%。以上开发支出均满足无形资产的确认条件。

(3)20×4 年 10 月，上述专利技术的研究开发项目达到预定用途，形成无形资产。甲公司预计该专利技术的预计使用年限为 10 年。甲公司无法可靠确定与该专利技术有关的经济利益的预期实现方式。

(4)20×7 年 5 月，甲公司研发的专利技术预期不能为企业带来经济利益，经批准将其予以转销。

根据上述资料，甲公司的相关账务处理如下：

(1)20×4 年 6 月支付研究支出时

借：研发支出——费用化支出	9 000 000	
贷：银行存款		9 000 000
借：管理费用	9 000 000	
贷：研发支出——费用化支出		9 000 000

(2)20×4 年 8 月支付开发支出时

借：研发支出——资本化支出	32 685 000	
贷：应付职工薪酬		8 685 000
原材料		19 500 000
累计折旧		3 000 000
银行存款		1 500 000

(3)20×4 年 10 月专利技术达到预定用途时

借：无形资产	32 685 000	
贷：研发支出——资本化支出		32 685 000

(4)至 20×6 年末专利技术的累计摊销金额＝3 268.5÷(10×12)×(3＋12＋12)＝735.412 5(万元)

(5)20×7 年 5 月予以转销该项专利技术时

20×7 年专利权报废时累计摊销额＝735.412 5 ＋ 3 268.5÷(10×12)×4 ＝

844.362 5(万元),

借:营业外支出　　24 241 375

　累计摊销　　8 443 625

　　贷:无形资产　　32 685 000

思考题

1. 什么是无形资产?它具有哪些特征?

2. 不同来源的无形资产的成本如何确定?

3. 企业内部研究开发项目研究阶段所发生的支出如何处理?

4. 企业内部研究开发项目开发阶段所发生的支出如何处理?

5. 无形资产的使用寿命如何确定?

6. 使用寿命有限的无形资产如何进行摊销?

7. 使用寿命不确定的无形资产如何进行后续计量?

第八章 投资性房地产

本章学习目标

◎理解投资性房地产的概念和范围

◎掌握投资性房地产的确认及初始计量

◎掌握投资性房地产后续计量模式的种类及不同计量模式下的账务处理

◎掌握房地产转换的账务处理

◎掌握投资性房地产处置的账务处理

第一节 投资性房地产概述

房地产，通常是土地和房屋及其权属的总称。在我国，土地归国家或集体所有，企业只能获得土地使用权。因此，房地产中的土地，是指土地使用权。房屋，是指土地上的房屋等建筑物及构筑物。在市场经济条件下，房地产市场日益活跃，企业持有的房地产除了用作自身管理、生产经营活动场所和对外销售之外，出现了将房地产用于赚取租金或增值收益的活动，甚至是个别企业的主营业务。用于出租或增值的房地产就是投资性房地产。投资性房地产在用途、状态、目的等方面与企业自用的厂房、办公楼等作为生产经营场所的房地产，和房地产开发企业用于销售的房地产是不同的。《企业会计准则第 3 号——投资性房地产》(以下简称投资性房地产准则)规范了投资性房地产的确认、计量和相关信息的披露。

一、投资性房地产的概念与特征

(一)投资性房地产的概念

投资性房地产，是指为赚取租金或资本增值，或两者兼有而持有的房地产。投资性房地产应当能够单独计量和出售。

(二)投资性房地产的特征

投资性房地产具有以下特征：

(1)投资性房地产是一种经营活动。投资性房地产的主要形式是出租建筑物、出租土地使用权，这实质上属于一种让渡资产使用权行为。房地产租金，就是让渡资产使用权取得的使用费收入，是企业为完成其经营目标所从事的经营性活动，以及与之相关的其他活动形成的经济利益总流入。投资性房地产的另一种形式是持有并准备增值后转让的土地使用权，尽管其增值收益通常与市场供求、经济发展等因素相关，但目的是为了增值后转让以赚取增值收益，也是企业为完成其经营目标所从事的经营性活动，以及与之相关的其他活动形成的经济利益总流入。

(2)投资性房地产在用途、状态、目的等方面，区别于作为生产经营场所的房地产和用于销售的房地产。投资性房地产的这一特点决定了要将其单独作为一项资产核算和反映，与自用的厂房、办公楼等房地产和作为存货(已建完工商品房)的房地产加以区别，从而更加清晰地反映企业所持有房地产的构成情况和盈利能力。

二、投资性房地产的范围

投资性房地产，主要包括已出租的土地使用权、持有并准备增值后转让的土地使用权和已出租的建筑物。

(一)属于投资性房地产的项目

1. 已出租的土地使用权

已出租的土地使用权，是指企业通过出让或转让方式取得并以经营租赁方式出租的土地使用权。企业计划用于出租但尚未出租的土地使用权，不属于投资性房地产。对于以经营租赁方式租入土地使用权再转租给其他单位的，不能确认为投资性房地产。

【例 8-1】20×8 年 5 月 10 日，甲公司与乙公司签订了一项经营租赁合同，约定自 20×8 年 6 月 1 日起，甲公司以年租金 8 000 000 元租赁使用乙公司拥有的一块400 000m^2的场地，租赁期为 8 年。20×8 年 7 月 1 日，甲公司又将这块场地转租给丙公司，以赚取租金差价，租赁期为 5 年，以上交易假设不违反国家有关规定。

本例中，对于甲公司而言，这项土地使用权不能予以确认，也不属于其投资性房地产。对于乙公司而言，自租赁期开始日(20×8 年 6 月 1 日)起，这项土地使用权属于其投资性房地产。

2. 持有并准备增值后转让的土地使用权

持有并准备增值后转让的土地使用权，是指企业通过出让或转让方式取得并准备增值后转让的土地使用权。但按照国家有关规定认定的闲置土地，不属于持有并准备增值后转让的土地使用权。

3. 已出租的建筑物

已出租的建筑物，是指企业拥有产权并以经营租赁方式出租的房屋等建筑物，包括自行建造或开发活动完成后用于出租的建筑物。例如，甲公司将其拥有的某栋厂房整体出租给乙公司，租赁期 2 年。对于甲公司而言，自租赁期开始日起，该栋厂房属于投资性房地产。企业在判断和确认已出租的建筑物时，应当把握以下要点：

(1)用于出租的建筑物，是指企业拥有产权的建筑物。企业以经营租赁方式租入再转租的建筑物，不属于投资性房地产。

【例 8-2】甲公司与乙公司签订了一项经营租赁合同，乙公司将其持有产权的一栋办公楼出租给甲公司，为期 5 年。甲公司最初将该办公楼改装后用于自行经营餐馆。3 年后，由于连续亏损，甲公司将餐馆转租给丙公司，以赚取租金差价。这种情况下，对于甲公司而言，该栋楼不属于其投资性房地产；对于乙公司而言，则属于其投资性房地产。

(2)已出租的建筑物是企业已经与其他方签订了租赁协议，约定以经营租赁方式出租的建筑物。一般应自租赁协议规定的租赁期开始日起，经营租出的建筑物才属于已出租的建筑物。通常情况下，对企业持有以备经营出租的空置建筑物，如董事会或类似机构作出书面决议，明确表示将其用于经营租出且持有意图短期内不再发生变化的，即使尚未签订租赁协议，也应视为投资性房地产。这里的空置建筑物，是指企业新购入、自行建造或开发完但尚未使用的建筑物，以及不再用于日常生产经营活动且经整理后达到可经营出租状态的建筑物。

(3)企业将建筑物出租，按租赁协议向承租人提供的相关辅助服务在整个协议中不重大的，应当将该建筑物确认为投资性房地产。企业将其办公楼出租，同时向承租人提供维护、安保等日常辅助服务，企业应当将其确认为投资性房地产。

【例 8-3】甲公司在杭州购买了一栋写字楼，共 8 层。其中 1 层经营出租给某家大型超市，2 层和 3 层经营出租给乙公司，4～8 层经营出租给丙公司。甲公司同时为该写字楼提供安保、维修等日常辅助服务。本例中，甲公司将写字楼出租，同时提供的辅助服务不重大。对于甲公司而言，这栋写字楼属于其投资性房地产。

(二)不属于投资性房地产的项目

下列房地产不属于投资性房地产：

1. 自用房地产

自用房地产，是指为生产产品、提供劳务或者经营管理而持有的房地产，如企业生产经营用的厂房和办公楼属于固定资产，企业生产经营用的土地使用权属于无形资产。自用房地产的特征在于服务于企业自身的生产经营，其价值会随着房地产的使用而逐渐转移到企业的产品或服务中去，通过销售商品或提供劳务为企业带来经济利益，在产生现金流量的过程中与企业持有的其他资产密切相关。例如，企业出租给本企业职工居住的宿舍，虽收取租金，但属于间接服务于企业的生产经营，为自用房地产的范畴。又如，企业拥有并自行经营的旅馆、饭店等，其主要目的是向客户提供服务取得服务收入，也属于企业自用房地产的范畴。

2. 作为存货的房地产

作为存货的房地产，是指房地产开发企业在正常经营过程中销售的或为销售而正在开发的商品房和土地。这部分房地产属于房地产开发企业的存货，其生产、销售构成企业的主营业务活动，产生的现金流量也与企业的其他资产密切相关。因此，具有存货性质的房地产不属于投资性房地产。

从事房地产经营开发的企业依法取得的，用于开发后出售的土地使用权，属于房地产开发企业的存货，即使房地产开发企业决定待增值后再转让其开发的土地，也不得将其确认为投资性房地产。

实务中，存在某项房地产部分自用或作为存货出售、部分用于赚取租金或资本增值的情形，如某项投资性房地产不同用途的部分能够单独计量和出售的，应当分别确认为固定资产（无形资产、存货）和投资性房地产。例如，甲公司为房地产开发企业，自行开发建造了一栋商住两用楼盘，一层出租给一家大型超市，已签订租赁合同；其余楼层均为普通住宅，正在公开销售中。这种情况下，如果一层商铺能够单独计量和出售，应当确认为甲公司的投资性房地产，其余楼层为甲公司的存货，即开发产品。

第二节　投资性房地产的确认和计量

一、投资性房地产的确认条件

投资性房地产只有在符合概念的前提下，同时满足下列条件的，才能予以确认：

(1)与该投资性房地产有关的经济利益很可能流入企业；

(2)该投资性房地产的成本能够可靠计量。

对于已出租的土地使用权和已出租的建筑物，确认为投资性房地产的时点一般为租赁期开始日，即土地使用权和建筑物已进入出租状态，开始赚取租金的日期。但其中的企业持有以备经营出租、可视为投资性房地产的空置建筑物或在建建筑物，确认为投资性房地产的时点是企业董事会或类似权力机构就该事项作出正式书面决议的日期。对于持有并准备增值后转让的土地使用权，确认为投资性房地产的时点是企业将自用土地使用权停止自用，准备增值后转让的日期。

二、投资性房地产的后续计量模式

投资性房地产的后续计量模式有成本模式和公允价值模式两种。企业通常应该采用成本模式对投资性房地产进行后续计量，有确凿证据表明公允价值能够持续可靠取得的，也可以采用公允价值模式对投资性房地产进行后续计量。需要注意的是，同一个企业只能采用一种后续计量模式，不得对一部分投资性房地产采用成本模式计量，对另一部分投资性房地产采用公允价值模式计量。

三、投资性房地产的初始计量

投资性房地产在取得时应按照成本进行初始计量。投资性房地产的成本，一般应当包括取得投资性房地产时和直至该项投资性房地产达到预定可使用状态前所实际发生的各项必要的、合理的支出，如购买价款、土地开发费、建筑安装成本、应予以资本化的借款费用等。投资性房地产的取得渠道不同，成本的具体构成内容也有所不同。

（一）外购的投资性房地产

企业外购的房地产，只有在购入房地产的同时开始对外出租或用于资本增值，才能成为外购的投资性房地产。外购投资性房地产的成本包括购买价款、相关税费和可直接归属于该资产的其他支出。

企业购入房地产，先自用一段时间然后再改为出租或用于资本增值的，应先将外购的房地产确认为固定资产或无形资产，自租赁期开始日或用于资本增值之日开始，才能从固定资产或无形资产转换为投资性房地产。

采用成本模式计量的企业，外购投资性房地产时，应按照取得时的实际成本，借记“投资性房地产”科目，贷记“银行存款”科目。采用公允价值模式计量的企业，应当在“投资性房地产”科目下设置“成本”和“公允价值变动”两个明细科目，分别核算投资性房地产的取得成本和持有期间的累计公允价值变动金额。外购投资性房地产时，按照取得时的实际成本，借记“投资性房地产——成本”科目，贷记“银行存款”科目。

【例 8-4】20×8 年 5 月，甲公司计划购入写字楼并将其对外出租。5 月 9 日，甲公司与乙公司签订了经营租赁合同，约定自写字楼购买日起，将该写字楼出租给乙公司使用，租赁期为 3 年。5 月 31 日，甲公司购入写字楼，实际支付购买价款和相关税费共计 15 000 000。根据租赁合同，租赁期开始日为 20×8 年 6 月 1 日。甲公司的账务处理如下：

(1)假定甲公司采用成本模式进行计量

借：投资性房地产　　15 000 000

　贷：银行存款　　15 000 000

(2)假定甲公司采用公允价值模式进行计量

借：投资性房地产——成本　　15 000 000

　贷：银行存款　　15 000 000

(二)自行建造的投资性房地产

企业自行建造的房地产，只有在自行建造活动完成(达到预定可使用状态)的同时开始对外出租或用于资本增值，才能将自行建造的房地产确认为投资性房地产。自行建造投资性房地产的成本，由建造该项房地产达到预定可使用状态前发生的必要支出构成。

企业自行建造房地产达到预定可使用状态一段时间才对外出租或用于资本增值的，应当先将自行建造的房地产确认为固定资产、无形资产或者存货，自租赁期开始日或用于资本增值之日开始，从固定资产、无形资产或存货转换为投资性房地产。

自行建造投资性房地产，其成本由建造该项资产达到预定可使用状态前发生的必要支出构成，包括土地开发费、建筑成本、安装成本、应予以资本化的借款费用、支付的其他费用和分摊的间接费用等。建造过程中发生的非正常性损失，直接计入当期营业外支出，不计入建造成本。

采用成本模式计量的企业，自行建造的投资性房地产达到预定可使用状态时，应按照取得时的实际成本，借记“投资性房地产”科目，贷记“在建工程”或“开发产品”科目。采用公允价值模式计量的企业，自行建造的投资性房地产达到预定可使用状态时，应按照取得时的实际成本，借记“投资性房地产——成本”科目，贷记“在建工程”或“开发产品”科目。

【例 8-5】20×8 年 1 月，甲公司以 4 500 000 元的成本从其他单位购入一项土地使用权，用于自行建造两栋厂房。20×8 年 11 月 30 日，两栋厂房同时完工，实际造价均为

20 000 000 元，能够单独出售。同日，甲公司董事会作出书面决议，将其中一栋厂房用于经营出租，并与乙公司签订了经营租赁合同，将该栋厂房出租给乙公司使用，租赁期为 3 年，租赁开始日为 20×8 年 12 月 1 日。另外一栋厂房作为生产车间，用于本企业的产品生产。甲公司的账务处理如下：

(1)假定甲公司采用成本模式进行计量

借：固定资产——厂房　　20 000 000

　　投资性房地产——厂房　　20 000 000

　　贷：在建工程　　40 000 000

借：投资性房地产——土地使用权　　2 250 000

　　贷：无形资产——土地使用权　　2 250 000

(2)假定甲公司采用公允价值模式进行计量

借：固定资产——厂房　　20 000 000

　　投资性房地产——厂房(成本)　　20 000 000

　　贷：在建工程　　40 000 000

借：投资性房地产——土地使用权(成本)　　2 250 000

　　贷：无形资产——土地使用权　　2 250 000

四、投资性房地产的后续计量

投资性房地产的后续计量有成本和公允价值两种模式。一般情况下，企业应当采用成本模式进行计量，满足特定条件时也可以采用公允价值模式计量。但同一企业只能采用一种模式对所有投资性房地产进行后续计量，不得同时采用两种计量模式。

(一)采用成本模式计量的投资性房地产

一般情况下，企业应当采用成本模式对投资性房地产进行后续计量。采用成本模式进行后续计量的企业，对投资性房地产账务处理的基本要求与固定资产或无形资产相同，遵循以下账务处理：

(1)遵照固定资产或无形资产的有关规定，按期(月)计提折旧或摊销，借记“其他业务成本”等科目，贷记“投资性房地产累计折旧(摊销)”科目；

(2)取得的租金收入，确认为其他业务收入，借记“银行存款”等科目，贷记“其他业务收入”科目；

(3)投资性房地产存在减值迹象的，应当按照资产减值的有关规定进行处理。经减值测试后确定发生减值的，应当计提减值准备，借记“资产减值损失”科目，贷记“投资性房地产减值准备”科目。已经计提减值准备的投资性房地产，其减值损失在以后的会计期间不得转回。

【例 8-6】20×6 年 8 月 31 日，甲公司购入一栋写字楼，实际支付购买价款和相关税费共计 24 000 000 元。该写字楼预计使用寿命为 20 年，预计净残值为零，采用直线法计提折旧。20×6 年 9 月 1 日，甲公司将该外购的写字楼以经营租赁方式出租给乙公司使用，租赁合同约定，写字楼租赁期为 5 年，年租金为 1 380 000 元，乙公司须于每年 8

月31日之前预付下一租赁年度的租金。甲公司对投资性房地产采用成本模式进行后续计量。20×8年12月31日，写字楼出现减值迹象，经减值测试，确定其可收回金额为18 000 000元。不考虑相关税费，甲公司的账务处理如下：

(1)20×6年8月31日，预收租金时

借：银行存款　　　　1 380 000

　　贷：预收账款——乙公司　　　　1 380 000

(2)20×6年9月30日，计提折旧时

月折旧额＝24 000 000÷(20×12)＝100 000(元)

借：其他业务成本　　　　100 000

　　贷：投资性房地产累计折旧　　　　100 000

(3)20×6年9月30日，确认租金收入时

月租金收入＝1 380 000÷12＝115 000(元)

借：预收账款——乙公司　　　　115 000

　　贷：其他业务收入　　　　115 000

(4)20×8年12月31日，计提减值准备时

投资性房地产账面价值＝24 000 000－100 000×28＝21 200 000(元)

投资性房地产减值金额＝21 200 000－18 000 000＝3 200 000(元)

借：资产减值损失　　　　320 000

　　贷：投资性房地产减值准备　　　　320 000

(二)采用公允价值模式计量的投资性房地产

1.采用公允价值计量的条件

企业采用公允价值模式对投资性房地产进行后续计量，应同时满足以下两个条件：

(1)投资性房地产所在地有活跃的房地产交易市场。所在地，通常是指投资性房地产所在的城市。对于大中型城市，应当为投资性房地产所在的地区。

(2)企业能够从活跃的房地产交易市场上获得同类或类似房地产的市场价格及其他相关信息，从而对投资性房地产的公允价值做出合理的估计。同类或类似的房地产，对建筑物而言，是指所处地理位置和地理环境相同、性质相同、结构类型相同或相近、新旧程度相同或相近、可使用状况相同或相近的建筑物；对土地使用权而言，是指同一位置区域、所处地理环境相同或相近、可使用状况相同或相近的土地。

投资性房地产的公允价值，是指在公平交易中，熟悉情况的当事人之间自愿进行房地产交换的价格。确定投资性房地产的公允价值时，可以参照活跃市场上同类或类似房地产的现行市场价格(市场公开报价)；无法取得同类或类似房地产现行市场价格的，可以参考活跃市场上同类或类似房地产的最近交易价格，并考虑交易情况、交易日期、所在区域等因素，对投资性房地产的公允价值作出合理的估计；也可以基于预计未来获得的租金收益和相关现金流量的现值计量。

2.采用公允价值模式计量的账务处理

投资性房地产采用公允价值模式进行后续计量的，不需要计提折旧或摊销，应当以

资产负债日的公允价值计量，公允价值的变动计入当期损溢。资产负债表日，投资性房地产的公允价值高于其账面余额时，应按两者之间的差额，调增投资性房地产的账面余额，同时确定公允价值上升的收益，借记“投资性房地产——公允价值变动”科目，贷记“公允价值变动损溢”科目；投资性房地产的公允价值低于其账面余额时，应按两者之间的差额，调减投资性房地产的账面余额，同时确定公允价值下跌的损失，借记“公允价值变动损溢”科目，贷记“投资性房地产——公允价值变动”科目。

【例 8-7】20×8 年 5 月 20 日，甲房地产开发公司与乙公司签订经营租赁协议，约定将房地产开发公司自行开发的一栋写字楼于开发完成后租赁给乙公司使用，租赁期为 8 年。甲房地产开发公司对投资性房地产采用公允价值模式进行后续计量。20×8 年 6 月 1 日，写字楼开发完成，实际造价为 75 000 000 元，根据租赁协议，当日即为租赁期开始日。20×8 年 12 月 31 日，该写字楼的公允价值为 80 000 000 元。甲公司的账务处理如下：

(1)20×8 年 6 月 1 日，写字楼开发完成并出租时

借：投资性房地产——写字楼(成本)　　75 000 000

　贷：开发成本　　75 000 000

(2)20×8 年 12 月 31 日，确认公允价值变动损溢时

借：投资性房地产——写字楼(公允价值变动)　　5 000 000

　贷：公允价值变动损溢　　5 000 000

(三)投资性房地产后续计量模式的变更

为保证会计信息的可比性，投资性房地产的计量模式一经确定，不得随意变更。只有在房地产市场比较成熟，有确凿证据表明投资性房地产的公允价值能够持续可靠取得、可以满足采用公允价值模式条件的情况下，企业才能将投资性房地产的计量从成本模式转为公允价值模式。已采用公允价值模式的投资性房地产，不得从公允价值模式转为成本模式。

成本模式转为公允价值模式，应作为会计政策变更处理，将计量模式变更时投资性房地产的公允价值与账面价值的差额，调整期初留存收益。按照计量模式变更日投资性房地产的公允价值，借记“投资性房地产——成本”科目，按照已计提的折旧或摊销，借记“投资性房地产累计折旧(摊销)”科目，原已计提减值准备的，借记“投资性房地产减值准备”科目，按照原账面余额，贷记“投资性房地产”科目，按照公允价值与账面价值之间的差额，借记或贷记“利润分配——未分配利润”“盈余公积”等科目。

【例 8-8】甲公司的投资性房地产原采用成本模式进行后续计量。由于甲公司所在地的房地产市场现已比较成熟，房地产的公允价值能够持续可靠地取得，可以满足采用公允价值模式的条件。甲公司决定，从 20×8 年 1 月 1 日起，对投资性房地产采用公允价值模式进行后续计量。甲公司作为投资性房地产核算的资产有两项：一项是成本为 56 000 000 元、累计已提折旧为 7 000 000 元的写字楼；一项是成本为 18 000 000 元、累计已提摊销为 4 500 000 元的土地使用权。20×8 年 1 月 1 日，写字楼的公允价值为 52 000 000 元，土地使用权的公允价值为 16 000 000 元。甲公司按照利润的 10%提取盈余

公积。甲公司的账务处理如下：

(1)写字楼转为公允价值模式计量时

借:投资性房地产——写字楼(成本)	52 000 000	
投资性房地产累计折旧	7 000 000	
贷:投资性房地产——写字楼		56 000 000
盈余公积		300 000
利润分配——未分配利润		2 700 000

(2)土地使用权转为公允价值模式计量时

借:投资性房地产——土地使用权(成本)	16 000 000	
投资性房地产累计摊销	4 500 000	
贷:投资性房地产——土地使用权		18 000 000
盈余公积		250 000
利润分配——未分配利润		2 250 000

第三节　投资性房地产的转换及处置

一、房地产的转换

房地产的转换,是指房地产用途的变更。企业有确凿证据表明房地产用途发生改变,满足下列条件之一的,应当将投资性房地产转换为其他资产或将其他资产转换为投资性房地产。

(1)投资性房地产开始自用,相应地由投资性房地产转换为自用房地产。在此情况下,转换日为房地产达到自用状态,企业开始将房地产用于生产产品、提供劳务或者经营管理的日期。

(2)房地产企业将用于经营出租的房地产重新开发用于对外销售,从投资性房地产转为存货。在此情况下,转换日为租赁期满、企业董事会或类似机构作出书面决议明确表示将其重新开发用于对外销售的日期。

(3)作为存货的房地产用于出租,通常指房地产开发企业将其持有的开发产品以经营租赁的方式出租,存货相应地转换为投资性房地产。在此情况下,转换日为房地产的租赁期开始日,即承租人有权行使其使用租赁资产权利的日期。

(4)自用建筑物停止自用,改为出租。即企业将原来用于生产产品、提供劳务或经营管理的房地产改用于出租,固定资产相应地转换为投资性房地产。在此情况下,转换日为租赁期开始日。

(5)自用土地使用权停止自用,改为赚取租金或资本增值。即企业将原来用于生产产品、提供劳务或者经营管理的土地使用权,改用于赚取租金或资本增值,该土地使用权相应地转换为投资性房地产。在此情况下,转换日为自用土地使用权停止自用后,确定用于赚取租金或者资本增值的日期。

以上所指确凿证据包括两个方面:一是企业董事会或类似机构就改变房地产用途

形成正式的书面协议；二是房地产因用途改变而发生实际状态上的改变，如从自用转换为出租。

二、房地产转换的账务处理

（一）非投资性房地产转换为投资性房地产

1. 自用房地产转换为投资性房地产

企业将原本用于生产产品、提供劳务或者经营管理的房地产改用于出租，通常应于租赁期开始日，将相应的固定资产或无形资产转换为投资性房地产。对不再用于日常生产经营活动且经整理后达到可经营出租状况的房地产，如果企业董事会或类似权力机构正式做出书面决议，明确表明其自用房地产用于经营出租且持有意图短期内不再发生变化的，应视为自用房地产转换为投资性房地产，转换日为企业董事会或类似权力机构作出书面决议的日期。自用土地使用权停止自用，改为用于资本增值，转换日是企业停止将该项土地使用权用于生产产品、提供劳务或者经营管理且企业董事会或类似权力机构作出房地产转换决议的日期。

（1）企业将自用建筑物或土地使用权转换为以成本模式计量的投资性房地产时，应当将该项建筑物或土地使用权在转换日的原价、累计折旧（摊销）、减值准备等，分别转入“投资性房地产”“投资性房地产累计折旧（摊销）”“投资性房地产减值准备”科目。转换时，按自用建筑物或土地使用权的账面余额，借记“投资性房地产”科目，贷记“固定资产”或“无形资产”科目；按自用建筑物累计已提折旧或土地使用权累计已计提摊销金额，借记“累计折旧”或“累计摊销”科目，贷记“投资性房地产累计折旧（摊销）”科目；自用建筑物或土地使用权原已计提减值准备的，按已计提的减值准备金额，借记“固定资产减值准备”或“无形资产减值准备”科目，贷记“投资性房地产减值准备”科目。

【例 8-9】甲公司决定将因转产而闲置的一栋厂房用于对外出租。20×8 年 6 月 10 日，甲公司与乙公司签订了经营租赁协议，将厂房出租给乙公司使用，租赁期开始日为 20×8 年 7 月 1 日，租赁期为 5 年。20×8 年 7 月 1 日，厂房账面原价 12 000 000 元，累计已提折旧 3 000 000 元。甲公司对投资性房地产采用成本模式计量。甲公司的账务处理如下：

借：投资性房地产——厂房	12 000 000	
累计折旧	3 000 000	
贷：固定资产——厂房		12 000 000
投资性房地产累计折旧		3 000 000

（2）企业将自用建筑物或土地使用权转换为以公允价值计量的投资性房地产时，应当以该项建筑物或土地使用权在转换日的公允价值作为投资性房地产的入账价值。公允价值小于原账面价值的差额，计入当期损溢；公允价值大于原账面价值的差额，计入其他综合收益，待该项投资性房地产处置时，转入处置当期损溢。转换时，按建筑物或土地使用权的公允价值，借记“投资性房地产——成本”科目，按累计已提折旧或累计已摊销金额，借记“累计折旧”或“累计摊销”科目；原已计提减值准备的，按已计提的减值

准备金额，借记“固定资产减值准备”“无形资产减值准备”科目；按其账面余额，贷记“固定资产”或“无形资产”科目。同时，转换日的公允价值小于账面价值的，按其差额，借记“公允价值变动损溢”科目；转换日的公允价值大于账面价值的，按其差额，贷记“其他综合收益”科目。

【例 8-10】甲房地产开发企业拟迁新址，原办公楼腾空后用于出租，以赚取租金收入。20×8 年 10 月，房地产开发企业完成了办公地点的搬迁工作，原办公楼停止自用。20×8 年 12 月，房地产开发企业与乙公司签订了租赁协议，将原办公楼出租给乙公司使用，租赁开始日为 20×9 年 1 月 1 日，租赁期为 3 年。该办公楼原价为 250 000 000 元，累计已提折旧 75 000 000 元。甲房地产开发企业对投资性房地产采用公允价值模式计量。甲企业的账务处理如下：

(1)假定办公楼 20×9 年 1 月 1 日的公允价值为 170 000 000 元

借:投资性房地产——办公楼(成本)	170 000 000	
累计折旧	75 000 000	
公允价值变动损溢	5 000 000	
贷:固定资产——办公楼		250 000 000

(2)假定办公楼 20×9 年 1 月 1 日的公允价值为 180 000 000 元

借:投资性房地产——办公楼(成本)	180 000 000	
累计折旧	75 000 000	
贷:固定资产——办公楼		250 000 000
其他综合收益		5 000 000

2. 作为存货的房地产转换为投资性房地产

房地产开发企业将其持有的开发产品以经营租赁的方式出租，转换日通常为房地产的租赁期开始日。对于企业自行建造或开发完成但尚未使用的建筑物，如果企业董事会或类似机构正式作出书面决议，明确表示将其用于经营出租且持有意图短期内不再发生变化，应视为存货转为投资性房地产，转换日为企业董事会或类似机构作出书面决议的日期。

(1)企业将作为存货的房地产转换为采用成本模式计量的投资性房地产，应当按该项房地产在转换日的账面价值，作为投资性房地产的入账价值。转换时，按该项房地产的账面价值，借记“投资性房地产”科目，按已计提的跌价准备，借记“存货跌价准备”科目，按其账面余额，贷记“开发产品”科目。

【例 8-11】20×8 年 6 月 10 日，甲房地产开发公司与乙公司签订了租赁协议，将其开发的一栋原准备出售的写字楼出租给乙公司使用，租赁期开始日为 20×8 年 7 月 1 日。该写字楼的实际建造成本为 650 000 000 元，未计提存货跌价准备。甲房地产开发公司对投资性房地产采用成本模式进行计量。甲公司的账务处理如下：

借:投资性房地产——写字楼	650 000 000	
贷:开发产品		650 000 000

(2)企业将作为存货的房地产转换为采用公允价值模式计量的投资性房地产，应当按该项房地产在转换日的公允价值，作为投资性房地产的入账价值。公允价值小于原

账面价值的差额，计入当期损溢；公允价值大于原账面价值的差额，计入其他综合收益，待该项投资性房地产处置时，转入处置当期损溢。转换时，按该项房地产的公允价值，借记"投资性房地产——成本"科目，按已计提的跌价准备，借记"存货跌价准备"科目，按其账面余额，贷记"开发产品"等科目。同时，转换日的公允价值小于账面价值的，按其差额，借记"公允价值变动损溢"科目；转换日的公允价值大于账面价值的，按其差额，贷记"其他综合收益"科目。

【例 8-12】沿用**【例 8-11】**资料。现假定甲房地产开发公司对投资性房地产采用公允价值模式计量，20×8 年 7 月 1 日，写字楼的公允价值为 680 000 000 元，其他条件不变。甲公司的账务处理如下：

借：投资性房地产——写字楼（成本）	680 000 000	
贷：开发产品		650 000 000
其他综合收益		30 000 000

（二）投资性房地产转换为非投资性房地产

1. 投资性房地产转换为自用房地产

企业将原用于赚取租金或资本增值的房地产改用于生产产品、提供劳务或者经营管理，转换日是指房地产达到自用状态，企业开始将房地产用于生产产品、提供劳务或者经营管理的日期。

企业将采用成本模式计量的投资性房地产转换为自用房地产时，应当将该项投资性房地产在转换日的账面余额、累计折旧（摊销）、减值准备等，分别转入"固定资产"或"无形资产""累计折旧"或"累计摊销""固定资产减值准备"或"无形资产减值准备"科目。转换时，按投资性房地产的账面余额，借记"固定资产"或"无形资产"科目，贷记"投资性房地产"科目，按累计已提折旧或累计已摊销金额，借记"投资性房地产累计折旧（摊销）"科目，贷记"累计折旧"或"累计摊销"科目，按已计提的减值准备金额，借记"投资性房地产减值准备"科目，贷记"固定资产减值准备"或"无形资产减值准备"科目。

【例 8-13】20×8 年 7 月 1 日，甲公司将出租的厂房收回，开始用于本企业的产品生产。厂房在转换前采用成本模式计量，账面原价为 20 000 000 元，累计已提折旧为 4 500 000元。甲公司的账务处理如下：

借：固定资产——厂房	20 000 000	
投资性房地产累计折旧	4 500 000	
贷：投资性房地产——厂房		20 000 000
累计折旧		4 500 000

企业将采用公允价值模式计量的投资性房地产转换为自用房地产时，应当以转换日的公允价值作为自用房地产的账面价值，公允价值与原账面价值的差额计入当期损溢。转换时，按该项投资性房地产的公允价值，借记"固定资产"或"无形资产"科目，按该项投资性房地产的成本，贷记"投资性房地产——成本"科目，按该项投资性房地产的累计公允价值变动，贷记或借记"投资性房地产——公允价值变动"科目，按其差额，贷记或借记"公允价值变动损溢"科目。

【例 8-14】20×8 年 3 月 1 日，甲房地产开发公司对外出租的写字楼租赁期满予以收回，准备作为办公楼用于本企业的行政管理。写字楼在转换前采用公允价值模式计量，原账面价值为 85 000 000 元，其中，成本为 80 000 000 元，公允价值变动(截至 20×7 年 12 月 31 日)为 5 000 000 元。20×8 年 3 月 1 日，写字楼开始自用，当日的公允价值为 86 000 000 元。甲公司的账务处理如下：

借：固定资产——写字楼　　86 000 000

　贷：投资性房地产——写字楼(成本)　　80 000 000

　　　　　　　　——写字楼(公允价值变动)　　5 000 000

　　公允价值变动损溢　　1 000 000

2. 投资性房地产转换为存货

房地产开发企业将用于出租经营的房地产收回，重新开发用于对外销售，转换日为租赁期满、企业董事会或类似机构作出书面决议明确表明将其重新开发用于对外销售的日期。

(1)企业将采用成本模式计量的投资性房地产转换为存货时，应当按照该项投资性房地产在转换日的账面价值，作为存货的入账价值。转换时，应当按照该项投资性房地产在转换日的账面价值，借记“开发产品”科目，按照累计已提折旧或累计已摊销金额，借记“投资性房地产累计折旧(摊销)”科目，原已计提减值准备的，按已计提的减值准备金额，借记“投资性房地产减值准备”科目，按其账面余额，贷记“投资性房地产”科目。

【例 8-15】甲房地产开发公司将其开发的一栋写字楼以经营租赁方式出租给其他单位使用。20×8 年 4 月 1 日，因租赁期满，甲房地产开发公司将出租的写字楼收回，并作出书面决议，将写字楼重新开发用于对外出售。写字楼在转换前采用成本模式计量，账面原价为 58 000 000 元，已计提的折旧为 4 200 000 元，已计提的减值准备金额为 2 000 000 元。甲公司的账务处理如下：

借：开发产品　　51 800 000

　　投资性房地产累计折旧　　4 200 000

　　投资性房地产减值准备　　2 000 000

　贷：投资性房地产——写字楼　　58 000 000

(2)企业将采用公允价值模式计量的投资性房地产转换为存货时，应当以转换日的公允价值作为存货的账面价值，公允价值与原账面价值的差额计入当期损溢。转换时，按该项投资性房地产的公允价值，借记“开发产品”科目，按该项投资性房地产的成本，贷记“投资性房地产——成本”科目，按该项投资性房地产的累计公允价值变动，贷记或借记“投资性房地产——公允价值变动”科目，按其差额，贷记或借记“公允价值变动损溢”科目。

【例 8-16】沿用【例 8-15】的资料。现假定写字楼在转换前采用公允价值模式计量，原账面价值为 62 000 000 元，其中，成本为 58 000 000 元，公允价值变动(截至 20×8 年 12 月 31 日)为 4 000 000 元；20×8 年 4 月 1 日，写字楼的公允价值为 63 000 000 元，其他条件不变。甲公司的账务处理如下：

借：开发产品　　63 000 000

贷：投资性房地产——写字楼（成本） 58 000 000

——写字楼（公允价值变动） 4 000 000

公允价值变动损溢 1 000 000

三、投资性房地产的处置

（一）投资性房地产的终止确认与处置损溢

投资性房地产的处置主要是指投资性房地产的出售、报废和毁损，也包括对外投资、非货币性资产交换、债务重组等原因转出投资性房地产的情形。当投资性房地产被处置，或者永久退出使用且预计不能从其处置中取得经济利益时，应当终止确认该项投资性房地产。

投资性房地产在处置时会发生处置损溢。出售、报废或毁损的投资性房地产的处置损溢，是指取得的处置收入扣除投资性房地产账面价值和相关税费后的金额。其中，处置收入包括销售价款、残料变价、保险及过失人赔款等收入；账面价值，是指投资性房地产的成本扣减累计已提折旧（摊销）和已计提的减值准备后的金额（采用成本模式计量的投资性房地产），或是指投资性房地产的成本加上或减去累计公允价值变动后的金额（采用公允价值模式计量的投资性房地产）；相关税费，主要包括处置投资性房地产时发生的整理、拆卸、搬运等清理费用，以及出售建筑物或转让土地使用权而应当缴纳的营业税。投资性房地产的处置损溢，应当计入处置当期损溢。

（二）处置投资性房地产的账务处理

1. 采用成本模式计量的投资性房地产的处置

企业处置采用成本模式计量的投资性房地产，应将处置取得的收入作为其他业务收入，将所处置的投资性房地产账面价值计入其他业务成本。处置时，应当按实际收到的金额，借记“银行存款”等科目，贷记“其他业务收入”科目；按该项投资性房地产的账面价值，借记“其他业务成本”科目，按照累计已计提折旧或累计已计提摊销金额，借记“投资性房地产累计折旧（摊销）”科目，按已计提的减值准备金额，借记“投资性房地产减值准备”科目，按其账面余额，贷记“投资性房地产”科目。

【例 8-17】甲公司将其一栋写字楼用于对外出租，采用成本模式计量。租赁期满后，甲公司将该写字楼出售给乙公司，合同价款为 125 000 000 元，乙公司已用银行存款付清。出售时，该栋写字楼的成本为 110 000 000 元，累计已提折旧13 200 000元。假定不考虑其他相关税费，甲公司的账务处理如下：

（1）收到乙公司的银行存款时

借：银行存款 125 000 000

贷：其他业务收入 125 000 000

（2）将该写字楼转让给乙公司时

借：其他业务成本 96 800 000

投资性房地产累计折旧 13 200 000

贷:投资性房地产——写字楼　　110 000 000

2.采用公允价值模式计量的投资性房地产的处置

企业处置采用公允价值模式计量的投资性房地产,应将取得的处置收入作为其他业务收入,将所处置的投资性房地产账面价值计入其他业务成本;同时,还应将该投资性房地产累计公允价值变动损溢转出,计入处置当期其他业务成本;若存在原转换日计入其他综合收益的金额,也需一并转出,计入处置当期其他业务成本。处置时,应按实际收到的金额,借记"银行存款"等科目,贷记"其他业务收入"科目,按该项投资性房地产的账面余额,借记"其他业务成本"科目,按其成本,贷记"投资性房地产——成本"科目,按其累计公允价值变动,贷记或借记"投资性房地产——公允价值变动"科目。同时,结转投资性房地产累计公允价值变动,借记或贷记"公允价值变动损溢"科目,贷记或借记"其他业务成本"科目。若存在原转换日计入其他综合收益的金额,还应借记"其他综合收益"科目,贷记"其他业务成本"科目。

【例 8-18】20×6 年 6 月 25 日,甲公司与乙公司签订经营租赁协议,将其原为自用的一栋写字楼出租给乙公司使用,租期为 2 年,租赁期开始日为 20×6 年 7 月 1 日。写字楼的实际建造成本为 460 000 000 元,截至 20×6 年 6 月 30 日,累计已提折旧 57 500 000元,甲公司对投资性房地产采用公允价值模式计量。20×6 年 7 月 1 日,写字楼的公允价值为 420 000 000 元;20×6 年 12 月 31 日,写字楼的公允价值为 410 000 000元;20×7 年 12 月 31 日,写字楼的公允价值为 440 000 000 元。20×8 年 6 月 30 日,租赁期满,甲公司收回写字楼,并以 450 000 000 元的价格售出,价款已收存银行。假定不考虑其他相关税费,甲公司的账务处理如下:

(1)20×6 年 7 月 1 日,自用房地产转换为投资性房地产时

借:投资性房地产——写字楼(成本)　　420 000 000

　　累计折旧　　57 500 000

　　贷:固定资产——写字楼　　460 000 000

　　　　其他综合收益　　17 500 000

(2)20×6 年 12 月 31 日,确认公允价值变动时

借:公允价值变动损溢　　10 000 000

　　贷:投资性房地产——写字楼(公允价值变动)　　10 000 000

(3)20×7 年 12 月 31 日,确认公允价值变动时

借:投资性房地产——写字楼(公允价值变动)　　30 000 000

　　贷:公允价值变动损溢　　30 000 000

(4)20×8 年 6 月 30 日,出售投资性房地产时

借:银行存款　　450 000 000

　　贷:其他业务收入　　450 000 000

借:其他业务成本　　440 000 000

　　贷:投资性房地产——写字楼(成本)　　420 000 000

　　　　　　　　　　——写字楼(公允价值变动)　　20 000 000

借:公允价值变动损溢　　20 000 000

贷:其他业务成本 20 000 000

借:其他综合收益 17 500 000

贷:其他业务成本 17 500 000

思考题

1. 什么是投资性房地产?投资性房地产包括哪些项目?
2. 如何确定投资性房地产的取得成本?
3. 投资性房地产有哪些后续计量模式?简述不同计量模式的要点。
4. 采用公允价值模式对投资性房地产进行后续计量需要满足哪些条件?
5. 如何进行投资性房地产后续计量模式的变更?
6. 不同后续计量模式下投资性房地产转换的账务处理有何不同?
7. 不同后续计量模式下投资性房地产处置的账务处理有何不同?

第九章 资产减值

本章学习目标

◎了解资产减值的概念、范围及减值迹象认定标准

◎理解并掌握可收回金额的计量和减值损失的会计处理

◎理解并掌握资产组的认定和减值的会计处理

◎了解总部资产和商誉减值的会计处理

第一节 资产减值概述

一、资产减值的概念

资产减值，是指资产的可收回金额低于其账面价值。资产的主要特征之一是它必须能够为企业带来经济利益的流入，如果资产不能为企业带来经济利益或者带来的经济利益低于其账面价值，那么，该资产就不能再予以确认，或者不能再以原账面价值予以确认，否则不符合资产的定义，也无法反映资产的实际价值，其结果会导致企业资产和利润虚增。因此，如果企业资产的可收回金额低于其账面价值，则表明资产发生了减值。此时，企业应当确认资产减值损失，并把资产的账面价值减记至可收回金额。

二、资产减值的范围及其适用的会计准则

原则上企业所有的资产在发生减值时，都应当对所发生的减值损失及时加以确认和计量，因此，资产减值包括所有资产的减值。但是，由于有关资产特性不同，其减值会计处理也有所差别，因而所适用的具体会计准则也不尽相同。例如，存货的减值适用《企业会计准则第 1 号——存货》；持有至到期投资、可供出售金融资产、贷款和应收款项等金融资产的减值适用《企业会计准则第 22 号——金融工具确认和计量》；递延所得税资产的减值适用《企业会计准则第 18 号——所得税》；融资租赁中出租人未担保余值的减值适用《企业会计准则第 21 号——租赁》。这些资产减值会计的处理由相关章节阐述，本章不涉及上述内容。

本章涉及的主要是除上述资产以外的资产，这些资产通常属于企业的非流动资产，具体包括：对子公司、联营企业和合营企业的长期股权投资；采用成本模式进行后续计

量的投资性房地产；固定资产；无形资产；商誉等。这些资产减值的会计处理均适用《企业会计准则第 8 号——资产减值》。因此，本章实质上是对《企业会计准则第 8 号——资产减值》的介绍。

三、资产减值的迹象与测试

（一）资产减值迹象的判断

在资产负债表日，企业应从外部信息来源和内部信息来源两方面判断资产是否存在可能发生减值的迹象：

1.资产减值迹象的外部信息来源

从企业外部信息来源看，如果出现了下述情形，表明资产存在减值迹象：

（1）资产的市价在当期大幅度下跌，其跌幅明显高于因时间的推移或者正常使用而预计的下跌；

（2）企业经营所处的经济、技术或者法律等环境以及资产所处的市场在当期或者将在近期发生重大变化，从而对企业产生不利影响；

（3）市场利率或者其他市场投资报酬率在当期已经提高，从而影响企业计算资产预计未来现金流量现值的折现率，导致资产可收回金额大幅度降低；

（4）企业所有者权益（净资产）的账面价值远高于其市值等。

2.资产减值迹象的内部信息来源

从企业内部信息来源看，如果出现了下述情形，表明资产存在减值迹象：

（1）资产已经陈旧过时或者其实体已经损坏；

（2）资产已经或者将被闲置、终止使用或者计划提前处置；

（3）企业内部报告的证据表明资产的经济绩效已经低于或者将低于预期，如资产所创造的净现金流量或者实现的营业利润远远低于原来的预算或者预计金额，资产发生的营业损失远远高于原来的预算或者预计金额，资产在建造或者收购时所需的现金支出远远高于最初的预算，资产在经营或者维护中所需的现金支出远远高于最初的预算等。

当然，上述举例的资产减值迹象并不能穷尽所有的减值迹象，企业应当根据实际情况来认定资产可能发生减值的迹象。

（二）资产减值的测试

如果有确凿证据表明资产存在减值迹象的，应当进行减值测试，估计资产的可收回金额。资产存在减值迹象是资产是否需要进行减值测试的必要前提，但是以下资产除外：（1）因企业合并形成的商誉；（2）使用寿命不确定的无形资产。对于这些资产，无论是否存在减值迹象，都应当至少于每年年度终了进行减值测试。其原因是，企业合并所形成的商誉和使用寿命不确定的无形资产在后续计量中不再进行摊销，但是考虑到这些资产的价值和产生的未来经济利益有较大的不确定性，为了避免资产价值高估，及时确认商誉和使用寿命不确定的无形资产的减值损失，如实反映企业的财务状况和经营成果，对于这些资产，企业至少应当于每年年度终了进行减值测试。另外，对于尚未达到可使用状态的无形资产由于其价值具有较大的不确定性，也应当每年进行减值测试。

企业在判断资产减值迹象以决定是否需要估计资产可收回金额时，应当遵循重要性原则。根据这一原则，企业资产存在下列情况的，可以不估计其可收回金额：

(1)以前报告期间的计算结果表明，资产可收回金额远高于其账面价值，之后又没有发生消除这一差异的交易或者事项的，企业在资产负债表日可以不需重新估计该资产的可收回金额。

(2)以前报告期间的计算与分析表明，资产可收回金额对于资产减值准则中所列示的一种或者多种减值迹象反应不敏感，在本报告期间又发生了这些减值迹象的，在资产负债表日企业可以不需因为上述减值迹象的出现而重新估计该资产的可收回金额。比如，在当期市场利率或者其他市场投资报酬率提高的情况下，如果企业计算资产未来现金流量现值时所采用的折现率不大可能受到该市场利率或者其他市场投资报酬率提高的影响，或者即使会受到影响，但以前期间的可收回金额敏感性分析表明，该资产预计未来现金流量也很可能相应增加，因而不大可能导致资产的可收回金额大幅度下降的，企业可以不必对资产可收回金额进行重新估计。

第二节　资产可收回金额的计量

一、估计资产可收回金额的基本方法

企业资产存在减值迹象的，应当估计其可收回金额，然后将所估计的资产可收回金额与其账面价值相比较，以确定资产是否发生了减值，以及是否需要计提资产减值准备并确认相应的减值损失。在估计资产可收回金额时，原则上应当以单项资产为基础，如果企业难以对单项资产的可收回金额进行估计，应当以该资产所属的资产组为基础确定资产组的可收回金额。本章中的资产除特别指明外，既包括单项资产，也包括资产组。

资产可收回金额的估计，应当根据其公允价值减去处置费用后的净额与资产预计未来现金流量的现值两者之间较高者确定。公允价值减去处置费用后的净额代表了资产在当前处置后所能为企业带来的经济利益。作为理性的“经济人”，企业总是会选择经济利益最大化的方案，在立即脱手和继续持有资产之间作出选择。因此，资产的可收回金额应当是两者之间的较高者。据此，要估计资产的可收回金额，通常就需要同时估计该资产的公允价值减去处置费用后的净额和资产预计未来现金流量的现值。但是，在下列情况下，可以有例外或者作特殊考虑：

(1)资产的公允价值减去处置费用后的净额与资产预计未来现金流量的现值，只要有一项超过了资产的账面价值，就表明资产没有发生减值，不需再估计另一项金额。

(2)没有确凿的证据或者理由表明，资产预计未来现金流量现值显著高于其公允价值减去处置费用后的净额的，可以将资产的公允价值减去处置费用后的净额视为资产的可收回金额。对于企业持有待售的资产往往属于这种情况，即该资产在持有期间(处

置之前)所产生的现金流量可能很少,其最终取得的未来现金流量往往就是资产的处置净收入。在这种情况下,以资产公允价值减去处置费用后的净额作为其可收回金额是适宜的,因为资产的未来现金流量现值不大会显著高于其公允价值减去处置费用后的净额。

(3)资产的公允价值减去处置费用后净额如果无法可靠估计的,应当以该资产预计未来现金流量的现值作为其可收回金额。

二、资产的公允价值减去处置费用后的净额的估计

资产的公允价值减去处置费用后的净额,通常反映的是资产如果被出售或者处置时可以收回的净现金收入。其中,资产的公允价值是指在公平交易中,熟悉情况的交易双方自愿进行资产交换的金额;处置费用是指可以直接归属于资产处置的增量成本,包括与资产处置有关的法律费用、相关税费、搬运费以及为使资产达到可销售状态所发生的直接费用等,但财务费用和所得税费用等不包括在内。

企业在估计资产的公允价值减去处置费用后的净额时,应当按照下列顺序进行:

首先,应当根据公平交易中资产的销售协议价格减去可直接归属于该资产处置费用的金额来确定资产的公允价值减去处置费用后的净额。这是估计资产的公允价值减去处置费用后的净额的最佳方法,企业应当优先采用这一方法。但是,在实务中,企业的资产往往都是内部持续使用的,取得资产的销售协议价格并不容易。为此,需要采用其他方法估计资产的公允价值减去处置费用后的净额。

其次,在资产不存在销售协议但存在活跃市场的情况下,应当根据该资产的市场价格减去处置费用后的金额确定。资产的市场价格通常应当按照资产的买方出价确定。但是,如果难以获得资产在估计日的买方出价,企业可以以资产最近的交易价格作为其公允价值减去处置费用后的净额的估计基础,其前提是资产的交易日和估计日之间,有关经济、市场环境等情况没有发生重大变化。

最后,在既不存在资产销售协议又不存在资产活跃市场的情况下,企业应当以可获取的最佳信息为基础,根据在资产负债表日假定处置资产的话,熟悉情况的交易双方自愿进行公平交易愿意提供的交易价格减去资产处置费用后的净额,估计资产的公允价值减去处置费用后的净额。在实务中,该金额可以参考同行业类似资产的最近交易价格进行估计。

如果企业按照上述要求仍然无法可靠估计资产的公允价值减去处置费用后的净额,应当以该资产预计未来现金流量的现值作为其可收回金额。

三、资产预计未来现金流量的现值的估计

资产预计未来现金流量的现值,应当按照资产在持续使用过程中和最终处置时所产生的预计未来现金流量,选择恰当的折现率对其进行折现后的金额加以确定。因此,预计资产未来现金流量的现值,主要应当综合考虑以下因素:(1)资产的预计未来现金流量;(2)资产的使用寿命;(3)折现率。其中,资产使用寿命的预计与前述章节有关固定资产、无形资产使用寿命的预计方法相同。以下重点阐述资产未来现金流量和折现

率的预计方法。

(一)资产未来现金流量的预计

1.预计资产未来现金流量的基础

企业管理层应当在合理和有依据的基础上对资产剩余使用寿命内整个经济状况进行最佳估计,并将资产未来现金流量的预计建立在经企业管理层批准的最近财务预算或者预测数据之上。通常情况下,要对期限超过5年的未来现金流量进行较为可靠的预测比较困难,因此,出于数据可靠性和便于操作等方面的考虑,建立在该预算或者预测基础上的预计现金流量最多涵盖5年。当然,企业管理层如能证明更长的期间是合理的,可以涵盖更长的时间。在此情况下,企业管理层也应当确保这些预计的可靠性,并提供相应的证明,比如根据过去的经验和实践,企业有能力而且能够对超过5年的期间作出较为准确的预测。

如果资产未来现金流量的预计还包括最近财务预算或者预测期之后的现金流量,企业应当以该预算或者预测期之后年份稳定的或者递减的增长率为基础进行估计。但是,企业管理层如能证明递增的增长率是合理的,可以以递增的增长率为基础进行估计。同时,所使用的增长率除了企业能够证明更高的增长率是合理的之外,不应当超过企业经营的产品、市场、所处的行业或者所在国家或者地区的长期平均增长率,或者该资产所处市场的长期平均增长率。在恰当、合理的情况下,该增长率可以是零或者负数。

需要说明的是,由于经济环境随时都在变化,资产的实际现金流量往往会与预计数有出入,而且预计资产未来现金流量时的假设也有可能发生变化。因此,企业管理层在每次预计资产未来现金流量时,应当首先分析以前期间现金流量预计数与现金流量实际数出现差异的情况,以评判当期现金流量预计所依据的假设的合理性。通常情况下,企业管理层应当确保当期现金流量预计所依据的假设与前期实际结果相一致。

2.资产预计未来现金流量应当包括的内容

预计的资产未来现金流量应当包括下列各项:

(1)资产持续使用过程中预计产生的现金流入。

(2)为实现资产持续使用过程中产生的现金流入所必需的预计现金流出(包括为使资产达到预定可使用状态所发生的现金流出)。该现金流出应当是可直接归属于或者可通过合理和一致的基础分配到资产中的现金流出,后者通常是指那些与资产直接相关的间接费用。

对于在建工程、开发过程中的无形资产等,企业在预计其未来现金流量时,就应当包括预期为使该类资产达到预定可使用(或者可销售)状态而发生的全部现金流出数。

(3)资产使用寿命结束时,处置资产所收到或者支付的净现金流量。该现金流量应当是在公平交易中,熟悉情况的交易双方自愿进行交易时企业预期可从资产的处置中获取或者支付的减去预计处置费用后的金额。

3.预计资产未来现金流量应当考虑的因素

企业为了预计资产未来现金流量,应当综合考虑下列因素:

(1)以资产的当前状况为基础预计资产未来现金流量

企业资产在使用过程中有时会因为修理、改良、重组等原因而发生变化，因此，在预计资产未来现金流量时，企业应当以资产的当前状况为基础，不应当包括与将来可能会发生的、尚未作出承诺的重组事项或者与资产改良有关的预计未来现金流量。当然，如果企业未来发生的现金流出是为了维持资产正常运转或者资产正常产出水平而必要的支出或者属于资产维护支出，则应当在预计资产未来现金流量时将其考虑在内。

(2)预计资产未来现金流量不应当包括筹资活动和所得税收产生的现金流量

企业预计的资产未来现金流量，不应当包括筹资活动产生的现金流入或者流出以及与所得税收付有关的现金流量。其原因：一是所筹集资金的货币时间价值已经通过折现因素以及考虑；二是折现率要求是以税前基础计算确定的。因此，现金流量的预计也必须建立在税前基础上，这样可以有效避免在资产未来现金流量现值的计算过程中可能出现的重复计算等问题，以保证现值计算的正确性。

(3)对通货膨胀因素的考虑应当和折现率相一致

企业在预计资产未来先进流量和折现率过程中，考虑因一般通货膨胀而导致物价上涨的因素时，应当采用一致的基础。如果折现率考虑了因一般通货膨胀而导致物价上涨的因素，资产预计未来现金流量也应予以考虑；反之，如果折现率没有考虑因一般通货膨胀而导致的物价上涨影响因素，资产预计未来现金流量也应当剔除这一影响因素。总之，在考虑通货膨胀因素的问题上，资产未来现金流量的预计和折现率的预计，应当保持一致。

(4)内部转移价格应当预计调整

在一些企业集团里，处于集团整体战略发展的考虑，某些资产生产的产品或者其他产出可能是供其集团内部其他企业使用或者对外销售的，其所确定的交易价格或者结算价格基于内部转移价格，很可能与市场交易价格不同。在这种情况下，为了如实测算企业资产的价值，就不应当简单地以内部转移价格为基础预计资产未来现金流量，而应当采用在公平交易中企业管理层能够达成的最佳的未来价格估计数进行预计。

4.预计资产未来现金流量的方法

(1)传统法

预计资产未来现金流量，应当根据资产未来每期最有可能产生的现金流量进行预测。这种方法通常叫做传统法，它使用的是单一的未来每期预计现金流量和单一的折现率计算资产未来现金流量的现值。

(2)期望现金流量法

在实务中，有时影响资产未来现金流量的因素较多，情况较为复杂，带有很大的不确定性，为此，使用单一的现金流量可能并不会如实反映资产创造现金流量的实际情况。这样，企业应当采用期望现金流量法预计资产未来现金流量。在期望现金流量法下，资产未来现金流量应当根据每期现金流量期望值进行预计，每期现金流量期望值按照各种可能情况下的现金流量与其发生概率加权计算。

(二)折现率的预计

为了资产减值测试的目的，计算资产未来现金流量现值时所使用的折现率应当是反应当前市场货币时间价值和资产特定风险的税前利率。该折现率是企业在购置或者投资自产时所要求的必要报酬率。

在实务中,折现率的确定,应当首先以该资产的市场利率为依据。如果该资产的利率无法从市场中获得,可以使用替代利率估计。在估计替代利率时,可以根据企业加权平均资本成本、增量借款利率或者其他相关市场借款利率作适当调整后确定。调整时,应当考虑与资产预计现金流量有关的特定风险以及其他有关政治风险、货币风险和价格风险等。

估计资产未来现金流量现值,通常应当使用单一的折现率。但是,如果资产未来现金流量的折现对未来不同期间的风险差异或者利率的期间结构反应敏感的,企业应当在未来各不同期间采用不同的折现率。

(三)资产未来现金流量现值的预计

在预计了资产的未来现金流量和折现率后,资产未来现金流量的现值只需将该资产的预计未来现金流量按照预计的折现率在预计的资产使用寿命里加以折现即可确定。其一般计算公式如下:

$$资产未来现金流量的现值\ PV=\sum\frac{第\ n\ 年预计资产未来现金流量\ NCF_n}{(1+折现率\ R)^n}$$

【例 9-1】20×8 年 12 月 31 日,甲公司的一项无形资产发生减值迹象,甲公司对其进行减值测试的有关情况如下:

该无形资产的账面原价为 2 700 万元,于 2×05 年 1 月 20 日购入;购入当日达到预计使用状态,预计使用年限 8 年,预计净残值为 0,采用年限平均法摊销。该项无形资产此前未计提减值准备。

20×8 年 12 月 31 日,该无形资产的市场价格为 1 200 万元,处置费用为 0;预计该项无形资产未来使用及处置产生的现金流量如表 9-1 所示(假定该无形资产使用的折现率为 7%)。

表 9-1　无形资产预计未来现金流量折现计算表

单位:元

年份	预计现金流量	复利现值系数	折现金额
2×09	3 000 000	0.934 6	2 803 800
2×10	4 500 000	0.873 4	3 930 300
2×11	3 500 000	0.816 3	2 857 100
2×12	2 000 000	0.762 9	1 525 800
合计			11 117 000

本例中,该项无形资产未来现金流量的现值为 1 111.7 万元,其公允价值减去处置费用后的净额为 1 200 万元,所以该项无形资产的可收回金额为 1 200 万元。

(四)外币未来现金流量及其现值的预计

随着我国企业日益融入世界经济体系,国际贸易大幅度增加,企业使用资产所收到的未来现金流量有可能为外币，在这种情况下，企业应当按照以下顺序确定资产未来现金流量的现值：

首先，应当以该资产所产生的未来现金流量的结算货币为基础预计其未来现金流量，并按照该货币适用的折现率计算资产的现值。

其次，将该外币按照计算资产未来现金流量现值当日的即期汇率进行折算，从而折现成按照记账本位币表示的资产未来现金流量的现值。

最后，在该现值基础上，比较资产公允价值减去处置费用后的净额以及资产的账面价值，以确定是否需要确认减值以及确认多少减值损失。

第三节　资产减值损失的确认与计量

一、资产减值损失确认与计量的一般原则

企业在对资产进行减值测试后，如果可收回金额的计量结果表明，资产的可回收金额低于其账面价值的，应当将资产的账面价值减记至可收回金额，减记的金额确认为资产减值损失，计入当期损溢，同时，计提相应的资产减值准备。这样，企业当期确认的减值损失应当反映在其利润表中，而计提的资产减值准备应当作为相关资产的备抵项目，反映于资产负债表中，从而夯实企业资产价值，避免利润虚增，如实反映企业的财务状况和经营成果。

资产减值损失确认后，减值资产的折旧或者摊销费用应当在未来期间作相应调整，以使该资产在剩余使用寿命内，系统地分摊调整后的资产账面价值(扣除预计净残值)。比如，固定资产计提了减值准备后，固定资产账面价值将根据计提的减值准备相应抵减，因此，固定资产在未来计提折旧时，应当按照新的固定资产账面价值为基础计提每期折旧。

考虑到固定资产、无形资产、商誉等资产发生减值后，一方面回升的可能性比较小，通常属于永久性减值，另一方面从会计信息稳健性要求考虑，为了避免确认资产重估增值和操纵利润，资产减值损失一经确认，在以后会计期间不得转回。以前期间计提的资产减值准备，需要等到资产处置时才可转回。

二、资产减值损失的账务处理

为了正确核算企业确认的资产减值损失和计提的资产减值准备，企业应当设置“资产减值损失”科目，按照资产类别进行明细核算，反映各类资产在当期确认的资产减值损失金额；同时，应当根据不同的资产类别，分别设置“固定资产减值准备”“在建工程减值准备”“投资性房地产减值准备”“无形资产减值准备”“商誉减值准备”“长期股权投资减值准备”“生产性生物资产减值准备”等科目。

当企业确定资产发生了减值时，应当根据所确认的资产减值金额，借记“资产减值损失”科目，贷记“固定资产减值准备”“在建工程减值准备”“投资性房地产减值准备”“无形资产减值准备”“商誉减值准备”“长期股权投资减值准备”“生产性生物资产减值

准备”等科目。在期末，企业应当将“资产减值损失”科目余额转入“本年利润”科目，结转后该科目应当没有余额。各资产减值准备科目累积每期计提的资产减值准备，直至相关资产被处置时才予以转出。

【例 9-2】由于产品的更新换代，甲企业于 20×4 年年末对一条账面价值为 4 500 万元的生产流水线进行减值测试，经测试，其可收回金额为 3 078 万元，甲企业应确认的流水线减值损失为 1 422 万元，甲公司相关账务处理如下：

借：资产减值损失——固定资产减值损失　　14 220 000

　贷：固定资产减值准备　　14 220 000

第四节　资产组的认定及减值处理

通常情况下，如果有迹象表明一项资产可能发生减值的，企业应当以单相资产为基础估计其可收回金额。但是，在企业难以对单相资产的可收回金额进行估计的情况下，应对该资产所属的资产组为基础确定资产组的可收回金额。因此，资产组的认定就显得十分重要。

一、资产组的概念

资产组是企业可以认定的最小资产组合，其产生的现金流入应当基本上独立于其他资产或者资产组。资产组应当由创造现金流入的相关资产组成。

二、资产组的认定

（一）资产组的认定依据

资产组的认定，应当以资产组产生的主要现金流入是否独立于其他资产或者资产组的现金流入为依据。可见，资产组能否独立产生现金流入是认定资产组的最关键因素。比如，企业的某一生产线、营业网点、业务部门等，如果能够独立于其他部门或者单位等创造收入、产生现金流，或者其创造的收入和现金流入绝大部分独立于其他部门或者单位，并且属于可认定的最小资产组合，通常应将该生产线、营业网点、业务部门等认定为一个资产组。

（二）认定资产组应当考虑的因素

资产组的认定，应当考虑企业管理层对生产经营活动的管理或者监控方式（如是按照生产线、业务种类还是按照地区或者区域等）和对资产的持续使用或者处置的决策方式等。

(1)资产组产生的主要现金流入是否独立于其他资产或者资产组的现金流入。资产组的认定，应当以资产组产生的主要现金流入是否独立于其他资产或者资产组的现金流入为依据。因此，资产组能否独立产生现金流入是认定资产组的最关键因素。比如企业各生产线都是独立生产、管理和监控的，那么各生产线很可能应当认定为单独的资产组；如果某些及其设备是互相关联、互相依存的，其使用和处置是一体化决策的，那么，这些机器设备很可能应当认定为一个资产组。

【例 9-3】甲商店是某零售连锁集团公司下属的连锁店之一。该商店所有商品的购买都由集团公司集中采购，并且其定价、营销、广告和人事聘任(除出纳和普通员工以外)等决策均由集团公司决定。除甲商店以外，集团公司在本市其他市区还有另外 5 家分店，都用相同的模式经营。所有的分店都分处不同的地段，拥有不同的顾客群。

在本例中，虽然甲商店在管理模式上属于集团集中管理，不能单独作出经营决策。但是由于所有的分店分处不同地段且拥有不同的顾客群，因此可以判断甲商店产生的主要现金流入能够独立于集团下属的其他分店，应当将其单独认定为资产组。

在资产组的认定中，企业几项资产的组合生产的产品(或者其他产出)存在活跃市场的，无论这些产品或者其他产出是用于对外出售还是仅供企业内部使用，均表明这几项资产的组合能够独立创造现金流入，在符合其他相关条件的情况下，应当将这些资产的组合认定为资产组。

【例 9-4】丙公司拥有甲、乙两家工厂。甲工厂生产的组件中有 85%以丙公司制定的内部转移价格转移给乙工厂，剩余部分出售给公司外部顾客。乙工厂对组件进行进一步组装，最终产品全部对外出售。甲工厂生产的组件和乙工厂生产的最终产品都存在活跃市场。

在本例中，虽然甲工厂生产的产品(组件)主要用于乙工厂，但是由于该产品存在活跃市场，可以带来独立的现金流量，因此，通常应当认定为一个单独的资产组。在确定其未来现金流量的现值时，丙公司应当调整其财务预算或预测，将未来现金流量的预计建立在公平交易的前提下甲工厂所生产产品的未来价格最佳估计数，而不是其内部转移价格。对于乙工厂而言，生产的最终产品也存在活跃市场，可以带来独立的现金流量，因此也可以认定为一个单独的资产组。丙公司在确定其未来现金流量的现值时，也同样应对其内部转移价格进行调整。

【例 9-5】沿用**【例 9-4】**，假设甲工厂生产的产品不存在活跃市场。

在这种情形下，由于甲工厂生产的产品不存在活跃市场，它的现金流入主要依赖于乙工厂生产的最终产品的销售，所以甲工厂很可能难以单独产生现金流入，其可收回金额也难以单独估计。因此，只有甲、乙两家工厂组合在一起(即将丙企业作为一个整体)才很可能是一个可以认定的、能够基本上独立产生现金流入的最小的资产组合，从而将甲、乙的组合认定为一个资产组。

(2)管理层管理生产经营活动的方式和对资产的持续使用或者处置的决策方式等。资产组的认定，应当考虑企业管理层管理生产经营活动的方式(如是按照生产线、业务种类，还是按照地区或者区域等)和对资产的持续使用或者处置的决策方式等。例如，企业的某些机器设备是相互关联、相互依存的，其使用和处置是一体化决策的，那么这些机器设备就应当认定为一个资产组。资产组一经确定后，在各个会计期间应当保持一致，不得随意变更，即资产组的各项资产构成通常不能随意变更。但是，如果由于企业重组、变更资产用途等原因，导致资产组构成确需变更的，企业可以进行变更，企业管理层应当证明该变更是合理的，并应在附注中作相应说明。

【例 9-6】甲服装企业拥有童装、女装、男装 3 个工厂，每个工厂在生产、销售、核算、考核和管理等方面都相对独立，在这种情况下，每个工厂通常应当认定为一个资产组。

【例 9-7】乙公交公司与市政当局签订协议为其提供服务，协议要求乙公司对 5 条独立公交线路的任一线路提供最低服务保障。每条公交线路投入的资产和产生的现金流入可单独辨认。其中一条线路的经营出现了重大亏损。

由于公交线路的经营和处置受到最低服务保障条款的限制，乙公司没有权利减少任意一条公交线路，因此可以认定的最小资产组就是 5 条线路的组合(即作为一个整体的公交公司)。

(三)资产组认定后不得随意变更

资产组一经确定，在各个会计期间应当保持一致，不得随意变更。即资产组的各项资产构成通常不能随意变更。比如，甲设备在 20×6 年归属 A 资产组，在无特殊情况下，该设备在 20×7 年仍然应当归属于 A 资产组，而不能随意变更至其他资产组。

但是，如果由于企业重组、变更资产用途等原因，导致资产组构成确需要变更的，企业可以进行变更，但企业管理层应当证明该变更是合理的，并应当在财务报表附注中作相应说明。

三、资产组减值测试

资产组减值测试的原理与单项资产相一致，企业应当计算资产组的账面价值并预计资产组的可收回金额，比较两者金额大小。当资产组的可收回金额低于其账面价值时，表明资产组发生了减值损失。

(一)资产组可收回金额和账面价值的确定

资产组的可收回金额应当按照该资产组的公允价值减去处置费用后的净额与其预计未来现金流量的现值两者之间较高者确定。

资产组账面价值的确定基础应当与其可收回金额的确定方式相一致。资产组的账面价值包括可直接归属于资产组与可以合理和一致地分摊至资产组的资产账面价值，通常不应当包括已确认负债的账面价值，但如不考虑该负债金额就无法确定资产组可收回金额的除外。

资产组在处置时如要求购买者承担一项负债(如环境恢复负债等)，该负债金额已经确认并计入相关资产账面价值，而且企业只能取得包括上述资产和负债在内的单一公允价值减去处置费用后的净额的，为了比较资产组的账面价值和可收回金额，在确定资产组的账面价值及其预计未来现金流量的现值时，应当将已确认的负债金额从中扣除。

(二)资产组减值的会计处理

根据减值测试的结果，资产组(包括最小资产组组合，在总部资产和商誉减值的后续内容中有所涉及)的可收回金额低于其账面价值的，应当确认相应的减值损失。减值损失金额应当按照下列顺序进行摊销：

(1)抵减分摊至资产组中商誉的账面价值；

(2)根据资产组中除商誉之外的其他各项资产的账面价值所占比重，按比例抵减其他各项资产的账面价值。

以上资产账面价值的抵减，应当作为各单项资产(包括商誉)的减值损失处理，计入当期损溢。抵减后的各资产的账面价值不得低于以下三者之中最高者：该资产的公允价值减去处置费用后的净额(如可确定的)、该资产预计未来现金流量的现值(如可确定的)和零。因此而导致的未能分摊的减值损失金额，应当按照相关资产组中其他各项资产的账面价值所占比重进行分摊。

【例 9-8】甲公司有一条生产线，生产精密仪器。该生产线由 A、B、C 共 3 部机器构成，A、B、C 这 3 部机器无法单独产生现金流量，但该条生产线构成完整的产销单位，属于一个资产组。A、B、C 各机器的成本分别为 60 万元、60 万元和 80 万元。使用年限为 10 年，假定该资产组的净残值为零，以年限平均法计提折旧。

20×9 年该生产线所制造的精密仪器有替代产品上市，导致企业本年的产品销路锐减 40%，因此在 20×9 年 12 月 31 日对该生产线进行减值测试。在估计整条生产线未来 5 年现金流量及其恰当的折现率之后，得到该生产线未来现金流量的现值为 84 万元。由于公司无法合理估计生产线的公允价值减去处置费用后的净额，公司准备以该生产线预计未来现金流量的现值作为其可收回金额。

整条生产线已经使用了 4 年，预计尚可使用 6 年。20×9 年 12 月 31 日，经估计，A、B、C 各机器中 C 机器的公允价值减去处置费用后的净额为 38 万元，而 A、B 机器都无法合理估计其公允价值减去处置费用后的净额以及未来现金流量的现值。

根据上述资料，20×9 年 12 月 31 日该生产线的账面价值为 120 万元，可收回金额为 84 万元，生产线的账面价值高于其可收回金额，因此该生产线发生了减值，公司应确认 36 万元的减值损失，并将该减值损失分摊到构成生产线的 3 部机器中。由于 C 机器的公允价值减去处置费用后的净额为 38 万元，因此 C 机器分摊减值损失后的账面价值不应低于 38 万元。具体分摊过程如表 9-2 所示。

表 9-2 甲公司生产线减值损失分摊表

项目	机器 A	机器 B	机器 C	资产组(生产线)
账面价值/万元	36	36	48	120
可收回金额/万元	—	—	—	84
减值损失/万元	—	—	—	36
减值损失分摊比例/%	30	30	40	—
分摊减值损失/万元	10.8	10.8	10*	31.6
分摊后账面价值/万元	25.2	25.2	38	—
尚未分摊的减值损失/万元	—	—	—	4.4
二次分摊比例/%	50	50	—	—
二次分摊减值损失/万元	2.2**	2.2	—	4.4

续 表

项目	机器 A	机器 B	机器 C	资产组(生产线)
二次分摊后应确认减值损失总额/万元	13	13	—	—
二次分摊后账面价值/万元	23	23	38	84

注：* 按照分摊比例，机器 C 应当分摊减值损失 14.4 万元(36×40%)，但由于机器 C 的公允价值减去处置费用后的净额为 38 万元，因此机器 C 最多只能确认减值损失 10 万元(48－38)，未能分摊的减值损失为 4.4 万元(14.4－10)，该数额应在 A 机器和 B 机器之间分摊；* * 尚未摊销的减值损失 4.4 万元在 A 机器的二次分摊金额为 4.4÷(25.2＋25.2)×25.2＝2.2 万元；在 B 机器的二次分摊金额为 4.4÷(25.2＋25.2)×25.2＝2.2 万元。

根据计算后的分摊结果，对机器 A、机器 B 和机器 C 应当分别确认减值损失 13 万元、13 万元和 10 万元。会计处理如下：

借：资产减值损失——机器 A　　130 000
　　　　　　　　——机器 B　　130 000
　　　　　　　　——机器 C　　100 000
　贷：固定资产减值准备——机器 A　　130 000
　　　　　　　　　　　——机器 B　　130 000
　　　　　　　　　　　——机器 C　　100 000

四、总部资产减值测试

企业总部资产包括企业集团或其事业部的办公楼、电子数据处理设备、研发中心等资产。总部资产的显著特征是难以脱离其他资产或者资产组来产生独立的现金流入，而且其账面价值难以完全归属于某一资产组。因此，总部资产通常难以单独进行减值测试，需要结合其他相关资产组或者资产组组合进行。资产组组合，是指由若干个资产组组成的最小资产组组合，包括资产组或者资产组组合，以及按合理方法分摊的总部资产部分。

在资产负债表日，如果有迹象表明某项总部资产可能发生减值的，企业应当计算确定该总部资产所归属的资产组或者资产组组合的可收回金额，然后将其与相应的账面价值相比较，据以判断是否需要确认减值损失。

企业在对某一资产组进行减值测试时，应当先认定所有与该资产组相关的总部资产，再根据相关总部资产能否按照合理和一致的基础分摊至该资产组分下列情况处理。

(1)对于相关总部资产能够按照合理和一致的基础分摊至该资产组的部分，应当将该部分总部资产的账面价值分摊至该资产组，再据以比较该资产组的账面价值(包括已分摊的总部资产的账面价值部分)和可收回金额，并按照前述有关资产组减值测试的顺序和方法处理。

(2)对于相关总部资产中有部分资产难以按照合理和一致的基础分摊至该资产组的，应当按照下列步骤处理。

首先，在不考虑相关总部资产的情况下，估计和比较资产组的账面价值和可收回金额，并按照前述有关资产组减值测试的顺序和方法处理。

其次，认定由若干个资产组组成的最小的资产组组合，该资产组组合应当包括所测试的资产组与可以按照合理和一致的基础将该部分总部资产的账面价值分摊其上的部分。

最后，比较所认定的资产组组合的账面价值(包括已分摊的总部资产的账面价值部分)和可收回金额，并按照前述有关资产组减值测试的顺序和方法处理。

【例 9-9】甲股份有限公司(以下简称甲公司)拥有企业总部资产和 3 条独立生产线(A、B、C 共 3 条生产线)，被认定为 3 个资产组。20×0 年年末 3 条生产线的账面价值分别为 80 万元、100 万元和 120 万元，剩余使用寿命分别为 5 年、10 年和 15 年。由于 3 条生产线所生产的产品市场竞争激烈，同类产品更为价廉物美，从而导致产品滞销，开工严重不足，使 3 条生产线出现减值的迹象。为此，甲公司于 20×0 年年末对各资产组进行了减值测试。

甲公司拥有的总部资产包括一栋办公大楼和一个研发中心，账面价值分别为 80 万元和 40 万元。办公大楼的账面价值可以在合理和一致的基础上分摊至各资产组，但是研发中心的账面价值难以在合理和一致的基础上分摊至各相关资产组。

经减值测试计算确定的 3 个资产组(A、B、C 共 3 条生产线)的可收回金额分别为 92 万元、96 万元和 116 万元。包括研发中心在内的最小资产组组合(甲公司)的可收回金额为 360 万元。

在对资产组进行减值测试时，首先应当认定与其相关的总部资产。对于办公大楼的账面价值，企业根据各资产组的账面价值和剩余使用寿命加权平均计算的账面价值分摊比例进行分摊，如表 9-3 所示。

表 9-3　甲公司资产组减值测试表

项　目	资产组 A	资产组 B	资产组 C	合计
各资产组账面价值/万元	80	100	120	300
各资产组剩余使用寿命/年	5	10	15	
按使用寿命计算的权重	1	2	3	
加权计算后的账面价值/万元	80	200	360	640
办公大楼分摊比例(各资产组加权计算后的账面价值/各资产组加权计算后的账面价值合计)/%	12.5	31.25	56.25	100
办公大楼账面价值分摊到各资产组的金额/万元	10	25	45	80
包括分摊的办公大楼账面价值部分的各资产组账面价值/万元	90	125	165	380

然后，企业应当将包括已分摊的办公大楼账面价值部分的各资产组账面价值与其可收回金额相比较，以确定相应的减值损失，并将该减值损失在办公大楼和资产组之间进行分摊。如表 9-4 所示。

表 9-4　甲公司资产组减值损失分摊表

项目	资产组 A	资产组 B	资产组 C	合计
各资产组的可收回金额/万元	92	96	116	304
包括分摊的办公大楼账面价值部分的各资产组账面价值/万元	90	125	165	380
应计提减值损失金额/万元	0	29	49	78
各资产组减值额分配给总部资产的数额/万元	0	29×25/125＝5.8	49×45/165＝13.36	19.16
资产组本身的减值数额/万元		29×100/125＝23.2	49×120/165＝35.64	58.84

考虑到研发中心的账面价值难以按照合理和一致的基础分摊至资产组。因此，确定由 A、B、C 共 3 个资产组组成最小资产组组合(即为甲公司)，通过计算该资产组组合的可收回金额，并将其与账面价值(包括已分摊的办公大楼账面价值和研发中心的账面价值)相比较，以确定相应的减值损失。

经过上述减值测试后，资产组 A、B、C 这 3 个资产组和办公大楼的账面价值分别为 80 万元、76.8 万元、84.36 万元和 60.84 万元，研发中心的账面价值仍为 40 万元，由此包括研发中心在内的最小资产组组合(即甲公司)的账面价值总额为 342 万元(80＋76.8＋84.36＋60.84＋40)，但其可收回金额为 360 万元，高于其账面价值。因此，甲公司不必再进一步确认减值损失(包括研发中心的减值损失)。

第五节　商誉减值测试及会计处理

一、商誉减值测试的基本要求

对于非同一控制下的合并，购买方在购买日对合并成本大于合并中取得的被购买方可辨认净资产公允价值份额的差额，确认为商誉。企业合并所形成的商誉，至少应当在每年年度终了进行减值测试。由于商誉难以独立产生现金流量，因此商誉应当结合与其相关的资产组或者资产组组合进行减值测试。这些相关的资产组或者资产组组合应当是能够从企业合并的协同效应中受益的资产组或者资产组组合，但不应当大于按照《企业会计准则第 35 号——分部报告》所确定的报告分部。

企业进行资产减值测试，对于因企业合并形成的商誉的账面价值，应当自购买日起按照合理的方法分摊至相关的资产组；难以分摊至相关的资产组的，应当将其分摊至相关的资产组组合。在将商誉的账面价值分摊至相关的资产组或者资产组组合时，应当按照各资产组或者资产组组合的公允价值占相关资产组或者资产组组合公允价值总额的比例进行分摊。公允价值难以可靠计量的，按照各资产组或者资产组组合的账面价值占相关资产组或者资产组组合账面价值总额的比例进行分摊。

二、商誉减值测试的方法与会计处理

在对包含商誉的相关资产组或者资产组组合进行减值测试时,如与商誉相关的资产组或者资产组组合存在减值迹象的,应当按照下列步骤处理。

第一,对不包含商誉的资产组或者资产组组合进行减值测试,计算可收回金额,并与相关账面价值相比较,确认相应的减值损失。

第二,对包含商誉的资产组或者资产组组合进行减值测试,比较这些相关资产组或者资产组组合的账面价值(包括所分摊的商誉的账面价值部分)与其可收回金额,如相关资产组或者资产组组合的可收回金额低于其账面价值的,应当确认相应的减值损失。

减值损失金额应当先抵减分摊至资产组或者资产组组合中商誉的账面价值,再根据资产组或者资产组组合中除商誉之外的其他各项资产的账面价值所占比重,按比例抵减其他各项资产的账面价值。

和上一节资产组减值测试的处理一样,以上资产账面价值的抵减,都应当作为各单项资产(包括商誉)的减值损失处理,计入当期损溢。抵减后的各资产的账面价值不得低于以下三者之中最高者:该资产的公允价值减去处置费用后的净额(如可确定的)、该资产预计未来现金流量的现值(如可确定的)和零。因此而导致的未能分摊的减值损失金额,应当按照相关资产组或者资产组组合中其他各项资产的账面价值所占比重进行分摊。

如果因企业合并所形成的商誉是母公司根据其在子公司所拥有的权益而确认的商誉,在这种情况下,子公司中归属于少数股东权益的商誉并没有在合并财务报表中予以确认。因此,在对与商誉相关的资产组(资产组组合,下同)进行减值测试时,由于其可收回金额的预计包括了归属于少数股东权益的商誉价值部分,为了使减值测试建立在一致的基础上,企业应当调整资产组的账面价值,将归属于少数股东权益的商誉包括在内,然后根据调整后的资产组账面价值与其可收回金额进行比较,以确定资产组(包括商誉)是否发生了减值。

上述资产组如发生减值的,企业应当首先抵减商誉的账面价值,由于根据上述方法计算的商誉减值损失包括了应由少数股东权益承担的部分,而少数股东权益享有的商誉价值及其减值损失都没有在合并财务报表中反映,合并财务报表只反映归属于母公司的商誉。因此,应当将商誉减值损失在可归属于母公司和少数股东权益之间按比例进行分摊,以确认归属于母公司的商誉减值损失,并将其反映于合并财务报表中。

思考题

1.什么是资产减值?为什么要计提资产减值损失?

2.如何判断资产可能发生了减值?

3.什么是资产组?资产组发生减值损失应怎么处理?

4.资产的预计可收回金额应如何计量?

5.本章中资产减值损失在计提之后的会计期间是否允许转回?请分析这一规定是否合理?

第十章 负 债

本章学习目标

◎理解负债的概念及特征

◎掌握各项流动负债的定义、确认、计量及账务处理

◎掌握长期借款、应付债券、预计负债的账务处理

◎掌握借款费用的定义、确认、计量及账务处理

第一节 负债概述

一、负债的概念及确认条件

(一)负债的概念

根据《企业会计准则——基本准则》,负债的概念为:“负债是指企业过去的交易或者事项形成的预期会导致经济利益流出企业的现时义务。”

从定义看,负债至少具有以下几个方面的特征:

1. 负债是企业承担的现时义务

现时义务是负债的基本特征。义务,是指企业要以一定方式履行的责任,而现时义务,是指企业在现时条件下已经承担的义务。企业未来发生的交易或者事项形成的义务,不属于现时义务,不构成负债。这里的义务,既包括法定义务,也包括推定义务。其中,法定义务是指由具有约束力的合同或者法律法规产生的义务,如企业取得银行贷款形成的借款本金和利息、按照税法应缴纳的税金等,均属于法定义务。推定义务是指企业根据多年来形成的惯例、公开作出的承诺或者公开宣布的政策而导致企业承担的责任,有关各方都对企业履行该义务以解脱责任形成了合理预期,因而也形成企业的一项现时义务,比如董事会对外宣告要支付的现金股利等。

2. 负债预期会导致经济利益流出企业

企业履行现时义务,会导致经济利益流出企业。负债的清偿,就是企业履行其经济责任,以向债权人支付资产或提供劳务等方式,解除企业对债权人的经济责任。如果企业在履行义务时,不会导致经济利益的流出,如企业选择发行普通股来履行义务,就不

属于一项负债。

3. 负债是由过去的交易或事项形成的

负债应当由过去的交易或者事项所形成，只有过去发生的交易或者事项才能形成负债。企业将在未来发生的承诺、经营亏损或签订合同等交易或者事项，均不构成负债。

(二)负债的确认条件

企业要确认负债，除了符合负债的定义外，还应当同时满足以下两个条件：

1. 与该义务有关的经济利益很有可能流出企业

由于经济业务存在不确定性，导致企业在履行经济业务时流出的经济利益有时需要估计，特别是由于推定义务而产生的负债。例如，企业因销售产品而承担的产品质量保证义务所发生的支出金额就存在很大的不确定性。如果有证据表明，与现时义务有关的经济利益很可能流出企业，就应当确认负债。反之，企业对预期的经济利益流出可能性很小或不复存在的现时义务，不应确认为负债。

2. 未来流出经济利益的金额能够可靠地估计

企业要确认负债，必须能够可靠地计量负债的金额，即能够可靠地计量未来经济利益流出的金额。企业因法定义务而预期发生的经济利益流出金额，通常可以根据法律或合同的规定予以确定，而企业因推定义务产生的未来经济利益的流出金额，则往往需要根据合理的估计才能确定履行相关义务所需支出的金额。如果未来期间较长，还需要考虑货币时间价值的影响。

二、负债的分类

负债是企业到期必须履行的经济责任，但不同的负债要求的偿还方式和时间不同，为便于分析企业的财务状况和偿债能力，会计上将负债划分为流动负债和非流动负债两部分，并在资产负债表中，按流动性进行分类列报。

(一)流动负债

流动负债是指企业在一年内或者超过一年的一个营业周期内需要偿还的债务合计，包括短期借款、应付票据、应付账款、预收账款、应付职工薪酬、应交税费和其他应付款等。

满足下列条件之一的负债，应当归类为流动负债：

(1)预计在一个正常营业周期内清偿的负债，如企业购买原材料形成的应付账款；

(2)主要为交易目的而持有的负债，如银行为近期回购而发行的短期票据；

(3)自资产负债表日起一年内(含一年)到期应予以清偿的负债，如企业发行的即将在一年内到期的长期债券；

(4)企业无权自主地将清偿期限推迟至资产负债表日后一年以上的负债，如企业购买商品或劳务时开出并承兑的无权延长付款期限的商业汇票。

(二)非流动负债

非流动负债是指流动负债以外的负债,主要是企业为筹集长期投资项目所需资金而发生的,如企业为兴建厂房而向银行借入的中长期贷款。非流动负债主要包括长期借款、应付债券、长期应付款及预计负债等。

第二节　流动负债

一、短期借款

(一)短期借款的核算内容

短期借款,是指企业从银行或者其他金融机构借入的期限在一年以内(含一年)的各种借款。由于季节性生产、偿还到期债务或者经营资金出现暂时性周转困难等原因导致企业资金不足时,企业会通过向银行借入资金的方式补充短期资金。双方约定偿还期限及利息,从而形成企业的一项短期借款。

(二)短期借款的会计核算

企业应当设置“短期借款”科目,核算短期借款的取得及偿还情况。该科目贷方登记取得借款的本金,借方登记偿还借款的本金;期末余额在贷方,表示企业尚未偿还的短期借款。该科目应按借款种类、贷款人和币种设置明细账,进行明细核算。

1. 短期借款的取得

企业从银行或者其他金融机构取得短期借款时,应签订借款合同,注明借款金额、借款利率和还款时间等。取得短期借款时,应借记“银行存款”科目,贷记“短期借款”科目。

2. 短期借款的利息费用

短期借款利息属于筹资费用,应计入“财务费用”科目。在实际工作中,银行或其他金融机构一般于每季度末收取短期借款利息。而按照权责发生制的要求,企业应当在每个月末计提借款利息。因此,企业应将当期应付未付的利息确认为一项流动负债,计入“应付利息”贷方,同时确认为当期损溢,计入“财务费用”科目。

3. 短期借款的偿还

企业应于短期借款到期日偿还短期借款的本金以及尚未支付的利息,借记“短期借款”“应付利息”“财务费用”等科目,贷记“银行存款”科目。

【例 10-1】甲公司 20×6 年 8 月 1 日向银行取得一笔短期借款 600 000 元,年利率 6%,借款期限 1 年。根据借款协议,企业按季支付利息,本金到期后一次性偿还。不考虑相关税费,甲公司的相关账务处理如下:

(1)20×6 年 8 月 1 日,实际取得短期借款时

借:银行存款　　600 000

　　贷:短期借款　　600 000

(2)20×6 年 8 月 31 日，计提借款利息时

应付利息＝600 000×6%÷12＝3 000(元)

借：财务费用　　3 000

　　贷：应付利息　　3 000

(3)20×6 年 9 月 30 日，甲公司支付 8 月份和 9 月份的利息时

借：应付利息　　3 000

　　财务费用　　3 000

　　贷：银行存款　　6 000

(4)20×7 年 8 月 1 日，甲公司偿还到期借款的本金及尚未支付的利息时

借：短期借款　　600 000

　　应付利息　　3 000

　　贷：银行存款　　603 000

二、应付账款

(一)应付账款的核算内容

应付账款是企业购买材料、商品或接受劳务时应付供货单位的款项。应付账款是由于买卖双方在购销活动中取得物资与支付货款在时间上不一致而产生的负债，具体内容包括：

(1)购买材料、商品或者接受劳务时应向销货方或劳务提供方支付的合同或协议价款；

(2)按照货款计算的增值税进项税额；

(3)购买材料或商品时应负担的运杂费和包装费等。

(二)应付账款的会计核算

企业应当设置"应付账款"科目，核算应付账款的发生、偿还、转销等情况。该科目贷方登记企业购买材料、商品和接受劳务等而发生的应付账款，借方登记偿还的应付账款，或开出商业汇票抵付应付账款的款项，或冲销的无法支付的应付账款。期末余额一般在贷方，表示企业尚未支付的应付账款。本科目一般按照债权人设置明细账进行明细核算。

确认应付账款时，应当注意应付账款的确认时间。应付账款的入账时间应以商品所有权转移或已接受劳务为标志，并考虑所购买的货物与相关发票到达企业时间之间的关系。

1. 货物和发票同时到达的会计核算

大多数情况下，企业通过商业信用购买的货物和相关发票会同时到达企业。企业应在货物验收入库后，根据发票账单金额确认应付账款。

【例 10-2】20×6 年 8 月 10 日，甲公司从乙公司购买一批原材料，收到的增值税专用发票上注明的价款为 500 000 元，增值税为 85 000 元，材料已验收入库，款项尚未支

付。原材料验收入库后，甲公司的相关账务处理如下：

借：原材料　　500 000

　应交税费——应交增值税（进项税额）　　85 000

　贷：应付账款——乙公司　　585 000

2. 货物先到而发票未到的会计核算

如果发票账单未到，货物已到。平时可暂不进行账务处理，待收到发票账单后再按实际金额确认应付账款；如果月终时发票账单仍未到，应按暂估价入账，下月初再用红字分录冲回。

【例 10-3】20×6 年 8 月 10 日，甲公司从乙公司购买一批原材料，材料已验收入库，但月末尚未收到发票账单。已知该批材料的计划成本为 600 000 元。

（1）20×6 年 8 月 31 日，甲公司的相关账务处理如下：

借：原材料　　600 000

　贷：应付账款——乙公司　　600 000

（2）20×6 年 9 月 1 日，甲公司冲销上月末暂估的应付账款价值，相关账务处理如下（用红字）：

借：原材料　　[600 000]

　贷：应付账款——乙公司　　[600 000]

（3）待收到发票账单后再按实际金额确认应付账款。

3. 发票先到而货物未到的会计核算

如果发票账单已到，货物未到，应按收到的发票账单上所列的金额确认在途物资存货，并确认应付账款。

【例 10-4】20×6 年 8 月 10 日，甲公司从乙公司购买一批原材料，收到的增值税专用发票上注明的价款为 500 000 元，增值税为 85 000 元，材料尚未收到，款项尚未支付。

甲公司收到增值税专用发票后的账务处理如下：

借：在途物资　　500 000

　应交税费——应交增值税（进项税额）　　85 000

　贷：应付账款——乙公司　　585 000

4. 附有现金折扣条件的应付账款的会计核算

应付账款附有现金折扣的，应按照总价法，将不考虑现金折扣的价款总额及相关税费确认为应付账款。因在折扣期限内付款而获得的现金折扣，应在偿还应付账款时冲减财务费用。

【例 10-5】20×6 年 3 月 1 日，甲公司购入原材料一批，取得的增值税专用发票上注明的材料价款为 100 000 元，增值税进项税额为 17 000 元，材料已验收入库，款项暂未支付。供货单位提出的付款条件为（2/10、1/20、n/30）。假定现金折扣政策不考虑增值税，甲公司的账务处理如下：

（1）3 月 1 日，甲公司购入材料时

借：原材料　　100 000

应交税费——应交增值税(进项税额)　17 000
贷:应付账款　117 000

(2)假定甲公司在3月8日支付货款

甲公司应享有的现金折扣为2 000元(100 000×2%),实际支付的价款为115 000元(117 000－2 000)。

借:应付账款　117 000
贷:银行存款　115 000
财务费用　2 000

(3)假定甲公司在3月18日支付货款

甲公司应享有的现金折扣为1 000元(100 000×1%),实际支付的价款为116 000元(117 000－1 000)。

借:应付账款　117 000
贷:银行存款　116 000
财务费用　1 000

(4)假定甲公司在3月28日支付货款

甲公司不享有的现金折扣,实际支付的价款为117 000元。

借:应付账款　117 000
贷:银行存款　117 000

5.确实无法支付应付账款的会计核算

某些情况下,债务人可能因为某些原因确实无法支付某项应付款,如债权人破产导致债务人确实无法支付应付货款。此时,应将该项应付账款确认为一项利得,计入营业外收入,借记"应付账款",贷记"营业外收入"。

三、应付票据

(一)应付票据的核算内容

应付票据核算企业为购买材料、商品和接受劳务供应等而开具并承兑的商业汇票,包括商业承兑汇票和银行承兑汇票。按是否带息,可以分为带息应付票据和不带息应付票据。企业应当设置"应付票据备查簿",详细登记商业汇票的种类、号数和出票日期、到期日、票面余额、交易合同号和收款人姓名或单位名称,以及付款日期和金额等信息。应付票据到期结清时,应当在备查簿内予以注销。

(二)应付票据的会计核算

企业应设置"应付票据"科目,核算应付票据的发生、偿付等情况。该科目贷方登记开出并承兑的商业汇票的面值及带息票据的预提利息,借方登记偿还票据的金额,期末余额在贷方,表示企业尚未到期的商业汇票的金额。

企业购买材料、商品和接受劳务供应等而开具并承兑的商业汇票,应当按其票面金额作为应付票据的入账金额。借记"原材料""应交税费——应交增值税(进项税额)"等科目，贷记“应付票据”科目。

企业支付的银行承兑汇票手续费应当计入当期损溢，借记“财务费用”科目，贷记“银行存款”科目。

1. 带息应付票据

带息应付票据是指在票据到期日，按票面金额加计根据票面利率计算的利息而支付的票据。票面金额即为开出的价格，票面利率由交易双方协商确定。利息为债务人由于延期付款所付出的代价，计入“财务费用”。

对于带息票据的应付利息，有以下两种核算方法：

(1)按期计提利息。计提利息时，借记“财务费用”，贷记“应付票据”科目。到期支付本息时，借记“应付票据”科目，贷记“银行存款”科目。这样，在“应付票据”账户里，既反映了其面值，又反映了其应付的利息。

(2)票据到期时支付面值和利息，支付的全部利息一次计入当期的“财务费用”科目，贷记“银行存款”科目。

实务中，我国一般采用第二种方法，在每个会计期末不计提利息，票据到期时利息一次入账。但是，如果票据的期限跨年度，在资产负债表日，则需要计提票据签发日至资产负债表日按面值和票面利率计算的累计利息。

【例 10-6】甲公司于 20×7 年 11 月 1 日购入原材料一批，增值税专用发票上注明货款 100 000 元，增值税额 17 000 元，开出并承兑一张期限为 6 个月、票面年利率为 10%的商业承兑汇票抵付款项。材料尚未验收入库。甲公司的账务处理如下：

(1)20×7 年 11 月 1 日，甲公司购入材料时

借：在途物资	100 000	
应交税费——应交增值税(进项税额)	17 000	
贷：应付票据		117 000

(2)20×7 年 12 月 31 日，应计提 11 月及 12 月份利息

应计提的利息＝117 000×10%×2÷12＝1 950(元)

借：财务费用	1 950	
贷：应付票据		1 950

(3)20×8 年 5 月 1 日，到期清偿票据

借：应付票据	118 950	
财务费用	3 900	
贷：银行存款		122 850

2. 不带息应付票据

不带息应付票据是指在票据到期日，债务人按照票面金额支付、不计利息的票据，其面值就是到期值。不带息票据有两种情况：一种为票据面值不含利息，核算时按面值入账；另一种为票据面值含利息，只是未标明票面利率，可按实际利率折算，将面值和利息分别核算，核算方法与带息票据的方法相同。

【例 10-7】沿用**【例 10-6】**，假设票据为不带息票据。甲公司的账务处理如下：

(1)20×7 年 11 月 1 日，甲公司购入材料时

借:在途物资　　100 000

　应交税费——应交增值税(进项税额)　　17 000

　　贷:应付票据　　117 000

(2)20×8 年 5 月 1 日,到期清偿票据

借:应付票据　　117 000

　　贷:银行存款　　117 000

3. 转销应付票据

应付票据到期,若企业无力支付票款,则应当考虑承兑人的不同而进行相应处理:如果是商业承兑汇票,企业应当将应付的票据金额结转至“应付账款”科目;如果是银行承兑汇票,由银行支付票据款项给收款人,企业应当将应付银行的款项视同一项短期借款,借记“应付票据”科目,贷记“短期借款”科目。

四、预收账款

(一)预收账款的核算内容

预收账款是买卖双方协定,企业向购货方预先收取一部分货款而发生的一项负债。与应付账款不同,预收账款所形成的负债不是以货币偿付,而是以货物或劳务偿付。

(二)预收账款的会计核算

预收账款的核算应视企业的具体情况而定。如果预收账款较多,可以设置“预收账款”科目;预收账款不多,也可以不设置“预收账款”科目,直接将预收的款项记入“应收账款”科目的贷方。

单独设置“预收账款”科目的,该科目贷方登记发生的预收款项数额和购货单位补付账款的数额,借方登记企业向购货方发货后冲销的预收款项数额和退回购货方多付账款的数额,余额一般在贷方,反映企业向购货单位预收款项但尚未向购货方发货的数额。如为借方余额,反映企业尚未转销的款项。企业应当按照购货单位设置明细科目进行明细核算。

【例 10-8】甲公司为增值税一般纳税人。20×7 年 8 月 3 日,甲公司与乙公司签订供货合同,向乙公司出售一批产品,货款共计 500 000 元,应交增值税 85 000 元。双方约定,乙公司在购货合同签订一周内,应当向甲公司预付货款 200 000 元,剩余货款在交货后付清。20×7 年 8 月 8 日,甲公司收到乙公司转账支付的预付款 200 000 元。8 月 18 日,甲公司将货物发到乙公司,并开具增值税专用发票。乙公司验收合格后付清了剩余货款。甲公司的账务处理如下:

(1)8 月 8 日,甲公司收到乙公司交来的 200 000 元预付款

借:银行存款　　200 000

　　贷:预收账款——乙公司　　200 000

(2)8 月 18 日甲公司发货后收到乙公司的剩余货款

借:预收账款——乙公司　　585 000

贷:主营业务收入 500 000

应交税费——应交增值税(销项税额) 85 000

乙公司补付的货款=585 000-200 000=385 000(元)

借:银行存款 385 000

贷:预收账款——乙公司 385 000

本例中,若甲公司只能向乙公司供货 100 000 元,则甲公司应退回预收账款 83 000 元。相关的账务处理如下:

借:预收账款——乙公司 200 000

贷:主营业务收入 100 000

应交税费——应交增值税(销项税额) 17 000

银行存款 83 000

【例 10-9】若**【例 10-8】**中,甲公司不设置“预收账款”科目,通过“应收账款”科目核算有关业务。则相关的账务处理如下:

(1)8 月 8 日,甲公司收到乙公司交来的 200 000 元预付款

借:银行存款 200 000

贷:应收账款——乙公司 200 000

(2)8 月 18 日甲公司发货后收到乙公司的剩余货款

借:应收账款——乙公司 585 000

贷:主营业务收入 500 000

应交税费——应交增值税(销项税额) 85 000

借:银行存款 385 000

贷:应收账款——乙公司 385 000

五、应付职工薪酬

(一)应付职工薪酬的核算内容

应付职工薪酬是指企业根据有关规定,应付给职工的各种薪酬,包括职工工资、奖金、津贴和补贴、职工福利费、医疗保险费、养老保险费、失业保险费、工伤保险费、生育保险费等社会保险费,住房公积金,工会经费,职工教育经费,非货币性福利等因职工提供服务而产生的义务。企业提供给职工配偶、子女、受赡养人、已故员工遗属及其他受益人等的福利,也属于职工薪酬。

1. 短期薪酬

短期薪酬是指企业预期在职工提供相关服务的年度报告期间结束后 12 个月内将全部予以支付的职工薪酬,因解除与职工的劳动关系给予的补偿除外。

短期薪酬主要包括:

(1)职工工资、奖金、津贴和补贴。是指按照国家统计局《关于职工工资总额组成的规定》,构成工资总额的计时工资、计件工资、支付给职工的超额劳动报酬和增收节支的劳动报酬、为了补偿职工特殊或额外劳动消耗和因其他特殊原因支付给职工的津贴,以

及为了保证职工工资水平不受物价影响支付给职工的物价补贴等。企业按规定支付给职工的加班加点工资，以及根据国家法律、法规和政策规定，企业在职工因病、工伤、产假、计划生育假、婚丧假、事假、探亲假、定期休假、停工学习、执行国家或社会义务等特殊情况下，按照计时工资或计件工资标准的一定比例支付的工资，也属于职工工资范畴，在职工休假或缺勤时，不应当从工资总额中扣除。企业按照短期奖金计划向职工发放的奖金属于短期薪酬，按照长期奖金计划向职工发放的奖金属于其他长期职工福利。

(2)职工福利费。是指企业为职工集体提供的福利，如职工生活困难补助等。

(3)医疗保险费、工伤保险费和生育保险费等社会保险费。是指企业按照国家规定的基准和比例计算，向社会保险经办机构缴存的医疗保险、工伤保险和生育保险，以及根据《企业年金试行办法》《企业年金基金管理试行办法》等相关规定，向有关单位(企业年金基金账户管理人)缴纳的补充养老保险。此外，以商业保险形式提供给职工的各种保险待遇也属于企业提供的职工薪酬。

(4)住房公积金。是指企业按照《住房公积金管理条例》规定的基准和比例计算，向住房公积金管理机构缴存的住房公积金。

(5)工会经费和职工教育经费。是指企业为了改善职工文化生活、提高职工业务素质，用于开展工会活动和职工教育及职业技能培训，根据国家规定的基准和比例，从成本费用中提取的金额。

(6)短期带薪缺勤。是指职工虽然缺勤，但企业仍向其支付报酬的安排，包括年休假、病假、短期伤残、婚假、产假、丧假、探亲假等。

(7)非货币性福利。包括企业以自己的产品或其他有形资产发放给职工作为福利，企业向职工提供无偿使用自己拥有的资产，如给企业高级管理人员的汽车、住房等，企业为职工无偿提供商品或类似医疗保健的服务。

(8)短期利润分享计划。是指因职工提供服务而与职工达成的基于利润或其他经营成果提供薪酬的协议。长期利润分享计划属于其他长期职工福利。

(9)其他短期薪酬。是指除上述薪酬以外的其他为获得职工提供的服务而给予的短期薪酬。

2. 离职后福利

离职后福利是指企业为获得职工提供的服务而在职工退休或与企业解除劳动关系后，提供的各种形式的报酬和福利，属于短期薪酬和辞退福利的除外。

3. 辞退福利

辞退福利是指企业在职工劳动合同到期之前解除与职工的劳动关系，或者为鼓励职工自愿接受裁减而给予职工的补偿。

4. 其他长期职工福利

其他长期职工福利是指除短期薪酬、离职后福利、辞退福利之外所有的职工薪酬，包括长期带薪缺勤、长期残疾福利、长期利润分享计划等。

(二)应付短期薪酬的确认与计量

企业应当设置“应付职工薪酬”科目，核算应付职工薪酬的提取、结算等情况。该科目贷方登记已分配计入有关成本费用项目的职工薪酬的数额，借方登记实际发放职工薪酬的数额；期末余额在贷方，反映企业应付未付的职工薪酬。“应付职工薪酬”科目应当按照“工资”“职工福利”“社会保险费”“住房公积金”“工会经费”“职工教育经费”“非货币性福利”等应付职工薪酬项目设置明细科目，进行明细核算。

1. 应付短期薪酬的确认

企业应当在职工为其提供服务的会计期间，将应付短期薪酬确认为一项流动负债，并根据职工提供服务的受益对象，将短期薪酬计入当期损溢或资本成本：

(1)应由生产产品或提供劳务负担的职工薪酬，计入产品成本或劳务成本。借记“生产成本”“制造费用”“劳务成本”等科目，贷记“应付职工薪酬”科目。但非正常消耗的直接生产职工或直接提供劳务的职工薪酬，应当在发生时确认为当期损溢。

(2)应由在建工程、无形资产负担的职工薪酬，计入固定资产或无形资产的初始成本。借记“在建工程”“研发支出”等科目，贷记“应付职工薪酬”科目。

(3)除上述生产职工、提供劳务职工、建造固定资产、开发无形资产职工以外的职工，包括公司总部的管理人员、董事会成员、监事会成员、财务人员、销售人员等相关职工的薪酬，因难以确定直接受益对象，均应当在发生时直接计入当期损溢。借记“管理费用”“销售费用”等科目，贷记“应付职工薪酬”科目。其中，由于退休人员及辞退员工不再给企业带来任何经济利益，退休人员工资及辞退福利应当计入当期损溢，而不计入相关资产成本，借记“管理费用”科目，贷记“应付职工薪酬”科目。

(4)外商投资企业按规定从净利润中提取的职工奖励及福利基金，借记“利润分配——提取的职工奖励及福利基金”科目，贷记“应付职工薪酬”科目。

2. 应付短期薪酬的计量

(1)货币性职工薪酬的计量。货币性职工薪酬，包括企业以货币形式支付给职工或为职工支付的工资、职工福利、各种社会保险、住房公积金、工会经费以及职工教育经费等。对于货币性职工薪酬的计量，应当按照国家及地方有关规定确定计提基础和计提比例。一般而言，企业应向社会保险经办机构(或企业年金基金账户管理人)缴纳的医疗保险费、养老保险费、失业保险费、工伤保险费、生育保险费等社会保险费，国家(或企业年金计划)对其统一规定了计提基础和计提比例，应当按照国家规定的标准计提；而职工福利等职工薪酬，国家(或企业年金计划)没有明确规定计提基础和计提比例，企业应当根据历史经验数据和实际情况，合理预计当期应付职工薪酬。

企业一般于每期期末，按照货币性职工薪酬的应付金额，贷记“应付职工薪酬”科目，同时根据职工服务的受益对象，借记相关费用或资产科目。

【例 10-10】甲公司 20×8 年 6 月职工薪酬明细表如表 10-1 所示，假定甲公司职工的医疗保险费、住房公积金、工会经费和职工教育经费分别按照工资总额的 10%、8%、2%、1.5%提取。

表 10-1 甲公司职工薪酬明细表

20×8 年 6 月　　单位：元

	工资总额	医疗保险费（10%）	住房公积金（8%）	工会经费（2%）	职工教育经费（1.5%）	合计
基本生产车间	800 000	80 000	64 000	16 000	12 000	972 000
车间管理部门	100 000	10 000	8 000	2 000	1 500	121 500
行政管理部门	300 000	30 000	24 000	6 000	4 500	364 500
财务部门	200 000	20 000	16 000	4 000	3 000	243 000
销售部门	250 000	25 000	20 000	5 000	3 750	303 750
合计	1 650 000	165 000	132 000	33 000	24 750	2 004 750

对于该业务，甲公司账务处理如下：

借：生产成本　972 000
　　制造费用　121 500
　　管理费用　607 500
　　销售费用　303 750
　　贷：应付职工薪酬——工资　1 650 000
　　　　　　　　　——医方保险费　165 000
　　　　　　　　　——住房公积金　132 000
　　　　　　　　　——工会经费　33 000
　　　　　　　　　——职工教育经费　24 750

企业在实际支付货币性职工薪酬时，应当按照实际支付给职工的金额，借记“应付职工薪酬”科目；按照实际支付的总额，贷记“银行存款”科目；将应由职工个人负担由企业代扣代缴的职工个人所得税，贷记“应付职工薪酬——应交个人所得税”科目；将应由职工个人负担由企业代扣代缴的医疗保险费、住房公积金等，贷记“其他应付款”科目。

【例 10-11】甲公司 20×8 年 7 月发放职工 6 月份工资时，应付职工工资总额为 1 650 000元，其中应由公司代扣代缴的个人所得税 250 000 元，应由职工个人负担由公司代扣代缴的各种社会保险费和住房公积金为 100 000 元，实发工资部分已通过银行转账支付。

对于该业务，甲公司账务处理如下：

借：应付职工薪酬——工资　1 650 000
　　贷：银行存款　1 300 000
　　　　应交税费——应交个人所得税　250 000
　　　　其他应付款　100 000

(2)非货币性职工薪酬。企业向职工提供的非货币性职工薪酬，一般有两种情况，现分述如下：

第一，以自产产品或外购商品发放给职工作为非货币性福利。

企业将自产的产品作为非货币性福利发放给职工时，应当按照该产品的公允价值和相关税费(增值税销项税额)进行计量,并在产品发出时确认销售收入,同时结转产品成本。企业将外购商品作为非货币性福利发放给职工时,应当按照该商品的公允价值和相关税费(增值税进项税额转出)进行计量,计入当期损溢或相关资本成本。

【例 10-12】乙公司为一家生产彩电的企业,共有职工 100 名,20×7 年 2 月,公司以其生产的成本为 5 000 元的液晶彩电作为春节福利发放给公司职工。该型号液晶彩电的售价为每台 7 000 元,乙公司适用的增值税税率为 17%;假定 100 名职工中 85 名为直接参加生产的职工,15 名为总部管理人员。

本例中,乙公司以自产产品作为非货币性福利发放给职工,应当以产品的售价(公允价值)加上增值税的销项税额来计量应付职工薪酬,同时确认销售收入,并结转成本。

彩电的售价与增值税销项税额合计=7 000×100×(1+17%)=819 000(元)

计入生产成本的非货币性福利=7 000×85+7 000×85×17%=696 150(元)

计入管理费用的非货币性福利=7 000×15+7 000×15×17%=122 850(元)

具体账务处理如下:

(1)乙公司决定发放非货币性福利时

借:生产成本　　696 150

　管理费用　　122 850

　贷:应付职工薪酬——非货币性福利　　819 000

(2)乙公司向职工实际发放非货币性福利时

借:应付职工薪酬——非货币性福利　　819 000

　贷:主营业务收入　　700 000

　　应交税费—应交增值税(销项税额)　　119 000

借:主营业务成本　　500 000

　贷:库存商品　　500 000

第二,将拥有的住房或租赁的住房等固定资产无偿提供给职工作为非货币性福利。

企业将拥有的房屋等资产无偿提供给职工使用的,应当根据受益对象,将该住房每期应计提的折旧计入相关资产成本或当期损溢,同时确认应付职工薪酬。借记“管理费用”“生产成本”“制造费用”等科目,贷记“应付职工薪酬——非货币性福利”科目,并且同时借记“应付职工薪酬——非货币性福利”科目,贷记“累计折旧”科目。

租赁住房等资产供职工无偿使用的,应当根据受益对象,将每期应付的租金计入相关资产成本或当期损溢,同时确认应付职工薪酬。借记“管理费用”“生产成本”“制造费用”等科目,贷记“应付职工薪酬——非货币性福利”科目,并且同时借记“应付职工薪酬——非货币性福利”科目,贷记“银行存款”等科目。

难以认定受益对象的非货币性福利,直接计入当期损溢和应付职工薪酬。

【例 10-13】丙公司为总部各部门经理级别以上职工提供汽车免费使用,同时为副总裁以上高级管理人员每人租赁一套住房。该公司总部共有部门经理以上职工 25 名,每人提供一辆桑塔纳汽车免费使用,假定每辆桑塔纳汽车每月计提折旧 500 元;该公司共有副总裁以上高级管理人员 5 名,公司为其每人租赁一套面积为 100m^2 带有家具和电器的公寓,月租金为每套 8 000 元,租金下月支付。丙公司每月账务处理如下:

借:管理费用　52 500

　贷:应付职工薪酬——非货币性福利　52 500

借:应付职工薪酬——非货币性福利　52 500

　贷:累计折旧　12 500

　　其他应付款　40 000

(3)带薪缺勤的计量

带薪缺勤应当根据其性质及职工享有的权利,分为累积带薪缺勤和非累积带薪缺勤两类。如果带薪缺勤属于长期带薪缺勤,应当作为其他长期职工福利。

累积带薪缺勤,是指带薪权利可以结转下期的带薪缺勤,本期尚未用完的带薪缺勤权利可以在未来期间使用。企业应当在职工提供了服务从而增加了其未来享有的带薪缺勤权利时,确认与累积带薪缺勤相关的职工薪酬,并以累积未行驶权利而增加的预期支付金额计量。

非累积带薪缺勤,是指带薪权利不能结转下期的带薪缺勤,本期尚未用完的带薪缺勤权利将予以取消,并且职工离开企业时也无权获得现金支付。我国企业职工休婚假、产假、丧假、探亲假、病假期间的工资通常属于非累积带薪缺勤。企业应当在职工实际发生缺勤的会计期间确认与非累积带薪缺勤的职工薪酬。企业确认职工享有的与非累积带薪缺勤权利相关的薪酬,视同职工出勤确认的当期损溢或相关资产成本。通常情况下,与非累积带薪缺勤相关的职工薪酬已经包括在企业每期向职工发放的工资等薪酬中,因此,不必额外做相应的账务处理。

【例 10-14】甲公司从 20×6 年开始实行累积带薪缺勤制度。A 是甲公司的财务人员,每个工作日工资为 200 元。制度规定:A 每年有 5 天带薪休假。对其当年未使用的休假,可以无限期向后结转,而且职工在离开公司时以现金结算。20×6 年,A 实际休假 2 天。

由于甲公司实行累积带薪缺勤制度,且可以无限期向后结转,因而甲公司应当于期末确认与该职工有关的未使用的累积带薪缺勤。

A 未使用的累积带薪缺勤=(5－2)×200＝600(元)

20×6 年 12 月 31 日,甲公司确认 A 累积带薪缺勤时相关的账务处理如下:

借:管理费用　600

　贷:应付职工薪酬——累积带薪缺勤　600

(三)离职后福利

离职后福利,是指企业为获得职工提供的服务而在职工退休或企业解除劳动关系后,提供的各种形式的报酬和福利。离职后福利计划包括设定提存计划和设定收益计划。

设定提存计划,是指向独立的基金缴存固定费用后,企业不再承担进一步支付义务的离职后福利计划。企业应当在职工为其提供服务的会计期间,将根据设定提存计划确定的应缴存金额确认为负债,并计入当期损溢或相关资产成本。

设定收益计划,是指除设定提存计划以外的离职后福利计划。企业应当采用预期累计福利单位法和适当的精算假设，确认和计量设定收益计划所产生的义务。

(四)辞退福利

1.辞退福利的含义

辞退福利包括以下两方面的内容：

(1)职工没有选择权的辞退福利。这是指在职工劳动合同尚未到期前，不论职工本人是否愿意，企业都决定解除与职工的劳动关系而给予的补偿。

(2)职工有选择权的辞退福利。这是指在职工劳动合同尚未到期前，企业为鼓励职工自愿接受裁减而给予的补偿，职工有权选择继续在职或接受补偿离职。

2.辞退福利的确认

辞退福利的确认原则同其他职工薪酬基本相同，企业应当在同时满足以下两个条件时将辞退福利确认一项应付职工薪酬：

(1)企业已制定正式的解除劳动关系计划或提出自愿裁减建议，并即将实施。正式的辞退福利计划或建议，应当经过董事会或类似权力机构的批准。

(2)企业不能单方面撤回解除劳动关系计划或自愿裁减建议。与其他形式的职工薪酬不同的是，由于被辞退的职工不再为企业提供服务，所以不论辞退的职工原先在哪个部门，企业都应将本期确认的辞退福利全部计入当期的管理费用，而不能计入资产成本。

3.辞退福利的计量

辞退福利的计量因职工是否有选择权而有所不同：

(1)对于职工没有选择权的辞退计划，企业应当根据辞退计划规定的拟辞退的职工数量、每一职位的辞退补偿计提应付职工薪酬(辞退福利)。

(2)对于自愿接受裁减的辞退建议，企业应当按照或有事项准则的规定预计将接受裁减建议的职工数量，并根据预计自愿辞退职工数量和每一职位的辞退补偿计提应付职工薪酬(辞退福利)。

(五)其他长期职工福利

其他长期职工福利主要包括长期带薪缺勤(如提前1年以上内退)、长期残疾福利、长期利润分享计划等。

在报告期末，企业应当将长期职工福利产生的职工薪酬成本确认为服务成本、其他长期职工福利净负债或净资产的利息净额、重新计量其他长期职工福利净负债或净资产所产生的变动项目，并且上述项目的总净额应计入当期损溢或相关资产成本。

六、应交税费

(一)应交税费的核算内容

应交税费核算企业按照税法和相关法规计算应缴纳的各种税费。企业按照规定应缴纳的税费主要包括：增值税、消费税、城市维护建设税、资源税、所得税、土地增值税、房产税、车船税、土地使用税、教育费附加、矿产资源补偿费等。企业代扣代缴的个人所得税，也通过应交税费核算。上述企业应交的各项税费根据税法等相关法规规定一般应当定期缴纳，因而在尚未缴纳之前形成企业的一项现时义务，应当确认为一项流动负债。其中，增值税、消费税和所得税是企业缴纳的3个主要税种，所得税的核算参见本教材第十二章。

企业应当设置“应交税费”科目，总括反映各种税费的交纳情况，并按照应交税费项目进行明细核算。该科目贷方登记应交纳的各种税费，借方登记实际交纳的税费；期末余额一般在贷方，反映企业尚未交纳的税费。期末余额如在借方，反映企业多交或尚未抵扣的税费。企业缴纳的印花税、土地使用税等不需要预计应交数的税金，不通过“应交税费”科目核算。

(二)应交增值税的会计核算

增值税，是指对我国境内销售、进口货物，提供加工修理修配劳务，提供应税服务的增值额征收的一种流转税。凡在我国境内销售货物、提供加工修理修配劳务和应税服务，以及进口货物的单位和个人，为增值税的纳税人。按照纳税人的经营规模和会计核算的健全程度不同，增值税纳税人分为一般纳税人和小规模纳税人。

1.一般纳税人应交增值税的核算

增值税实行比例税率，一般纳税人增值税的税率分为3档：基本税率、低税率和零税率。

(1)基本税率为17%，适用于大多数销售或者进口货物，加工、修理修配劳务。

(2)低税率为13%、11%、6%，适用于保证消费者对基本生活必需品的消费，包括粮食、食用植物油、自来水、天然气、书刊、农药、化肥、电子出版物、食用盐等商品，以及交通运输业、金融业、现代服务业等应税服务。

(3)零税率，即税率为零，仅适用于法律不限制或不禁止的报关出口货物，以及输往保税区、保税工厂、保税仓库的货物。零税率不但不需要缴税，还可以退还以前纳税环节所缴纳的增值税，因而零税率意味着退税。

一般纳税人销售货物或提供应税劳务，其应纳税额采用扣税法计算，计算公式为：

应纳税额＝当期销项税额－当期进项税额

(1)当期销项税额的核算。当期销项税额，是指纳税人当期销售货物或提供应税劳务时，按照销售额和适用税率计算并向购买方收取的增值税税款。一般纳税人在对外销售商品或提供应税劳务时，应向购买方开出增值税专用发票，按照商品或劳务的计税价格(不含税价格)和适用税率，计算应交增值税的销项税额，贷记“应交税费——应交增值税(销项税额)”科目。

【例10-15】甲公司销售产品一批，价款200 000元，按规定应收取增值税税额34 000元，提货单和增值税专用发票已交给买方，款项尚未收到。甲公司的相关账务处理如下：

借：应收账款	234 000	
贷：主营业务收入		200 000
应交税费——应交增值税(销项税额)		34 000

企业的有些交易和事项从会计角度看不属于销售行为，不能确认销售收入，但是按照税法规定，应视同对外销售处理，计算应交增值税。常见的视同销售行为包括：

将货物交付他人代销；销售代销货物；设有两个以上机构并实行统一核算的纳税人，将货物从一个机构移送其他机构用于销售，但相关机构设在同一县（市）的除外；将自产、委托加工的货物用于非应税项目；将自产、委托加工的货物用于集体福利或个人消费；将自产、委托加工或购买的货物作为投资，提供给其他单位或个体经营者；将自产、委托加工或购买的货物分配给股东或投资者；将自产、委托加工或购买的货物无偿赠送他人。

【例 10-16】甲公司将自己生产的产品用于自行建造厂房。该批产品的成本为 400 000元，计税价格为 600 000 元，增值税税率为 17%。甲公司的相关账务处理如下：

借：在建工程	502 000	
贷：库存商品		400 000
应交税费——应交增值税（销项税额）		102 000

（2）当期进项税额的核算。当期进项税额，是指纳税人当期购进货物或者应税劳务已缴纳的增值税税额。增值税暂行条例规定，准许从当期销项税额中抵扣进项税额的情形，主要包括以下 3 类：

一是从销售方或提供应税劳务、应税服务方取得的增值税专用发票上注明的增值税税额；

二是从海关取得的海关进口增值税专用缴款书上注明的增值税税额；

三是购进农产品，除取得增值税专用发票和海关进口增值税专用缴款书外，可以按照农产品收购发票或者销售发票上注明的买价和 13%的扣除率计算进项税额。

在上述 3 种情形下，企业可以将增值税的进项税额，借记"应交税费——应交增值税（进项税额）"科目，从而从当期的销项税额中抵扣。

在某些情况下，企业发生的进项税额不得从销项税额中抵扣，主要包括：购进货物或者接受应税劳务用于不动产在建工程、无形资产、提供非应税劳务、集体福利或个人消费等非应税项目；购进的货物因管理不善造成的被盗、丢失、霉烂变质而发生的非正常损失等。上述情形下，已经发生的增值税进项税额应当予以转出，贷记"应交税费——应交增值税（进项税额转出）"科目，不得从当期销项税额中抵扣。

【例 10-17】甲公司本月购进的一批原材料因管理不善发生霉变，损失的材料成本为 30 000 元，其进项税额为 5 100 元。甲公司查明原因并经过批准，应由责任人赔偿损失 20 000 元，其余部分为净损失。

本例中原材料发生非正常损失，进项税额不允许从销项税额中抵扣，应当予以转出。相关账务处理如下：

（1）发生材料损失时

借：待处理财产损溢	35 100	
贷：原材料		30 000
应交税费——应交增值税（进项税额转出）		5 100

（2）查明原因批准处理后

借：其他应收款　　20 000

　管理费用　　15 100

　贷：待处理财产损溢　　35 100

(3)缴纳增值税和期末结转的会计核算。企业在向税务部门实际缴纳本期的增值税税额时，按照实际缴纳的增值税金额，借记“应交税费——应交增值税(已交税金)”科目，贷记“银行存款”等科目。企业向税务部门缴纳以前期间的增值税税额时，按照实际缴纳的增值税金额，借记“应交税费——未交增值税”科目，贷记“银行存款”等科目。

为了分别反映一般纳税人欠交增值税和待抵扣增值税的情况，避免用以前月份欠交增值税抵扣以后月份未抵扣增值税情况的发生，确保企业及时、足额上缴增值税，在月终时，企业应当将本期应交或多交的增值税，结转至“应交税费——未交增值税”科目。具体来说，对于企业当期应交未交的增值税，应当借记“应交税费——应交增值税(转出未交增值税)”科目，贷记“应交税费——未交增值税”科目；对于企业当期多交的增值税，应当借记“应交税费——未交增值税”科目，贷记“应交税费——未交增值税(转出多交增值税)”科目。期末，“应交税费——未交增值税”科目的余额如果在贷方，代表企业当期应交未交的增值税；“应交税费——未交增值税”科目的余额如果在借方，代表企业本月多交的增值税。

值得注意的是，企业当月缴纳当月的增值税，仍然通过“应交税费——应交增值税(已交税金)”科目核算；当月缴纳以前各期未交的增值税，通过“应交税费——未交增值税”科目，不通过“应交税费——应交增值税(已交税金)”科目核算。

2.小规模纳税人增值税的核算

小规模纳税人，是指应纳增值税销售额在规定的标准以下，并且会计核算不健全的纳税人。小规模纳税企业只需在“应交税费”科目下设置“应交增值税”明细科目，不需要在“应交增值税”明细中设置专栏。

小规模纳税人增值税的主要特点有：

(1)小规模纳税人购买货物或接受劳务时，按照所应支付的全部价款计入存货入账价值，不论是否取得增值税专用发票，其支付的增值税额均不确认为进项税额；

(2)小规模纳税人销售货物或者提供劳务时，只能开具普通发票，不能开具增值税专用发票，销售额通常含增值税；

(3)小规模纳税人应纳增值税额采用简易办法计算，按照不含税销售额和征收率计算确定。小规模纳税人的征收率为3%。应纳增值税的计算公式为：

不含税销售额＝含税销售额÷(1＋3%)

应纳增值税税额＝不含税销售额×3%

【例10-18】甲公司核定为小规模纳税人，本期购入原材料，按照增值税专用发票上记载的原材料价款为100 000元，支付的增值税额为17 000元，企业开出承兑的商业汇票，材料尚未到达。该企业本期销售产品，销售价格总额为90 000元(含税)假定符合收入确认条件，货款尚未收到。根据上述资料，甲公司财务处理如下：

(1)购进货物时

借：在途物资　　117 000

贷:应付票据 117 000

(2)销售货物时

不含税销售额=90 000÷(1+3%)=87 378.64(元)

应纳增值税税额=87 378.64×3%=2 621.36(元)

借:应收账款 90 000

贷:主营业务收入 87 378.64

应交税费——应交增值税 2 621.36

(三)应交消费税的核算

1. 消费税的征收范围

消费税,是以特定消费品的流转额为计税依据而征收的一种商品税。消费税是世界各国普遍开征的一种流转税。在我国,消费税是国家为了正确引导消费方向,对在我国境内生产、委托加工和进口应税消费品的单位和个人,就其销售额或销售数量在特定环节征收的一种税。

我国实行的是选择性的特种消费税,目前征收消费税的商品主要包括以下 4 大类:

(1)过度消费对人类健康、社会秩序和生态环境造成危害的特殊消费品,如烟酒及酒精、鞭炮和焰火、木质一次性筷子、实木地板、电池、涂料等;

(2)奢侈品、非生活必需品,如贵重首饰及珠宝宝石、化妆品、高尔夫球及球具、高档手表、游艇等;

(3)高能耗消费品,如小汽车、摩托车等;

(4)使用和消耗不可再生和替代的稀缺资源的消费品,如各种成品油。

2. 消费税的计算方法

消费税应纳税额的计算方法有 3 种:从价定率计征法、从量定额计征法及从价定率和从量定额复合计征法。

(1)从价定率计征法:应纳消费税=销售额×税率

(2)从量定额计征法:应纳消费税=销售数量×单位税额

(3)复合计征法:应纳消费税=销售额×税率+销售数量×单位税额

3. 销售应税消费品的核算

企业将生产的应税消费品对外销售时,应按照税法规定计算应交消费税,将其确认为一项负债,并直接计入当期损溢,借记“税金及附加”科目,贷记“应交税费——应交消费税”科目。

【例 10-19】甲企业为增值税一般纳税人,本期销售其生产的应纳消费税产品,应纳消费税产品的售价为 240 000 元(不含应向购买者收取的增值税额),产品成本为 150 000元。该产品的增值税税率为 17%,消费税税率为 10%。产品已经发出,符合收入确认条件,款项尚未收到。

根据这项经济业务,首先计算企业应该缴纳的各项税费:

应向购买者收取的增值税额=240 000×17%=40 800(元)

应交的消费税=240 000×10%=24 000(元)

相关账务处理如下：

借：应收账款　280 800

　贷：主营业务收入　240 000

　　应交税费——应交增值税（销项税额）　40 800

借：税金及附加　24 000

　贷：应交税费——应交消费税　24 000

借：主营业务成本　150 000

　贷：库存商品　150 000

4. 委托加工应税消费品的核算

根据税法规定，企业委托加工应税消费品时，除受托方为个人外，应由受托方在向委托方交货时代收代交消费税。因而，对于委托方收回后直接出售的应税消费品，所纳税款应直接计入委托加工物资的成本；对于委托方用于连续生产的应税消费品，所纳税款准予按规定抵扣。

【例 10-20】甲企业委托外单位加工材料（非金银首饰），原材料价款 200 000 元，加工费用 50 000 元，由受托方代收代缴的消费税 5 000 元，材料已经加工完毕验收入库，加工费用尚未支付。假定该企业材料采用实际成本核算。

（1）如果委托方收回加工后的材料用于继续生产应税消费品，甲公司账务处理如下：

借：委托加工物资　200 000

　贷：原材料　200 000

借：委托加工物资　50 000

　应交税费——应交增值税（进项税额）　8 500

　　　　——应交消费税　5 000

　贷：应付账款　63 500

借：原材料　250 000

　贷：委托加工物资　250 000

（2）如果委托方收回加工后的材料直接用于销售，甲公司账务处理如下：

借：委托加工物资　200 000

　贷：原材料　200 000

借：委托加工物资　55 000

　应交税费——应交增值税（进项税额）　8 500

　贷：应付账款　63 500

借：原材料　255 000

　贷：委托加工物资　255 000

5. 进口应税消费品的会计核算

企业进口应税消费品应交的消费税，由海关代征，于报关进口时纳税。因而，企业应当将进口应税消费品的消费税直接计入存货成本，借记“固定资产”“原材料”等科目，贷记“银行存款”科目。

6. 实际交纳消费税的会计核算

企业应定期向税务部门缴纳消费税，按照规定计算应交消费税，借记“应交税费——应交消费税”科目，贷记“银行存款”等科目。

七、应付利息

（一）应付利息的核算内容

应付利息，是指企业按照合同约定定期支付的利息。企业在取得银行借款或发行债券时，按照合同规定一般应于约定的付息日支付利息，而在资产负债表日确认当期利息费用时，应将当期应付未付利息确认为一项流动负债。

（二）应付利息的会计核算

企业应当设置“应付利息”科目，按照债权人设置明细科目进行明细核算，该科目期末余额在贷方，反映企业按照合同约定应支付尚未支付的利息。

1. 资产负债表日计算确认利息费用的会计核算

资产负债表日，企业应当按照借款或应付债券的摊余成本和实际利率计算确定当期的利息费用，借记“财务费用”“在建工程”“研发支出”等科目，按合同利率计算确定的应付未付利息，贷记“应付利息”，按照借贷双方之间的差额，借记或贷记“长期借款——利息调整”等科目。

合同利率和实际利率差异较小的，也可采用合同利率计算确定利息费用。

2. 实际支付利息的会计核算

实际支付利息时，借记“应付利息”，贷记“银行存款”等科目。

八、应付股利

（一）应付股利的核算内容

应付股利，是指企业根据股东大会或类似机构审议批准的利润分配方案确定应分配而尚未发放给投资者的现金股利或利润。需要注意的是，企业董事会或类似机构作出的利润分配预案不能作为确认负债的依据，而只能在财务报表附注中予以披露。

（二）应付股利的会计核算

企业股东大会或类似机构审议批准利润分配方案时，按照应支付的现金股利或利润金额，借记“利润分配——应付现金股利或利润”科目，贷记“应付股利”科目；实际支付现金股利或利润时，借记“应付股利”科目，贷记“银行存款”等科目。

【例 10-21】经股东大会表决通过，甲公司 20×5 年度的利润分配方案为每 10 股派 2 元的现金股利，合计 6 000 000 元。甲公司账务处理如下：

	借方	贷方
借：利润分配——应付现金股利	6 000 000	
贷：应付股利		6 000 000

实际支付现金股利时

借:应付股利　　6 000 000

　　贷:银行存款　　6 000 000

九、其他应付款

(一)其他应付款的核算内容

其他应付款,是指企业除应付票据、应付账款、预收账款、应付职工薪酬、应付利息、应付股利、应交税费、长期应付款等以外的其他各项应付、暂收的款项。其核算内容主要包括:

(1)企业应付租入固定资产和包装物的租金(含预付的租金);

(2)企业发生的存入保证金(如收取的包装物押金);

(3)企业采用售后回购方式融入的资金;

(4)企业代职工缴纳的社会保险费和住房公积金等。

(二)其他应付款的会计核算

企业应当设置"其他应付款"科目核算应付、暂收其他单位或个人的款项,贷方登记应付或暂收其他单位或个人的款项,借方登记已经偿还给其他单位或个人的款项,期末贷方余额反映尚未支付的其他应付款项;期末如为借方余额,反映企业尚未收回的其他应收款项。

企业发生其他各种应付、暂收款项时,借记"银行存款""管理费用"等科目,贷记"其他应付款"科目;实际支付时,借记"其他应付款"科目,贷记"银行存款"科目。

企业采用售后回购方式融入资金的,按照实际收到的金额,借记"银行存款"科目,贷记"其他应付款"科目。回购价格与销售价格之间的差额,在售后回购期间内按期计提利息费用,借记"财务费用"科目,贷记"其他应付款"科目。按照合同约定回购商品时,企业应按实际支付的金额,借记"其他应付款"科目,贷记"银行存款"科目。

【例 10-22】甲公司为增值税一般纳税人,20×6 年 8 月 9 日出借包装物收取押金 2 200元,10 月 9 日按期收回包装物,足额退还押金。甲公司账务处理如下:

(1)收到押金时

借:库存现金　　2 200

　　贷:其他应付款　　2 200

(2)按期收回包装物退还押金时

借:其他应付款　　2 200

　　贷:库存现金　　2 200

(3)若对方逾期未退还包装物,没收押金 2 200 元时

借:其他应付款　　2 200

　　贷:其他业务收入　　1880.34

　　　　应交税费——应交增值税(销项税额)　　319.66

第三节 非流动负债

一、长期借款

(一)长期借款的核算内容

长期借款，是指企业向银行或其他金融机构借入的偿还期在一年以上(不含一年)的各种借款。企业采用长期借款的方式融资的主要特点有：

(1)债务偿还的期限较长；

(2)债务的金额较大，可以用于满足房屋建造、大型设备购买等项目的资金需要；

(3)债务利息一般按年支付，债务本金可以到期一次偿还，也可以分期偿还；

(4)与发行股票相比，长期借款不会影响股东的控制权；

(5)长期借款一般需要企业向银行提供一定的资产(比如房屋)作为抵押。

(二)长期借款的核算

企业应当设置“长期借款”科目，来核算长期借款的取得和归还，以及利息确认等业务，并设置“本金”和“利息调整”两个明细科目，分别核算长期借款的本金和因实际利率与合同利率不同产生的利息调整额。

1. 取得长期借款的核算

企业借入长期借款时，按照实际收到的金额，借记“银行存款”科目，按照取得长期借款的本金，贷记“长期借款——本金”科目；两者如果有差额，借记或贷记“长期借款——利息调整”科目。

2. 长期借款利息的核算

企业应当在资产负债表日确认长期借款当期的利息费用，按照长期借款的摊余成本和实际利率计算确定的利息费用，将符合资本化条件的部分，借记“在建工程”等科目，不符合资本化条件的部分，借记“财务费用”科目，按照借款本金和合同利率计算确定的应支付的利息，贷记“应付利息”科目；按照两者的差额，借记或贷记“长期借款——利息调整”科目。

企业在付息日实际支付利息时，按照本期应支付的利息金额，借记“应付利息”科目，贷记“银行存款”科目。

3. 偿还长期借款的核算

企业到期偿还长期借款时，应当按照偿还的长期借款本金金额，借记“长期借款——本金”科目；同时，贷记“银行存款”科目。

【例 10-23】20×5 年 4 月 1 日，甲公司为建造厂房从银行借入期限为 2 年的长期专门借款 900 000，款项已存入银行。借款利率为 10%，每年 4 月 1 日支付利息，到期后一次还清本金。该厂房于 20×6 年 7 月 1 日完工，达到预定可使用状态。假定不考虑闲置专门借款本金存款的利息收入或投资收益。不考虑相关税费，甲公司账务处理如下：

(1)20×5年4月1日,取得长期借款

借:银行存款　　900 000

　　贷:长期借款——本金　　900 000

(2)20×5年12月31日,计提利息

甲公司应计提的借款利息=900 000×10%×9÷12=67 500(元)

借:在建工程　　67 500

　　贷:应付利息　　67 500

(3)20×6年4月1日,支付借款利息

甲公司应支付的借款利息=900 000×10%=90 000(元)

借:应付利息　　67 500

　　在建工程　　22 500

　　贷:银行存款　　90 000

(4)20×6年12月31日,计提利息

甲公司应计提的借款利息=900 000×10%×9÷12=67 500(元)

其中,资本化的利息=900 000×10%×3÷12=22 500(元)

借:在建工程　　22 500

　　财务费用　　45 000

　　贷:应付利息　　67 500

(5)20×7年4月1日,偿还本金及利息

借:长期借款——本金　　900 000

　　应付利息　　67 500

　　财务费用　　22 500

　　贷:银行存款　　990 000

二、应付债券

(一)应付债券的核算内容及分类

应付债券是指企业发行的期限超过1年期的债券,构成了企业的非流动负债。和银行借款相比,债券具有金额较大、期限较长的特点。

债券按不同的标准可以划分为不同的种类:

(1)按债券上是否记有债权人的姓名或名称,分为记名债券和无记名债券;

(2)按能否转换为公司股票,分为可转换债券和不可转换债券;

(3)按偿还方式,分为一次还本公司债券和分期还本公司债券;

(4)按有无特定财产担保,分为抵押债券和信用债券;

(5)按是否上市,分为上市债券和非上市债券;

(6)按债券的实际价格,分为面值债券、溢价债券和折价债券。

债券存在两个利率:一个是债券契约中标明的利率,称为票面利率,也称名义利率、合同利率;另一个是债券发行时的市场利率,也称为实际利率。实际利率是计算债券未

来现金流量现值时使用的折现率。根据票面利率和实际利率的不同,债券的发行方式包括平价发行、溢价发行与折价发行 3 种,具体分类方法如表 10-2 所示:

表 10-2 债券的发行方式

票面利率与实际利率的关系	债券的发行方式	发行价与面值的关系
票面利率=实际利率	平价发行	发行价=面值
票面利率>实际利率	溢价发行	发行价>面值
票面利率<实际利率	折价发行	发行价<面值

(二)应付债券发行时的会计核算

企业应当设置“应付债券”科目核算企业为筹集长期资金而发行的债券本金和利息。该科目贷方登记已发行债券的面值、发行债券的溢价以及分期摊销的折价;借方登记到期偿还债券的面值、发行债券的折价以及分期摊销的溢价;期末贷方余额反映企业尚未偿还的长期债券摊余成本。该科目应按“面值”“利息调整”“应计利息”设置明细科目。同时,企业应当设置“企业债券备查簿”,详细登记企业债券的票面金额、债券票面利率、还本付息期限与方式、发行总额、发行期和编号、委托代收单位、转换股份等资料。企业债券到期兑付时,在备查簿中应予以注销。

1. 债券发行价格的确定

债券的发行价格由债券发行期间流出的现金流量的现值来确实,包括债券本金的现金流量现值和债券利息的现金流量现值两个部分。债权本金一般情况下于债券到期日一次性支付,因而其现金流量的现值表现为复利现值;而债券利息通常定期支付,比如每年支付一次,或者每半年支付一次,因而其现金流量的现值表现为年金现值。

2. 债券发行时的会计处理

企业发行债券时,假定不考虑债券的发行费用,应当按照债券的发行价格借记“银行存款”科目;按照发行债券的面值,贷记“应付债券——面值”科目;将两者的差额,借记或贷记“应付债券——利息调整”科目。

【例 10-24】甲公司 20×6 年 1 月 1 日发行债券,面值为 2 000 000 元,票面利率为 5%,每年 6 月 30 日和 12 月 31 日支付利息。债券期限为 5 年。债券发行时的市场利率为 6%。

分析:本例中,债券的发行价格为债券本金和利息在内的未来现金流量按照实际利率折现的现值。由于该债券每半年支付一次利息,因而折现率为 3%(6%÷2),折现为 10 期(5×2)。由于债券的票面利率低于市场利率,因而债券应以折价发行,即发价格低于面值。具体计算过程如下:

债券本金的现值= 2 000 000×(P/F,3%,10)=2 000 000×0.744 1=1 488 200(元)

债券利息的现值= 2 000 000×5%×6÷12×(P/A,3%,10)=50 000×8.530 2=426 510(元)

债券的发行价格=1 488 200+426 510=1 914 710(元)

甲公司发行债券时的账务处理如下：

借：银行存款　　1 914 710

　　应付债券——利息调整　　85 290

　　贷：应付债券——面值　　2 000 000

(三)应付债券利息的核算

1. 实际利率法

应付债券的利息采用实际利率法在债券发行期间的每个资产负债表日分期确认。实际利率法，是指按照应付债券的实际利率计算其摊余成本及各期利息费用的方法。其中，实际利率是指将应付债券在债券存续期间的未来现金流量折现为该债券当前账面价值所使用的利率，一般为债券发行时的市场利率。实际利率一旦确定，在整个债券的存续期间内保持不变。

债券的利息费用按照债券的摊余成本和实际利率计算确定。应付债券的摊余成本，是指应付债券的初始确认金额（债券的发行价格减去发行费用的净额）经过下列调整后的结果：

(1)扣除已偿还的本金；

(2)加上或减去采用实际利率法将该初始确认金额与到期日金额之间的差额进行摊销形成的累计摊销额。

2. 应付债券利息的账务处理

(1)资产负债表日的账务处理。在资产负债表日，企业应当按照债券面值和票面利率计算当期的应付利息，贷记“银行存款”或“应付利息”科目。同时，根据应付债券的摊余成本和实际利率计算当期的利息费用，并将利息费用符合资本化条件的计入相关资本成本，借记“在建工程”等科目；不符合资本化条件的直接计入当期损溢，借记“财务费用”科目。应付利息和利息费用的差额为债券溢价或折价的调整额，借记或贷记“应付债券——利息调整”科目。

(2)付息日的账务处理。企业应当在债券规定的付息日支付利息。如果付息日与资产负债表日为同一天，则不需要单独编制支付利息的会计分录。如果付息日与资产负债表日不同且间隔较大，企业还应当计算从上一个资产负债表日至付息日的利息费用和利息调整的金额，分别借记“在建工程”或“财务费用”科目，借记或贷记“应付债券——利息调整”科目，贷记“银行存款”科目。

(四)应付债券偿还的核算

采用到期一次还本付息方式的，企业应于债券到期支付债券本息时，借记“应付债券——面值”“应付债券——应计利息”科目，贷记“银行存款”科目。采用分期付息、一次还本方式的，在每期支付利息时，借记“应付利息”科目，贷记“银行存款”科目；债券到期偿还本金并支付最后一期利息时，借记“应付债券——面值”“在建工程”“财务费用”“制造费用”等科目，贷记“银行存款”科目，按其差额，借记或贷记“应付债券——利息调整”科目。

【例 10-25】20×1 年 12 月 31 日，甲公司经批准发行 5 年期一次还本、分期付息的公司债券 10 000 000 元，债券利息在每年 12 月 31 日支付，票面利率为年利率 6%。假定债券发行时的市场利率为 5%。

甲公司该批债券实际发行价格为＝10 000 000×0.783 5＋10 000 000×6%×4.329 5＝10 432 700(元)

甲公司根据上述资料，采用实际利率法和摊余成本计算确定的利息费用，如表 10-3 所示。

表 10-3　债券利息费用一览表

单位：元

付息日期	票面利息	利息费用	摊销的利息调整	摊余成本
20×1 年 12 月 31 日				10 432 700
20×2 年 12 月 31 日	600 000	521 635	78 365	10 354 335
20×3 年 12 月 31 日	600 000	517 716.75	82 283.25	10 272 051.75
20×4 年 12 月 31 日	600 000	513 602.59	86 397.41	10 185 654.34
20×5 年 12 月 31 日	600 000	509 282.72	90717.28	10 094 937.06
20×6 年 12 月 31 日	600 000	505 062.94	94 937.06*	10 000 000

* 系尾数调整

以 20×3 年 12 月 31 日计算为例：

票面利息＝10 000 000×6%＝600 000(元)

利息费用＝10 354 335×5%＝517 716.75(元)

摊销的利息调整＝600 000－517 716.75＝82 283.25(元)

摊余成本＝10 354 335－82 283.25＝10 272 051.75(元)

根据表 10-3 的资料，甲公司的账务处理如下：

(1)20×1 年 12 月 31 日发行债券时

借：银行存款　　10 432 700

　贷：应付债券——面值　　10 000 000

　　　　　　——利息调整　　432 700

(2)20×2 年 12 月 31 日计算利息费用时

借：财务费用　　521 635

　应付债券——利息调整　　78 365

　贷：应付利息　　600 000

20×3 年、20×4 年、20×5 年确认利息费用的会计处理同 20×2 年。

(3)20×6 年 12 月 31 日归还债券本金及最后一期利息费用时

借：财务费用　　505 062.94

　应付债券——面值　　10 000 000

　　　　——利息调整　　94 937.06

　贷：银行存款　　10 600 000

(五)可转换公司债券的会计核算

可转换公司债券是可按一定条件转换为发行企业普通股股票的债券。企业发行的可转换公司债券在“应付债券”科目下设置“可转换公司债券”明细科目核算。

可转换公司债券应当在初始确认时将其包含的负债成分和权益成分进行分拆，将负债成分确认为应付债券，将权益成分确认为其他权益工具。在进行分拆时，应当先对负债成分的未来现金流量进行折现确定负债成分的初始确认金额，再按发行价格总额扣除负债成分初始确认金额后的金额确定权益成分的初始确认金额。发行可转换债券发生的交易费用，应当在负债成分和权益成分之间按照各自的相对公允价值进行分摊。

企业应按照实际收到的款项，借记“银行存款”等科目，按可转换公司债券包含的负债成分面值，贷记“应付债券——可转换公司债券(面值)”科目，按权益成分的公允价值，贷记“其他权益工具”科目，按借贷双方之间的差额，借记或贷记“应付债券——可转换公司债券(利息调整)”科目。

【例 10-26】甲公司经批准于 20×1 年 1 月 1 日按面值发行 5 年期一次还本按年付息的可转换公司债券 100 000 000 元，款项已收存银行，债券票面年利率为 6%。债券发行 1 年后可转换为普通股股票，初始转股价为每股 10 元，股票面值为每股 1 元。债券持有人若在当期付息前转换股票的，应按债券面值和应付利息之和除以转股价，计算转换的股份数。假定 20×2 年 1 月 1 日债券持有人将持有的可转换公司债券全部转换为普通股股票，甲公司发行可转换公司债券时二级市场上与之类似的没有附带转换权的债券市场利率为 9%。甲公司的账务处理如下：

(1)20×1 年 1 月 1 日发行可转换公司债券

可转换公司债券负债成分的公允价值＝100 000 000×0.649 9＋100 000 000×6%×3.8897＝88 328 200(元)

可转换公司债券权益成分的公允价值＝100 000 000－88 328 200＝11 671 800(元)

借:银行存款　　100 000 000

　应付债券——可转换公司债券(利息调整)　　11 671 800

　贷:应付债券——可转换公司债券(面值)　　100 000 000

　　其他权益工具　　11 671 800

(2)20×1 年 12 月 31 日确认利息费用时：

借:财务费用　　7 949 538

　贷:应付利息——可转换公司债券利息　　6 000 000

　　应付债券——可转换公司债券(利息调整)　　1 949 538

(3)20×2 年 1 月 1 日债券持有人行使转换权时(假定利息尚未支付)

转换的股份数＝(100 000 000＋6 000 000)/10＝10 600 000(股)

借:应付债券——可转换公司债券(面值)　　100 000 000

　应付利息——可转换公司债券利息　　6 000 000

　其他权益工具　　11 671 800

　贷:股本　　10 600 000

应付债券——可转换公司债券(利息调整)	9 722 262
资本公积——股本溢价	97 349 538

企业发行附有赎回选择权的可转换公司债券，其在赎回日可能支付的利息补偿金，即债券约定赎回期届满日应当支付利息减去应付债券票面利息的差额，应当在债券发行日至债券约定赎回届满日期间计提应付利息，计提的应付利息，分别计入相关资产成本或财务费用。

三、长期应付款

(一)长期应付款的核算内容

长期应付款，是指企业除长期借款和应付债券以外的其他各种长期应付款项，包括应付融资租入固定资产的租赁费、以分期付款方式购买固定资产、无形资产或存货等发生的应付款项。

(二)长期应付款的会计核算

1. 应付融资租入的固定资产的租赁费

企业采用融资租赁方式租入的固定资产，应当在租赁开始日，将租赁开始日租赁资产公允价值与最低租赁付款额现值较低者，加上初始直接费用，作为租入资产的入账价值，借记“固定资产”“在建工程”等科目；按照最低租赁付款额，贷记“长期应付款”科目，贷记“银行存款”等科目。

2. 以分期付款方式购买资产的应付款项

企业如果在购买固定资产、无形资产或存货过程中，延期支付的购买价款超过正常信用条件，实质上具有融资性质。企业应当按照未来分期付款的现值，借记“固定资产”“无形资产”“原材料”等科目；按照未来分期付款的总额，贷记“长期应付款”科目；按照差额，借记“未确认融资费用”科目。企业在按照合同约定的付款日分期支付价款时，借记“长期应付款”科目，贷记“银行存款”等科目。

四、预计负债

企业在生产经营活动中会面临诉讼、债务担保、产品质量保证等具有较大不确定性的经济事项，这些具有不确定性的或有事项可能会对企业的财务状况和经营成果产生较大影响。企业应当提前考虑或有事项可能会给企业带来的风险，及时确认、计量或披露相关信息，如果符合负债的定义及确认条件应当及时予以确认。

(一)或有事项的含义及特征

或有事项，是指过去的交易或者事项形成的，其结果须由某些未来事项的发生或不发生才能决定的不确定事项。常见的或有事项主要包括：未决诉讼或未决仲裁、债务担保、产品质量保证、承诺、亏损合同、重组义务、环境污染整治等。与企业其他的业务和事项相比，或有事项具有以下 3 个特征：

1. 或有事项由过去的交易或者事项形成

或有事项作为一种不确定事项，是由企业过去的交易或者事项形成的。由过去的交易或者事项形成，是指或有事项的现存状况是过去交易或者事项引起的客观存在。例如，产品质量保证是企业对已提供商品或已提供劳务的质量提供的保证，不是为尚未出售商品或尚未提供劳务的质量提供的保证。基于这一特征，未来可能发生的自然灾害、交通事故、经营亏损等事项，都不属于或有事项。

2. 或有事项的结果具有不确定性

或有事项结果的不确定性表现为两层含义：一是或有事项的结果是其发生具有不确定性，比如，有些未决诉讼，被起诉的一方是否会败诉，在案件审理过程中是难以确定的，需要根据人民法院判决情况加以确定；二是或有事项的结果预计将发生，但是发生的具体时间或金额具有不确定性，例如，某企业因生产过程中排污治理不力并对周围环境造成污染而被起诉，如无特殊情况，该企业很可能败诉。但是，在诉讼成立时，该企业因败诉将支出多少金额，或者何时将发生这些支出，可能是难以确定的。

3. 或有事项的结果须由未来事项的发生或不发生来决定

由未来事项决定，是指或有事项的结果只能有未来不确定事项的发生或不发生才能决定。比如，甲企业为单位提供债务担保，该担保最终是否会导致企业履行担保责任，将取决于被担保方的未来经营状况和偿债能力。如果被担保方未来期间财务状况良好，能够偿还到期债务，则甲企业作为担保人不会承担任何连带责任；而未来如果被担保方财务状况恶化，到期无力偿还债务，则甲企业将承担债务的连带责任，代被担保方偿还债务。

或有事项与不确定性联系在一起，但会计处理过程中存在不确定性的事项并不都是或有事项，企业应当按照或有事项的定义和特征进行判断。例如，对固定资产计提折旧虽然也涉及对固定资产预计净残值和使用寿命进行分析和判断，具有一定的不确定性，但是，固定资产折旧是已经发生的损耗，固定资产的原值是确定的，其价值最终会转移到成本或费用中也是确定的，该事项的结果是确定的。因此，对固定资产计提折旧不属于或有事项。

（二）预计负债的含义及确认条件

与或有事项相关的义务应当在同时符合以下 3 个条件时，确认为一项预计负债：

1. 该义务是企业承担的现时义务

预计负债确认的第一个条件是与或有事项相关的经济义务是在企业当前条件下已承担的义务，企业没有其他现实的选择，只能履行该现时义务。这里所指的义务包括法定义务和推定义务。

2. 履行该义务很可能导致经济利益流出企业

不确定事项根据其发生的可能性可以分为基本确定、很可能、可能和极小可能 4 种，从发生的概率来看，各种类型不确定事项对应的概率如表 10-4 所示：

表 10-4 不确定事项发生的概率

不确定事项	发生概率
基本确定	＞95％～≤100％
很可能	＞50％～≤95％
可能	＞5％～≤50％
极小可能	≤5％

预计负债确认的第二个条件是履行与该或有事项有关的现时义务导致经济利益流出企业的可能性应当超过50％但小于等于95％。例如，如果企业的未决诉讼根据律师的预计将败诉并发生赔偿的可能性超过50％，那么就可以认为企业履行该义务很可能导致经济利益流出企业。如果或有事项包含多项类似的义务，在判断经济利益流出可能性时应当总体考虑才能确定。比如产品质量保证，对于单个产品来说经济利益流出的可能性较小，但对于全部产品承担的义务来说很可能导致经济利益流出企业，因而应当以总体来判断经济利益流出的可能性。

3. 该义务的金额能够可靠地计量

预计负债确认的第三个条件是与该或有事项相关的现时义务的金额能够合理地估计。因为或有事项产生现时义务的金额具有不确定性，因而需要估计。企业要将或有事项确认一项预计负债，履行相关义务的金额应当能够可靠估计。例如，A公司对其销售的产品提供一年期的产品质量保证，根据以往的历史数据，A公司可以合理地估计在保证期内将发生的相关维修费用的金额，则可以认为履行该义务的金额能够可靠地计量。

或有事项同时满足上述3个条件时，才能单独确认为一项预计负债。需要注意的是，预计负债要和应付款项、应计费用等负债项目严格区分。预计负债是一种未来履行经济义务的时间或者金额具有一定不确定性的负债，而应付账款、应计费用等其他负债尽管有时需要估计具体支付的金额，但是其不确定性远远小于预计负债，因而应当作为应付账款或其他应付款等的一部分进行列报，而预计负债则应当在资产负债表中单独列报。

（三）预计负债的计量

预计负债的计量需要对未来经济利益的流出做出合理的估计，以确定最佳估计数，并考虑预期可能得到的补偿金额。

1. 最佳估计数的确定

预计负债应当按照履行相关现时义务所需支出的最佳估计数，进行初始计量。最佳估计数的确定，应当分别两种情况处理：

（1）所需支出存在一个连续范围，且该范围内各种结果发生的可能性相同，则最佳估计数应当按照该范围内的中间值，即上下限金额的平均数确定；

（2）所需支出不存在一个连续范围，或者虽然存在一个连续范围，但该范围内各种结果每年发生的可能性不相同。在这种情况下，要进一步考虑或有事项涉及单个项目还是多个项目。如果或有事项涉及单个项目，比如一项未决诉讼、一项未决仲裁或一项债务担保，最佳估计数按照最可能发生的金额确定；如果或有事项涉及多个项目，比如产品质量保证中提出产品保修服务要求的可能有许多客户，则按照各种可能结果及相关概率计算确定。

【例 10-27】20×6 年 10 月 2 日，甲公司涉及一起诉讼案。到 20×6 年 12 月 31 日，甲公司尚未接到法院的判决。在咨询了公司的法律顾问后，甲公司认为：胜诉的可能性为 40%，败诉的可能性为 60%。如果败诉，需要赔偿 1 000 000 元。此时，甲公司在资产负债表中确认的负债金额应为最可能发生的金额，即 1 000 000 元。甲公司相关账务处理如下：

借：营业外支出——赔偿支出　　1 000 000

　　贷：预计负债——未决诉讼　　1 000 000

【例 10-28】乙公司是生产并销售 A 产品的企业，20×6 年度第一季度，共销售 A 产品 5 000 件，销售收入为 30 000 000 元。根据公司的产品质量保证条款，该产品售出后一年内，如发生正常质量问题，公司将负责免费维修。根据以前年度的维修记录，如果发生较小的质量问题，发生的维修费用为销售收入的 1%；如果发生较大的质量问题，发生的维修费用为销售收入的 2%。根据公司技术部门的预测，本季度销售的产品中，80%不会发生质量问题；15%可能发生较小质量问题；5%可能发生较大质量问题。

据此，20×6 年第一季度末，乙公司应在资产负债表中确认的负债金额为：

30 000 000×(0×80%+1%×15%+2%×5%)=75 000(元)

乙公司账务处理如下：

借：销售费用　　75 000

　　贷：预计负债——产品质量保证　　75 000

2. 预期可获得补偿的处理

企业在某些情况下，在履行因或有事项产生的现时义务，所需支出的全部或部分金额可能会得到第三方的补偿。比如，甲公司因交通事故而被起诉，很可能要赔偿相关损失，但也会得到保险公司的一定补偿。对于企业可能从第三方得到的补偿，由于存在很大的不确定性，因而企业只能在估计补偿金额基本确定能够收到时，才能将补偿金额作为资产单独确认，而不能作为预计负债的抵减项目，而且确认的补偿金额也不能超过预计负债的账面价值。

3. 预计负债计量需要考虑的其他因素

(1)风险和不确定性。风险是对过去的交易或事项结果变化可能性的一种描述。企业在或有事项存在风险和不确定性的情况下，应当谨慎判断，不得低估负债和费用的金额。

(2)货币时间价值。在未来应支付金额与其现值相差较大的情况下，应当按照未来应支付金额的现值确定最佳估计数。比如，核电站相关设施取得时应确认的弃置费用，由于时间跨度很长，货币时间价值影响重大，所以在确定预计负债计量金额时，应当采用现值进行计量。

(3)未来事项。在确定或有事项的最佳估计数时，如果有足够的客观证据表明相关未来事项将会发生的，则应当考虑相关未来事项的影响，但不应考虑预期处置相关资产的利得。例如，核电站在确认弃置费用产生的预计负债时，根据专家的判断预计未来技术更新会导致弃置费用的金额显著降低，则应当考虑该因素来确定弃置费用的最佳估计数。

4. 预计负债账面价值的复核

企业应当在资产负债表日对预计负债的账面价值进行复核。如果有确凿证据表明该账面价值不能真实反映当前最佳估计数，则应当按照当前最佳估计数对预计负债的账面价值进行调整。例如，20×6 年 12 月 31 日前，甲公司由于生产某种产品对环境造成污染，根据相关法律规定预计清理污染所需支出的金额为 10 万元，确认为一项预计负债。20×6 年 12 月 31 日，由于有关环保法律的变化导致企业预计清理该项污染的支出金额将增加至 30 万元，则企业应当增加预计负债的账面价值 20 万元，并同时确认一项损失。

(四)亏损合同

企业因亏损合同而产生的义务如果符合预计负债的确认条件，应当将其确认为一项预计负债。亏损合同，是指履行合同义务时会不可避免地发生成本超过预期经济利益的合同。对于因亏损合同而产生的预计负债的计量，应当反映企业推出该合同的最低成本，即履行该合同的亏损与未能履行该合同而发生的违约成本两者中的较低者。企业与其他单位签订的商品销售合同、劳务合同、租赁合同等待执行合同，均可能因环境发生变化而转化为亏损合同。

需要注意的是，如果亏损合同存在标的资产，则企业应当首先对标的资产进行减值测试，并按照规定先确认减值损失。如果预计亏损超过已确认的减值损失，再将超过部分确认为预计负债。

【例 10-29】甲公司于 20×5 年 12 月 15 日与乙公司签订不可撤销合同，约定在 20×6年 5 月 8 日以每件 4 000 元的价格向乙公司提供 A 产品 1 000 件，甲公司签订合同时，若不能按期交货，将对甲公司处以总价款 20%的违约金。签订合同时 A 产品尚未开始生产，甲公司准备生产 A 产品时，原材料价格突然上涨，估计 A 产品的单位成本为每件 4 200 元，预计生产 A 产品的单位成本将超过合同单价。假定不考虑相关税费。

履行合同发生的损失＝1 000×(4 200－4 000)＝200 000(元)

不履行合同支付的违约金＝1 000×4 000×20%＝800 000(元)

本例中，甲公司与乙公司签订了不可撤销合同，但是执行合同不可避免发生的费用超过了预期获得的经济利益，属于亏损合同。由于该合同变为亏损合同时不存在标的资产，甲公司应当按照履行合同造成的损失与违约金两者中较低者，确认一项预计负债，即应确认预计负债 200 000 元。相关账务处理如下：

借：营业外支出　　200 000

　贷：预计负债——亏损合同损失　　200 000

待产品完工后，将已确认的预计负债冲减产品成本。

借：预计负债——亏损合同损失　　200 000

贷：库存商品　　200 000

（五）重组义务

重组是指企业制定和控制的，将显著改变企业组织形式、经营范围或经营方式的计划实施行为，具体事项主要包括：

（1）出售或终止企业部分业务；

（2）对企业的组织结构进行较大调整；

（3）关闭企业的部分营业场所，或将营业活动由一个国家或地区迁移到其他国家或地区。

当重组同时满足以下两个条件时，表明企业承担了一项重组义务：

（1）企业有详细、正式的重组计划，包括重组涉及的业务、主要特点、需要补偿的职工人数、预计重组支出、计划实施时间等；

（2）企业已经将该重组计划对外公告，重组计划已经开始实施，或已向受影响的各方通告了该计划的主要内容，从而使受影响的各方形成了对该企业将实施重组的合理预期。

当企业承担了一项重组义务，应当按照与重组有关的直接支出确定预计负债的金额，并计入当期损溢。重组义务的直接支出不包括留用职工岗前培训、市场推广、新系统和营销网络投入等支出。

（六）弃置费用

弃置费用也叫弃置成本，是指根据国家法律、行政法规和国际公约等规定，企业承担的环境保护和生态恢复等义务所确定的支出，比如核电站、油气行业相关设施的弃置支出。弃置费用是特定行业在取得相关固定资产时根据相关法律规定所承担的现时义务，而且金额较大，因而企业应当在取得相关固定资产时将弃置费用确认为一项预计负债。由于弃置费用发生在相关固定资产到期报废时，货币的时间价值较大，因而应当以弃置费用的现值进行初始计量，同时增加固定资产的入账价值。在固定资产使用寿命内，应当将按弃置费用现值确认的预计负债的摊余成本和实际利率计算的利息确认为财务费用。

（七）预计负债的披露

为了使财务报告使用者获得充分、详细的有关信息，对于预计负债除了在资产负债表非流动负债项目下单独确认为一项负债之外，还应当在财务报表附注中披露以下内容：

（1）预计负债的种类、形成原因以及经济利益流出不确定性的说明；

（2）各类预计负债的期初、期末余额和本期变动情况；

（3）与预计负债有关的预期补偿金额和本期已确认的预期补偿金额。

（八）或有负债

或有负债，是指过去的交易或者事项形成的潜在义务，其存在必须通过未来不确定事项的发生或不发生予以证实；或过去的交易或者事项形成的现时义务，履行该义务不是很可能导致经济利益流出企业或该义务的金额不能可靠计量。当或有事项产生的义务不能同时满足预计负债确认的 3 个条件时，则应当作为或有负债进行处理。比如，企业签订的债务担保合同，如果企业预计不是很可能发生经济利益的流出，则不能确认为预计负债，而属于或有负债。

作为或有负债，不论是来自于潜在义务还是来自于现时义务，均不符合负债的确认条件，因而或有负债不能确认为一项负债。但考虑到财务报告使用者对信息的需求，企业一般情况下应当披露当期发生的或有负债的相关信息，主要披露内容包括：

(1)或有负债的种类及其形成原因；

(2)因或有负债产生的经济利益流出不确定性的说明；

(3)或有负债预计产生的财务影响及获得补偿的可能性。无法预计的，应当说明原因。

同时，为了保护企业的利益，当或有负债涉及未决诉讼、未决仲裁的情况下，如果企业认为披露全部或部分信息预期会对企业造成重大不利影响，则无须披露这些信息，但应当披露该未决诉讼、未决仲裁的性质，以及没有披露其他信息的事实和原因。此外，对于导致经济利益极小可能流出企业的或有负债也不需要披露。

随着或有负债形成因素的不断变化，或有负债对应的潜在义务可能会转化为现时义务，未来经济利益流出的可能性也会增加，金额也会可靠地计量，此时或有负债就会转化为真正的负债，企业应当及时地将该或有负债确认为一项预计负债。

第四节　借款费用

一、借款费用的内容

企业在生产经营活动中，如果面临资金短缺，需要通过短期借款、商业汇票等方式筹集资金。而企业对于构建固定资产、对外投资等大的投资项目，一般情况下需要通过长期借款或发行债券的方式来筹集资金。这些筹资行为，企业都应当承担相应的借款费用。

借款费用是指企业因借款而发生的利息及其他相关成本。借款费用的具体内容如下：

(1)借款利息，包括企业向银行或者其他金融机构等借入资金发生的利息、发行公司债券或企业债券发生的利息，以及为购建或者生产符合资本化条件的资产，而发生的带息债务所承担的利息等；

(2)因借款而发生的折价或者溢价的摊销，是指发行债券等发生的折价或者溢价在资产负债表日，确认利息费用时的调整额；

(3)因外币借款而发生的汇总差额，是指由于汇率变动导致市场汇率与账面汇率出现差额，从而对外币借款本金及其利息的记账本位币金额所产生的影响金额；

(4)因借款而发生的辅助费用，是指企业在借款过程中发生的诸如手续费、佣金等费用，由于这些费用是因安排借款而发生的，也属于借入资金所付出的代价，因而是借款费用的构成部分；

(5)融资租赁费用，是指承租人根据租赁准则所确认的融资租赁所发生的融资费用。

二、借款费用的确认

1.借款费用的确认原则

借款费用的确认主要解决的是将每期发生的借款费用资本化、计入相关资产的成本，还是将有关借款费用费用化、计入当期损溢的问题。借款费用确认的基本原则是：企业发生的借款费用可直接归属于符合资本化条件的资产购建或者生产的，应当予以资本化，计入相关资产成本；其他借款费用应当在发生时根据其发生额确认为费用，计入当期损溢。

符合资本化条件的资产，是指需要经过相当长时间的购建或者生产活动，才能达到预定可使用状态或者可销售状态的固定资产、投资性房地产和存货等资产。建造合同成本、无形资产的开发支出等在符合条件的情况下，也可以认定为符合资本化条件的资产。其中，“相当长时间”，应当是指资产的购建或者生产所必须的时间，通常为一年以上(含一年)。

在实务中，如果由于人为或者故意等非正常因素，导致资产的购建或者生产时间相当长的，该资产不属于符合资本化条件的资产。购入即可使用资产，或者购入后需要安装但所需安装时间较短的资产，或者需要建造或生产但建造或生产时间较短的资产，均不属于符合资本化的条件。

例如，甲公司向银行借入资金分别用于生产M产品和N产品。其中，M产品的生产时间较短，为1个月；N产品属于大型发电设备，生产周期较长，为1年零3个月。

为存货生产而借入的借款费用在符合资本化条件的情况下应当予以资本化。本例中，由于M产品的生产时间较短，不属于需要经过相当长时间的生产才能达到预定可销售状态的资产，因此，为M产品的生产而借入资金所发生的借款费用，不应计入M产品的生产成本，而应当计入当期财务费用。而N产品的生产时间比较长，属于需要经过相当长时间的生产才能达到预定可销售状态的资产，因此，为N产品的生产而借入资金所发生的借款费用符合资本化的条件，应计入N产品的成本中。

2.借款费用应予以资本化的借款范围

借款包括专门借款和一般借款。专门借款，是指为购建或者生产符合资本化条件的资产而专门借入的款项。专门借款通常应当有明确的用途，即为购建或者生产某项符合资本化条件的资产而专门借入，并通常应当具有标明该用途的借款合同。一般借款是指除专门借款之外的借款，相对于专门借款而言，一般借款在借入时，其用途通常没有特指用于符合资本化条件的资产的购建或者生产。

借款费用应予以资本化的借款费用，既包括专门借款，也可包括一般借款。其中，对于一般借款，只有在购建或者生产某项符合资本化条件占用了一般借款时，才应将与该部分一般借款相关的借款费用资本化；否则，所发生的借款费用应当计入当期损溢。

三、资本化期间的确定

只有发生在资本化期间内的有关借款费用，才允许资本化，资本化期间的确定是借款费用确认和计量的重要前提。借款费用资本化期间，是指从借款费用开始资本化时点至停止资本化时点的期间，但不包括借款费用暂停资本化的期间。

1.借款费用开始资本化的时点

借款费用允许开始资本化必须同时满足3个条件：

(1)资产支出已经发生。资产支出已经发生是指企业为购建和生产符合资本化条件资产的支出已经发生。其中，资产支出包括支付现金、转移非现金资产或承担带息债务(如带息应付票据)所发生的支出。

(2)借款费用已经发生。借款费用已经发生是指企业已经发生了因购建或者生产符合资本化条件的资产，而专门借入款项的借款费用，或者占用了一般借款的借款费用。

(3)为使资产达到预定可销售状态，所必要的购建或者生产活动已经开始。为使资产达到预定可销售状态所必要的购建或者生产活动已经开始，是指符合资本化条件的资产的实体建造或者生产工作已经开始，如主体设备的安装、厂房的实际开工建造等，不包括仅仅持有资产但没有为改变资产形态而进行的实质上的建造或者生产活动。

2.借款费用暂停资本化的时间

符合资本化条件的资产在购建或者生产过程中，发生非正常中断且中断时间连续超过3个月的，应当暂停借款费用的资本化。中断原因必须是非正常中断，属于正常中断的，相关借款费用仍可资本化。在实务中，企业应当遵循“实质重于形式”等原则来判断借款费用暂停资本化的时间，如果中断是使所购建或者生产的符合资本化条件的资产达到预定可使用或者可销售状态必要的程序，所发生的借款费用应当继续资本化。

非正常中断，通常是由于企业管理决策上的原因或者其他不可预见的原因等所导致的中断。例如，企业因与施工方发生了质量纠纷，或者工程，生产用料没有及时供应，或者资金周转发生了困难，或者施工、生产发生了安全事故，或者发生了与资产购建、生产有关的劳动纠纷等原因而导致资产购建或者生产活动发生中断，均属于非正常中断。

3.借款费用停止资本化的时点

购建或者生产符合资本化条件的资产，达到预定可使用或者可销售状态时，借款费用应当停止资本化。之后所发生的借款费用，应当在发生时根据其发生额确认为费用，计入当期损溢。

资产达到预定可使用或者可销售状态，是指所购建或者生产的符合资本化条件的资产已经达到建造方、购买方或者企业自身等预先设计、计划，或者合同约定的可以使用或可以销售的状态。企业确定借款费用停止资本化的时点需要运用职业判断，应当遵循“实质重于形式”原则，针对具体情况，依据经济实质判断所构建或者生产的符合资本化条件的资产。达到预定可使用或者可销售状态的时点，具体可从下列几个方面进行判断：

(1)符合资本化条件的资产的实体建造(包括安装)或者生产工作已经全部完成或者实质上已经完成;

(2)所购建或者生产的符合资本化条件的资产与设计要求、合同规定或者生产要求相符或者基本相符,即使有极个别与设计、合同或者生产要求不相符的地方,也不影响其正常使用或者销售;

(3)继续发生在所购建或生产的符合资本化条件的资产上的支出金额很少或者几乎不再发生。

购建或生产符合资本化条件的资产需要试生产或者试运行的,在试生产结果表明资产能够正常生产出合格产品,或者试运行结果表明资产能够正常运转或者营业时,应当认为该资产已经达到预定可使用或者可销售状态。

四、借款费用资本化金额的确定

1.借款利息资本化金额的确定

(1)专门借款利息费用资本化金额的确定。为购建或者生产符合资本化条件的资产而借入专门借款的,应当以专门借款当期实际发生的利息费用,减去将尚未动用的借款资金存入银行取得的利息收入或进行暂时性投资取得的投资收益后的金额,确定为专门借款利息资本化的金额。

(2)一般借款利息费用资本化金额的确定。为购建或者生产符合资本化条件的资产而占用了一般借款的,企业应当根据累计资产支出超过专门借款部分的资产支出加权平均数乘以所占用一般借款的资本化率,计算确定一般借款应予资本化的利息金额。资本化率应当根据一般借款加权平均利率计算确定。即企业占用一般借款购建或者生产符合资本化条件的资产时,一般借款的借款费用的资本化金额的确定应当与资产支出相挂钩。有关计算公式如下:

一般借款利息费用资本化金额=累计资产支出超过专门借款部分的资产支出加权平均数×所占用一般借款的资本化率

其中,所占用一般借款的资本化率=所占用一般借款当期实际发生的利息之和/所占用一般借款本金的加权平均数

资产支出加权平均数=Σ(每笔资产支出金额×该笔资产支出在当期所占用的天数/当期天数)

(3)每一会计期间的利息资本化金额,不应当超过当期相关借款实际发生的利息金额。

2.其他借款费用资本化金额的确定

对于企业发生的专门借款辅助费用,在所购建或者生产符合资本化条件的资产达到预定可使用或者可销售状态之前发生的,应当在发生时根据其发生额予以资本化;在所构建或者生产的符合资本化条件的资产达到预定可使用或者可销售状态之后发生的,应当在发生时根据其发生额确认为费用,计入当期损溢。

若企业为购建或者生产符合资本化条件的资产所借入的专门借款为外币借款,在借款费用资本化期间,应当予以资本化,计入固定资产成本。实务中,出于简化核算的

考虑，在资本化期间内，外币专门借款本金及其利息的汇兑差额，应当予以资本化，计入符合资本化条件的资产的成本。而除专门借款之外的其他外币借款本金及其利息所产生的汇兑差额应当作为财务费用，计入当期损溢。

【例 10-30】甲公司于 20×3 年 1 月 1 日正式动工兴建一幢办公楼，工期预计为 1 年，工程采用出包方式，甲公司分别于 20×3 年 1 月 1 日、20×3 年 7 月 1 日和 20×3 年 10 月 1 日支付工程进度款 1 500 万元、4 000 万元、2 500 万元。厂房于 20×3 年 12 月 31 日完工，达到预定可使用状态。

甲公司为建造厂房取得了两笔专门借款，具体如下：

(1)20×3 年 1 月 1 日专门借款 2 000 万元，借款期限为 3 年，年利率为 8%，借款利息按年支付；

(2)20×3 年 7 月 1 日又专门借款 3 000 万元，借款期限为 5 年，年利率为 10%。借款利息为按年支付(如无特别说明，本章例题中名义利率与实际利率均相同)。

甲公司将闲置借款资金均用于固定收益债券短期投资，该短期投资月收益率为 0.5%，投资收益到年末为止尚未收到。

此外，甲公司为建造办公楼占用的一般借款有两笔，具体如下：

(1)向 A 银行长期贷款 5 000 万元，期限为 20×1 年 7 月 1 日至 20×7 年 7 月 1 日，年利率为 6%，按年支付利息；

(2)发行公司债券 1 亿元，于 20×1 年 4 月 1 日发行，期限为 5 年，年利率为 8%，按年支付利息。

本例中，厂房建造期限为 1 年，符合资本化条件，资本化期间为 20×3 年 1 月 1 日至 20×3 年 12 月 31 日。工程支出及资金来源如表 10-5 所示：

表 10-5　甲公司厂房建造支出资金来源表

单位：万元

日　期	资产支出	资金来源	
		专门借款	一般借款
20×3 年 1 月 1 日	1 500	1 500	
20×3 年 7 月 1 日	4 000	3 500	500
20×3 年 10 月 1 日	2 500		2 500
总计	8 000	5 000	3 000

1)专门借款资本化利息的计算

专门借款有 500 万元(2 000－1 500)资金，从 1 月 1 日至 7 月 1 日，闲置 6 个月

专门借款 20×3 年应付利息＝2 000×8%＋3 000×10%×6/12＝310(万元)

专门借款闲置期间的投资收益＝500×0.5%×6＝15(万元)

专门借款资本化利息＝310－15＝295(万元)

对于专门借款利息，甲公司在 20×3 年 12 月 31 日应做如下账务处理：

借：在建工程　　2 950 000

　　应收利息　　150 000

贷:应付利息　　3 100 000

2)一般借款资本化利息的计算

一般借款 20×3 年应付利息＝5 000×6%＋10 000×8%＝1 100(万元)

一般借款占用部分的资产支出加权平均数＝500×6/12＋2 500×3/12＝875(万元)

一般借款资本化率＝(5 000×6%＋10 000×8%)÷(5 000＋10 000)×100%≈7.33%

一般借款资本化利息＝875×7.33%≈64.14(万元)

对于一般借款利息,甲公司在 20×3 年 12 月 31 日应做如下账务处理:

借:在建工程　　641 400

　　财务费用　　10 358 600

　　贷:应付利息　　11 000 000

思考题

1. 什么是负债?划分流动负债与非流动负债有何意义?

2. 职工薪酬包括哪些内容?如何确认与计量?

3. 企业缴纳和核算增值税时,一般纳税人和小规模纳税人有何不同?

4. 哪些负债属于非流动负债?非流动负债的核算与流动负债的核算相比有何特点?

5. 如何理解应付债券的溢价和折价?应付债券如何进行核算?

6. 借款费用包括哪些内容?将借款费用资本化或是费用化对企业财务报表有何影响?

第十一章 所有者权益

本章学习目标

◇理解所有者权益的概念及特征

◇理解资本变动的原因及投入资本的掌握处理

◇掌握资本公积的核算内容及账务处理

◇掌握其他综合收益的核算内容及账务处理

◇掌握留存收益的构成及账务处理

第一节 所有者权益概述

一、企业组织形式

我国市场经济已经形成多种经济成分并存的格局。市场经济中，企业是主体，不同的企业，所有制性质不同。影响企业所有者权益会计的不是企业所有者的性质，而是企业的组织形式。根据国际惯例，按照企业资产经营的法律责任，企业可以划分为非公司型企业和公司型企业两种组织形式。

(一)非公司型企业

1.独资型企业

独资型企业又称为个人独资企业，是企业最简单、最原始的组织形式。独资型企业的全部资产归出资者一人所有，出资者个人负责企业的经营，因此，企业的所有权与经营权统一。独资型企业不具有法人资格，企业的所有者对企业的债务负有无限清偿责任。一般，独资型企业的规模较小，资金来源有限，适用于生产条件和生产过程比较简单、财产经营规模较小的生产经营活动，具有较大的局限性。

2.合伙型企业

合伙型企业是两个或两个以上的合伙人按照协议共同出资，共同承担企业经营风险，并且对企业债务承担连带责任的企业。合伙型企业最大的特点是，合伙人对债务承担无限连带责任。这类企业由于吸收了其他私人的投资，便于扩大生产经营规模，因而是一种比独资企业先进的企业组织形式。但合伙型企业也存在其局限性：权力分散、决策缓慢、筹资困难等。合伙型企业也不具有法人资格，合伙人对企业的债务承担无限连带责任，风险较大。

(二)公司型企业

公司是依据一定的法律程序申请登记设立，并以盈利为目的的具有法人资格的经济组织。公司具有独立的财产，独立地承担经济责任，同时享有相应的民事权利。公司具有法人资格，这是区别于非公司型企业的一个重要标志。

《中华人民共和国公司法》(以下简称《公司法》)规定："公司是指依照本法在中国境内设立的有限责任公司和股份有限公司。"可见，公司是以责任形式设立的，并不是以所有制或行政隶属关系建立的。我国《公司法》将公司分为有限责任公司和股份有限公司。

1.有限责任公司

有限责任公司是指由一定数量的股东共同出资组成，股东以其认缴的出资额对公司的债务承担有限责任的公司。有限责任公司的出资者不限于自然人，可以是法人和政府。有限责任公司的股东数量不得超过50个。有限责任公司对公司的资本不分为等额股份，不对外公开募集股份，不能发行股票。股东以其出资比例，享受公司权利，承担公司义务。公司股东以其出资额承担有限责任，并享受相应的权益。公司股份的转让有严格的限制，如需转让，应在其他股东同意的条件下方可进行。

2.股份有限公司

股份有限公司是指由一定数量的股东共同出资组成，股东以其认购的股份对公司的债务承担有限责任的公司。股份有限公司与有限责任公司的主要区别在于：股份有限公司的资本总额平均分配为金额相等的股份，并通过公开发行股票向社会募集资金。同时，股份有限公司的股份可以自由转让，股票可以在社会上公开交易、转让，但不能退股。股份有限公司彻底实现了所有权与经营权的分离。因此，股份有限公司具有筹资便利、风险分散、资本可充分流动等优点，且在发达国家的国民经济中占有举足轻重的地位。

不同的企业组织形式，对于资产和负债的账务处理大致相同，对于涉及所有者权益的账务处理存在差异。公司型企业组织形式，尤其是股份有限公司，已成为当今世界上最广泛采用的企业组织形式，它具有个人独资企业和合伙企业所不具有的生命力和优越性，在资本结构和筹资方式上更具灵活性。因此，本书选择股份有限公司的股东权益作为重点论述，其他稍加提及。

二、所有者权益的概念

关于所有者权益的概念，不同组织和学者给出的解释不同。国际会计准则委员会在其《关于编报财务报表的框架》中，将所有者权益表述为："所有者权益是指企业的资产中扣除企业全部负债后的剩余权益。"美国财务会计准则委员会在其发布的《财务报表要素》中，将所有者权益表述为："所有者权益是某个主体的资产减去负债后的剩余权益。"上述两种表述侧重于从定量的角度对所有者权益进行界定，说明了所有者权益的量化方法,即“所有者权益=资产总计-负债总计”。

我国《企业会计准则——基本准则》规定:“所有者权益是指企业资产扣除负债后,由所有者享有的剩余权益。”所有者权益又称为股东权益,是企业的所有者对企业资产的剩余索取权,是企业资产中扣除债权人权益后应由所有者享有的部分。

所有者权益和负债都是权益,是企业的资金来源,所有者和债权人都属于企业的投资者,但所有者权益和负债存在明显区别。所有者权益是投资者享有的对投入资本及其运用所产生盈余(或亏损)的权利;负债是在经营或其他活动中所发生的债务,是债权人要求企业清偿的权利。所有者享有参与收益分配、参与经营管理等多项权利,但对企业资产的要求权在顺序上置于债权人之后,即只享有对剩余资产的要求权;债权人享有到期收回本金及利息的权利,在企业清算时,有优先获取资产赔偿的要求权,但没有经营决策的参与权和收益分配权。一般,在企业正常持续经营的情况下,所有者权益不存在抽回的问题,即不存在约定的偿还日期,因而是一项企业可以长期使用的资金,只有在企业进行清算时才予以退回;负债必须于一定时期后偿还。为了保证债权人的利益不受侵害,法律规定债权人对企业资产的要求权优先于投资者,因此债权为第一要求权;投资者具有对剩余财产的要求权,故称作剩余权益。

所有者能够获得多少收益,取决于企业的盈利水平和经营政策,风险较大;债权人获取的利息按照一定的利率计算,可以预先确定,无论企业盈亏,都必须按期付息,风险相对较小。

三、所有者权益的核算内容

我国《企业会计准则》规定,所有者权益的来源包括所有者投入的资本、直接计入所有者权益的利得和损失、留存收益等,通常由实收资本(股本)、资本公积、其他综合收益、盈余公积和未分配利润构成。

所有者投入的资本是指所有者投入企业的资本部分,它既包括构成企业注册资本或者股本部分的金额,也包括投入资本超过注册资本或者股本部分的金额,即资本溢价或股本溢价。

直接计入所有者权益的利得和损失,是指不应计入当期损溢、会导致所有者权益发生增减变动的、与所有者投入资本或者向所有者分配利润无关的利得或损失。其中,利得是指由企业非日常活动所形成的、会导致企业所有者权益增加的、与所有者投入资本无关的经济利益的流入。损失是指由企业非日常活动所形成的、会导致企业所有者权益减少的、与向所有者分配利润无关的经济利益的流出。

留存收益是企业历年实现的净利润留存于企业的部分,主要包括累计计提的盈余公积和未分配利润。

四、所有者权益的确认

所有者权益是所有者在企业的剩余权益,因此,所有者权益的确认依赖于其他会计要素,尤其是资产和负债的确认,所有者权益金额的确定也主要取决于资产和负债的计量。例如,企业接受投资者投入的资产,在该资产符合企业资产确认条件时,就相应地符合了所有者权益的确认条件;当该资产的价值能够可靠计量时,所有者权益的金额也就可以确定。

第二节 实收资本

投资人提供给公司的资本成为投入资本,包含实收资本(或股本)和资本公积两部分。其中,实收资本(或股本)是投资人投入资本形成法定资本的价值。为核算投资人投入资本的增减变动及结存情况,设置"实收资本"或"股本"科目(非股份有限公司设置"实收资本"科目,股份有限公司设置"股本"科目),借方核算企业按照法定程序减资时所减少的资本数额,贷方登记投资者向企业投入资本及按规定将资本公积、盈余公积转增资本的数额,期末余额在贷方,反映截止到期末企业拥有的实收资本或股本总额。

《公司法》规定,股东可以用货币性资产出资,也可以用实物、知识产权、土地使用权等非货币性资产作价出资。企业在接受非货币性资产投资时,应对作为出资的非货币性资产进行评估作价,核实资产,不得高估或者低估作价。同时,企业应按投资合同或协议约定价值确定该投资在注册资本中应享有的份额。

一、接受现金资产投资

(一)股份有限公司以外的企业接受现金资产投资

股份有限公司以外的企业在创立时,投资者认缴的出资额与注册资本一致,一般不会产生资本溢价。因此,企业在接受现金资产投资时,应按照实际收到的金额,借记"银行存款"科目,按投资合同或协议约定投资者在企业注册资本中所占的份额,贷记"实收资本"科目。

【例 11-1】甲公司为有限责任公司,由 A、B、C 共 3 个投资者共同出资设立,注册资本为 1 000 000 元,A、B、C 持股比例分别为 40%、30%、30%。按照章程规定,A、B、C 投入资本分别为 400 000 元、300 000 元和 300 000 元。甲有限责任公司如期收到各投资一次性缴足的投资款项。甲公司的账务处理如下:

借:银行存款	1 000 000	
贷:实收资本——A		400 000
——B		300 000
——C		300 000

(二)股份有限公司接受现金资产投资

股份有限公司与一般企业相比,其显著特点在于将企业资本划分为等额股份,并通过发行股票的方式来筹集资本。股份有限公司在发行股票时,既可以按照面值发行,也可以溢价发行(我国目前不允许折价发行)。股份有限公司在核定的股本总额及核定的股份总额的范围内发行股票时,应在实际收到现金资产时进行如下处理:按实际收到的金额借记"银行存款"科目,按每股面值与发行股份总额的乘积计算的金额贷记"股本"科目,实际收到的金额与股本间的差额贷记"资本公积——股本溢价"科目。

【例 11-2】乙公司为股份有限公司。乙公司于 20×9 年发行普通服 200 000 股，每股面值 1 元，每股发行价格 5 元。假定股票发行成功，收到股款 1 000 000 元。不考虑股票发行过程中的税费等因素，根据上述资料，乙公司的账务处理如下：

借：银行存款　　1 000 000
　　贷：股本　　200 000
　　　　资本公积——股本溢价　　800 000

二、接受非现金资产投资

(一)接受投入固定资产

投资者以房屋、机器设备、建筑物等固定资产作价投资时，应按照投资合同或协议约定价值确定固定资产的价值和在注册资本中应享有的份额，投资合同或协议约定价值不公允的除外。

【例 11-3】20×9 年 12 月 3 日，甲有限责任公司收到丙公司作为资本投入的、不需要安装的机器设备一台，合同约定该机器设备的价值为 300 000 元，增值税进项税额为 51 000 元。合同约定的固定资产价值与公允价值相符。不考虑其他因素，甲公司的账务处理如下：

借：固定资产　　300 000
　　应交税费——应交增值税(进项税额)　　51 000
　　贷：实收资本——丙公司　　351 000

(二)接受投入无形资产

投资者以商标、专利、非专利技术等无形资产作价投资时，应按照投资合同或协议约定价值确定无形资产的价值和在注册资本中应享有的份额，投资合同或协议约定价值不公允的除外。

【例 11-4】20×9 年 12 月 15 日，甲有限责任公司收到丁公司作为资本投入的一项非专利技术，合同约定价值为 40 000 元，同时收到戊公司作为资本投入的一项土地使用权，合同约定价值为 300 000 元。假定甲公司接受该非专利技术和土地使用权符合国家注册资本管理的有关规定，可按合同约定作为实收资本入账，合同约定的价值与公允价值相符。不考虑其他因素，甲公司的账务处理如下：

借：无形资产——非专利技术　　40 000
　　　　　　——土地使用权　　300 000
　　贷：实收资本——丁公司　　40 000
　　　　　　　　——戊公司　　300 000

(三)接受投入材料物资

投资者以材料物资作价投资时，应按照投资合同或协议约定价值确定材料物资的价值和在注册资本中应享有的份额，投资合同或协议约定价值不公允的除外。

【例 11-5】20×9 年 12 月 19 日，甲有限责任公司收到庚公司作为资本投入的原材料一批，合同约定价值（不含可抵扣的增值税进项税额部分）为 100 000 元，增值税进项税额为 17 000 元。庚公司开具了增值税专用发票。假定合同约定价值与公允价值相符，该进项税额允许抵扣。不考虑其他因素，甲公司的账务处理如下：

借：原材料　　100 000

　　应交税费——应交增值税（进项税额）　　17 000

　　贷：实收资本——庚公司　　117 000

三、实收资本（或股本）的增减变动

根据我国有关法律的规定，企业资本（或股本）除下列情况外，不得随意变动：一是符合增资条件，并经有关部门批准增资；二是企业按照法定程序报经批准减少注册资本。

（一）实收资本（或股本）的增加

一般企业增加资本主要有 3 个途径：投资者追加投资、资本公积转增资本和盈余公积转增资本。

【例 11-6】沿用**【例 11-1】**的资料。20×9 年 12 月 20 日，为扩大生产经营，经批准，甲公司注册资本扩大为 1 500 000 元，A、B、C 按照原出资比例分别追加投资 200 000 元、150 000 元和 150 000 元。甲公司如期收到 A、B、C 的追加投资。甲公司的账务处理如下：

借：银行存款　　500 000

　　贷：实收资本——A　　200 000

　　　　　　　　——B　　150 000

　　　　　　　　——C　　150 000

【例 11-7】沿用**【例 11-1】**的资料。20×9 年 12 月 21 日，因扩大经营规模需要，经批准，甲公司按照原出资比例将资本公积 200 000 元转增资本。甲公司的账务处理如下：

借：资本公积　　200 000

　　贷：实收资本——A　　80 000

　　　　　　　　——B　　60 000

　　　　　　　　——C　　60 000

（二）实收资本（或股本）的减少

企业减少资本应按法定程序报经批准。股份有限公司采用回购本公司股票方式减资的，应按照股票面值和注销股数计算的总额冲减股本，按注销库存股的账面余额与所冲减股本的差额冲减股本溢价，股本溢价不足冲减的，依次冲减盈余公积和未分配利润。若回购股票所支付的价款低于面值总额，所注销库存股的账面余额与所冲减股本的差额，计入股本溢价。

【例 11-8】乙股份有限公司 20×8 年 12 月 31 日的股本为 10 000 000 股，面值为 1 元，股本溢价为 3 000 000 元，盈余公积为 4 000 000 元。经股东大会批准，乙公司以现金回购本公司股票 2 000 000 股并予以注销。假定乙公司以每股 2 元回购股票，不考虑其他因素，乙公司的账务处理如下：

(1)回购本公司股票，计算库存股成本时

库存股成本＝2 000 000×2＝4 000 000(元)

借：库存股　　4 000 000

　贷：银行存款　　4 000 000

(2)注销本公司股票时

应冲减的资本公积＝2 000 000×2－2 000 000×1＝2 000 000(元)

借：股本　　2 000 000

　资本公积——股本溢价　　2 000 000

　贷：库存股　　4 000 000

第三节　资本公积

资本公积是企业收到的投资者超出其在企业注册资本(或股本)中所占份额的投资，以及直接计入所有者权益的利得和损失等。资本公积包括资本溢价(或股本溢价)和直接计入所有者权益的利得和损失等。

资本溢价(或股本溢价)是企业收到投资者的超出其在企业注册资本(或股本)中所占份额的投资。形成资本溢价(或股本溢价)的原因有溢价发行股票、投资者超额缴入资本等。

为核算资本公积的增减变动和结存情况，应设置“资本公积”账户，借方核算由于减资等原因导致的资本公积的减少数，贷方核算由于溢价发行股票、投资者超额投入等所形成的资本公积的增加数，期末余额在贷方，反映资本公积的结余数。一般，“资本公积”科目应设置“资本(或股本)溢价”“其他资本公积”明细科目进行核算。

一、资本溢价(或股本溢价)的核算

(一)资本溢价

除股份有限公司以外的其他类型的企业，在企业初创时，投资者认缴的出资额与注册资本相一致，一般不会出现资本溢价。但在企业重组或新投资者加入时，为维护原投资者的权益，常会出现资本溢价。这是因为，企业在步入正常的生产经营后，其资本利润率通常高于企业初创阶段。此外，企业在生产经营过程中实现的利润会部分留存于企业，形成企业的留存收益，新投资者在加入企业后，将与原投资者共同分享企业以往积累的留存收益。鉴于此，新加入的投资者往往要付出大于原投资者的出资额，才能取得与原投资者相同的出资比例，新投资者多缴的部分就形成了资本溢价。

【例 11-9】甲有限责任公司由 A 和 B 两位投资者共同出资设立，A 与 B 各出资 200 000 元。2 年后，为扩大经营规模，经批准，甲公司引入第 3 位投资者 C 将注册资本增加至 600 000 元。按照投资协议，新投资者 C 需缴入现金 220 000 元，同时享有甲公司 1/3 的股份。甲公司已收到该现金投资。甲公司的账务处理如下：

借：银行存款　　220 000

　　贷：实收资本——C　　200 000

　　　　资本公积——资本溢价　　20 000

(二)股本溢价

股份有限公司以发行股票的方式筹集股本，股票是企业签发的证明股东按其所持股份应享有权利和承担义务的书面证明。股票可按面值发行，也可按溢价发行，我国目前不准折价发行。在按面值发行股票的情况下，企业发行股票取得的收入，应全部记入“股本”科目；在溢价发行股票的情况下，企业发行股票取得的金额，相当于股票面值的部分记入“股本”科目，超出股票面值的溢价收入记入“资本公积——股本溢价”科目。需要注意的是，委托证券商代理发行股票而支付的手续费、佣金等，应从溢价发行收入中扣除，无溢价发行收入或溢价发行收入不足以抵扣的，依次冲减“盈余公积”科目和“未分配利润”科目贷方余额。

【例 11-10】乙股份有限公司首次公开发行普通股 2 000 000 股，每股面值 1 元，每股发行价格为 3 元。乙公司以银行存款支付发行手续费、咨询费等费用共计 5 000 000 元。发行股票前乙公司的“盈余公积”科目和“利润分配——未分配利润”科目的贷方余额分别为 600 000 元、1 000 000 元。假定发行收入已全部收到，发行费用已全部支付。不考虑其他因素，乙公司的账务处理如下：

(1)收到发行收入时

借：银行存款　　6 000 000

　　贷：股本　　2 000 000

　　　　资本公积——股本溢价　　4 000 000

(2)支付发行费用时

借：资本公积——股本溢价　　4 000 000

　　盈余公积　　600 000

　　利润分配——未分配利润　　400 000

　　贷：银行存款　　5 000 000

二、其他资本公积的核算

其他资本公积，是指除资本溢价(或股本溢价)项目以外所形成的资本公积，其中主要是直接计入所有者权益的利得和损失。其他资本公积不得用于直接转增资本(或股本)。

(一)以权益结算的股份支付

以权益结算的股份支付换取职工或其他方提供服务的，应按照确定的金额，记入“管理费用”等科目，同时增加资本公积(其他资本公积)。在行权日，应按实际行权的权益工具数量计算确定的金额，借记“资本公积——其他资本公积”科目，按计入实收资本或股本的金额，贷记“实收资本”或“股本”科目，并将其差额记入“资本公积——资本溢价”或“资本公积——股本溢价”科目。

(二)采用权益法核算的长期股权投资

长期股权投资采用权益法核算的，被投资单位除净损溢、其他综合收益和利润分配以外的所有者权益的其他变动，投资企业按持股比例计算应享有的份额，应当增加或减少长期股权投资的账面价值，同时增加或减少资本公积(其他资本公积)。当处置采用权益法核算的长期股权投资时，应当将原记入资本公积(其他资本公积)的相关金额转入投资收益(除不能转入损溢的项目外)。

三、资本公积转增资本的核算

按照《公司法》的规定，法定公积金(资本公积和盈余公积)转为资本时，所留存的该项公积金不得少于转增前公司注册资本的25%。经股东大会或类似机构决议，用资本公积转增资本时，应冲减资本公积，同时按照转增前的实收资本(或股本)的结构或比例，将转增的金额记入"实收资本(或股本)"科目下各所有者的明细分类账。

第四节　其他综合收益

一、其他综合收益概念

其他综合收益，是指企业根据《企业会计准则》规定其他未在当期损溢中确认的各项利得和损失。

二、其他综合收益核算内容

其他综合收益包含两类:一是以后会计期间不能重分类进损溢的其他综合收益，二是以后会计期间满足规定条件时将重分类进损溢的其他综合收益。

(一)以后会计期间不能重分类进损溢的其他综合收益

以后会计期间不能重分类进损溢的其他综合收益项目，主要包括重新计量设定收益计划净负债或净资产导致的变动，以及按照权益法核算因被投资单位重新计量设定收益计划净负债或净资产变动导致的权益变动，投资企业按持股比例计算确认的该部分其他综合收益项目。

(二)以后会计期间满足规定条件时将重分类进损溢的其他综合收益

以后会计期间满足规定条件时将重分类进损溢的其他综合收益项目，主要包括:

1. 可供出售金融资产公允价值的变动

可供出售金融资产公允价值变动形成的利得，除减值损失和外币货币性金融资产形成的汇兑差额外，借记"可供出售金融资产——公允价值变动"科目，贷记"其他综合收益"科目，公允价值变动形成的损失，作相反的会计分录。

【例11-11】甲公司于20×8年12月1日以2 000 000元从证券市场上购入乙公司发行的股票，并将其分类为可供出售金融资产。20×8年末，该项股票的公允价值为

2 100 000元。20×8 年，甲公司的账务处理如下：

(1)20×8 年 12 月 1 日，取得股票时

借：可供出售金融资产——成本　　2 000 000

　　贷：银行存款　　2 000 000

(2)20×8 年末，该项股权投资公允价值发生变动时

借：可供出售金融资产——公允价值变动　　100 000

　　贷：其他综合收益　　100 000

2. 可供出售外币非货币性项目的汇兑差额

对于以公允价值计量的可供出售非货币性项目，如果期末的公允价值以外币反映，则应当现将该外币按照公允价值确定当日的即期汇率折算为记账本位币金额，再与原记账本位币金额进行比较，其差额计入其他综合收益。具体地说，对于发生的汇兑损失，借记“其他综合收益”科目，贷记“可供出售金融资产”科目；对于发生的汇兑收益，借记“可供出售金融资产”科目，贷记“其他综合收益”科目。

3. 金融资产的重分类

将可供出售金融资产重分类为采用成本或摊余成本计量的金融资产，重分类日该金融资产的公允价值或账面价值作为成本或摊余成本，该金融资产没有固定到期日的，与该金融资产相关、原直接计入所有者权益的利得和损失，应当仍然记入“其他综合收益”科目，在该金融资产被处置时转出，计入当期损溢。

将持有至到期投资重分类为可供出售金融资产，并以公允价值进行后续计量，重分类日，该投资的账面价值与其公允价值之间的差额记入“其他综合收益”科目，在该可供出售金融资产发生减值或终止确认时转出，计入当期损溢。

按照金融工具确认和计量的规定应当以公允价值计量，但以前公允价值不能可靠计量的可供出售金融资产，企业应当在其公允价值能够可靠计量时改按公允价值计量，将相关账面价值与公允价值之间的差额记入“其他综合收益”科目，在其发生减值或终止确认时将上述差额转出，计入当期损溢。

4. 采用权益法核算的长期股权投资

采用权益法核算的长期股权投资，按照被投资单位实现其他综合收益以及持股比例计算应享有或分担的份额，调整长期股权投资的账面价值，同时增加或减少其他综合收益，其账务处理为：借记(或贷记)“长期股权投资——其他综合收益”科目，贷记(或借记)“其他综合收益”科目，待该项股权投资处置时，将原计入其他综合收益的金额转入当期损溢。

【例 11-12】甲公司对乙公司的股权投资占其有表决权资本的比例为 40%。20×8 年 9 月 3 日，乙公司将自用房地产转换为公允价值模式计量的投资性房地产，该项房地产在转换日的公允价值大于其账面价值的差额为 1 000 000 元。不考虑所得税因素，甲公司的账务处理如下：

借：长期股权投资——乙公司(其他综合收益)　　400 000

　　贷：其他综合收益　　400 000

5. 存货或自用房地产转换为投资性房地产

企业将作为存货的房地产转换为采用公允价值模式计量的投资性房地产时，应当按该项房地产在转换日的公允价值，借记“投资性房地产——成本”科目，原已计提跌价准备的，借记“存货跌价准备”科目，按其账面余额，贷记“开发产品”等科目；同时，转换日的公允价值小于账面价值的，按其差额，借记“公允价值变动损溢”科目，转换日的公允价值大于账面价值的，按其差额，贷记“其他综合收益”科目。

企业将自用的建筑物等转换为采用公允价值模式计量的投资性房地产时，应当按该项房地产在转换日的公允价值，借记“投资性房地产——成本”科目，原已计提减值准备的，借记“固定资产减值准备”科目，按已计提的累计折旧等，借记“累计折旧”等科目，按其账面余额，贷记“固定资产”等科目；同时，转换日的公允价值小于账面价值的，按其差额，借记“公允价值变动损溢”科目，转换日的公允价值大于账面价值的，按其差额，贷记“其他综合收益”科目。

待该项投资性房地产处置时，因转换计入其他综合收益的部分应转入当期损溢。

【例 11-13】20×8 年 3 月 10 日，甲房地产开发企业与乙公司签订了租赁协议，将其开发的一栋写字楼出租给乙公司，租赁期开始日为 20×8 年 5 月 1 日。20×8 年 5 月 1 日，该写字楼的账面余额为 450 000 000 元，公允价值为 470 000 000 元。甲公司的账务处理如下：

借：投资性房地产——成本	470 000 000	
贷：开发产品		450 000 000
其他综合收益		20 000 000

6. 现金流量套期工具产生的利得或损失中属于有效套期的部分

现金流量套期工具利得或损失中属于有效套期部分，直接确认为其他综合收益，该有效套期部分的金额，按下列两项的绝对额中较低者确定：

(1)套期工具自套期开始的累计利得或损失；

(2)被套期项目自套期开始的预计未来现金现值的累计变动额。

套期工具利得或损失的后续处理为：

(1)被套期项目为预期交易且该预期交易使企业随后确认一项金融资产或一项金融负债的，原直接确认为其他综合收益的相关利得或损失，在该金融资产或金融负债影响企业损溢的相同期间转出，计入当期损溢。但企业预期原直接在其他综合收益中确认的净损失全部或部分在未来会计期间不能弥补时，应当将不能弥补的部分转出，计入当期损溢。

(2)被套期项目为预期交易且该预期交易是企业随后确认一项非金融资产或一项非金融负债的，企业可选择将原直接在其他综合收益中确认的相关利得或损失，在该非金融资产或非金融负债影响企业损溢的相同期间转出，计入当期损溢。但企业预期原直接在其他综合收益中确认的净损失全部或部分在未来会计期间不能弥补时，应当将不能弥补的部分转出，计入当期损溢。除上述两种情况外，原直接计入其他综合收益的套期工具利得或损失，应当在被套期预期交易影响损溢的相同期间转出，计入当期损溢。

7. 外币财务报表折算差额

按照外币折算的要求，企业在处置境外经营的当期，应当将已列入合并财务报表所有者权益的外币报表折算差额中与该境外经营相关部分，自其他综合收益项目转入处置当期损溢。如果是部分处置境外经营，应当按处置的比例计算处置部分的外币报表折算差额，转入处置当期损溢。

第五节　留存收益

一、留存收益的性质及构成

(一)留存收益的性质

留存收益是股东权益的一个重要组成项目，是企业历年剩余的净收益累积而成的，因此，留存收益也可称为累积收益。留存收益与投资者投入的资本属性一致，均为股东权益。但与投入资本不同的是，投入资本是由所有者从外部投入公司的，它构成了公司股东权益的基本部分；留存收益不是由投资者从外部投入，而是依靠公司经营所得的盈利累积形成的。

(二)留存收益的构成

留存收益由盈余公积和未分配利润构成。其中，盈余公积包括法定盈余公积和任意盈余公积。

1. 盈余公积

(1)法定盈余公积。法定盈余公积是指企业按规定从净利润中提取的积累资金。法定，意味着这类盈余公积的提取是由国家强制规定。企业必须提取法定盈余公积，目的是确保企业不断积累资本，自我壮大。我国《公司法》规定，公司制企业的法定盈余公积按照税后利润的10%提取(非公司制企业也可按照超过10%的比例提取)，法定盈余公积累计额已达注册资本的50%时可以不再提取。在计算提取法定盈余公积的基数时，不应包括企业年初未分配利润。公司的法定公积金不足以弥补以前年度亏损的，在提取法定公积金之前，应当先用当年利润弥补亏损。

(2)任意盈余公积。任意盈余公积是指公司出于实际需要或采取审慎经营策略，从税后利润中提取的一部分留存利润。任意，意味着这类盈余公积的提取是出于自愿，而非外力强制，但也不是随心所欲，任意盈余公积是在企业提取了法定盈余公积、支付了优先股股利后提取的。

法定盈余公积和任意盈余公积的区别在于各自计提的依据不同：前者以国家的法律或行政规章为依据提取，后者则由企业自行决定提取比例。

企业提取盈余公积，主要可以用于以下几个方面：

(1)弥补亏损。企业发生亏损时，应由企业自行弥补。弥补亏损的渠道主要有3条：一是用以后年度税前利润弥补，按照现行制度规定，企业发生亏损时，可以用以后5

年内实现的税前利润弥补，即税前利润弥补亏损的期间为5年；二是用以后年度税后利润弥补。企业发生亏损经过5年期间未弥补足额的，尚未弥补的亏损应用税后的利润弥补；三是以盈余公积弥补亏损。企业以提取的盈余公积弥补亏损时，应当由公司董事会提议，并经股东大会批准。

(2)转增资本。企业将盈余公积转增资本时，必须经股东大会决议批准。在实际将盈余公积转增资本时，要按股东原有持股比例结转。企业提取的盈余公积，无论是用于弥补亏损，还是用于转增资本，均属于企业所有者权益内部结构的调整。如企业以盈余公积转增资本时，盈余公积数额减少，企业实收资本或股本数额增加，企业所有者权益总额并未发生变动。

(3)扩大企业生产经营。盈余公积的用途，并不是指其实际占用形态，提取盈余公积也并不是将这部分资金从企业资金周转过程中抽出。企业盈余公积的结存数，实际只表现为企业所有者权益的组成部分，表明企业生产经营资金的一个来源，其形成的资金可能表现为一定的货币资金，也可能表现为一定的实物资产，如存货和固定资产等，随同企业的其他来源所形成的资金进行循环周转，用于企业的生产经营。

2. 未分配利润

未分配利润是企业留待以后年度进行分配的结存利润，也是企业股东权益的组成部分。相对于股东权益的其他部分来说，企业对于未分配利润的使用分配有较大的自主权。从数量上来说，未分配利润是期初未分配利润，加上本期实现的税后利润，减去提取的各种盈余公积和分出利润后的余额。未分配利润有两层含义：一是留待以后年度处理的利润；二是未指定特定用途的利润。

二、留存收益的账务处理

(一)盈余公积的账务处理

为了反映盈余公积的形成及使用情况，企业应设置“盈余公积”科目，借方核算因转增资本、弥补亏损等导致的盈余公积的减少额，贷方核算因提取导致的盈余公积的增加额，期末余额在贷方，表示企业盈余公积的结存数。企业应按法定盈余公积和任意盈余公积分别设置明细科目，进行明细核算。

1. 提取盈余公积

企业提取盈余公积时，应借记“利润分配”科目，贷记“盈余公积——法定盈余公积或任意盈余公积”科目。

【例11-14】乙股份有限公司20×8年实现净利润5 000 000元。公司董事会于20×9年3月31日提出公司当年利润分配方案，拟对当年实现的净利润进行分配。董事会提请批准的净利润分配方案如表11-1所示。

表 11-1 乙公司 20×8 年净利润分配方案

单位:元

项　目	提请批准的方案
提取法定盈余公积	500 000
提取任意盈余公积	400 000
分配现金股利	2 400 000
合计	3 300 000

乙公司应根据董事会提出的净利润分配方案,进行如下账务处理:

借:利润分配——提取法定盈余公积　　500 000
　　　　　　——提取任意盈余公积　　400 000
　贷:盈余公积——法定盈余公积　　500 000
　　　　　　——任意盈余公积　　400 000

需要注意的是。按规定对董事会或类似机构通过的净利润分配方案中拟分配的现金股利或未分配利润,暂不进行账务处理,但应在附注中进行披露。董事会或类似机构通过的净利润分配方案已经获得股东大会或类似机构审议批准后,企业方可按应支付的现金股利或净利润,进行相应的账务处理。

2.盈余公积转增资本

企业用提取的盈余公积转增资本,应当按照批准的转增资本的数额,借记“盈余公积”科目,贷记“实收资本”或“股本”科目。企业将盈余公积转增股本时,应当按照转增股本前的股本结构比例,将盈余公积转增股本的数额记入“股本”科目下各股东的明细账,相应增加各股东对企业的股本投资。

【例 11-15】因扩大生产经营的需要,20×9 年 4 月 1 日,经股东大会批准,甲股份有限公司将盈余公积 400 000 元转增股本。假定不考虑其他因素,甲公司的账务处理如下:

借:盈余公积　　400 000
　贷:实收资本　　400 000

(二)未分配利润的账务处理

为了反映企业利润的分配(或亏损的弥补)和历年分配(或弥补)后的未分配利润(或未弥补亏损),企业应当设置“利润分配”科目,并通过设置“提取法定盈余公积”“提取任意盈余公积”“应付现金股利或利润”“盈余公积补亏”“未分配利润”等科目,进行明细核算。

企业未分配利润的核算是通过“利润分配——未分配利润”科目进行的,具体来说是通过“利润分配”科目下的“未分配利润”明细科目进行核算的。企业在生产经营过程中取得的收入和发生的费用,最终通过“本年利润”科目进行归集,计算出当年利润或亏损,然后转入“利润分配——未分配利润”科目进行分配,结存于“利润分配——未分配利润”科目的贷方余额,则为未分配利润;如为借方余额,则为未弥补亏损。年度终了,再将“利润分配”科目下的其他明细科目(如提取法定盈余公积、提取任意盈余公积、应付现金股利或利润、转作股本的股利、盈余公积补亏等)的余额,转入“未分配利润”明细科目。结转后,“未分配利润”明细科目的贷方余额,就是未分配利润的数额;如出现借方余额,则表示未弥补亏损的数额。

【例 11-16】沿用**【例 11-14】**的资料。20×9 年 4 月 15 日,乙公司召开股东大会,审议通过了董事会提出的利润分配方案。乙公司的账务处理如下:

(1)20×9 年 4 月 15 日,利润分配方案审议通过时

借:利润分配——应付现金股利　　2 400 000

　贷:应付股利　　2 400 000

(2)20×9 年 5 月 1 日,乙公司发放现金股利时

借:应付股利　　2 400 000

　贷:银行存款　　2 400 000

(三)弥补亏损的账务处理

企业在生产经营过程中既可能盈利,也可能发生亏损。企业在当年发生亏损的情况下,与实现利润的情况相同,应当将本年发生的亏损自“本年利润”科目转入“利润分配——未分配利润”科目,借记“利润分配——未分配利润”科目,贷记“本年利润”科目,结转后“利润分配”科目的借方余额,即为未弥补亏损的数额,然后通过“利润分配”科目核算有关亏损的弥补情况。

企业发生的亏损可以以次年实现的税前利润弥补。在以次年实现的税前利润弥补以前年度亏损的情况下,企业当年实现的利润自“本年利润”科目转入“利润分配——未分配利润”科目,将本年实现的利润结转到“利润分配——未分配利润”科目的贷方后,其贷方发生额与“利润分配——未分配利润”的借方余额自然抵补。因此,以当年实现净利润弥补以前年度结转的未弥补亏损时,不需要进行专门的账务处理。

【例 11-17】乙股份有限公司 20×3 年发生亏损 960 000 元,乙公司适用的所得税税率为 25%,不考虑由为弥补亏损确认的递延所得税资产。在年度终了时,乙公司应结转本年发生的亏损,账务处理如下:

借:利润分配——未分配利润　　960 000

　贷:本年利润　　960 000

假设 20×4—20×8 年,乙公司每年均实现利润 16 万元。按照现行规定,企业在发生亏损以后的 5 年内可以以税前利润弥补亏损。因此,乙公司在20×4—20×8 年均可在税前弥补亏损。20×4—20×8 年每年年度终了时,乙公司的账务处理如下:

借:本年利润　　160 000

　贷:利润分配——未分配利润　　160 000

按照上述账务处理,20×8 年“利润分配——未分配利润”科目期末余额为借方余额 160 000 元,即 20×9 年年初未弥补亏损 160 000 元。假设乙公司 20×9 年实现税前利润 320 000 元,按现行规定,该公司只能用税后利润弥补以前年度亏损。在 20×9 年度终了时,乙公司应当首先按照当年实现的税前利润计算缴纳当年应负担的所得税,然

后再将当期扣除计算缴纳的所得税后的净利润，转入“利润分配”科目。乙公司在20×9年度计算缴纳所得税时，其应纳税所得额为320 000元，当年应缴纳的所得税为80 000元(320 000×25%)。此时，乙公司的账务处理如下：

(1)计算缴纳所得税时

借：所得税费用　80 000

　贷：应交税费——应交所得税　80 000

借：本年利润　80 000

　贷：所得税费用　80 000

(2)结转本年利润，弥补以前年度未弥补亏损时

借：本年利润　240 000

　贷：利润分配——未分配利润　240 000

(3)经过上述处理，乙公司20×9年“利润分配——未分配利润”科目的期末贷方余额为80 000元(240 000－160 000)。

思考题

1.简述企业的组织形式及其特征。

2.所有者权益包括哪些内容?

3.所有者权益和负债有哪些区别?

4.股份有限公司取得投资时如何进行账务处理?

5.何为资本公积?其构成内容如何?

6.其他综合收益包括哪些内容?

7.试述留存收益的构成内容。

第十二章 收入、费用和利润

本章学习目标

◇理解收入、费用、利润的定义、特点及其分类

◇掌握销售商品收入、提供劳务收入和让渡资产使用权收入的确认、计量和会计核算

◇掌握费用的确认、计量及其会计核算

◇掌握利润的形成与分配的会计核算

◇掌握企业所得税的会计核算

第一节 收入

一、收入的概念与分类

(一)收入的概念

收入，是指企业在日常活动中形成的、会导致所有者权益增加的、与所有者投入资本无关的经济利益的总流入。其中，“日常活动”，是指企业为完成其经营目标所从事的经常性活动以及与之相关的活动。例如，工业企业制造并销售产品、商业企业销售商品、咨询公司提供咨询服务、软件企业为客户开发软件、安装公司提供安装服务等，均属于企业为完成其经营目标所从事的经常性活动，由此产生的经济利益的总流入构成收入；企业处置固定资产、无形资产等活动，不是企业为完成其经营目标所从事的经常性活动，由此产生的经济利益的总流入是利得而不是收入。

(二)收入的分类

收入可以按不同的标准进行分类：

1.按照收入的成因分类

按照收入的成因分类，可以将收入分为销售商品收入、提供劳务收入、让渡资产使用权收入等。

2. 按照经营业务的主次分类

按照经营业务的主次分类，可以将收入分为主营业务收入和其他业务收入，企业应根据企业自身业务特点以及营业执照上注明的营业范围合理划分主营业务收入和其他业务收入。

二、销售商品收入的确认与计量

（一）销售商品收入的确认

企业确认的销售商品收入，必须同时满足5个条件：

1. 企业已将商品所有权上的主要风险和报酬转移给购货方

风险主要指商品由于贬值、损坏、报废等造成的损失；报酬是指商品中包含的未来经济利益，包括商品因升值等给企业带来的经济利益。如果一项商品发生的任何损失均不需要本企业承担，带来的经济利益也不归本企业所有，则意味着该商品所有权的风险和报酬已转移出该企业。

判断企业是否已将商品所有权上的主要风险和报酬转移给购货方，应当关注交易的实质，并结合所有权凭证的转移进行判断。通常情况下，转移商品所有权凭证并交付实物后，商品所有权上的主要风险和报酬随之转移，如大多数零售商品。某些情况下，转移商品所有权凭证但未交付实物，商品所有权上的主要风险和报酬随之转移，企业只保留了次要风险和报酬。有时，已交付实物但未转移商品所有权凭证，商品所有权上的主要风险和报酬未随之转移，因而不能确认收入。

2. 企业既没有保留通常与所有权相联系的继续管理权，也没有对已售出的商品实施控制

如果商品所有权上的主要风险和报酬已转移给购货方，但销货企业仍保留与其所有权相联系的继续管理权，则说明该项商品销售交易没有完成，不能确认收入。

3. 收入的金额能够可靠地计量

收入的金额能够可靠地计量，是确认收入的基本前提。收入的金额不能可靠计量，则无法确认收入。通常情况下，企业在销售商品时，商品销售价格已经确定，企业应当按照从购货方已收或应收的合同或协议价款确定收入金额，但销售过程中由于某种不确定因素，也有可能出现售价变动的情况，则新的售价未确定前不应确认收入。

4. 与交易相关的经济利益能够流入企业

在销售商品交易中，与交易相关的经济利益主要是销售商品的价款。销售商品价款能否有把握收回，是收入确认的重要条件。企业销售商品时，如果估计价款收回的可能性不大，即使收入确定的其他条件已经满足，也不能确认收入。

5. 相关的已发生或将发生的成本能够可靠地计量

根据收入和费用的配比原则，与同一项销售有关的收入和成本应在同一会计期间予以确认。因此，如果已发生或将发生的成本不能够可靠地计量，即使收入确定的其他条件已经满足，也不能确认收入。

总之，企业销售商品应同时满足上述5个条件，才能确认收入。

(二)商品销售收入的计量

企业销售商品满足收入确认条件时,应当按照已收或应收合同或协议价款确定销售商品收入金额。企业销售商品时也会涉及商业折扣、现金折扣、销售折让等问题,应当分别不同情况进行处理。

对于销售商品涉及商业折扣的,应当按照扣除商业折扣后的金额确定销售商品收入金额。对于销售商品涉及现金折扣的,《企业会计准则》规定采用总价法处理,即企业在确定销售商品收入金额时,不考虑各种预计可能发生的现金折扣,现金折扣在实际发生时计入发生当期财务费用。对于销售商品涉及销售折让的,企业应分别不同情况进行处理:①已确认收入的售出商品发生销售折让的,通常应当在发生时冲减当期销售商品收入,如税法允许扣减当期销项税额,应同时冲减销项税额;②已确认收入的销售折让属于资产负债表日后事项的,应当按照《企业会计准则第 29 号——资产负债表日后事项》的规定进行处理。

三、销售商品收入的会计处理

1. 一般销售交易的会计处理

销售商品交易发生时,如果符合准则所规定的 5 个确认条件,企业应及时确认收入并结转相关销售成本。通常情况下,采用托收承付方式销售商品的,应在办妥托收手续时确认收入。如果商品已经发出且办妥托收手续,但由于各种原因与发出商品所有权有关的风险和报酬没有转移的,企业不应确认收入。企业采用预收款方式销售商品的,销售方直到收到最后一笔款项才将商品交付购货方,表明商品所有权上的主要风险和报酬只有在收到最后一笔款项时才转移给购货方,企业通常应在发出商品时确认收入,在此之前预收的货款应确认为负债。

【例 12-1】甲公司 20×6 年 8 月销售一批产品给乙公司,按照合同约定,该批产品售价为 500 000 元,增值税税率 17%,甲公司已按合同约定的发出产品并收到乙公司支付的款项。该批产品的成本为 320 000 元。甲公司账务处理如下:

	借方	贷方
借:银行存款	585 000	
贷:主营业务收入		500 000
应交税费——应交增值税(销项税额)		85 000
借:主营业务成本	320 000	
贷:库存商品		320 000

2. 商业折扣、现金折扣和销售折让的账务处理

企业销售商品收入的金额通常按照从购货方已收或应收的合同或协议价款确定。在确定销售商品收入的金额时,应注意区分现金折扣、商业折扣和销售折让及其不同的账务处理方法。总的来讲,确定销售商品收入的金额时,不应考虑预计可能发生的现金折扣、销售折让,即应按总价法确认,但应是扣除商业折扣后的净额。

【例 12-2】甲公司在 20×6 年 5 月 1 日向乙公司销售一批商品,开出的增值税专用发票上注明的销售价格为 100 000 元,增值税额为 17 000 元。为及早收回货款,甲公司

和乙公司约定的现金折扣条件为:2/10,1/20,n/30。假定计算现金折扣时不考虑增值税额。甲公司账务处理如下:

(1)5月1日销售实现时,按销售总价确认收入

借:应收账款　117 000

　贷:主营业务收入　100 000

　　应交税费——应交增值税(销项税额)　17 000

(2)如果乙公司在5月9日付清货款,则按销售总价100 000元的2%享受现金折扣2 000元(100 000×2%),实际付款115 000元(117 000－2 000)

借:银行存款　115 000

　财务费用　2 000

　贷:应收账款　117 000

(3)如果乙公司在5月18日付清货款,则按销售总价100 000元的1%享受现金折扣1 000元(100 000×1%),实际付款116 000元(117 000－1000)

借:银行存款　116 000

　财务费用　1 000

　贷:应收账款　117 000

(4)如果乙公司在5月底才付清货款,则按全额付款

借:银行存款　117 000

　贷:应收账款　117 000

【例12-3】甲公司在20×6年6月1日向乙公司销售一批商品,开出的增值税专用发票上注明的销售价格为600 000元,增值税额为102 000元,款项尚未收到;该批商品成本为440 000元。乙公司在验收过程中发现商品外观上存在瑕疵,基本上不影响使用,要求甲公司在价格上(不含增值税额)给予5%的减让。假定甲公司已确认销售收入,与销售折让有关的增值税额税务机关允许冲减,销售折让不属于资产负债表日后事项。甲公司账务处理如下:

(1)20×6年6月销售实现时

借:应收账款　702 000

　贷:主营业务收入　600 000

　　应交税费——应交增值税(销项税额)　102 000

借:主营业务成本　440 000

　贷:库存商品　440 000

(2)发生销售折让时

借:主营业务收入　30 000

　应交税费——应交增值税(销项税额)　5 100

　贷:应收账款　35 100

(3)实际收到款项时

借:银行存款　666 900

　贷:应收账款　666 900

3. 销售退回的账务处理

销售退回，指企业销售出去的商品，因其品种、质量不符合要求等原因而发生的退货。销售退回若发生在确认收入之前，只需将已计入“发出商品”科目的商品成本转回“库存商品”科目。如果销售退回发生在确认收入之后，应视具体情况作不同处理：

(1)本年度销售或以前年度销售的商品，在年度资产负债表日至财务报告批准报出日之间发生退回，应按《企业会计准则第 29 号——资产负债表日后事项》的规定进行处理。

(2)其他情况的销售退回，直接冲减退回当月的主营业务收入及相关的成本和税金，涉及现金折扣、销售折让的也应一并冲减。

【例 12-4】甲公司于 20×6 年 10 月 8 日向丁公司出售 400 件商品，每件商品售价为 900 元，适用的增值税税率为 17%，每件商品成本为 660 元，货款尚未收到，假定该笔交易符合收入确认条件。10 月 20 日，甲公司收到丁公司因质量问题而退回的商品 20 件。因丁公司提出的退货要求符合销售合同约定，甲公司同意退货，并按规定向丁公司开具了增值税专用发票(红字)。10 月 25 日，丁公司支付扣除退回商品后的全部价款。根据上述资料，甲公司账务处理如下：

(1)10 月 8 日，确认销售商品收入

借：应收账款　　421 200

　　贷：主营业务收入　　360 000

　　　　应交税费——应交增值税(销项税额)　　61 200

借：主营业务成本　　264 000

　　贷：库存商品　　264 000

(2)10 月 20 日，收到退回商品并验收入库

借：主营业务收入　　18 000

　　应交税费——应交增值税(销项税额)　　3 060

　　贷：应收账款　　21 060

借：库存商品　　13 200

　　贷：主营业务成本　　13 200

(3)10 月 25 日，收到货款及增值税

借：银行存款　　400 140

　　贷：应收账款　　400 140

(四)特殊销售交易的处理

1. 商品需要安装和检验的销售

商品需要安装和检验的销售，是指售出的商品需要经过安装和检验等过程的销售方式。在这种销售方式下，在购买方接受交货以及安装和检验完毕前，销售方通常不应确认收入。如果安装程序比较简单或检验是为了最终确定合同或协议价格而必须进行的程序，销售方可以在商品发出时或商品装运时确认收入。

2. 订货销售

订货销售，是指已收到全部或部分货款而库存没有现货，需要通过制造等程序才能将商品交付购买方的销售方式。在这种销售方式下，应在商品交付给购买方时确认收入的实现，预收的货款作为一项负债入账。

3. 房地产销售

房地产销售有两种情形，一种是房地产商自行开发房地产，并在市场上进行的销售；另一种是房地产商事先与买方签订合同，按合同要求开发房地产。如果是房地产商自行开发并销售房地产，其会计处理与一般商品销售相类似，按照销售商品收入的确认原则进行处理；如果是房地产商按合同要求开发房地产，则应按照《企业会计准则第15号——建造合同》进行处理。

4. 附有销售退回条件的商品销售

附有销售退回条件的商品销售，是指购买方依照有关协议有权退货的销售方式。在这种销售方式下，企业根据以往经验能够合理估计退货可能性且确认与退货相关负债的，通常应在发出商品时确认收入；企业不能合理估计退货可能性的，通常应在售出商品退货期满时确认收入。

【例 12-5】甲公司是一家健身器材销售公司，20×6 年 1 月 1 日，甲公司向乙公司销售 5 000 件健身器材，单位销售价格为 600 元，单位成本为 450 元，开出的增值税专用发票上注明的销售价格为 3 000 000 元，增值税额为 510 000 元。协议约定，乙公司应于 2 月 1 日之前支付货款，在 6 月 30 日之前有权退还健身器材。健身器材已经发出，款项尚未收到。假定甲公司根据过去的经验，估计该批健身器材退货率约为 20%；健身器材发出时纳税义务已经发生；实际发生销售退回时有关的增值税额允许冲减。甲公司账务处理如下：

(1)1 月 1 日发出健身器材时

借：应收账款　3 510 000

　贷：主营业务收入　3 000 000

　　应交税费——应交增值税(销项税额)　510 000

借：主营业务成本　2 250 000

　贷：库存商品　2 250 000

(2)1 月 31 日确认估计的销售退回

借：主营业务收入　600 000

　贷：主营业务成本　450 000

　　预计负债——预计退货　150 000

(3)2 月 1 日前收到货款时

借：银行存款　3 510 000

　贷：应收账款　3 510 000

(4)6 月 30 日发生销售退回，实际退货量为 1 000 件，款项已经支付

借：库存商品　450 000

应交税费——应交增值税(销项税额) 102 000
预计负债——预计退货 150 000
贷:银行存款 702 000

如果实际退货量为 800 件时

借:库存商品 360 000
应交税费——应交增值税(销项税额) 81 600
主营业务成本 90 000
预计负债——预计退货 150 000
贷:银行存款 561 600
主营业务收入 120 000

如果实际退货量为 1 200 件时

借:库存商品 540 000
应交税费——应交增值税(销项税额) 122 400
主营业务收入 120 000
预计负债——预计退货 150 000
贷:主营业务成本 90 000
银行存款 842 400

5. 代销商品

代销商品一般有两种形式:视同买断方式代销和收手续费方式代销。

(1)视同买断方式代销商品,是指委托方和受托方签订协议,委托方按协议价收取所代销的货款,实际售价可由受托方自定,实际售价与协议价之间的差额归受托方所有的销售方式。在账务处理时,应视代销合同或协议的内容分别不同情况进行处理。如果委托方和受托方之间的协议明确规定,受托方在取得代销商品后,无论是否能够卖出、是否获利,均与委托方无关,那么委托方和受托方之间的代销商品交易,与委托方直接销售给受托方没有实质差别。在符合销售商品收入确认条件时,委托方应确认相关销售商品收入。如果委托方和受托方之间的协议明确标明,将来受托方没有将商品售出时可以将商品退给委托方,或受托方因代销商品出现亏损时可以要求委托方补偿,那么委托方在交付商品时不确认收入,受托方也不作购进商品处理;受托方将商品售出后,按实际售价确认销售收入,并向委托方开具代销清单;委托方收到代销清单时,再确认本企业的销售收入。

【例 12-6】甲公司和乙公司均为增值税一般纳税义务人。甲公司委托乙公司销售 2 000 件商品,协议价为 100 元/件,成本为 80 元/件。代销协议规定,乙公司不能将未售出的商品退回甲公司;甲公司将该批商品交付给乙公司时发生增值税纳税义务,金额为 34 000 元。甲公司账务处理如下:

借:应收账款——乙公司 234 000
贷:主营业务收入 200 000
应交税费——应交增值税(销项税额) 34 000

借:主营业务成本 160 000

贷:库存商品 160 000

【例 12-7】沿用【例 12-6】假定代销协议规定,乙公司可以将未售出的商品退回甲公司。本期代销商品 800 件,对外销售单价 110 元/件(不含税),货款已收到。甲、乙公司账务处理如下:

(1)甲公司账务处理

①甲公司将商品交付乙企业时

借:发出商品 160 000

贷:库存商品 160 000

②甲公司收到代销清单时

借:应收账款——乙公司 93 600

贷:主营业务收入 80 000

应交税费——应交增值税(销项税额) 13 600

借:主营业务成本 64 000

贷:发出商品 64 000

③收到乙企业汇来的货款 93 600 元时

借:银行存款 93 600

贷:应收账款——乙公司 93 600

(2)乙公司账务处理

①收到商品时

借:受托代销商品(或代理业务资产) 200 000

贷:受托代销商品款(或代理业务负债) 200 000

②实际销售时

借:银行存款 102 960

贷:主营业务收入 88 000

应交税费——应交增值税(销项税额) 14 960

借:主营业务成本 80 000

贷:受托代销商品(或代理业务资产) 80 000

借:受托代销商品款(或代理业务负债) 8 000

贷:应付账款——甲公司 8 000

③向甲公司递交代销清单,收到增值税专用发票,支付甲公司货款时

借:应付账款——甲公司 80 000

应交税费——应交增值税(进项税额) 13 600

贷:银行存款 93 600

(2)收手续费方式代销商品,是指委托方和受托方签订合同或协议,委托方根据代销商品金额或数量向受托方支付手续费的销售方式。对于委托方而言,收取的手续费实际上是一种劳务收入。在这种方式下,委托方发出商品时,商品所有权的主要风险和报酬并未转移给受托方,因此,委托方在发出商品时通常不应确认销售商品收入,而应在收到受托方开具的代销清单时确认销售商品收入;受托方在商品销售后,按合同或协

议约定的方法计算确定的手续费确认收入。

【例 12-8】沿用**【例 12-6】**,假定乙公司按协议价 100 元/件出售代销商品。甲公司按售价的 10%支付乙公司手续费。乙公司实际对外销售 800 件,开具的增值税专用发票上注明的销售价格 80 000 元、增值税额 13 600 元。甲公司收到代销清单时,向乙公司开具一张相同金额的增值税发票。假定不考虑手续费相关的增值税,甲、乙公司账务处理如下:

(1)甲公司账务处理

①交付代销商品

	借方	贷方
借:发出商品	160 000	
贷:库存商品		160 000

②收到代销清单并开具增值税发票

	借方	贷方
借:应收账款——乙公司	93 600	
贷:主营业务收入		80 000
应交税费——应交增值税(销项税额)		13 600
借:主营业务成本	64 000	
贷:库存商品		64 000

③计算应付手续费:80 000×10%=8 000(元)

	借方	贷方
借:销售费用——代销手续费	8 000	
贷:应收账款——乙公司		8 000

④收到代销商品款

	借方	贷方
借:银行存款	85 600	
贷:应收账款——乙公司		85 600

(2)乙公司账务处理

①收到代销商品

	借方	贷方
借:受托代销商品(或代理业务资产)	200 000	
贷:受托代销商品款(或代理业务负债)		200 000

②实际销售商品

	借方	贷方
借:银行存款	93 600	
贷:受托代销商品(或代理业务资产)		80 000
应交税费——应交增值税(销项税额)		13 600

③开出代销清单,收到委托方增值税发票

	借方	贷方
借:应交税费——应交增值税(进项税额)	13 600	
受托代销商品款(或代理业务负债)	80 000	
贷:应付账款——甲公司		93 600

④计算应收手续费:支付代销商品款

	借方	贷方
借:应付账款——甲公司	93 600	
贷:主营业务收入(或其他业务收入)		8 000
银行存款		85 600

6. 具有融资性质的商品销售

通常情况下，企业应按从购货方已收或应收的合同或协议价款确定销售商品收入的金额。但是，合同或协议价款的收取采用递延方式，实质上具有融资性质的，在符合收入确认条件时，企业应当按照应收的合同或协议价款的公允价值确定收入金额。应收的合同或协议价款的公允价值，通常应当按照其未来现金流量现值或商品现销价格计算确定。应收的合同或协议价款与其公允价值之间的差额，应当在合同或协议期间内，按照应收款项的摊余成本和实际利率计算确定的金额进行摊销，计入当期损溢（冲减财务费用）。其中，实际利率，是指具有类似信用等级的企业发行类似工具的现时利率，或者将应收的合同或协议价款折现为商品现销价格时的折现率等。在实务中，基于重要性要求，应收的合同或协议价款与其公允价值之间的差额，按照应收款项的摊余成本和实际利率进行摊销。与采用直线法进行摊销结果相差不大的，也可以采用直线法进行摊销。

对于采用递延方式分期收款、具有融资性质的销售商品满足收入确认条件的，企业应按应收合同或协议价款，借记"长期应收款"科目，按应收合同或协议价款的公允价值（折现值），贷记"主营业务收入"科目，按其差额，贷记"未实现融资收益"科目。

【例 12-9】20×1 年 1 月 1 日，甲公司以分期收款方式销售 B 产品 50 件，产品单价 20 万元，单位成本 16 万元。根据分期收款合同，该销售价款分 5 年平均收取，每年末收款一次。在现销方式下，该批产品的销售单价为 18 万元。假定甲公司发出商品时开出增值税专用发票，注明的增值税额为 170 万元，并于当天收到增值税额 170 万元。

根据上述资料，甲公司应当确认的销售商品收入金额为 900 万元（50×18）。采用插值法计算实际利率如下：

未来 5 年收款额的现值＝现销方式下应收款项金额

可以得出：2 000 000×(P/A，r，5)＝9 000 000(元)

可在多次测试的基础上，计算出折现率 r。

当 r＝3%时，2 000 000×4.579 7＝9 159 400＞9 000 000

当 r＝4%时，2 000 000×4.451 8＝8 903 600＜9 000 000

因此，3%＜r＜4%。用插值法计算如下：

现值	利率
9 159 400	3%
9 000 000	r
8 903 600	4%

(9 159 400－9 000 000)÷(9 159 400－8 903 600)＝(3%－r)÷(3%－4%)

r＝3.62%

各期财务费用和已收本金的金额如表 12-1 所示。

表 12-1 财务费用和已收本金计算表

单位:元

	未收本金	财务费用	已收本金	收现额
	①=期初①-③	②=①×3.62%	③=④-②	④
20×1.1.1	9 000 000			
20×1.12.31	7 325 800	325 800	1 674 200	2 000 000
20×2.12.31	5 590 994	265 194	1 734 806	2 000 000
20×3.12.31	3 793 388	202 394	1 797 606	2 000 000
20×4.12.31	1 930 709	137 321	1 862 679	2 000 000
20×5.12.31	0	69 291 *	1 930 709	2 000 000
合计		1 000 000	9 000 000	10 000 000

* 尾数调整

根据表 12-1 的计算结果,甲公司账务处理如下:

(1)20×1 年 1 月 1 日销售实现

借:长期应收款 10 000 000

银行存款 1 700 000

贷:主营业务收入 9 000 000

未实现融资收益 1 000 000

应交税费——应交增值税(销项税额) 1 700 000

借:主营业务成本 8 000 000

贷:库存商品 8 000 000

(2)20×1 年 12 月 31 日收款

借:银行存款 2 000 000

贷:长期应收款 2 000 000

借:未实现融资收益 325 800

贷:财务费用 325 800

(3)20×2 年 12 月 31 日收款

借:银行存款 2 000 000

贷:长期应收款 2 000 000

借:未实现融资收益 265 194

贷:财务费用 265 194

(4)20×3 年 12 月 31 日收款

借:银行存款 2 000 000

贷:长期应收款 2 000 000

借:未实现融资收益 262 394

贷:财务费用 262 394

(5)20×4 年 12 月 31 日收款

借:银行存款 2 000 000

贷:长期应收款 2 000 000

借:未实现融资收益 137 321

贷:财务费用 137 321

(6)20×5 年 12 月 31 日收款

借:银行存款 2 000 000

贷:长期应收款 2 000 000

借:未实现融资收益 69 291

贷:财务费用 69 291

7. 售后回购

售后回购,是指卖方售出商品后以将其买回的交易。售后回购在多数情况下应视为融资交易,不应确认收入。但是,如果卖方有回购的选择权,并且回购价以回购当日的市价为基础确定,在回购的可能性很小的情况下,并且有其他迹象表明该售出商品的主要风险和报酬已转移,也可在售出商品时确认收入的实现。

【例 12-10】甲公司因融资需要,于 20×7 年 3 月 1 日销售给乙公司一批商品,销售价格为 2 000 000 元,增值税 340 000 元,销售成本 1 600 000 元。双方协议约定 6 个月后甲公司以 2 240 000 元的价格予以购回。乙公司于 20×7 年 1 月 1 日支付了购货款,甲公司于 20×7 年 9 月 1 日按协议价将该批商品购回,款项于当日支付。根据上述资料,甲公司账务处理如下:

(1)20×7 年 3 月 1 日销售商品时

借:银行存款 2 340 000

贷:其他应付款 2 000 000

应交税费——应交增值税(销项税额) 340 000

(2)假定甲公司对销售价格与回购价格之间的差额平均记入销售与回购期间内的各月损溢,则每月应计提利息 40 000 元[240 000/6]。

借:财务费用 40 000

贷:其他应付款 40 000

(3)20×7 年 9 月 1 日回购商品时

借:其他应付款 2 240 000

应交税费——应交增值税(进项税额) 380 800

贷:银行存款 2 620 800

8. 售后租回

售后租回,是指销售商品的同时,销售方同意在日后再将同样的商品租回的销售方式。在这种方式下,销售方应根据合同或协议条款判断企业是否已将商品所有权上的主要风险和报酬转移给购货方,以确定是否确认销售商品收入。在大多数情况下,售后租回属于融资交易,企业不应确认销售商品收入,收到的款项应确认为负债,售价与资产账面价值之间的差额应当分不同情况进行会计处理。

(1)售后租回形成融资租赁。如果售后租回交易认定为融资租赁的,售价与资产账面价值之间的差额应当予以递延,并按照该项目租赁资产的折旧进度进行分摊,作为折旧费用的调整。

(2)售后租回形成经营租赁。如果售后租回认定为经营租赁的,售价与资产账面价值之间的差额应当予以递延,并在租赁期内按照与确认租金费用相一致的方法进行分摊,作为租金费用的调整。但是,有确凿证据表明认定为经营租赁的售后租回交易是按照公允价值达成的,销售的商品按售价确认收入,并按账面价值结转成本。

9. 以旧换新销售

以旧换新销售,是指销售方在销售商品的同时回收与所售商品相同的旧商品。在这种销售方式下,销售的商品按照商品销售的方法确认收入,回收的商品作为购进商品处理。

二、提供劳务收入

(一)提供劳务收入的确认

按照《企业会计准则》的规定,提供劳务收入的确认要区分下列情况:

第一,在同一会计年度内开始并完成的劳务,应在完成劳务时确认收入;

第二,如劳务的开始和完成分属不同的会计年度,在资产负债表日,提供劳务交易的结果能够可靠估计的情况下,企业应当在资产负债表日按完工百分比法确认相应的劳务收入。

(1)判断劳务结果能否可靠估计,依据 4 个条件进行:①与交易相关的经济利益很可能流入企业;②收入的金额能够可靠地计量;③劳务的完成程度能够可靠地确定;④交易中已发生和将发生的成本能够可靠地计量。

(2)劳务收入和劳务成本可以采用完工百分比法计量。完工百分比法,是指按照劳务的完成程度确认收入和费用的方法。完工百分比(完工程度)的确定,可以选用以下方法:①已完工作的测量,是由专业测量师对已经提供的劳务进行测量,并按一定方法计算确定提供劳务交易的完成程度;②已经提供劳务占应提供劳务总量的比例,这种方法主要以劳务量为标准确定提供劳务交易的完成程度;③已经发生的成本占估计总成本的比例,这种方法主要以成本为标准确定提供劳务交易的完工程度。

第三,在提供劳务交易的结果不能够可靠估计的情况下,企业应在在资产负债表日按已经发生并预计能够得到补偿的劳务成本金额确认收入,并按相同的金额结转成本;如果预计已经发生的劳务成本预计不能得到补偿的,则不应确认收入,但应将已经发生的劳务成本确认为当期费用。

(二)提供劳务收入的计量

提供劳务总收入应按企业与接收劳务方签订的合同或协议的金额确定,现金折扣应在发生时确认为当期费用。在完工百分比法下,收入和相关费用应按下列公式计算:

本期确认的收入=劳务总收入×至本期末止劳务完成程度-以前期间累计已确认收入

本期确认的成本=劳务总成本×至本期末止劳务完成程度-以前期间累计已确认

成本

(三)提供劳务收入的账务处理

企业按完工百分比法确认提供劳务收入时，应按计算确定的提供劳务收入的金额，借记"应收账款""银行存款"等科目，贷记"主营业务收入"或"其他业务收入"科目；结转提供劳务成本时，借记"主营业务成本"科目，贷记"劳务成本"科目。

【例 12-11】甲安装工程公司于 20×7 年 10 月 1 日接受乙公司的一项设备安装任务，安装期 5 个月，合同总收入 200 000 元，到年末已预收款项 125 000 元，实际发生安装成本 90 000 元(假定均为安装人员薪酬)，估计还会发生安装成本 90 000 元。假定成本估计较为准确，甲公司按实际发生的成本占估计总成本的比例确定劳务的完工程度。根据上述资料，甲公司账务处理如下：

(1)20×7 年实际发生成本

借：劳务成本——设备安装　　90 000

　　贷：应付职工薪酬　　90 000

(2)20×7 年预收账款

借：银行存款　　125 000

　　贷：预收账款——乙公司　　125 000

(3)20×7 年 12 月 31 日，按完工百分比法确认收入并结转成本

20×7 年末实际发生的成本占估计总成本的比例＝90 000÷(90 000＋90 000)＝50％

20×7 年应确认劳务收入＝200 000×50％＝100 000(元)

20×7 年应结转劳务成本＝180 000×50％＝90 000(元)

借：预收账款——乙公司　　100 000

　　贷：主营业务收入　　100 000

借：主营业务成本　　90 000

　　贷：劳务成本——设备安装　　90 000

【例 12-12】甲公司于 20×3 年 12 月 25 日接受乙公司委托，为其培训一批学员，培训期为 6 个月，20×4 年 1 月 1 日开学。协议约定，乙公司应向甲公司支付的培训费总额为 120 000 元，分三次等额支付，第一次在开学时预付，第二次在 20×4 年 3 月 1 日支付，第三次在培训结束时支付。

20×4 年 1 月 1 日，乙公司预付第一次培训费。20×4 年 2 月 29 日，甲公司发生培训成本 30 000 元(假定均为培训人员薪酬)。20×4 年 3 月 1 日，甲公司得知乙公司经营发生困难，后两次培训费能否收回难以确定。甲公司账务处理如下：

(1)20×4 年 1 月 1 日收到乙公司预付的培训费

借：银行存款　　40 000

　　贷：预收账款　　40 000

(2)实际发生培训支出 30 000 元

借：劳务成本　　30 000

　　贷：应付职工薪酬　　30 000

(3)20×4 年 2 月 29 日确认劳务收入并结转劳务成本

借:预收账款　　30 000

　　贷:主营业务收入　　30 000

借:主营业务成本　　30 000

　　贷:劳务成本　　30 000

(三)特殊劳务交易的处理

1. 安装费

安装费应在资产负债表日根据安装的完成程度确认收入。如果安装工作是销售商品的附带条件,安装费在确认销售商品实现时确认收入。

2. 宣传媒介费

宣传媒介的佣金收入应在相关的广告或商业行为开始出现于公众面前时予以确认。广告的制作佣金收入则应在期末时根据项目的完成程度确认收入。

3. 包括在商品售价内可区分的服务费

如果商品的售价中包括可区分在售后一定期限内的服务费,企业应在提供服务的期间内分期确认收入。

4. 入场费

因艺术表演、招待宴会以及其他特殊活动而产生的收入,应在这些活动发生时确认收入。如果是一笔预收几项活动的费用,则这笔预收款应合理分配给每项活动。企业收到的预收款项,记入"预收账款"科目,或"应收账款"科目。

5. 申请入会费和会员费

申请入会费和会员费收入应以所提供服务的性质为依据。如果所收费用只允许取得会员资格,而所有其他服务或商品都要另行收费,则应在款项收回不存在任何不确定性时确认为收入。如果所收费用能使会员在会员期内得到各种服务或出版物,或者以低于非会员所负担的价格购买商品或劳务,则该项收费应在整个受益期内分期确认收入,在这种情况下,尚未确认的收入在"递延收益"科目核算。

6. 特许权费

特许权费收入包括提供初始及后续服务、设备和其他有形资产及专门技术等方面的收入。其中属于提供设备和其他有形资产的部分,应在这些资产的所有权转移时,确认为收入;属于提供初始及后续服务的部分,在提供服务时确认为收入。未确认的特许权费收入,应在收到时记入"递延收益"科目。

7. 订制软件收费

订制软件主要是指为特定客户开发软件,不包括开发通用软件。订制软件收入应在资产负债表日根据开发的完工程度确认收入。

8. 定期收费

有的企业与客户签订合同,长期为客户提供某一种或几种重复的劳务,客户按期支付劳务费。在这种情况下,企业应在合同约定的收款日期确认收入。

三、让渡资产使用权收入

(一)让渡资产使用权收入的确认与计量

让渡资产使用权收入包括利息收入、使用费收入等。企业对外出租资产收取的租金、进行债权投资收取的利息、进行股权投资取得的现金股利等,也构成让渡资产使用权收入,分别参照相关章节的内容。

让渡资产使用权收入同时满足下列条件时,才能予以确认:(1)相关的经济利益很可能流入企业;(2)收入的金额能够可靠地计量。对于利息收入,企业应在资产负债表日,按照他人使用本企业货币资金的时间和实际利率计算确定利息收入金额;对于使用费收入,应按合同或协议规定的收费时间和收费办法确认。

(二)让渡资产使用权收入的账务处理

1. 利息收入的账务处理

企业应在每个会计期末,按未收回的存款或贷款等的本金、存续期间和适当的利率计算并确认利息收入。具体处理时,按所确认的利息收入,借"应收利息""银行存款"等科目,贷记"利息收入""其他业务收入"等科目。

2. 使用费用收入的账务处理

企业应在每个会计期末,应按合同或协议规定的收费时间和收费办法确认使用费用收入。但是,不同的使用费收入,其收费时间和收费办法不尽相同,有的是一次性收取全部使用费,有的则是在合同、协议规定的有效期内分期等额收款和非等额收款。如果合同、协议规定使用费一次支付,且不提供后期服务的,应视同该项资产的销售一次确认收入;如提供后期服务,应在合同、协议规定的有效期内分期确认收入。如果合同、协议规定分期支付使用费,应按合同、协议规定的收费时间、收费办法分期确认收入。

【例 12-13】甲公司向乙公司转让一项软件的使用权,协议规定:甲公司向乙公司一次性收取使用费 100 000 元,不提供后期服务。根据上述资料,甲公司账务处理如下:

借:应收账款——乙公司　　100 000

　　贷:其他业务收入——转让使用权收入　　100 000

第二节　费用

一、费用的概念与分类

(一)费用的概念

费用,是指企业在日常活动中发生的、会导致所有者权益减少的、与向所有者分配利润无关的经济利益的总流出。费用有广义与狭义之分,广义的费用泛指企业在日常活动中所发生的所有耗费。狭义的费用是指企业为取得营业收入而发生的耗费,即与收入相配比的那部分耗费。本节所讨论的费用是指狭义的费用。

(二)费用的分类

按照费用与收入的关系,费用一般可分为营业成本、期间费用、税金及附加等。

1. 营业成本

营业成本,是指企业所销售商品或者提供劳务的成本。包括主营业务成本和其他业务成本。

2. 期间费用

期间费用,是指企业本期发生的、不能直接或间接归入营业成本,而是直接计入当期损溢的各项费用。包括销售费用、管理费用和财务费用。

3. 税金及附加

税金及附加,是指企业按国家税法的规定以实现的营业收入为依据计算交纳的各种税费。包括消费税、城市维护建设税、资源税、土地增值税和教育费附加等。

二、费用的确认与计量

(一)费用的确认

费用的确认除了应当符合定义外,也应当满足严格的条件,即费用只有在经济利益很可能流出从而导致企业资产减少或者负债增加、经济利益的流出额能够可靠计量时才能予以确认。费用的确认至少应当符合以下条件:一是与费用相关的经济利益应当很可能流出企业;二是经济利益流出企业的结果会导致资产的减少或者负债的增加;三是经济利益的流出额能够可靠计量。

费用根据不同的内容采用不同的方法确认,营业成本是与一定的营业收入有直接联系的,故应按配比原则,在确认销售收入的同时或会计期末,确认相应的营业成本。期间费用是与一定的会计期间相联系的应根据权责发生制原则,在发生时予以确认并按会计期间进行归集。税金及附加通常是与营业收入相联系的,在确认营业收入的同时或期末予以确认。

(二)费用的计量

营业成本按企业在销售商品、材料的实际成本计量,其他业务按取得营业收入过程中的耗费计量;期间费用按实际发生额(采用预提和摊销的按权责发生制计算分配)计量;税金及附加按税法规定计算的税额计量。

三、费用的会计处理

(一)营业成本

企业营业成本的核算,应设置“主营业务成本”和“其他业务成本”科目,借方登记营业成本的发生,贷方登记营业成本结转,月末无余额。其具体的账务处理已在本章“收入”一节多有论述,这里不再赘述。

(二)期间费用

1.管理费用

管理费用,是指企业行政管理部门为管理和组织生产经营活动发生的各项费用,具体包括:企业在筹建期间内发生的开办费、董事会和行政管理部门在企业的经营管理中发生的或者应由企业统一负担的公司经费(行政管理部门职工工资及福利费、物料消耗、低值易耗品摊销、办公费和差旅费等)、工会经费、董事会费(包括董事会成员津贴、会议费和差旅费等)、聘请中介机构费、咨询费(含顾问费)、诉讼费、业务招待费、房产税、车船使用税、土地使用税、印花税、技术转让费、矿产资源补偿费、研究费用、排污费等。

为了反映企业发生的各项管理费用,应设置“管理费用”科目进行核算。发生管理费用时记借方,期末结转“本年利润”科目时记入贷方,结转后该科目应无余额。“管理费用”科目按费用项目设置明细。

【例 12-14】甲公司 20×4 年 3 月份,购入办公用品 4 000 元;当月交纳印花税1 000 元;支付聘请会计师事务所的审计费用 30 000 元,支付开拓市场的业务招待费90 000 元,上述款项已由银行存款支付。另外,企业按规定计提本月的工会经费20 000元,职工教育经费27 000元。根据上述资料,甲公司账务处理如下:

(1)支付办公用品、印花税、审计费、业务招待费时

借:管理费用——办公费	4 000	
管理费用——印花税	1 000	
管理费用——审计费	30 000	
管理费用——业务招待费	90 000	
贷:银行存款		125 000

(2)计提工会经费、职工教育经费时

借:管理费用——工会经费	20 000	
管理费用——职工教育经费	27 000	
贷:应付职工薪酬		47 000

2.销售费用

销售费用,是指企业销售商品和材料、提供劳务的过程中发生的各种费用,具体包括:保险费、包装费、展览费和广告费、商品维修费、预计产品质量保证损失、运输费、装卸费等以及为销售本企业商品而专设的销售机构(含销售网点、售后服务网点等)的职工薪酬、业务费、折旧费等经营费用。

为了反映和监督销售费用发生情况,应设置“销售费用”科目。发生销售费用时记借方,期末结转“本年利润”科目时记贷方,结转后该科目应无余额。“销售费用”科目按费用项目设置明细科目。

【例 12-15】甲公司 20×4 年 12 月份,以银行存款支付广告费 55 000 元,支付销售商品由本公司承担的运费 4 000 元。另外,企业按规定计提“三包”费用 110 000 元。根据上述资料,甲公司账务处理如下:

(1)支付广告费、运输费时

借:销售费用——广告费　　55 000

——运输费　　4 000

贷:银行存款　　59 000

(2)计提“三包”费用时

借:销售费用——三包费用　　110 000

贷:预计负债——三包费用　　110 000

3. 财务费用

财务费用,是指企业为筹集生产经营所需资金等而发生的筹资费用,包括利息支出(减利息收入)、汇兑损溢以及相关的手续费、企业发生的现金折扣或收到的现金折扣等。

为了反映和监督企业发生的各种财务费用,应设置“财务费用”科目进行核算。发生财务费用时,记入该科目借方,期末结转“本期利润”科目时记入贷方,结转后该科目应无余额。“财务费用”科目按费用项目设置明细科目。

【例 12-16】甲公司 20×4 年 8 月份,以银行存款 50 元,支付委托收款手续费。另外,企业按规定计提长期借款利息费用 3 500 元。根据上述资料,甲公司账务处理如下:

(1)支付托收手续费时

借:财务费用　　50

贷:银行存款　　50

(2)计提长期借款利息时

借:财务费用　　3 500

贷:长期借款——利息　　3 500

(三)税金及附加

税金及附加包括企业按营业收入计算交纳的消费税、城市维护建设税、资源税、土地增值税和教育费附加等。

为了反映和监督企业发生的上述各种税费,应设置“税金及附加”科目进行核算。企业计提上述税费时,记入该科目借方,期末结转“本期利润”科目时记入贷方,结转后该科目应无余额。

【例 12-17】甲公司 20×4 年 9 月,甲公司增值税的销项税 340 000 元,进项税 300 000元,甲公司应交增值税额为 40 000 元。按税法规定,甲公司应交的城市维护建设税 1 600 元、教育费附加 600 元。根据上述资料,甲公司账务处理如下:

借:税金及附加　　2 200

贷:应交税费——应交城市维护建设税　　1 600

——应交教育费附加　　600

第三节　利润

一、利润的概念及构成

(一)利润的概念

利润，是指企业在一定会计期间的经营成果。利润包括收入减去费用后的净额、直接计入当期利润的利得和损失等。

其中，直接计入当期利润的利得和损失，是指应当计入当期损溢、最终会引起所有者权益发生增减变动的、与所有者投入资本或者向所有者分配利润无关的利得或者损失。利润的确认主要依赖于收入和费用以及利得和损失的确认，其金额的确定也主要取决于收入、费用、利得、损失金额的计量。

(二)利润的构成

利润由营业利润、利润总额和净利润 3 部分构成。

1. 营业利润

营业利润是指企业在经营活动中所取得的营业收入扣除营业成本、费用、税金及附加等项目后的余额，是企业利润的主要来源。其计算公式为：

营业利润＝营业收入－营业成本－税金及附加－销售费用－管理费用－财务费用－资产减值损失＋公允价值变动收益(－公允价值变动损失)＋投资收益(－投资损失)。

其中，“营业收入”和“营业成本”项目分别反映企业经营主要业务和其他业务所确认的收入总额和实际成本总额；“税金及附加”项目反映企业经营业务应负担的消费税、城市维护建设税、资源税、土地增值税和教育费附加等；“销售费用”项目，反映企业在销售商品过程中发生的包装费、广告费等费用和为销售本企业商品而专设的销售机构的职工薪酬、业务费等经营费用；“管理费用”项目，反映企业为组织和管理生产经营发生的管理费用；“财务费用”项目，反映企业筹集生产经营所需资金等而发生的筹资费用；“资产减值损失”项目，反映企业各项资产发生的减值损失；“公允价值变动净收益”项目，反映企业按照相关准则规定应当计入当期损溢的资产或负债公允价值变动净收益，如交易性金融资产当期公允价值的变动额；“投资收益”项目，反映企业以各种方式对外投资所取得的收益。

2. 利润总额

利润总额，是企业在一定会计期间全部的营业利润和营业外收支之和。利润总额的计算公式为：

利润总额＝营业利润＋营业外收入－营业外支出

其中，“营业外收入”，反映企业发生的应计入当期损溢的利得，如非流动资产处置利得、非货币性资产交换利得等；“营业外支出”，反映企业发生的应计入当期损溢的损失,如非流动资产处置损失、非货币性资产交换损失等。

3. 净利润

净利润,也称税后利润,反映企业在一定会计期间的最终经营成果,其金额为利润总额扣除所得税费用后的净额。净利润的计算公式为:

净利润=利润总额-所得税费用

其中,“所得税费用”,反映企业确认的应从利润总额中扣除的所得税费用,包括当期所得税费用和递延所得税费用(减收益)。

二、营业外收支的核算

(一)营业外收入

营业外收入,是指企业发生的与其日常活动无直接关系的各项利得。营业外收入并不是由企业经营资金耗费所产生的,不需要企业付出代价,实际上是一种纯收入,不可能也不需要与有关费用进行配比。因此,在会计核算上,应当严格区分营业外收入与营业收入的界限。营业外收入的具体内容包括:非流动资产处置利得、非货币性资产交换利得、债务重组利得、政府补助、盘盈利得、捐赠利得等。

非流动资产处置利得,包括固定资产处置利得和无形资产出售利得。

非货币性资产交换利得,指在非货币资产交换中换出资产为固定资产、无形资产的,换入资产公允价值大于换出资产账面价值的差额,扣除相关费用后计入营业外收入的金额。

债务重组利得,指重组债务的账面价值超过清偿债务的现金、非现金资产的公允价值、所转股份的公允价值、或者重组后债务账面价值之间的差额。

盘盈利得,指企业对于现金等清查盘点中盘盈的现金等,报经批准后计入营业外收入的金额。固定资产盘盈应作为前期差错调整留存收益,记入“以前年度损溢调整”科目,不计入营业外收入。

政府补助,指企业从政府无偿取得货币性资产或非货币性资产形成的利得。

捐赠利得,指企业接受捐赠产生的利得。

罚没利得,是指企业受到的滞纳金、违约金及其其他形式的罚款,在弥补了由于对方违约而造成的损失后的净收益。

企业应当设置“营业外收入”科目,核算营业外收入的取得和结转情况。该科目可按营业外收入项目进行明细核算。期末,应将该科目余额转入“本年利润”科目,结转后该科目无余额。

(二)营业外支出

营业外支出,是指企业发生的与日常活动无直接关系的各项损失。营业外支出的具体内容包括:非流动资产处置损失、非货币性资产交换损失、债务重组损失、公益性捐赠支出、非常损失、盘亏损失等。

非流动资产处置损失,包括固定资产处置损失和无形资产出售损失。

非货币资产交换损失，指在非货币资产交换中换出资产为固定资产、无形资产的，换入资产公允价值小于换出资产账面价值的差额，扣除相关费用后计入营业外支出的金额。

债务重组损失，指重组债权的账面余额与受让资产的公允价值、所转股份的公允价值、或者重组后债权的账面价值之间的差额。

公益性捐赠支出，指企业对外进行公益性捐赠发生的支出。

非常损失，指企业对于因客观因素(如自然灾害等)造成的损失，在扣除保险公司赔偿后计入营业外支出的净损失。

罚款支出，是指企业由于违反合同、违法经营、偷税漏税、拖欠税款等而支付的违约金、罚款、滞纳金等支出。

盘亏损失，是指企业由于自然灾害等客观原因造成的财产损失，在扣除保险公司赔偿和残料价值后，应计入当期损溢的净损失。

企业应通过“营业外支出”科目，核算营业外支出的发生及结转情况。该科目可按营业外支出项目进行明细核算。期末，应将该科目余额转入“本年利润”科目，结转后该科目无余额。

需要指出的是，营业外收入和营业外支出应当分别核算，不得以营业外支出直接冲减营业外收入，也不得以营业外收入冲减营业外支出。

三、本年利润的核算

企业应设置“本年利润”科目，核算企业本年度内实现的净利润(或净亏损)。期末，企业将各损溢类科目的余额转入“本年利润”科目，其具体做法为：将收入类科目的发生额转入“本年利润”科目的贷方，将费用类科目的发生转入“本年利润”科目的借方。结转后“本年利润”科目如为贷方余额即为本期净利润，“本年利润”科目如为借方余额为本期亏损，年度终了，企业应将“本年利润”科目结平，转入“利润分配——未分配利润”科目，结转后，“本年利润”科目应无余额。

【例 12-18】甲企业 20×4 年 1—11 月累计实现的利润 1 400 000 元，12 月份各损溢科目的发生额如下：

科目名称：	借方	贷方
主营业务收入		10 000 000
主营业务成本	8 000 000	
税金及附加	850 000	
销售费用	240 000	
管理费用	570 000	
财务费用	110 000	
其他业务收入		650 000
其他业务成本	610 000	
投资收益		30 000
营业外收入		50 000

营业外支出　　　　　　　　　　10 000

甲公司20×4年12月末，账务处理如下：

(1)将收入类科目发生额，转入“本年利润”贷方

借：主营业务收入　　　　　　　　　　10 000 000

　　其他业务收入　　　　　　　　　　650 000

　　投资收益　　　　　　　　　　30 000

　　营业外收入　　　　　　　　　　50 000

　　贷：本年利润　　　　　　　　　　10 730 000

(2)将费用类科目发生额，转入“本年利润”借方

借：本年利润　　　　　　　　　　10 390 000

　　贷：主营业务成本　　　　　　　　　　8 000 000

　　　　税金及附加　　　　　　　　　　850 000

　　　　销售费用　　　　　　　　　　240 000

　　　　管理费用　　　　　　　　　　570 000

　　　　财务费用　　　　　　　　　　110 000

　　　　其他业务成本　　　　　　　　　　610 000

　　　　营业外支出　　　　　　　　　　10 000

(3)20×4年甲公司利润总额＝1 400 000＋(10 730 000－10 390 000)＝1 740 000(元)

第四节　所得税费用

会计与税收是经济领域的两个不同的分支，分别遵循不同的原则，规范不同的对象。因此，在《企业会计准则》和税收法规中，均体现了会计和税收各自相对的独立性和适当分离的原则。企业的税前会计利润是指根据《企业会计准则》核算的、在一定时期内扣除当期所得税费用前的利润总额，它反映了企业一定时期内产生的经营成果，体现了企业收入与费用的配比。应纳税所得额是指企业根据税法的规定确认的、在一定时期内应缴纳所得税的收益额。它是企业计算应纳所得税额的依据。由于会计与税法在确认收益实现和费用扣减的时间，以及收入和费用确认的范围不同，因此，按照《企业会计准则》计算的税前会计利润与按照税法规定计算的应纳税所得额必然不同，从而产生税前会计利润与应纳税所得额之间的差异。这种差异分为永久性差异和暂时性差异两类。

一、永久性差异

永久性差异，是指某一会计期间由于《企业会计准则》和税法在计算收益、费用或损失时的口径不同、标准不同，所产生的税前会计利润与应税所得之间的差异。永久性差异在本期发生，随着本期净收益确定而结转，并不在以后各经营期间转回。永久性差异会计处理的原则是：该差异一经发生，即在本期调整。

永久性差异有以下 4 种基本类型：

(一)会计收益非应税收益

会计收益非应税收益，是指《企业会计准则》作为收益计入利润表，但按税法在计算应税所得额时不作为应税收益。主要有：

(1)企业购买国债的利息收入，会计上作为投资收益，包括在税前会计利润(即利润总额)中，但按照税法规定，国债利息收入免税，不计入应税所得。

(2)企业从国内其他单位分回的税后利润，会计上作为投资收益纳入利润总额。因为被投资单位已按 25%的税率计算缴纳过所得税，则分回的利润按税法规定不再缴纳所得税。

(二)应税收益非会计收益

应税收益非会计收益，是指按税法规定应计入应税所得，但按照《企业会计准则》不确认收入，不计入利润表。主要有：

(1)企业与关联企业以不合理的手段减少纳税所得额，税法规定税务机关有权合理调整增加企业应纳税所得额；

(2)企业收到的价外费用、视同销售等，会计上可能不作为收入，但在税法上要求作应税收入。

(三)会计费用非应税费用

会计费用非应税费用，是指按《企业会计准则》规定核算时确认为费用或损失项目计入利润表，但税法在计算应税所得时则不允许扣减。具体有两种情况：一是范围不同，即会计上作为费用或损失的项目，税法规定不作为扣除项目处理；二是标准不同，即有些在会计上作为费用或损失的项目，税法允许作扣除项目，但规定了应税费用的标准限额，超限额部分会计上仍列为费用或损失，但税法不允许抵扣应税所得。

(1)范围不同的项目主要有：

①违法经营的罚款、被没收财物的损失、各项税收的滞纳金和罚金。会计上作为“营业外支出”处理，但税法不允许扣减应税所得；

②各种非公益性、救济性捐赠和赞助支出。会计上据实列入“营业外支出”，但税法规定不得抵扣应税所得；

③资产减值准备的计提，会计上列作“资产减值损失”，但税法要求企业只有按照税法标准认定该项资产实际发生损失时，其损失金额才可在税前扣除，未经核定的准备金不得在税前扣除。

(2)标准不同的项目主要有：

①利息支出，会计上在“财务费用”中据实列支，但税法规定向非金融机构借款的利息支出，高于按照金融机构同类、同期贷款利率计算的部分，不准扣减应纳税所得额；

②公益性、救济性捐赠，会计上列为“营业外支出”，但税法规定，公益性、救济性捐赠未超过年度会计利润总额 12%的部分准予扣除，超额部分不得扣除；

③业务招待费，会计上列作“管理费用”，但税法规定按实际发生额的 60%扣除，并

且最高不得超过企业全年营业收入的5‰，超过限额部分应计入应纳税所得额；

④广告和业务宣传费，会计上列作“销售费用”，但税法规定企业每一年度发生的符合条件的广告费和业务宣传费，除国务院财政、税务主管部门另有规定外，不超过当年销售（营业）收入15％的部分，准予扣除；超过部分，准予在以后纳税年度结转扣除；

⑤工会经费，会计上列入相关的成本、费用，但税法规定建立工会组织的企业按每月全部职工工资总额的2％向工会拨缴的经费，凭工会组织开具的《工会经费拨缴款专用收据》在税前扣除，凡不能出具《工会经费拨缴款专用收据》的，其提取的职工工会经费不得在企业所得税前扣除；

⑥职工教育经费，会计上列入相关的成本、费用，但税法规定职工教育经费每月按不超过工资总额的2.5％的部分，准予扣除；超过部分，准予在以后纳税年度结转扣除；

⑦职工福利类支出，这里指的职工福利类支出，是指企业为职工缴纳的医疗保险费、养老保险费、失业保险费、工伤保险费、生育保险费等社会保险费和住房公积金。会计上列入相关的成本、费用，但税法规定列入成本、费用的金额不得超过工资总额的一定比例，超过部分超应计入应纳税所得额。

（四）应税费用非会计费用

应税费用非会计费用，是指按照《企业会计准则》规定核算时不确认为费用或损失，但在计算应税所得时则允许扣减。主要有：

①研究与开发费，企业为开发新技术、新产品、新工艺发生的研究开发费用，未形成无形资产计入当期损溢的，按照规定在据实扣除的基础上，按照研究开发费用的50％加计扣除；形成无形资产的，按照无形资产成本的150％摊销；

②安置残疾人员就业的工资，企业安置残疾人员的，在按照支付给残疾职工工资据实扣除的基础上，按照支付给残疾职工工资的100％加计扣除。

二、暂时性差异

暂时性差异，是指资产或负债的账面价值与其计税基础之间的差额。

资产、负债的账面价值，是指企业按照《企业会计准则》的规定进行核算后在资产负债表中列示的金额。具体来说，资产的账面价值是指资产的账面余额减去其各项备抵后的金额；负债的账面价值就等于负债的账面余额。总体来说，在企业会计核算中，资产和负债的账面价值比较容易取得；因此计算暂时性差异的关键在于确定资产和负债的计税基础。

（一）资产的计税基础与暂时性差异

1.资产的计税基础

资产的计税基础，是指企业收回资产账面价值过程中，计算应纳税所得额时按照企业所得税法规定可以自应税经济利益中抵扣的金额。即某项资产在未来期间计算应纳税所得额时按照企业所得税法规定可予税前扣除的金额，用公式表示为：

资产的计税基础＝资产在未来期间按照税法规定可予税前扣除的金额

资产在初始确认时，其计税基础通常为其取得成本，因此，资产初始计量时的账面价值与其计税基础是一致的。在资产持续持有过程中，其计税基础是指资产的取得成本减去以前期间按照税法规定已经税前扣除的金额后的余额。

【例 12-19】甲企业于 20×4 年 12 月 10 日，以 500 万元购入一台生产设备，该台设备的预计使用寿命为 10 年，会计上按照年限平均法计提折旧，预计净残值为 0。假定该固定资产税法规定的折旧年限、折旧方法及净残值与会计规定相同。20×6 年 12 月 31 日，甲企业估计该项固定资产的可收回金额为 350 万元。

该项固定资产 20×6 年末的净值为 400 万元(500－500÷10×2)，可收回金额为 350 万元，则甲企业年末计提了减值准备 50 万元。而税法并不认可因计提减值准备而形成的损失，资产的计税基础不会随资产减值准备的提取而发生变化。

该固定资产的年末的账面价值、计税基础和暂时性差异金额为：

该项固定资产在 20×6 年末的账面价值＝500－500÷10×2－50＝350(万元)

该项固定资产在 20×6 年末的计税基础＝500－500÷10×2＝400(万元)

暂时性差异＝400－350＝50(万元)

【例 12-20】甲企业 20×4 年发生研究与开发支出共计 300 万元，其中研究阶段支出 60 万元，开发阶段符合资本化条件前发生的支出为 40 万元，符合资本化条件后至达到预定用途前发生的支出为 200 万元。假定开发形成的无形资产在 20×4 年末已达到预定用途，但尚未开始摊销，预期使用寿命 20 年。

甲企业当期发生的研究开发支出中，按照企业会计准则规定，形成无形资产的成本为 200 万元。按照企业会计准则规定，形成无形资产的部分，税法规定按照无形资产成本的 150％作为计算未来期间摊销额的基础。

该无形资产的账面价值、计税基础和暂时性差异的金额为：

该无形资产在初始确认时的账面价值＝200(万元)

该无形资产在初始确认时的计税基础＝200×150％＝300(万元)

暂时性差异＝300－200＝100(万元)

【例 12-21】甲公司 20×4 年 10 月 20 日，甲公司以 100 万元取得乙公司股票 10 万股作为交易性金融资产核算，20×4 年 12 月 31 日，甲公司尚未出售所持有乙公司股票，乙公司股票公允价值为每股 9 元。

按照企业会计准则规定，交易性金融资产期末应将公允价值变动形成的利得或损失计入当期损溢，并调整交易性金融资产账户。而税法规定，对于交易性金融资产，持有期间公允价值的变动金额不计入当期应纳税所得额，待出售时一并计算计入应纳税所得额。

该交易性金融资产 20×4 年末的账面价值、计税基础和暂时性差异的金额为：

该项交易性金融资产 20×4 年末的账面价值＝期末公允价值＝90(万元)

该项交易性金融资产 20×4 年末的计税基础，应维持原取得成本不变＝100(万元)

暂时性差异＝100－90＝10(万元)

【例 12-22】甲公司 20×4 年 12 月 31 日应收账款余额为 1 000 万元，该公司期末对应收账款计提了 100 万元的坏账准备。

税法规定，不符合国务院财政、税务主管部门规定的各项资产减值准备，在计算应纳税所得额时不允许税前扣除。

该应收账款的账面价值、计税基础和暂时性差异的的金额为：

该项应收账款在20×4年末的账面价值=1 000-100=900(万元)

该项应收账款的计税基础不会因坏账准备的提取而发生变化，其在20×4年末的计税基础仍为1 000万元。

暂时性差异=1 000-900=100(万元)

2. 负债的计税基础

负债的计税基础，是指负债的账面价值减去未来期间计算应纳税所得额时按照税法规定可予抵扣的金额。即：

负债的计税基础=负债的账面价值-未来期间按照税法规定可予税前扣除的金额

通常情况下，负债的确认和偿还不会对当期损溢和应纳税所得额产生影响，未来期间计算应纳税所得额时按照税法规定可予抵扣的金额为0，其计税基础即为账面价值。但是，在某些情况下，负债的确认可能会影响损溢，并影响不同期间的应纳税所得额，使其计税基础与账面价值之间产生差额。

【例12-23】某企业20×4年因销售产品承诺提供3年的保修服务，在当年的利润表中确认了200万元的销售费用，同时确认为预计负债，当年度未发生任何保修支出。按照税法规定，与产品售后服务相关的费用在实际发生时允许税前扣除。

该预计负债的账面价值、计税基础和暂时性差异的的金额为：

该项预计负债在20×4年末的账面价值=200(万元)

该项预计负债的计税基础=负债的账面价值200万元-可从未来经济利益中扣除的金额200万元=0，即计税基础等于0。

暂时性差异=200-0=200(万元)

【例12-24】甲公司于20×4年12月15日自客户收到一笔合同预付款，金额为180万元，作为预收账款核算。税法规定，该款项应计入取得当期应纳税所得额计算交纳所得税。

该预收账款的账面价值、计税基础和暂时性差异的的金额为：

该预收账款在20×4年末的账面价值=180万元

按照税法规定，该项预收账款应计入取得当期的应纳税所得额计算交纳所得税，与该项负债相关的经济利益已在取得当期计算交纳所得税，未来期间按照《企业会计准则》规定应确认收入时，不再计入应纳税所得额，即其于未来期间计算应纳税所得额时可予税前扣除的金额为180万元。

计税基础=账面价值180万元-可从未来经济利益中扣除的金额180万元=0

3. 应纳税暂时性差异和可抵扣暂时性差异

暂时性差异，是指资产或负债的账面价值与其计税基础之间的差额。按照暂时性差异对未来期间应税金额的影响，可分为两类：应纳税暂时性差异和可抵扣暂时性差异。当资产的账面价值大于其计税基础或者负债的账面价值小于其计税基础的，将产生应纳税暂时性差异，应确认相关的递延所得税负债；当资产的账面价值小于其计税基础或者负债的账面价值大于其计税基础的，将产生可抵扣暂时性差异，应确认相关的递延所得税资产。

暂时性差异及确认递延所得税的情况列如表12-2所示：

表12-2 暂时性差异及递延所得税的确认

	资 产	负 债
账面价值＞计税基础	应纳税暂时性差异（确认递延所得税负债）	可抵扣时间性差异（确认递延所得税资产）
账面价值＜计税基础	可抵扣暂时性差异（确认递延所得税资产）	应纳税暂时性差异（确认递延所得税负债）

4. 特殊项目的暂时性差异

（1）未作为资产、负债确认的项目产生的暂时性差异

某些交易或事项发生以后，因为不符合资产、负债的确认条件而未体现为资产负债表中的资产或负债，但按照税法规定能够确定其计税基础的，其账面价值0与计税基础之间的差异也构成暂时性差异。如税法规定，企业发生的符合条件的广告费和业务宣传费支出，除另有规定外，不超过销售收入15%的部分准予扣除；超过部分准予向以后纳税年度结转扣除。该类费用在发生时按照企业会计准则规定即计入当期损溢，不形成资产负债表中的资产。但按照税法规定可以确定其计税基础，两者之间的差异也形成暂时性差异。

【例12-25】甲公司20×4年发生了800万元广告支出，发生时已作为销售费用计入当期损溢，税法规定，该类支出不超过当年销售收入15%的部分允许当期税前扣除，超过部分允许向以后纳税年度结转税前扣除。甲公司20×4年实现销售收入5 000万元。

按照企业会计准则规定，该广告费用支出在发生时已计入当期损溢，不体现为资产负债表中的资产，如果将其视为资产，20×4年12月31日的账面价值为0。

按照税法规定，该类支出税前列支有一定标准限制，根据当期甲公司销售收入15%计算，当期可予税前扣除750万元（5 000×15%），当期未予税前扣除的50万元（800－750）可以向以后纳税年度结转扣除，其计税基础为50万元。

该项资产的账面价值0与其计税基础50万元之间产生了50万元的暂时性差异，该暂时性差异在未来期间可减少企业的应纳税所得额，为可抵扣暂时性差异，符合确认条件时，应确认相关的递延所得税资产。

（2）可抵扣亏损及税款抵减产生的暂时性差异

对于按照税法规定可以结转以后年度的未弥补亏损及税款抵减，虽不是因资产、负债的账面价值与计税基础不同产生的，但本质上可抵扣亏损和税款抵减与可抵扣暂时性差异具有同样的作用，均能减少未来期间的应纳税所得额，进而减少未来期间的应交所得税。因此，会计处理上可视同可抵扣暂时性差异，在符合确认条件的情况下，应确认与其相关的递延所得税资产。

【例12-26】甲公司于20×4年因政策性原因发生经营亏损3 000万元，按照税法规

定，该亏损可用于抵减以后5个年度的应纳税所得额。该公司预计其未来5年期间能够产生足够的应纳税所得额抵扣该经营亏损。

虽然该经营亏损不是因为资产、负债的账面价值与其计税基础不同产生的，但从其性质上来看，可以减少未来期间企业的应纳税所得额和应交所得税，视同可抵扣暂时性差异。在企业预计未来期间能够产生足够的应纳税所得额可抵扣亏损时，应确认相关的递延所得税资产。

三、所得税会计的核算

对于所得税会计的核算方法，主要有应付税款法和资产负债表债务法两种。这两种方法分别为我国《小企业会计准则》和《企业会计准则》所采用。

(一)应付税款法

应付税款法，是指本期税前会计利润与应纳税所得额之间的差异造成的影响纳税的金额直接计入当期损溢，而不递延到以后各期的会计处理方法。

1. 应付税款法的特点

本期所得税费用等于当期应交的所得税。

本期所得税费用＝本期应交所得税＝应纳税所得额×所得税税率

2. 应付税款法的核算程序

(1)确定会计利润，即按照企业会计准则规定计算出本期会计利润。

(2)根据税法的规定，确定出各类需要调整的差异额，包括永久性差异和暂时性差异。

(3)按照会计利润加、减各类纳税调整额，计算出本期应纳税所得额。

(4)按照应纳税所得额乘以适用的所得税税率，计算出本期应纳的所得税额。

(5)按照计算出的应纳所得税额进行会计处理。

3. 应付税款法下的科目设置

在应付税款法下，企业需要设置“所得税费用”和“应交税费——应交所得税”科目进行核算。“所得税费用”科目，用以核算企业按规定从本期损溢中扣减的所得税。该科目的借方反映企业计入当期损溢的所得税费用；贷方反映转入“本年利润”科目的所得税费用；期末结转本年利润后，“所得税费用”科目无余额。

4. 应付税款法的会计处理

应付税款法核算的特点是本期所得税费用等于当期应交的所得税，不确认递延所得税。

【例12-27】甲企业20×4年实现商品销售收入4 000 000元，利润总额600 000元；该公司发生业务招待费15 000元，取得国库券利息收入9 000元；当年计提坏账准备7 500元，预计产品“三包”费用60 000元。甲企业所得税的核算采用应付税款法，所得税税率为25%。甲企业账务处理如下：

本期的应纳税所得额＝600 000＋15 000×40%－9 000＋7 500＋60 000＝664 500(元)

本期应交的所得税＝664 500×25%＝166 125(元)

(1)确认所得税费用

借:所得税费用　　166 125

　贷:应交税费——应交所得税　　166 125

(2)实际交纳所得税

借:应交税费——应交所得税　　166 125

　贷:银行存款　　166 125

(3)结转本年所得税费用

借:本年利润　　166 125

　贷:所得税费用　　166 125

(二)资产负债表债务法

1.资产负债表债务法的特点

资产负债表债务法是指从资产负债表出发,通过比较资产负债表上列示的资产、负债按照《企业会计准则》确定的账面价值与按照税法确定的计税基础,对于两者之间的差异分别应纳税暂时性差异与可抵扣暂时性差异,确认相关的递延所得税负债与递延所得税资产,并在此基础上确定每一会计期间利润表中的所得税费用。

2.资产负债法的核算程序

(1)确定资产和负债的账面价值。企业应当按照《企业会计准则》规定,确定资产负债表中除递延所得税资产、递延所得税负债以外的其他资产、负债项目的账面价值。

(2)确定资产和负债的计税基础。企业应当按照税法的规定,确定资产负债表中有关资产和负债项目的计税基础。

(3)确定暂时性差异。企业在确定了资产负债表中有关资产、负债项目的账面价值和计税基础后,应对两者进行比较。两者之间若存在差异,为暂时性差异。对暂时性差异,应分析其性质,分别确认为应纳税暂时性差异与可抵扣暂时性差异。

(4)确定当期应予确认的或者应予转销的递延所得税负债和递延所得税资产金额。除《企业会计准则》中规定的特殊情况外,企业应当分别应纳税暂时性差异与可抵扣暂时性差异,确定资产负债表日递延所得税负债和递延所得税资产的应有余额,并与期初递延所得税负债和递延所得税资产的现有余额比较,确定当期应予进一步确认的递延所得税负债和递延所得税资产金额或应予转销的金额,作为利润表中应予确认的所得税费用的一个组成部分——递延所得税。

(5)确定当期所得税。对于当期发生的交易或事项,企业按照税法的规定计算确定当期应纳税所得额,将应纳税所得额与适用的所得税税率计算的结果确认为当期应交所得税,作为利润表中应予确认的所得税费用的另一个组成部分——当期所得税。

(6)确定利润表中的所得税费用。利润表中的所得税费用包括当期所得税费用和递延所得税费用两个组成部分,企业在计算确定了当期所得税费用和递延所得税后,两者之和(或之差)即为利润表中的所得税费用。

3.资产负债表债务法的科目设置

在资产负债表债务法下，除了设置“所得税费用”“应交税费——应交所得税”科目之外，还要设置“递延所得税资产”和“递延所得税负债”科目进行核算。

“递延所得税资产”是资产类科目，用以核算企业确认的可抵扣暂时性差异产生所得税资产。确认递延所得税资产时，记入借方；转销递延所得税资产时，记入贷方；余额在借方，表示企业已确认的递延所得税资产。

“递延所得税负债”是负债类科目，用以核算企业确认的应纳税暂时性差异产生所得税负债。确认递延所得税负债时，记入贷方；转销递延所得税负债时，记入借方；余额在贷方，表示企业已确认的递延所得税负债。

4.资产负债表债务法的会计处理

资产负债表债务法下利润表中的所得税费用由两部分组成。即当期所得税和递延所得税，递延所得税又分为递延所得税资产和递延所得税负债。计算公式如下：

所得税费用＝当期所得税＋递延所得税

【例 12-28】某企业 20×4 年按照《企业会计准则》计算确定的利润总额为 6 000 万元。该企业 20×4 年初“递延所得税资产”科目余额为 108.50 万元、“递延所得税负债”科目余额为 50 万元。20×4 年度发生的有关交易和事项中，会计处理与税收处理存在以下各项差异：

①20×3 年 12 月 31 日开始投入使用的一项设备，会计上采用双倍余额递减法计提折旧，税法规定允许采用直线法计提折旧。该设备取得成本为 3 000 万元，使用年限为 10 年，净残值为 0，计税时按直线法计列折旧，使用年限及净残值税法规定与会计相同。

②向关联方捐赠现金 1 000 万元。

③营业外支出中有 500 万元为违反税法支付的罚款。

④当期取得作为交易性金融资产核算的股票投资成本为 1 600 万元，20×4 年 12 月 31 日的公允价值为 2 400 万元。税法规定，以公允价值计量的金融资产持有期间市价变动金额不计入应纳税所得额。

⑤期末对持有的存货计提了 150 万元的存货跌价准备。

除上述项目外，该企业其他资产、负债的账面价值与其计税基础不存在差异，适用的所得税税率为 25%。该公司预计在未来期间能够产生足够的应纳税所得额用来抵扣可抵扣暂时性差异。

该公司 20×4 年度所得税的账务处理如下：

①应调整应纳税所得额增加的永久性差异金额＝1 000＋500＝1 500(万元)

②应纳税暂时性差异＝2 400－1 600＝800(万元)

递延所得税负债期末应有余额＝800×25%＝200(万元)

递延所得税负债期初余额＝50(万元)

递延所得税负债本期发生额＝200－50＝150(万元)

③可抵扣暂时性差异＝[(3 000×2÷10)－3 000÷10]＋150＝450(万元)

递延所得税资产期末应有余额＝450×25%＝112.5(万元)

递延所得税资产期初余额＝108.5(万元)

递延所得税资产本期发生额＝112.5－108.5＝4(万元)

④计算递延所得税＝(200－50)－(112.5－108.5)＝146(万元)

⑤本期应纳税所得额＝6 000＋300＋1 000－800＋500＋150＝7 150(万元)

⑥当期应交所得税＝7 150×25％＝1 787.5(万元)

⑦计算利润表中应确认的所得税费用

所得税费用＝当期所得税费用＋递延所得税费用＝1 787.5＋146＝1 933.5(万元)

借:所得税费用　　19 335 000

　递延所得税资产　　40 000

　贷:应交税费——应交所得税　　17 875 000

　　递延所得税负债　　1 500 000

第五节　利润分配

一、利润分配的顺序

根据有关规定,企业当年实现的净利润,除国家另有规定外,一般应当按照如下顺序进行分配:

1. 弥补以前年度亏损

我国《公司法》规定:“公司的法定公积金不足以弥补以前年度亏损的,在提取法定公积金之前,应当先用当年利润弥补。”

2. 提取法定盈余公积

法定盈余公积按照税后利润10％的比例提取。公司法定盈余公积累计额为公司注册资本的50％以上时,可以不再提取。

3. 提取任意公积金

公司在提取法定盈余公积后,经股东大会决议,可以提取任意公积金。

4. 向投资者分配利润或股利

公司弥补亏损和提取盈余公积后的剩余利润,可以向股东(投资者)分配利润。

二、利润分配的核算

(一)利润分配科目的设置

企业应设置“利润分配”科目,核算企业利润的分配(或亏损的弥补)和历年分配(或弥补)后的积存余额。“利润分配”科目下应分别设置“提取法定盈余公积”“提取任意盈余公积”“应付现金股利或利润”“转作股本的股利”“盈余公积补亏”和“未分配利润”等明细账科目,进行明细分类核算。

(二)利润分配的财务处理

企业按照规定从净利润中提取盈余公积时,借记“利润分配——提取法定盈余公积、提取任意盈余公积”科目，贷记“盈余公积——法定盈余公积、任意盈余公积”科目。经股东大会或类似机构决议，分配给股东或投资者的现金股利或利润时，借记“利润分配——应付现金股利或利润”科目，贷记“应付股利”科目。经股东大会或类似机构决议，分配给股东股票股利，应在办理增资手续后，借记“利润分配——转作股本的股利”科目，贷记“股本”科目。企业用盈余公积弥补亏损，借记“盈余公积”科目，贷记“利润分配——盈余公积补亏”科目。

年度终了，企业应将全年实现的净利润，转入“利润分配——未分配利润”科目，借记“本年利润”科目，贷记“利润分配——未分配利润”科目，如为净亏损，作相反的会计分录；同时，将“利润分配”科目下的其他明细科目的余额转入“利润分配——未分配利润”明细科目。结转后，除“利润分配——未分配利润”明细科目外，“利润分配”科目的其他明细科目均无余额。“利润分配”科目年末余额，反映企业历年累计的未分配利润或未弥补亏损。

【例 12-29】甲股份有限公司 20×4 年实现净利润 400 000 元，按 10％提取法定盈余公积；按 5％提取任意盈余公积；分配给普通股股东现金股利 150 000 元。甲公司账务处理如下：

(1)结转本年利润

	借方	贷方
借：本年利润	400 000	
贷：利润分配——未分配利润		400 000

(2)提取法定盈余公积和提取任意盈余公积

	借方	贷方
借：利润分配——提取法定盈余公积	40 000	
——提取任意盈余公积	20 000	
贷：盈余公积——法定盈余公积		40 000
——任意盈余公积		20 000

(3)分配现金股利

	借方	贷方
借：利润分配——应付现金股利	150 000	
贷：应付股利		150 000

(4)结转利润分配账户中的各明细账户

	借方	贷方
借：利润分配——未分配利润	210 000	
贷：利润分配——提取法定盈余公积		40 000
——提取任意盈余公积		20 000
——应付现金股利		150 000

三、亏损弥补的核算

企业弥补亏损的渠道主要有 3 条：一是用以后年度税前利润弥补；二是用以后年度税后利润弥补；三是以盈余公积弥补。

1. 用利润弥补亏损

税法规定，纳税人发生年度亏损的，可以用下一纳税年度的所得弥补；下一纳税年度的所得不足弥补的，可以逐年延续弥补，但是延续弥补期最长不得超过 5 年。经过 5

年仍未弥补的，尚未弥补的亏损应该改用税后利润弥补。企业无论用税前利润还是用税后利润补亏，均不需专门进行账务处理，因为企业以前年度的亏损是反映在“利润分配——未分配利润”科目的借方，而企业以后年度实现利润，期末要转入“利润分配——未分配利润”的贷方，结转后，就将“利润分配——未分配利润”的借方亏损给弥补了。

2. 用盈余公积弥补亏损

用盈余公积弥补亏损时，应当由董事会提议，并经股东大会批准。用盈余公积补亏时，借记“盈余公积”科目，贷记“利润分配——盈余公积补亏”科目。

【例 12-30】甲公司 20×4 年年初“利润分配——未分配利润”科目余额为借方余额 480 万元，该亏损为 20×2 年尚未弥补的亏损。20×4 年甲公司实现税前利润 600 万元。甲公司适应的所得税税率 25%。假定无其他纳税调整事项，甲公司账务处理如下：

(1)实现的利润先补亏，补亏后剩余的利润缴纳所得税

20×4 年应交所得税＝(600－480)×25%＝30(万元)

借：所得税费用　　300 000

　　贷：应交税费——应交所得税　　300 000

(2)结转所得税费用

借：本年利润　　300 000

　　贷：所得税费用　　300 000

(3)结转本年利润

借：本年利润　　5 700 000

　　贷：利润分配——未分配利润　　5 700 000

结转后，20×4 年年初亏损额 480 万元，自然弥补。“利润分配——未分配利润”科目贷方余额为 90 万元。

思考题

1. 商品销售商品收入的确认条件有哪些？

2. 商业折扣与现金折扣有何不同？对于销售商品收入的计量有何影响？

3. 管理费用、销售费用和财务费用包括哪些内容？

4. 企业所得税的核算有哪两种方法？简述资产负债法的核算程序。

5. 简述企业利润分配的一般程序。

第十三章 财务报表

本章学习目标

◎理解财务报表的列报要求

◎掌握资产负债表的列示及编制方法

◎掌握利润表的列示及编制方法

◎掌握现金流量表的列示及编制方法

◎掌握所有者权益变动表的列示及编制方法

◎理解附注的性质及披露

第一节 财务报表概述

一、财务报表定义

企业对外提供的反映某一特定时点的财务状况和经营成果、现金流量等会计信息的文件资料统称为财务报告。财务报告包括财务报表和其他应该在财务报告中披露和表明的信息资料等。财务报表是财务报告的重要内容,是企业财务状况、经营成果和现金流量的结构性表述,包括资产负债表、利润表、现金流量表、所有者权益(股东权益)变动表和财务报表附注等。

二、财务报表的分类

(一)按编报期间

财务报表按照编报期间不同可以分为中期财务报表和年度财务报表。中期财务报表是指编报期间短于一个会计年度的财务报表,包括半年报、季报和月报等。与年度财务报表相比,中期财务报表可适当简略附注披露部分,但至少应编制完整的资产负债表、利润表、现金流量表和附注。部分财务制度和会计机构不健全的小微民营企业可能仅编制资产负债表与利润表。

(二)按编报主体

按财务报表的编报主体不同,可以分为个别财务报表和合并财务报表。合并报表由母公司编制，综合反映集团企业的财务状况、经营成果及现金流量。合并财务报表和个别财务报表的关键区别在于会计主体，合并报表的会计主体是包括母公司和子公司在内的集团公司，个别财务报表的会计主体仅为一个子公司或母公司本身等。若编报主体为各地区、各业务群，则编制分部财务报告。

三、财务报表列报基本要求

（一）依据《企业会计准则》要求进行确认和计量

发生的实际经济业务必须根据对应的《企业会计准则》的规定进行确认和计量，然后据以编制财务报表，并且在附注中声明报表编制已遵循所有《企业会计准则》规定。

（二）列报基础

《企业会计准则》规定企业经济业务的确认、计量及报表列报应以持续经营为基础，如果出现非持续经营的特殊情况，必须在附注中声明非持续经营作为列报基础并说明原因及采用的其他列报基础。其他列报基础包括资产按可变现净值计量、负债按预计结算金额计量等。采用不同的列报基础，产生的企业财务状况和经营成果也不同。

报表编制的过程中，企业应根据自身可获取的经济财务信息对企业的持续经营可能性进行评价，考虑的因素包括市场经营风险、企业偿债能力、盈利能力、财务弹性以及管理层经营规划。评价结果显示持续经营能力非常薄弱的，应在附注中披露导致不能持续经营的关键影响因素。通过评价确定不能持续经营的情况如下：(1)企业已在当期清算或停止营业；(2)已正式决定下一会计期间清算或停止营业；(3)企业已确定在当期或下一会计期间没有其他可选方案而将被迫清算或停止营业。

（三）重要性和项目列报

判断项目是否单独列报，应根据其重要性进行判断。某项目若错报或省略不报会给经济信息使用者带来不利误导，则该项目具有重要性。重要性判断主要依据项目性质和项目金额进行判断，若项目性质属于企业日常活动，对企业财务状况和经营成果具有重要影响，则判断为重要项目单独列报；若单个项目金额占其同类项目总额比例较大也应确定为重要项目单独列报。

总之，快速判断某项目到底应该单独列报还是合并列报，就单看其是否具有重要性，如不具备则合并列报。

（四）报表项目间金额的抵消问题

报表中的资产、负债、收入、费用、利润项目，非特殊规定不得以净额列报、不能相互抵销，应当以总额列报。这样才能避免发生掩盖交易实质或片面反映经营成果的情况。

有 3 种特殊情况，不属于抵销的情况但应以净额列示：(1)同组交易形成的利得和损失应以净额列报；(2)资产类或负债类项目扣除备抵额后的净额；(3)同笔交易形成的非日常活动的利得和损失的净额更能反映交易实质。

(五)权责发生制与列报的一致性

资产负债表和利润表按照权责发生制,现金流量表按照收付实现制。

财务报表项目的列报应当在各个会计期间保持一致,不得随意变更,以使同企业不同会计期间数据可比和不同企业同一会计期间数据可比。只有《企业会计准则》要求改变或企业经营业务性质发生重大变化,才能变更财务报表项目的可比性。

(六)比较信息的列报

列报当期财务报表时,应至少列报上一个会计期间的可比数据,向利益相关者们提供可对比数据,反映企业的财务状况、经营成果和现金流量的发展趋势,提高报表使用者的判断与决策能力。如果报表项目列报确实需要变化,企业应当调整上期的比较数据,使其符合当期列报要求,并在附注中披露调整的原因和性质、以及调整各项目金额。若实在不能调整上期比较数据则应在附注中披露不能调整的原因。

(七)财务报表表首的列报格式

财务报表包括表首、表体两部分,表首部分应陈列企业基本信息:(1)企业名称,发生变更应明确表明该变更;(2)资产负债表应披露资产负债表日,利润表和现金流量包应披露会计期间;(3)货币名称和单位,我国企业应当以人民币为记账本位币列报;(4)财务报表是合并财务报表的,应当予以表明。

(八)报告期间

根据我国《会计法》规定,会计年度自公历1月1日起至12月31日止。如果企业在1月1日以后设立(如4月1日),企业应当披露年度报表的实际涵盖期间及短于一年的原因,并说明由此引起的报表项目与比较数据不具可比性的这一事实。

第二节 资产负债表

一、资产负债表的内容及结构

资产负债表是指按照《企业会计准则》规定列报的、反映企业某一特定时点(日期)财务状况的报表。它通过反映企业在该时点上所拥有或控制的经济资源(资产)、所承担的现实义务(负债)和所有者对净资产的要求权(所有者权益),使企业利益相关者对企业财务状况一目了然,据以计算出的财务分析指标值更能方便报表使用者做出合理的经济决策。资产负债表一般有表首和表体两部分。其中,表首概括地说明报表名称、编制单位、编制日期、金额单位、报表编号等;表体则列示说明企业财务状况的各个项目。

在我国,资产负债表采用账户式结构,报表分为左右两方,左方列示资产类项目,右方上半部分列示负债类项目,右方下半部分列示所有者权益项目。编制出的资产负债表要求左右两方必须平衡,即必须满足恒等式:资产=负债+所有者权益。

另外,依据上节提到过的比较信息列报要求,必须提供比较资产负债表,该表必须包括上期数据和本期的数据,即年初余额和期末余额,以便使用者掌握企业财务变动情况及发展趋势。

(1)资产负债表应分类别列报,按照资产、负债和所有者权益3大类别分类列报。

(2)资产和负债按流动性列报,分为流动资产和非流动资产、流动负债和非流动负债列示。流动性通常按资产耗用或变现的时长或负债偿还期限长短来予以确定。排列顺序应视资产或负债流动性强弱,自上而下排列,流动性强的在上,流动性弱的在下。判断流动资产或流动负债的项目,时间界限一般为一个正常营业周期,一个正常营业周期指从购买存货到收回现金或现金等价物的总时间,一般小于等于一年。特殊行业可能长于一年,如房地产开发企业、大型船只制造企业等,这种企业购买存货、实现销售、收回现金的周期超过一年,但仍在资产负债表中将存货、应收账款作为流动资产项目列示。正常营业周期不能确定,以一年作为正常营业周期。

(3)列报相关的合计、总计项目。资产负债表中的资产类项目至少应合计流动资产、非流动资产、流动负债、非流动负债、所有者权益。总计项目应列示资产总计、负债及所有者权益总计。

二、资产负债表的编制方法

(一)年初余额栏的填列方法

资产负债报年初余额栏数据的填列,应根据上年度末的资产负债表数据进行填列。如本年度项目的名称发生了变化,应当对上面年度发生变化项目的名称和数据按规定进行调整,填入本年度年初余额栏。

(二)期末余额栏的列报方法

资产负债表期末余额栏内各项数字,一般应根据资产、负债和所有者权益类科目的期末余额填列,主要包括以下方式:

(1)根据总账科目的余额填列。资产负债表中的有些项目,可直接根据有关总账科目的余额填列,如"交易性金融资产""短期借款""应付票据""应付职工薪酬"等项目;有些项目则需要根据几个总账科目的余额计算填列,如"货币资金"项目,需根据"库存现金""银行存款""其他货币资金"三个总账科目余额合计数填列。

(2)根据有关明细账科目的余额计算填列。例如,"应付账款"项目,需要根据"应付账款"和"预付账款"两个科目所属的相关明细科目的期末贷方余额计算填列;"应收账款"项目,需要根据"应收账款"和"预收账款"两个科目所属的相关明细科目的期末借方余额计算填列。

(3)根据总账科目和明细账科目的余额分析计算填列。例如,"长期借款"项目,需根据"长期借款"总账科目余额扣除"长期借款"科目所属的明细科目中将在资产负债表日起一年内到期且企业不能自主地将清偿义务展期的长期借款后的金额计算填列。

(4)根据有关科目余额减去其备抵科目余额后的净额填列。例如,资产负债表中的"应收账款""长期股权投资"等项目,应根据"应收账款""长期股权投资"等科目的期末余额减去“坏账准备”“长期股权投资减值准备”等科目余额后的净额填列;“固定资产”项目,应根据“固定资产”科目的期末余额减去“累计折旧”“固定资产减值准备”科目余额后的净额填列;“无形资产”项目,应根据“无形资产”科目的期末余额,减去“累计摊销”“无形资产减值准备”科目余额后的净额填列。

(5)综合运用上述方法分析填列。例如,资产负债表中的“存货”项目,需根据“原材料”“库存商品”“委托加工物资”“周转材料”“材料采购”“在途物资”“发出商品”“材料成本差异”“生产成本”等总账科目期末余额的分析汇总数,减去“存货跌价准备”科目余额后的金额填列。

(三)期末余额栏的列报说明

1.资产项目的填列

(1)“货币资金”项目,反映企业库存现金、银行结算户存款、外埠存款、银行汇票存款、银行本票存款、信用卡存款、信用证保证金存款等的合计数。本项目应根据“库存现金”“银行存款”“其他货币资金”科目期末余额的合计数填列。

(2)“交易性金融资产”项目,反映企业持有的以公允价值计量且其变动计入当期损溢的为交易目的所持有的债券投资、股票投资、基金投资、权证投资等金融资产。本项目应根据“交易性金融资产”科目的期末余额填列。

(3)“应收票据”项目,反映企业因销售商品、提供劳务等而收到的商业汇票,包括银行承兑汇票和商业承兑汇票。本项目应根据“应收票据”科目的期末余额,减去“坏账准备”科目中有关应收票据计提的坏账准备期末余额后的金额填列。

(4)“应收账款”项目,反映企业因销售商品、提供劳务等经营活动应收取的款项。本项目应根据“应收账款”和“预收账款”科目所属明细科目的期末借方余额合计数,减去“坏账准备”科目中有关应收账款计提的坏账准备期末余额后的金额填列。如“应收账款”科目所属明细科目期末有贷方余额的,应在资产负债表“预收款项”项目内填列。

(5)“预付款项”项目,反映企业按照购货合同规定预付给供应单位的款项等。本项目应根据“预付账款”和“应付账款”科目所属各明细科目的期末借方余额合计数,减去“坏账准备”科目中有关预付款项计提的坏账准备期末余额后的金额填列。如“预付账款”科目所属明细科目期末有贷方余额的,应在资产负债表“应付账款”项目内填列。

(6)“应收利息”项目,反映企业应收取的债券投资等的利息。本项目应根据“应收利息”科目的期末余额,减去“坏账准备”科目中有关应收利息计提的坏账准备期末余额后的金额填列。

(7)“应收股利”项目,反映企业应收取的现金股利和应收取其他单位分配的利润。本项目应根据“应收股利”科目的期末余额,减去“坏账准备”科目中有关应收股利计提的坏账准备期末余额后的金额填列。

(8)“其他应收款”项目,反映企业除应收票据、应收账款、预付账款、应收股利、应收利息等经营活动以外的其他各种应收、暂付的款项。本项目应根据“其他应收款”科目的期末余额,减去“坏账准备”科目中有关其他应收款计提的坏账准备期末余额后的金额填列。

(9)“存货”项目，反映企业期末在库、在途和在加工中的各种存货的可变现净值。本项目应根据“材料采购”“原材料”“低值易耗品”“库存商品”“周转材料”“委托加工物资”“委托代销商品”“生产成本”“受托代销商品”等科目的期末余额合计，减去“受托代销商品款”“存货跌价准备”科目期末余额后的金额填列。材料采用计划成本核算，以及库存商品采用计划成本核算或售价核算的企业，还应按加或减材料成本差异、商品进销差价后的金额填列。

(10)“一年内到期的非流动资产”项目，反映企业将于一年内到期的非流动资产科目金额。本项目应根据有关科目的期末余额分析填列。

(11)“其他流动资产”项目，反映企业除货币资金、交易性金融资产、应收票据、应收账款、存货等流动资产以外的其他流动资产。本项目应根据有关科目的余额填列。

(12)“可供出售金融资产”项目，反映企业持有的以公允价值计量的可供出售的股票投资、债券投资等金融资产。本项目应根据“可供出售金融资产”科目的期末余额，减去“可供出售金融资产减值准备”科目期末余额后的金额填列。

(13)“持有至到期投资”项目，反映企业持有的以摊余成本计量的持有至到期投资。本项目应根据“持有至到期投资”科目的期末余额，减去“持有至到期投资减值准备”科目期末余额后的金额填列。

(14)“长期应收款”项目，反映企业融资租赁产生的应收款项、采用递延方式具有融资性质的销售商品和提供劳务等产生的长期应收款等。本项目应根据“长期应收款”科目的期末余额，减去相应的“未实现融资收益”科目和“坏账准备”科目所属明细科目期末余额后的金额填列。

(15)“长期股权投资”项目，反映企业持有的对子公司、联营企业和合营企业的长期股权投资。本项目应根据“长期股权投资”科目的期末余额，减去“长期股权投资减值准备”科目期末余额后的金额填列。

(16)“投资性房地产”项目，反映企业持有的投资性房地产。企业采用成本模式计量投资性房地产，本项目应根据“投资性房地产”科目的期末余额，减去“投资性房地产累计折旧(摊销)”和“投资性房地产减值准备”科目期末余额后的金额填列；企业采用公允价值模式计量投资性房地产的，本项目应根据“投资性房地产”科目的期末余额填列。

(17)“固定资产”项目，反映企业各种固定资产原价减去累计折旧和累计减值准备后的净额。本项目应根据“固定资产”科目的期末余额，减去“累计折旧”和“固定资产减值准备”科目期末余额后的金额填列。

(18)“在建工程”项目，反映企业期末各项未完工程的实际支出，包括交付安装的设备价值、未完建筑安装工程已经耗用的材料、工资和费用支出、预付出包工程的价款等的可收回金额。本项目应根据“在建工程”科目的期末余额，减去“在建工程减值准备”科目期末余额后的金额填列。

(19)“工程物资”项目，反映企业尚未使用的各项工程物资的实际成本。本项目应根据“工程物资”科目的期末余额填列。

(20)“固定资产清理”项目，反映企业因出售、毁损、报废等原因转入清理但尚未清理完毕的固定资产的净值，以及固定资产清理过程中所发生的清理费用和变价收入等各项金额的差额。本项目应根据“固定资产清理”科目的期末借方余额填列。如“固定资产清理”科目为贷方余额，以“－”号填列。

(21)“生产性生物资产”项目，反映企业持有的生产性生物资产。本项目应根据“生产性生物资产”科目的期末余额，减去“生产性生物资产累计折旧”和“生产性生物资产减值准备”科目期末余额后的金额填列。

(22)“油气资产”项目，反映企业持有的矿区权益和油气井及相关设施的原价减去累计折耗和累计减值准备后的净额。本项目应根据“油气资产”科目的期末余额，减去“累计折耗”科目期末余额和相应减值准备后的金额填列。

(23)“无形资产”项目，反映企业持有的无形资产，包括专利权、非专利技术、商标权、著作权、土地使用权等。本项目应根据“无形资产”科目的期末余额，减去“累计摊销”和“无形资产减值准备”科目期末余额后的金额填列。

(24)“开发支出”项目，反映企业开发无形资产过程中能够资本化形成无形资产成本的支出部分。本项目应根据“研发支出”科目中所属的“资本化支出”明细科目期末余额填列。

(25)“商誉”项目，反映企业合并中形成的商誉的价值。本项目应根据“商誉”科目的期末余额，减去相应减值准备后的金额填列。

(26)“长期待摊费用”项目，反映企业已经发生但应由本期和以后各期负担的分摊期限在一年以上的各项费用。长期待摊费用中在一年内(含一年)摊销的部分，在资产负债表“一年内到期的非流动资产”项目填列。本项目应根据“长期待摊费用”科目的期末余额减去将于一年内(含一年)摊销的数额后的金额填列。

(27)“递延所得税资产”项目，反映企业确认的可抵扣暂时性差异产生的递延所得税资产。本项目应根据“递延所得税资产”科目的期末余额填列。

(28)“其他非流动资产”项目，反映企业除长期股权投资、固定资产、在建工程、工程物资、无形资产等资产以外的其他非流动资产。本项目应根据有关科目的期末余额填列。

2. 负债项目的填列

(1)“短期借款”项目，反映企业向银行或其他金融机构等借入的期限在一年以下(含一年)的各种借款。本项目应根据“短期借款”科目的期末余额填列。

(2)“交易性金融负债”项目，反映企业承担的以公允价值计量且其变动计入当期损溢的为交易目的所持有的金融负债。本项目应根据“交易性金融负债”科目的期末余额填列。

(3)“应付票据”项目，反映企业购买材料、商品和接受劳务供应等而开出、承兑的商业汇票，包括银行承兑汇票和商业承兑汇票。本项目应根据“应付票据”科目的期末余额填列。

(4)“应付账款”项目，反映企业因购买材料、商品和接受劳务供应等经营活动应支付的款项。本项目应根据“应付账款”和“预付账款”科目所属各明细科目的期末贷方余额合计数填列；如“应付账款”科目所属明细科目期末有借方余额的，应在资产负债表“预付款项”项目内填列。

(5)“预收款项”项目，反映企业按照购货合同规定预付给供应单位的款项。本项目应根据“预收账款”和“应收账款”科目所属明细科目的期末贷方余额合计数填列。如“预收账款”科目所属明细科目期末有借方余额，应在资产负债表“应收账款”项目内填列。

(6)“应付职工薪酬”项目，反映企业根据有关规定应付给职工的工资、职工福利、社会保险费、住房公积金、工会经费、职工教育经费、非货币性福利、辞退福利等各种薪酬。外商投资企业按规定从净利润中提取的职工奖励及福利基金，也在本项目列示。

(7)“应交税费”项目，反映企业按照税法规定计算应交纳的各种税费，包括增值税、消费税、所得税、资源税、土地增值税、城市维护建设税、房产税、土地使用税、车船使用税、教育费用附加、矿产资源补偿费等。企业代扣代交的个人所得税，也通过本项目列示。企业所交纳的税金不需要预计应交数的，如印花税、耕地占用税等，不在本项目列示。本项目应根据“应交税费”科目的期末贷方余额填列；如“应交税费”科目期末为借方余额，应以“－”填列。

(8)“应付利息”项目，反映企业按照规定应当支付的利息，包括分期付息到期还本的长期借款应支付的利息、企业发行的企业债券应支付的利息等。本项目应根据“应付利息”科目的期末余额填列。

(9)“应付股利”项目，反映企业分配的现金股利或利润。企业分配的股票股利，不通过本项目列示。本项目应根据“应付股利”科目的期末余额填列。

(10)“其他应付款”项目，反映企业除应付票据、应付账款、预收账款、应付职工薪酬、应付股利、应付利息、应交税费等经营活动以外的其他各项应付、暂收的款项。本项目应根据“其他应付款”科目的期末余额填列。

(11)“一年内到期的非流动负债”项目，反映企业非流动负债中将于资产负债表日后一年内到期部分的金额，如将于一年内偿还的长期借款。本项目应根据有关科目的期末余额分析填列。

(12)“其他流动负债”项目，反映企业除短期借款、交易性金融负债、应付票据、应付账款、应付职工薪酬、应交税费等流动负债以外的其他流动负债。本项目应根据有关科目的期末余额填列。

(13)“长期借款”项目，反映企业向银行或其他金融机构借入的期限在一年以上(不含一年)的各项借款。本项目应根据“长期借款”科目的期末余额填列。

(14)“应付债券”项目，反映企业为筹集长期资金而发行的债券本金和利息。本项目应根据“应付债券”科目的期末余额填列。

(15)“长期应付款”项目，反映企业除长期借款和应付债券以外的其他各种长期应付款项。本项目应根据“长期应付款”科目的期末余额，减去相应的“未确认融资费用”科目的期末余额后的金额填列。

(16)“专项应付款”项目，反映企业取得政府作为企业所有者投入的具有专项或特定用途的款项。本项目应根据“专项应付款”科目的期末余额填列。

(17)“预计负债”项目，反映企业确认的对外提供担保、未决诉讼、产品质量保证、重组义务、亏损性合同等预计负债。本项目应根据“预计负债”科目的期末余额填列。

(18)“递延所得税负债”项目，反映企业确认的应纳税暂时性差异产生的所得税负债。本项目应根据“递延所得税负债”科目的期末余额填列。

(19)“其他非流动负债”项目，反映企业除长期借款、应付债券等负债以外的其他非流动负债。本项目应根据有关科目的期末余额减去将于一年内(含一年)到期偿还数后的余额填列。非流动负债各科目中将于一年内(含一年)到期的非流动负债，应在“一年内到期的非流动负债”项目内单独反映。

3. 所有者权益项目的填列

(1)“实收资本(或股本)”项目，反映企业各投资者实际投入的资本(或股本)总额。本项目应根据“实收资本(或股本)”科目的期末余额填列。

(2)“资本公积”项目，反映企业资本公积的期末余额。本项目应根据“资本公积”科目的期末余额填列。

(3)“库存股”项目，反映企业持有尚未转让或注销的本公司股份金额。本项目应根据“库存股”科目的期末余额填列。

(4)“盈余公积”项目，反映企业盈余公积的期末余额。本项目应根据“盈余公积”科目的期末余额填列。

(5)“未分配利润”项目，反映企业尚未分配的利润。本项目应根据“本年利润”科目和“利润分配”科目的余额计算填列。未弥补的亏损在本科目内以“—”号填列。

【例 13-1】甲股份有限公司 20×5 年 12 月 31 日的资产负债表及 20×6 年的科目余额表分别如表 13-1、13-2 所示。假设甲股份有限公司 20×6 年度除计提固定资产减值准备导致固定资产账面价值与其计税基础存在可抵扣暂时性差异外，其他资产和负债项目的账面价值均等于其计税基础，假定甲股份有限公司未来很可能获得足够的应纳税所得额用来抵扣可抵扣暂时性差异，使用的所得税税率为 25%。如表 13-3 所示。

表 13-1 资产负债表

编制单位：　　甲股份有限公司　　20×5 年 12 月 31 日　　单位：元

资　产	期末余额	年初余额	负债及所有者权益	期末余额	年初余额
流动资产：			流动负债：		
货币资金	2 812 600		短期借款	600 000	
以公允价值计量且其变动计入当期损溢的金融资产	30 000		以公允价值计量且其变动计入当期损溢的金融负债	0	
应收票据	492 000		应付票据	400 000	
应收账款	598 200		应付账款	1 907 600	
预付款项	200 000		预收款项	0	
应收利息	0		应付职工薪酬	220 000	
应收股利	0		应交税费	73 200	
其他应收款	10 000		应付利息	2 000	

续 表

资产	期末余额	年初余额	负债及所有者权益	期末余额	年初余额
存货	5 160 000		应付股利	0	
划分为持有待售的资产	0		其他应付款	100 000	
一年内到期的非流动资产	0		划分为持有待售的负债	0	
其他流动资产	200 000		一年内到期的非流动负债	2 000 000	
流动资产合计	9 502 800		其他流动负债	0	
非流动资产：			流动负债合计	5 302 800	
可供出售金融资产	0		非流动负债：		
持有至到期投资	0		长期借款	1 200 000	
长期应收款	0		应付债券	0	
长期股权投资	500 000		长期应付款	0	
投资性房地产	0		专项应付款	0	
固定资产	2 200 000		预计负债	0	
在建工程	3 000 000		递延收益	0	
工程物资	0		递延所得税负债	0	
固定资产清理	0		其他非流动负债	0	
生物性生物资产	0		非流动负债合计	1 200 000	
油气资产	0		负债合计	6 502 800	
无形资产	1 200 000		所有者权益：		
开发支出	0		实收资本	10 000 000	
商誉	0		资本公积	0	
长期待摊费用	0		减:库存股	0	
递延所得税资产	0		其他综合收益	0	
其他非流动资产	400 000		盈余公积	200 000	
非流动资产合计	7 300 000		未分配利润	100 000	
			所有者权益合计	10 300 000	
资产总计	16 802 800		负债及所有者权益总计	16 802 800	

表 13-2　科目余额表

单位:元

科目名称	借方余额	科目名称	贷方余额
库存现金	4 000	短期借款	100 000

续 表

科目名称	借方余额	科目名称	贷方余额
银行存款	1 611 662	应付票据	200 000
其他货币资金	14 600	应付账款	1 907 600
交易性金融资产	0	其他应付款	100 000
应收票据	132 000	应付职工薪酬	360 000
应收账款	1 200 000	应交税费	453 462
坏账准备	－3 600	应付利息	0
预付账款	200 000	应付股利	64 431.7
其他应收款	10 000	递延所得税负债	0
材料采购	550 000	递延收益	0
原材料	90 000	长期借款	2 296 000
周转材料	76 100	股本	10 000 000
库存商品	4 244 800	资本公积	0
材料成本差异	8 500	其他综合收益	24 000
其他流动资产	200 000	盈余公积	249 540.8
可供出售金融资产	0	利润分配(未分配利润)	436 027.5
持有至到期投资	0		
长期股权投资	524 000		
固定资产	4 802 000		
累计折旧	－340 000		
固定资产减值准备	－60 000		
工程物资	600 000		
在建工程	856 000		
无形资产	1 200 000		
累计摊销	－120 000		
递延所得税资产	15 000		
其他长期资产	376 000		
合计	16 191 062	合计	16 191 062

表 13-3 资产负债表

编制单位:甲股份有限公司　　　　20×6 年 12 月 31 日　　　　单位:元

资　产	期末余额	年初余额	负债及所有者权益	期末余额	年初余额
流动资产:			流动负债:		
货币资金	1 630 262	2 812 600	短期借款	100 000	600 000

续 表

资产	期末余额	年初余额	负债及所有者权益	期末余额	年初余额
以公允价值计量且其变动计入当期损溢的金融资产	0	30 000	以公允价值计量且其变动计入当期损溢的金融负债	0	0
应收票据	132 000	492 000	应付票据	200 000	400 000
应收账款	1 196 400	598 200	应付账款	1907600	1 907 600
预付款项	200 000	200 000	预收款项	0	0
应收利息	0	0	应付职工薪酬	360 000	220 000
应收股利	0	0	应交税费	453 462	73 200
其他应收款	10 000	10 000	应付利息	0	2 000
存货	4 969 400	5 160 000	应付股利	64 431.7	0
划分为持有待售的资产	0	0	其他应付款	100 000	100 000
一年内到期的非流动资产	0	0	划分为持有待售的负债	0	0
其他流动资产	200 000	200 000	一年内到期的非流动负债	0	2 000 000
流动资产合计	8 338 062	9 502 800	其他流动负债	0	0
非流动资产：			流动负债合计	3 185 493.7	5 302 800
可供出售金融资产	0	0	非流动负债：		
持有至到期投资	0	0	长期借款	2 296 000	1 200 000
长期应收款	0	0	应付债券	0	0
长期股权投资	524 000	500 000	长期应付款	0	0
投资性房地产	0	0	专项应付款	0	0
固定资产	4 402 000	2 200 000	预计负债	0	0
在建工程	856 000	3000000	递延收益	0	0
工程物资	600 000	0	递延所得税负债	0	0
固定资产清理	0	0	其他非流动负债	0	0
生物性生物资产	0	0	非流动负债合计	2 296 000	1 200 000
油气资产	0	0	负债合计	5481493.7	6 502 800
无形资产	1 080 000	1 200 000	所有者权益：		
开发支出	0	0	实收资本	10 000 000	10 000 000
商誉	0	0	资本公积	0	0
长期待摊费用	0	0	减：库存股	0	0
递延所得税资产	15 000	0	其他综合收益	24 000	0
其他非流动资产	376 000	400 000	盈余公积	249 540.8	200 000

续 表

资产	期末余额	年初余额	负债及所有者权益	期末余额	年初余额
非流动资产合计	7 853 000	7 300 000	未分配利润	436 027.5	100 000
			所有者权益合计	10 709 568.3	10 300 000
资产总计	16 191 062	16 802 800	负债及所有者权益总计	16 191 062	16 802 800

第三节 利润表

一、利润表概述

(一)利润表的定义与作用

利润表是反映企业在一定会计期间累计经营成果的会计报表。例如从某年 1 月 1 日至 12 月 31 日,这个期间的累计经营成果反映在利润表中。资产负债表反映的是时点值,而利润表是动态报表,反映时期值。

利润表通过清楚明细地反映企业经营业绩的主要来源和构成,为使用者提供了正确决策的财务依据,又通过与资产负债表数据的结合,计算出系列财务分析指标,便于使用者了解企业资金周转情况和盈利水平,判断未来发展趋势,作出管理决策和投融资决策。

(二)利润表编制的两种观点

编制利润表的过程中,会出现一些特殊问题,如非经常性损溢、前期损溢调整等。对于这种特殊事项到底如何处理,是否应计入本期利润表,不同的处理方法,体现了不同的两种观点。

1. 本期营业观

本期营业观指利润表中只反映本期正常业务经营成果,不列示以前年度损溢和非经常性损溢等项目。理由是利润表的编制受会计期间限制,指反映该会计期间经营成果,所以不列示以前年度损溢、非常损溢和营业外支出等项目,这些项目如列入反而容易使利润表失真,而使用者恰恰最关心经营范围内的损溢。所以,此观点认为应只列示本期正常业务经营成果在利润表中。

2. 损溢满计观

与上一观点相反,损溢满计观认为本期利润表中应列示正常经营成果和以前年度损溢和非经常性损溢等项目。两观点的冲突即在于对以前年度损溢和非经常性损溢等项目是否计入当期利润表。损溢满计观认为,收支的确认时期和确认科目有时很难划分,可能因企业性质不同、不同年度业务变化而由不同的确认,因此,为避免企业操纵利润,损溢满计观的列示法披露更充分、更易理解。我国企业利润表编制主要采用损溢满计观。将当期实现的利得和损失直接计入当期利润,当期未实现的利得和损失计入所有者权益的"其他综合收益"项目列示。

(三)利润表的结构

在我国,企业利润表多采用多步式结构,按利润形成主要环节列示中间利润指标(包括营业利润、利润总额、净利润),分3个步骤编制利润表:

第一步,计算营业利润:以营业收入为基础,减去营业成本、税金及附加、销售费用、管理费用、财务费用、资产减值损失,加上公允价值变动收益(减去公允价值变动损失)和投资收益(减去投资损失),即可计算出营业利润;在利润表中,按以上计算顺序列示项目与金额;

第二步,计算利润总额:以营业利润为基础,加上营业外收入,减去营业外支出,计算出利润总额;按以上顺序列示项目与金额;

第三步,计算净利润:以利润总额减去所得税费,计算出净利润或净亏损,按顺序列示项目与金额。

为了使报表使用者能够轻松阅读比较本期与前期数据,达到前一节提及的比较信息列报的要求,还应编制比较利润表,表中各项目应同时反映本期金额和上期金额,分两栏填列。

另外,财务报表列报准则规定,费用应采用"功能法"进行列报。按照费用在企业所发挥的功能进行分类列报,通常分为从事经营业务发生的成本、管理费用、销售费用和财务费用等,并且将营业成本和其他费用分开披露。企业活动可以划分为生产、销售、管理、融资等,每种活动对应发生的费用发挥的功能不同,按功能分开列报能够向报表使用者提供结构更清晰合理的信息。也有例外的情况,即按费用性质分类,分为原材料、职工薪酬费用、折旧费、摊销费等,这种分类有助于预测企业未来现金流量,要求企业在附注中披露费用按照性质分类的利润表补充资料。

二、利润表的编制方法

(一)上期金额栏的填列方法

"上期金额"栏应根据上年度利润表的"本期金额"栏数字填列。如果本期与上期相比,项目名称和内容发生了变动,应对上年各项目的名称和数字按本期新规定进行调整,再填入利润表"上期金额"栏内。

(二)本期金额栏的填列方法

利润表中的各项目本期金额的填列应按照损溢类科目的发生额填列。

(1)"营业收入"项目,反映企业经营主要业务和其他业务所确认的收入总额。本项目应根据"主营业务收入"和"其他业务收入"科目的发生额计算分析填列。

(2)"营业成本"项目,反映企业经营主要业务和其他业务所确认的成本总额。本项目应根据"主营业务成本"和"其他业务成本"科目的发生额计算分析填列。

(3)"税金及附加"项目,反映企业经营业务应负担的消费税、城市建设维护税、资源税、土地增值税和教育费附加等。本项目应根据"税金及附加"科目的发生额分析填列。

(4)“销售费用”项目,反映企业在销售商品、提供劳务过程中发生的包装费、广告费等费用,和为销售本企业商品而专设的销售机构的职工薪酬等经营费用。本项目应根据“销售费用”科目的发生额分析填列。

(5)“管理费用”项目,反映企业为组织和管理生产经营发生的管理费用。本项目应根据“管理费用”科目的发生额分析填列。

(6)“财务费用”项目,反映企业筹集生产经营所需资金等而发生的筹资费用。本项目应根据“财务费用”科目的发生额分析填列。

(7)“资产减值损失”项目,反映企业各项资产发生的减值损失。本项目应根据“资产减值损失”科目的发生额分析填列。

(8)“公允价值变动收益”项目,反映企业应计入当期损溢的资产或负债公允价值变动收益。本项目应根据“公允价值变动收益”科目的发生额分析填列。如为净损失,本项目以“－”号填列。

(9)“投资收益”项目,反映企业以各种方式对外投资所取得的收益。本项目应根据“投资收益”科目的发生额分析填列。如为投资损失,本项目以“－”号填列。

(10)“营业利润”项目,反映企业实现的营业利润,根据上述项目计算填列。如为亏损,本项目以“－”号填列。

(11)“营业外收入”项目,反映企业发生的与日常经营活动无直接关系的各项直接计损溢的收入。本项目应根据“营业外收入”科目的发生额分析填列。

(12)“营业外支出”项目,反映企业发生的与日常经营活动无直接关系的各项直接计损溢的支出。本项目应根据“营业外支出”科目的发生额分析填列。

(13)“利润总额”项目,反映企业实现的利润,根据上述项目计算填列。如为亏损,本项目以“－”号填列。

(14)“所得税费用”项目,反映企业应从利润总额中扣除的所得税费用。本项目应根据“所得税费用”科目的发生额分析填列。

(15)“净利润”项目,反映企业实现的净利润。如为亏损,本项目以“－”号填列。

(16)“基本每股收益”项目,基本每股收益只考虑当期实际发行在外的普通股股份,按照归属于普通股股东的当期净利润除以当期实际发行在外的普通股的加权平均数计算确定。

(17)“稀释每股收益”项目,是以基本每股收益为基础,假设企业所有发行在外的稀释性潜在普通股均已转化为普通股,从而分别调整归属于普通股股东的当期净利润以及发行在外的普通股的加权平均数计算而得的每股收益。

(18)“其他综合收益的税后净额”项目,反映企业根据会计准则规定其他未在当期损溢中确认的各项利得和损失扣除所得税影响后的净额的合计数。本项目应根据“其他综合收益”科目及其所属的有关明细科目的本期发生额分析填列。

(19)“综合收益总额”项目,反映企业在某一期间除与所有者以其所有者身份进行的交易之外的其他交易或事项所引起的所有者权益变动。

综合收益总额项目反映净利润和其他综合收益的税后净额的合计金额。

【例 13-2】甲股份有限公司 20×6 年度有关损溢类科目和“其他综合收益”明细科目

的本年累计发生净额如表 13-4、13-5 所示：

表 13-4　甲股份有限公司损溢类科目 20×6 年度累计发生净额

单位：元

科目名称	借方发生额	贷方发生额
主营业务收入		2 500 000
主营业务成本	1 500 000	
税金及附加	4 000	
销售费用	40 000	
管理费用	314 200	
财务费用	83 000	
资产减值损失	61 800	
投资收益		63 000
营业外收入		100 000
营业外支出	39 400	
所得税费用	170 600	

表 13-5　甲股份有限公司“其他综合收益”明细科目

单位：元

明细科目名称	借方发生额	贷方发生额
权益法下在被投资单位以后将重分类进行损溢的其他综合收益中享有的份额		24 000
合　计	0	24 000

甲股份有限公司持有乙公司 30%的股份，能够对甲公司施以重大影响。20×6 年度，乙公司因持有的可供出售金融资产公允价值变动计入的其他综合收益金额为 80 000 元。假定甲公司与乙公司适用的会计政策、会计期间相同，投资时乙公司有关资产、负债的公允价值与账面价值相同，双方在当期及以前期间未发生任何内部交易，并且假定不考虑交易费用及其他相关因素。

根据上述资料，编制甲股份有限公司 20×6 年度利润表，如表 13-6 所示：

表 13-6　甲股份有限公司 20×6 年度利润表

单位:元

项　目	本期金额	上期金额(略)
一、营业收入	2 500 000	
减:营业成本	1 500 000	
税金及附加	4 000	
销售费用	40 000	
管理费用	314 200	
财务费用	83 000	
资产减值损失	61 800	
加:公允价值变动收益(损失以"－"号填列)	0	
投资收益(损失以"－"号填列)	63 000	
其中:对联营企业和合营企业的投资收益		
二、营业利润(损失以"－"号填列)	560 000	
加:营业外收入	100 000	
其中:非流动资产处置利得	略	
减:营业外支出	39 400	
其中:非流动资产处置损失	略	
三、利润总额(损失以"－"号填列)	620 600	
减:所得税费用	170 600	
四、净利润	450 000	
五、其他综合收益的税后净额	24 000	
(一)以后不能重分类进损溢的其他综合收益	0	
(二)以后将重分类进损溢的其他综合收益	24 000	
权益法下在被投资单位以后将重分类进损溢的其他综合收益中享有的份额	24 000	
六、综合收益	474 000	
七、每股收益		
(一)基本每股收益	略	
(二)稀释每股收益	略	

第四节　现金流量表

一、现金流量表的定义

为了便于报表使用者了解利润的质量,现金流量表按照收付实现制编制,将按权责发生制编制的利润表盈利信息调整为现金流量表信息。所以，现金流量表是指反映企业在一定会计期间的经营活动、投资活动和筹资活动的现金和现金等价物流入和流出情况的动态会计报表。现金流量表分别反映经营活动、投资活动和筹资活动3部分的现金流情况，每类活动又从具体各项目反映出现金流入流出的细节，弥补了资产负债表和利润表提供信息的不足。其中，经营活动产生的现金流量在扣除固定资产计划投资后的余额称为自由现金流，现金流的充足性正体现在此。

【例13-3】甲公司使用自由现金流管理经营活动。假设公司预计经营活动产生现金400万元，该公司计划使用300万元扩建厂房，那么甲公司的自由现金流是400－300＝100(万元)。如果出现投资报酬率较高的投资新项目，甲公司则可立即将100万元的余额投资于新项目。

二、现金流量表的编制基础与结构

(一)现金流量表的编制基础

现金流量表的编制基础是现金与现金等价物。

1. 现金

现金是指企业库存现金以及随时可用于支付的存款。不能随时用于支付的存款不属于现金。现金主要包括：(1)库存现金，企业持有在库并可随时用于支付的现金，与“库存现金”科目的核算内容一致；(2)银行存款，企业存入金融机构、可随时支取的存款，与“银行存款”科目核算内容基本一致，但不包括不能随时用于支取的存款，如定期存款，但是提前通知金融机构便可支取的定期存款则应包括在现金范围内；(3)其他货币资金，指仅存放在金融机构的外埠存款、银行汇票存款、银行本票存款、信用卡存款、信用证保证金存款和存出投资款，与“其他货币资金”科目核算内容一致。

2. 现金等价物

现金等价物是指企业持有的期限短、流动性强、易于转换为已知金额现金、价值变动风险很小的投资。其中，期限短，流动性强所强调的是现金等价物的变现能力，购买期限3个月内到期的短期债券可列入现金等价物，而短期投资购入的可流通股票，即使持有不到3个月，因其金额不确定，所以不能列入现金等价物。所以，企业必须根据实际情况确定，一经确定不得随意更改。

(二)现金流量表的结构

现金流量表由正表和补充资料两部分组成。正表部分按照现金流的性质分为经营活动现金流量、投资活动现金流量和筹资活动现金流量。各部分分别按流入和流出项目列示，反映各类活动产生的现金流入量和现金流出量。

补充资料包括3部分：一是将净利润调节为经营活动现金流量，二是不涉及现金收支的重大投资和筹资活动，三是现金及现金等价物净变动等信息。

三、现金流量的分类

(一)经营活动产生的现金流量

现金及现金等价物的流入和流出的数量即现金流量。企业所处行业特点不同,对经营活动范围的认定也有所不同。工商企业的经营活动范围主要包括销售商品、提供劳务、购买商品、接受劳务、支付相关税费等,而保险行业的经营活动主要包括原保险业务和再保险业务等,商业银行的经营活动主要包括存贷款、同业存放、同业拆借等,证券公司的经营活动主要包括自营证券、代理承销证券、代理兑付证券、代理买卖证券等。

(二)投资活动产生的现金流量

投资活动是指企业长期资产的构建和不包括在现金等价物范围内的投资及其处置活动。长期资产包括固定资产、无形资产、在建工程、其他资产等持有期限在一年或一个营业周期以上的资产,所以既包括实物资产投资,也包括金融资产投资。不同行业特点不同,对投资活动的认定也存在差异。例如,交易性金融资产所产生的现金流量,对于工商业企业而言,属于投资活动现金流量,对于证券公司而言,属于经营活动现金流量。

(三)筹资活动产生的现金流量

筹资活动是指导致企业资本及债务规模和构成发生变化的活动。此处提及的资本,既包括实收资本(股本),也包括资本溢价(股本溢价);此处提及的债务,指对外举债,包括向银行借款、发行债券会议及偿还债务等。应付账款、应付票据等商业应付款通常属于经营活动,不属于筹资活动。

另外,日常活动之外的一些特殊项目,如保险赔款、自然灾害损失、捐赠等,应当归并到相关类别中单独反映。例如:自然灾害损失和保险赔款,确有证据表明属于流动资产损失,应当列入经营活动产生的现金流量;若有证据表明为固定资产损失,当流入投资活动现金流量。

四、现金流量表的编制原理

编制现金流量表的常用方法有两类:直接法与间接法。

(一)直接法

直接法是通过现金收入和支出的主要类别反映来自企业经营活动的现金流量。一般是以利润表中的营业收入为起算点的,通过调整与经营活动相关项目的增减变动,计算出经营活动的现金流量。

(二)间接法

权责发生制会计经常隐藏对现金的影响,但企业会计系统是按权责发生制设计的,所以,将权责发生制下的利润调节为收付实现制下的现金就尤为必要。间接法就为完成此工作目的。间接法以本期净利润为起算点,通过调整不涉及现金的收入、费用、营业外收支及有关项目的增减变动，剔除投资活动、筹资活动对现金流量的影响，从而计算出经营活动的现金流量，将净利润调整成为经营现金净流入。

可见，直接法与间接法在使用时的主要区别在于起算点，前者的起算点是营业收入，后者是净利润。我国企业会计准则规定用直接法编制现金流量表，用间接法编制现金流量表附注中的净利润调节到经营活动现金流量的信息。

五、具体编制方法及程序

具体编制时，可以使用工作底稿法、T 型账户法和分析填列法的其中一种。

(一)工作底稿法

工作底稿法的具体步骤如下：

第一步，将资产负债表期初与期末数据过入工作底稿的期初数据栏和期末数据栏。第二步，对当期数据进行分析并编制调整分录，以营业收入为起算点，根据资产负债表信息，将现金及现金等价物的变动计入经营活动现金流量、投资活动现金流量和筹资活动现金流量，流入记借方，流出记贷方。第三步，将调整分录过入工作底稿对应位置。第四步，核对调整分录，借贷应平衡，资产负债表期初数加减分录借贷金额后，期末数也应平衡。第五步，根据工作底稿编制现金流量表正表。

(二)T 型账户法

第一步，将包括资产负债表和利润表在内的所有非现金项目分别开设 T 型账户，将各自的期初和期末变动数过入对应账户，期末数大于期初数，则差额过入对应账户期末同方向余额，反之过入相反方向。

第二步，开设“现金及现金等价物”T 型账户，左右两边分别按经营活动、投资活动、筹资活动列示，左边记流入，右边记流出。与其他账户一样，过入期初期末变动数。

第三步，以利润表为基础，结合资产负债表项目分析每个非现金项目的增减变动，据此编制调整分录。

第四步，将调整分录过入该 T 型账户，该账户借贷相抵后的余额与原先过入的期初期末变动额相一致。

第五步，根据“现金及现金等价物”T 型账户，编制现金流量表正表。

(三)分析填列法

这种方法中间不出现工作底稿、T 型账户，直接根据资产负债表和利润表各科目的情况进行分析，编制现金流量表。

以上 3 类编制方法和程序的主要区别在于有没有使用中间过渡稿，工作底稿法和 T 型账户法中间都使用了工作底稿和 T 型账户进行过渡，分析填列法则无过渡。

六、现金流量表各项目的填列

(一)经营活动产生的现金流量项目的填列

1.“销售商品、提供劳务收到的现金”项目

该项目反映企业销售商品、提供劳务实际收到的现金(含销售收入和应向购买者收取的增值税额),包括本期销售商品、提供劳务收到的现金,以及前期销售和前期提供劳务本期收到的现金和本期预收的账款,减去本期退回本期销售的商品和前期销售本期退回的商品支付的现金。企业销售材料和代购代销业务收到的现金,也在本项目反映。本项目可以根据“库存现金”“银行存款”“应收账款”“应收票据”“预收账款”“主营业务收入”“其他业务收入”等科目的记录分析填列。

2.“收到的税费返还”项目

该项目反映企业收到返还的各种税费,如收到的增值税、消费税、所得税、教育费附加返还等。本项目可以根据“库存现金”“银行存款”“税金及附加”等科目的记录分析填列。

3.“收到的其他与经营活动有关的现金”项目

该项目反映企业除了上述各项目外,收到的其他与经营活动有关的现金流入,如罚款收入、流动资产损失中由个人赔偿的现金收入等。若某项其他与经营活动有关的现金流入金额较大,应单列项目反映。本项目可以根据“库存现金”“银行存款”“营业外收入”等科目的记录分析填列。

4.“购买商品、接受劳务支付的现金”项目

该项目反映企业购买材料、商品、接受劳务实际支付的现金,包括本期购入材料、商品、接受劳务支付的现金(包括增值税进项税额),以及本期支付前期购入商品、接受劳务的未付款项和本期预付款项。本期发生的购货退回收到的现金应从本项目内减去。本项目可以根据“库存现金”“银行存款”“应付账款”“应付票据”“主营业务成本”“其他业务成本”等科目的记录分析填列。

5.“支付给职工以及为职工支付的现金”项目

该项目反映企业实际支付给职工,以及为职工支付的现金,包括本期实际支付给职工的工资、奖金、各种津贴和补贴等,以及为职工支付的其他费用。不包括支付的离退休人员的各项费用和支付给在建工程人员的工资等。企业支付给离退休人员的各项费用,包括支付的统筹退休金以及未参加统筹的退休人员的费用,在“支付的其他与经营活动有关的现金”项目中反映;支付的在建工程人员的工资,在“购建固定资产、无形资产和其他长期资产所支付的现金”项目反映。本项目可以根据“应付职工薪酬”“库存现金”“银行存款”等科目的记录分析填列。

需指出的是,企业为职工支付的养老、失业等社会保险基金、补充养老保险、住房公积金、支付给职工的住房困难补助,以及企业支付给职工或为职工支付的其他福利费用等,应按职工的工作性质和服务对象,分别在本项目和“购建固定资产、无形资产和其他长期资产所支付的现金”项目反映。

6."支付的各项税费"项目

该项目反映企业按规定支付的各种税费,包括本期发生并支付的税费,以及本期支付以前各期发生的税费和预交的税金,如支付的教育费附加、矿产资源补偿费、印花税、房产税、土地增值税、车船使用税等。不包括计入固定资产价值、实际支付的耕地占用税等。也不包括本期退回的增值税、所得税,本期退回的增值税、所得税在"收到的税费返还"项目反映。本项目可以根据"应交税费""库存现金""银行存款"等科目的记录分析填列。

7."支付的其他与经营活动有关的现金"项目

该项目反映企业除上述各项目外,支付的其他与经营活动有关的现金流出,如罚款支出、支付的差旅费、业务招待费现金支出、支付的保险费等,其他现金流出如价值较大的,应单列项目反映。本项目可以根据有关科目的记录分析填列。

(二)投资活动产生的现金流量项目的填列

1."收回投资所收到的现金"项目

该项目反映企业出售、转让或收回除现金等价物以外的对其他企业的权益工具、债务工具和合营中权益投资所收到的现金。收回债务工具实现的投资收益、处置子公司及其他营业单位收到的现金净额不包括在本项目内。本项目可根据"可供出售金融资产""持有至到期投资""长期股权投资""库存现金""银行存款"等科目的记录分析填列。

2."取得投资收益所收到的现金"项目

该项目反映企业除现金等价物以外的对其他企业的权益工具、债务工具和合营中的权益投资所分回的现金股利和利息等,不包括股票股利。本项目可根据"库存现金""银行存款""投资收益"等科目的记录分析填列。

3."处置固定资产、无形资产和其他长期资产所收回的现金净额"项目

该项目反映企业处置固定资产、无形资产和其他长期资产所取得的现金(包括因资产毁损收到的保险赔偿款),减去为处置这些资产而支付的有关费用后的净额。如所收回的现金净额为负数,则应在"支付其他与投资活动有关的现金"项目反映。本项目可以根据"固定资产清理""库存现金""银行存款"等科目的记录分析填列。

4."处置子公司及其他营业单位收到的现金净额"项目

该项目反映企业处置子公司及其他营业单位所取得的现金,减去相关处置费用以及子公司及其他营业单位持有的现金和现金等价物后的净额。本项目可以根据"长期股权投资""库存现金""银行存款"等科目的记录分析填列。

5."收到的其他与投资活动有关的现金"项目

该项目反映企业除了上述各项以外,收到的其他与投资活动有关的现金流入。比如,企业收回购买股票和债券时支付的已宣告但尚未领取的现金股利或已到付息期但尚未领取的债券利息。若其他与投资活动有关的现金流入金额较大,应单列项目反映。本项目可以根据"应收股利""应收利息""库存现金""银行存款"等科目的记录分析填列。

6.“购建固定资产、无形资产和其他长期资产所支付的现金”项目

该项目反映企业本期购买、建造固定资产，取得无形资产和其他长期资产所支付的现金，不包括为购建固定资产而发生的借款利息资本化的部分，以及融资租入固定资产支付的租赁费。借款利息和融资租入固定资产支付的租赁费，在筹资活动产生的现金流量中反映。本项目可以根据“固定资产”“在建工程”“无形资产”“库存现金”“银行存款”等科目的记录分析填列。

7.“投资所支付的现金”项目

该项目反映企业取得除现金等价物以外的对其他企业的权益工具、债务工具和合营中的权益投资所支付的现金，以及支付的佣金、手续费等交易费用，但取得子公司及其他营业单位支付的现金净额除外。本项目可以根据“可供出售金融资产”“持有至到期投资”“长期股权投资”“库存现金”“银行存款”等科目的记录分析填列。

8.“取得子公司及其他营业单位支付的现金净额”项目

该项目反映企业购买子公司及其他营业单位购买出价中以现金支付的部分，减去子公司及其他营业单位持有的现金和现金等价物后的净额。本项目可以根据“长期股权投资”“库存现金”“银行存款”等科目的记录分析填列。

9.“支付的其他与投资活动有关的现金”项目

该项目反映企业除了上述各项以外，支付的其他与投资活动有关的现金流出。如企业购买股票时实际支付的价款中包含的已宣告但尚未领取的现金股利，购买债券时支付的价款中包含的已到期但尚未领取的债券利息等。若某项其他与投资活动有关的现金流出金额较大，应单列项目反映。本项目可以根据“应收股利”“应收利息”“库存现金”“银行存款”等科目的记录分析填列。

（三）筹资活动产生的现金流量项目的填列

1.“吸收投资所收到的现金”项目

该项目反映企业收到的投资者投入的现金，包括以发行股票、债券等方式筹集的资金实际收到款项净额（发行收入减去支付的佣金等发行费用后的净额）。以发行股票、债券等方式筹集资金而由企业直接支付的审计、咨询等费用，在“支付的其他与筹资活动有关的现金”项目反映，不从本项目内减去。本项目可以根据“实收资本（或股本）”“库存现金”“银行存款”等科目的记录分析填列。

2.“取得借款收到的现金”项目

该项目反映企业举借各种短期、长期借款所收到的现金。本项目可以根据“短期借款”“长期借款”“库存现金”“银行存款”等科目的记录分析填列。

3.“收到其他与筹资活动有关的现金”项目

该项目反映企业除上述各项目外，收到的其他与筹资活动有关的现金流入，如接受现金捐赠等。若某项其他与筹资活动有关的现金流入金额较大，应单列项目反映。本项目可以根据“库存现金”“银行存款”“营业外收入”等科目的记录分析填列。

4.“偿还债务所支付的现金”项目

该项目反映企业以现金偿还债务的本金，包括偿还金融企业的借款本金、偿还债券本金等。企业偿还的借款利息、债券利息,在“分配股利、利润或偿付利息所支付的现金”项目反映,不包括在本项目内。本项目可以根据“短期借款”“长期借款”“库存现金”“银行存款”等科目的记录分析填列。

5.“分配股利、利润或偿付利息所支付的现金”项目

该项目反映企业实际支付的现金股利,支付给其他投资单位的利润以及支付的借款利息、债券利息等。本项目可以根据“应付股利”“应付利息”“财务费用”“长期借款”“库存现金”“银行存款”等科目的记录分析填列。

6.“支付其他与筹资活动有关的现金”项目

该项目反映企业除了上述各项外,支付的其他与筹资活动有关的现金流出,如捐赠现金支出、融资租入固定资产支付的租赁费等。若某项其他与筹资活动有关的现金金额较大,应单列项目反映。本项目可以根据“营业外支出”“长期应付款”“库存现金”“银行存款”等科目的记录分析填列。

(四)汇率变动对现金及现金等价物的影响的填列

“汇率变动对现金的影响”项目。该项目反映企业外币现金流量及境外子公司的现金流量折算为人民币时,所采用的现金流量发生日的汇率或平均汇率折算的人民币金额与“现金及现金等价物净增加额”中外币现金净增加额按期末汇率折算的人民币金额之间的差额。

在编制现金流量表时,可逐笔计算外币业务发生的汇率变动对现金的影响,也可不必逐笔计算而采用简化的计算方法,即通过现金流量表补充资料中“现金及现金等价物净增加额”金额与现金流量表正表中“经营活动产生的现金流量净额”“投资活动产生的现金流量净额”“筹资活动产生的现金流量净额”三项之和比较,其差额即为“汇率变动对现金及现金等价物的影响”项目的金额。

(五)现金流量表补充资料项目的填列

1.将净利润调节为经营活动现金流量

(1)“资产减值准备”项目,反映企业本期实际计提的各项资产减值准备,包括坏账准备、存货跌价准备、长期股权投资减值准备、持有至到期投资减值准备、投资性房地产减值准备、固定资产减值准备、在建工程减值准备、无形资产减值准备、商誉减值准备、生产性生物资产减值准备、油气资产减值准备等。本项目可以根据“资产减值损失”科目的借方发生额分析填列。

(2)“固定资产折旧、油气资产折耗、生产物生产资产折旧”项目,反映企业本期累计计提的固定资产折旧、油气资产折耗、生产性生物资产折旧。本项目可根据“累计折旧”“累计折耗”等科目的贷方发生额分析填列。

(3)“无形资产摊销”项目,反映企业本期累计摊入成本费用的无形资产价值。本项目可根据“累计摊销”科目上的贷方发生额分析填列。

(4)“长期待摊费用摊销”项目,反映企业本期累计摊入成本费用的长期待摊费用。本项目可根据“长期待摊费用”科目的贷方发生额分析填列。

(5)“处置固定资产、无形资产和其他长期资产的损失”项目,反映企业本期处置固定资产、无形资产和其他长期资产发生的净损失(或净收益)。如为净收益以“—”填列。本项目可根据“营业外支出”“营业外收入”等科目所属有关明细科目的发生额分析填列。

(6)“固定资产报废损失”项目,反映企业本期发生的固定资产盘亏净损失。本项目可根据“营业外支出”“营业外收入”等科目所属有关明细科目的发生额分析填列。

(7)“公允价值变动损失”项目,反映企业持有的交易性金融资产、交易性金融负债、采用公允价值模式计量的投资性房地产等公允价值变动形成的净损失。如为净收益以“—”号填列。本项目可根据“公允价值变动损溢”科目所属明细科目的发生额分析填列。

(8)“财务费用”项目,反映企业本期实际发生的属于投资活动或筹资活动的财务费用。如为收益,以“—”号填列。本项目可根据“财务费用”科目的本期借方发生额分析填列。

(9)“投资损失”项目,反映企业对外投资实际发生的投资损失减去收益后的净损失。如为投资收益,以“—”号填列。本项目可根据利润表“投资收益”科目的数字填列。

(10)“递延所得税资产减少”项目,反映企业资产负债表中“递延所得税资产”项目的期初余额与期末余额的差额。本项目可根据“递延所得税资产”科目发生额分析填列。

(11)“递延所得税负债增加”项目,反映企业资产负债表中“递延所得税负债”项目的期初余额与期末余额的差额。本项目可根据“递延所得税负债”科目发生额分析填列。

(12)“存货的减少”项目,反映企业资产负债表中“存货”项目的期初余额与期末余额的差额。如期末数大于期初数,以“—”号填列。

(13)“经营性应收项目的减少”项目,反映企业本期经营性应收项目(包括应收票据、应收账款、预付款项、其他应收款和长期应收款等经营性应收项目中与经营活动有关的部分及应收的增值税销项税额等)的期初余额与期末余额的差额。如期末数大于期初数,以“—”号填列。

(14)“经营性应付项目的增加”项目,反映企业本期经营性应付项目(包括应付票据、应付账款、预付款项、应付职工薪酬、应交税费和其他应付款等经营性应付项目中与经营活动有关的部分及应付的增值税进项税额等)的期初余额与期末余额的差额。如期末数小于期初数,以“—”号填列。

2. 不涉及现金收支的重大投资和筹资活动

(1)“债务转为资本”项目,反映企业本期转为资本的债务金额。

(2)“一年内到期的可转换公司债券”项目,反映企业一年内到期的可转换公司债券的本息。

(3)“融资租入固定资产”项目,反映企业本期融资租入固定资产的最低租赁付款额扣除未确认融资费用后的净额。

3.现金及现金等价物净变动情况

"现金及现金等价物净增加额"项目,反映企业一定会计期间现金及现金等价物的期末余额减去期初余额后的净增加额(或净减少额)。该项目是对现金流量表正表中"现金及现金物价物净增加额"项目的补充说明,两者的金额应核对相符。

七、现金流量表编制示例

【例 13-3】沿用**【例 13-1】**和**【例 13-2】**资料,甲股份有限公司其他相关资料如下:

1.20×6 **年度利润表有关项目的明细资料如下:**

(1)管理费用的组成:职工薪酬 34 200 元,无形资产摊销 120 000 元,折旧费 40 000 元,支付其他费用 120 000 元。

(2)财务费用的组成:计提借款利息 23 000 元,支付银行承兑汇票贴现息60 000元。

(3)资产减值损失的组成:计提坏账准备 1 800 元,计提固定资产减值准备 60 000 元。上年末坏账准备余额为 1 800 元。

(4)投资收益的组成:收到股息收入 60 000 元,与本金一起收回的交易性股票投资收益 1 000 元,自公允价值变动收益结转投资收益 2 000 元。

(5)营业外收入的组成:处置固定资产净收益 100 000 元(其所处置固定资产原价为 800 000 元,累计折旧为 300 000 元,收到残值收入 600 000 元)。假定不考虑与固定资产有关的税费。

(6)营业外支出的组成:处置固定资产净损失 39 400 元(其所处置固定资产原价为 400 000 元,累计折旧为 360 000 元,支付清理费用 1 000 元,收到处置收入 1 600 元)。

(7)所得税费用的组成:当期所得税费用 185 600,递延所得税收益 15 000 元。

除上述项目外,利润表中 40 000 元的销售费用至期末已支付。

2.资产负债表的明细资料如下:

(1)本期收回交易性股票投资本金 30 000 元、公允价值变动 2 000 元,同时实现投资收益 1 000 元。

(2)存货中生产成本、制造费用的组成:职工薪酬 649 800 元,折旧费 160 000 元。

(3)应交税费的组成:本期增值税进项税额 84 932 元,增值税销项税额 425 000 元,已交增值税税金 200 000 元;应交所得税期末余额 40 194 元,应交所得税期初余额为 0 元,应交税费期末数中应由在建工程负担的部分为 200 000 元。

(4)应付职工薪酬的期初数无应付在建工程人员的部分,本期支付在建工程人员职工薪酬 400 000 元。应付职工薪酬的期末数中应付在建工程人员的部分为 56 000 元。

(5)应付利息均为短期借款利息,其中本期计提利息 23 000 元,支付利息25 000元。

(6)本期用现金购买固定资产 202 000 元,购买工程物资 600 000 元。

(7)本期用现金偿还短期借款 500 000 元,偿还一年内到期的长期借款2 000 000 元;借入长期借款 1 120 000 元。

根据以上资料,采用分析填列法,编制甲股份有限公司现金流量表。

1. 甲股份有限公司 20×6 年度现金流量表各项目金额，分析确定如下：

(1)销售商品、提供劳务收到的现金

=主营业务收入+应交税费(应交增值税——销项税额)

+(应收账款年初余额-应收账款期末余额)

+(应收票据年初余额-应收票据期末余额)

-当期计提的坏账准备-票据贴现的利息

=2 500 000+425 000+(598 200-1 196 400)+(492 000-132 000)-1 800-60 000

=2 625 000(元)

(2)购买商品、接受劳务支付的现金

=主营业务成本+应交税费(应交增值税——进项税额)

-(存货年初余额-存货期末余额)

+(应付账款年初余额-应付账款期末余额)

+(应付票据年初余额-应付票据期末余额)

+(预付账款年初余额-预付账款期末余额)

-当期列入生产成本、制造费用的职工薪酬

-当期列入生产成本、制造费用的折旧费和固定资产清理费

=1 500 000+84 932-(5 160 000-4 969 400)+(1 907 600-1 907 600)+(400 000-200 000)+(200 000-200 000)-649 800-160 000

=784 532(元)

(3)支付给职工以及为职工支付的现金

=生产成本、制造费用、管理费用中职工薪酬

+(应付职工薪酬年初余额-应付职工薪酬期末余额)

-[应付职工薪酬(在建工程)年初余额-应付职工薪酬(在建工程)期末余额]

=649 800+34 200+(220 000-360 000)-(0-56 000)

=600 000(元)

(4)支付的各项税费

=当期所得税费用+税金及附加+应交税费(应交增值税——已交税金)-(应交所得税期末余额-应交所得税期初余额)

=185 600+4 000+200 000-(40 194-0)

=349 406(元)

(5)支付其他与经营活动有关的现金

=除职工薪酬外的其他管理费用+销售费用

=120 000+40 000

=160 000(元)

(6)收回投资收到的现金

=交易性金融资产贷方发生额+与交易性金融资产一起收回的投资收益

=32 000+1 000

=33 000(元)

(7)取得投资收益收到的现金

=收到的股息收入

=60 000(元)

(8)处置固定资产收到的现金净额

=600 000+(1 600-1 000)

=600 600(元)

(9)购建固定资产支付的现金

=用现金购买的固定资产、工程物资+支付给在建工程人员的工资

=202 000+600 000+400 000

=1 202 000(元)

(10)取得借款收到的现金=1 120 000(元)

(11)偿还债务支付的现金

=500 000+2 000 000

=2 500 000(元)

(12)偿付利息支付的现金=2 5000(元)

2.将净利润调节为经营活动现金流量各项目计算分析如下:

(1)资产减值准备=本期计提的坏账准备 1 800+本期计提的固定资产减值准备 60 000=61 800(元)

(2)固定资产折旧=40 000+160 000=200 000(元)

(3)无形资产摊销=120 000(元)

(4)处置固定资产、无形资产和其他长期资产的损失(减:收益)=-100 000(元)

(5)固定资产报废损失=39 400(元)

(6)财务费用=23 000(元)

(7)投资损失(减:收益)=-63 000(元)

(8)递延所得税资产减少=递延所得税资产年初余额 0-递延所得税资产期末余额 15 000=-15 000(元)

(9)递延所得税负债增加=递延所得税负债期末余额 0-递延所得税负债年初余额 0=0(元)

(10)存货的减少=存货年初余额 5 160 000-存货期末余额 4 969 400=190 600(元)

(11)经营性应收项目的减少

=(应收票据年初余额-应收票据期末余额)+(应收账款年初余额-应收账款期末余额)-本期计提的坏账准备

=(492 000-132 000)+(598 200-1 196 400)-(3 600-1 800)

=-240 000(元)

(12)经营性应付项目的增加

=(应付票据期末余额-应付票据年初余额)+(应付账款期末余额-应付账款年

初余额)+(应付职工薪酬期末余额－应付职工薪酬年初余额)+(应交税费期末余额－应交税费年初余额)－(应付工程人员薪酬期末余额－应付工程人员薪酬年初余额)

=(200 000－400 000)+(1 907 600－1 907 600)+[(360 000－56 000)－220 000]+[(453 462－200 000)－73 200]

=64 262(元)

3. 根据上述数据，编制现金流量表，如表13-7及其补充资料表13-8所示。

表13-7 现金流量表

编制单位：甲股份有限公司　　20×6年度　　单位：元

项　目	本期金额	上期金额(略)
一、经营活动产生的现金流量：		
销售商品、提供劳务收到的现金	2 625 000	
收到的税费返还	0	
收到的其他与经营活动有关的现金	0	
经营活动现金流入小计	2 625 000	
购买商品、接受劳务支付的现金	784 532	
支付给职工以及为职工支付的现金	600 000	
支付的各项税费	349 406	
支付其他与经营活动有关的现金	160 000	
经营活动现金流出小计	1 893 938	
经营活动产生的现金流量净额	731 062	
二、投资活动产生的现金流量：		
收回投资收到的现金	33 000	
取得投资收益收到的现金	60 000	
处置固定资产、无形资产和其他长期资产收回的现金净额	600 600	
处置子公司及其他营业单位收到的现金净额	0	
收到其他与投资活动有关的现金	0	
投资活动收到现金流入小计	693 600	
购建无形资产、无形资产和其他长期资产支付的现金	1 202 000	
投资支付的现金	0	
取得子公司及其他营业单位支付的现金净额	0	
支付其他与投资活动有关的现金	0	
投资活动现金流出小计	1 202 000	
投资活动产生的现金流量净额	－508 400	
三、筹资活动产生的现金流量：		
吸收投资收到的现金	0	
取得借款收到的现金	1 120 000	
收到其他与筹资活动有关的现金	0	

续 表

项　目	本期金额	上期金额(略)
筹资活动现金流入小计	1 120 000	
偿还债务支付的现金	2 500 000	
分配股利、利润或偿付利息支付的现金	25 000	
支付其他与筹资活动有关的现金	0	
筹资活动现金流出小计	2 525 000	
筹资活动产生的现金流量净额	－1 405 000	
四、汇率变动对现金及现金等价物的影响	0	
五、现金及现金等价物净增加额	－1 182 338	
加:期初现金及现金等价物余额	2 812 600	
六、期末现金及现金等价物余额	1 630 262	

表 13-8　现金流量表补充资料

补 充 资 料	本期金额	上期金额(略)
一、将净利润调节为经营活动现金流量		
净利润	450 000	
加:资产减值准备	61 800	
固定资产折旧、油气资产折耗、生产性生物资产折旧	200 000	
无形资产摊销	120 000	
长期待摊费用摊销	0	
处置固定资产、无形资产和其他长期资产的损失(收益以“－”号填列)	－100 000	
固定资产报废损失(收益以“－”号填列)	39 400	
公允价值变动损失(收益以“－”号填列)	0	
财务费用(收益以“－”号填列)	23 000	
投资损失(收益以“－”号填列)	－63 000	
递延所得税资产减少(增加以“－”号填列)	－15 000	
递延所得税负债增加(减少以“－”号填列)	0	
存货的减少(增加以“－”号填列)	190 600	
经营性应收项目的减少(增加以“－”号填列)	－240 000	
经营性应付项目的增加(减少以“－”号填列)	64 262	
其他	0	
经营活动产生的现金流量净额	731 062	
二、不涉及现金收支的重大投资和筹资活动		
债务转为资本	0	
一年内到期的可转换公司债券	0	
融资租入固定资产	0	

续 表

补充资料	本期金额	上期金额(略)
三、现金及现金等价物净变动情况		
现金的期末余额	1 630 262	
减:现金的期初余额	2 812 600	
加:现金等价物的期末余额	0	
减:现金等价物的期初余额	0	
现金及现金等价物净增加额	—1 182 338	

第五节　所有者权益变动表

一、所有者权益变动表的内容

所有者权益变动表是三大报表之外的、专门用于反映所有者权益各组成部分增减变动情况的报表。所有者权益变动表反映的内容应全面，既要求反映所有者权益总量的变动，也要求反映具体结构性变动信息，且应特别反映直接计入所有者权益的利得和损失，向报表使用者提供所有者权益增减变动的根源信息。

另外应注意的是，综合收益与所有者资本交易导致的所有者权益变动，应分开列示。综合收益指净利润与直接计入所有者权益的利得和损失。

二、所有者权益变动表的结构

所有者权益变动表以矩阵的形式列示，意在清楚表明各部分在本期增减变动情况。一方面，在以往从所有者权益各个组成部分反映增减变动的基础上，增加了从变动来源反映所有者权益增减变动；另一方面，按所有者权益各组成部分及其总额列示交易及事项对所有者权益的影响。此外，与前述三大报表一样，须提供比较所有者权益变动表，各项目应分“上年金额”和“本年金额”两栏填写。

三、所有者权益变动表的填列方法

“上年金额”栏应将上年年末所有者权益变动表中的各项目对应金额直接对抄过来，若上年与本年表中各项目的名称与内容与本年不一致。应按本年度要求进行数据调整后填入本年所有者权益变动表的上年金额栏。“本年金额”栏应按照“实收资本(股本)”“资本公积”“盈余公积”“其他综合收益”“未分配利润”“库存股”“以前年度损溢”等科目或明细科目的发生额分析填列。编写示例如下：

【例 13-4】沿用**【例 13-1】**和**【例 13-2】**资料中的资产负债表、利润表，甲股份有限公司其他相关资料为：提取盈余公积 49 540.8 元，向投资者分配现金股利 64 431.7 元，根据上述资料，编制甲股份有限公司所有者权益变动表如表 13-9 所示：

表 13-9　所有者权益变动表

编制单位：甲股份有限公司　　　　20×6 年度　　　　单位：元

项目	本年金额							上年金额（略）						
	实收资本（股本）	资本公积	盈余公积	减：库存股	其他综合收益	未分配利润	所有者权益合计	实收资本（股本）	资本公积	盈余公积	减：库存股	其他综合收益	未分配利润	所有者权益合计
一、上年年末余额	10 000 000	0	200 000	0	0	100 000	10 300 000							
加：会计政策变更	—	—	0	—	—	0								
前期差错更正	—	—	0	—	—	0								
二、本年年初余额	10 000 000	0	200 000	0	0	100 000	10 300 000							
三、本年增减变动金额（减少以“－”号填列														
（一）综合收益总额					24 000	450 000	474 000							
（二）所有者投入和减少资本														
1. 所有者投入资本														
2. 股份支付计入所有者权益的金额														
3. 其他														
（三）利润分配														
1. 提取盈余公积			49 540.8			－49 540.8	0							

续　表

项目	本年金额							上年金额（略）						
	实收资本（股本）	资本公积	盈余公积	减：库存股	其他综合收益	未分配利润	所有者权益合计	实收资本（股本）	资本公积	盈余公积	减：库存股	其他综合收益	未分配利润	所有者权益合计
2.对所有者（股东）的分配						−64 431.7	−64 431.7							
3.其他														
（四）所有者权益内部结转														
1.资本公积转增资本														
2.盈余公积转增资本														
3.盈余公积弥补亏损														
4.其他														
四、本年年末余额	10 000 000	0	249 540.8	0	24 000	436 027.5	10 709 568.3							

第六节 财务报表附注

一、附注概述

附注是财务报表的重要组成部分，是对前述资产负债表、利润表、现金流量表和所有者权益变动表中列示项目的文字描述或明细资料，以及对未能在这些报表中列示项目内容的说明和披露等。

附注披露的基本要求包括：定量、定性信息的结合披露；按照一定结构系统，合理、有序地披露信息；附注相关信息应与前四表中的信息相互参照，有助于使用者联系相关联的信息，更好理解财务报表。

二、附注披露的内容

附注应按以下顺序披露有关内容：

(1)企业基本情况。包括企业注册地、组织形式和公司地址；企业的主营业务，如企业所处行业、主要产品或服务类型、客户性质、销售策略、监管环境的性质等；母公司以及集团最终母公司的名称；财务报告批准报出者和批准报出日等。

(2)财务报表的编制基础。包括以持续经营和权责发生制为编制基础，或其他编制基础。

(3)遵循《企业会计准则》的声明。企业做此声明目的是明确编制财务报表所依据的制度基础，如果仅部分遵循《企业会计准则》，附注中则不得做此声明。

(4)重要会计政策和会计估计的说明。应根据财务报表列报准则规定，披露重要会计政策和会计估计，不重要的可以不披露。

(5)会计政策和会计估计变更以及前期差错更正的说明。

(6)报表重要项目的说明。企业应当以文字与数字相结合的描述方式，尽可能列表披露报表重要项目的构成或当期增减变动情况，并且报表重要项目的明细金额合计，应当与报表项目金额相衔接。披露顺序应按资产负债表、利润表、现金流量表、所有者权益变动表及其项目列示顺序进行披露。

(7)其他需要说明的重要事项。主要包括或有和承诺事项、资产负债表日后非调整事项、关联方关系及其交易等。

(8)有助于财务报表使用者评价企业管理资本的目标、政策及程序的其他信息。

思考题

1. 财务报表列报应遵循哪些基本要求？

2. 资产负债表的流动性项目与非流动性项目如何划分？如何理解营业周期？

3. 会计计量属性包括哪几种类型？资产负债表各项目的所选择的计量属性如何？

4. 所有者权益变动表的结构是怎样的？可以根据哪些已有的报表数据填列？

5. 附注的主要内容和作用是什么？

第十四章 会计调整

本章学习目标

◎理解和区分会计政策变更、会计估计变更事项

◎掌握会计政策变更和会计估计变更的账务处理方法

◎掌握前期差错更正的方法及其账务处理

◎理解资产负债表日后事项的概念及其涵盖的期间

◎掌握调整事项与非调整事项的账务处理原则和方法

第一节 会计政策及其变更

一、会计政策的概念和特点

(一)会计政策概念

会计政策是指企业在会计确认、计量和报告中所采用的原则、基础和账务处理方法。原则,是指企业按照《企业会计准则》规定的、适用于企业会计核算所采用的特定会计原则;基础,是指为了将会计原则应用于交易或者事项而采用的会计基础;账务处理方法,是指企业会计核算中从诸多可选择的账务处理方法中所选择的、适用于本企业的具体账务处理方法。

在实际工作中,企业应当根据《企业会计准则》的规定,结合本企业的实际情况,确定会计政策,经股东大会或董事会、经理(厂长)会议或类似机构批准,按照法律、行政法规等的规定报送有关各方备案。

(二)企业会计政策的特点

1.企业应在国家统一的会计准则、制度规定的会计政策范围内选择适用的会计政策

会计政策是在允许的会计原则、计量基础和账务处理方法中作出指定或具体选择。由于企业的经济业务日趋复杂和多样化,某些经济业务在符合会计原则和计量基础的要求下,可以有多种账务处理方法,例如,确定发出存货的实际成本时可以在先进先出法、加权平均法或者个别计价法中进行选择。

在国家统一的会计准则、制度规定的会计政策范围内，企业具体选用会计政策时，一般应结合自身情况，选择最恰当的会计政策来反映其财务状况和经营成果。会计政策的选择应考虑谨慎、实质重于形式和重要性3个方面，并且不能超出国家统一的会计制度所允许选用的会计政策范围。

2.会计政策涉及会计原则、会计基础和具体的账务处理方法

会计原则有一般原则和特定原则。会计政策所指的会计原则是指某一类会计业务的核算所应遵循的特定原则，而不是笼统地指所有的会计原则。例如，借款费用是费用化还是资本化，即属于特定会计原则。可靠性、相关性、实质重于形式等属于会计信息质量要求，是为了满足会计信息质量要求而制定的原则，是统一的、不可选择的，不属于特定原则。

会计基础，包括会计确认基础和会计计量基础。从会计实务的角度看，可供选择的会计确认基础有权责发生制和收付实现制。会计计量基础主要包括历史成本、重置成本、可变现净值、现值和公允价值等。由于我国企业应当采用权责发生制作为会计确认基础，不具有选择性，所以会计政策所指的会计基础，主要是指会计计量基础(即计量属性)。

具体账务处理方法，是指企业根据国家统一的《企业会计准则》或制度允许选择的、对某一类会计业务的具体处理方法作出的具体选择。例如，《企业会计准则第1号——存货》允许企业在先进先出法、加权平均法或者个别计价法之间对发出存货实际成本的确认方法做出选择，这些方法就是具体的账务处理方法。

3.会计政策应当保持前后各期的一致性

企业通常应在每期采用相同的会计政策。企业选用的会计政策一般情况下不能也不应随意变更，以保证会计信息的可比性。

(三)重要会计政策的披露

企业在会计核算中所采用的会计政策，通常应在报表附注中加以披露。需要披露的重要会计政策项目主要有以下几项：

(1)财务报表的编制基础、计量基础和会计政策的确定依据等。

(2)存货的计价，是指存货的计价方法。例如，企业发出存货成本的计量是采用先进先出法，还是加权平均法或其他计量方法。

(3)长期股权投资的核算，是指长期股权投资的具体会计处理方法。例如，企业对被投资单位的长期股权投资是采用成本法，还是采用权益法核算。

(4)投资性房地产的后续计量，是指企业在资产负债表日对投资性房地产进行后续计量是采用成本模式还是公允价值模式。

(5)固定资产的初始计量，是指对取得的固定资产初始成本的计量。例如，企业取得的固定资产初始成本是以购买价款，还是以购买价款的现值为基础进行计量。

(6)生物资产的初始计量，是指初始入账成本的计量。例如，为取得生物资产产生的借款费用，应当予以资本化还是计入当期损溢。

(7)无形资产的确认，是指对无形资产项目的支出是否确认为无形资产。例如，企业内部研究开发支出项目开发阶段的支出是确认为无形资产，还是在发生时计入当期损溢。

(8)非货币性资产交换的计量，是指非货币资产交换中对换入资产成本的计量。例如，非货币资产交换是以换出资产公允价值作为确定换入资产成本的基础，还是以换出资产账面价值作为确定换入资产成本的基础。

(9)收入的确认，是指收入确认所采用的会计方法。例如，按已收或应收销售合同或协议价款确认收入金额，还是按应收的公允价值确认收入金额。

(10)合同收入与费用的确认，是指建造合同的收入和费用采用的会计处理方法。例如完工百分比法。

(11)借款费用的处理，是指借款费用的处理方法，即采用资本化还是采用费用化方法。

(12)外币折算，是指外币折算所采用的方法以及汇兑损溢的处理。

(13)合并政策，是指编制合并财务报表所采纳的原则。例如，母公司与子公司的会计年度不一致的处理原则；合并范围的确定原则等。

(14)其他重要会计政策。

二、会计政策变更及其条件

(一)会计政策变更的概念

会计政策变更是指企业对相同的交易或者事项由原来采用的会计政策改用另一会计政策的行为。

一般情况下，企业采用的会计政策在每一会计期间和前后各期应当保持一致，不得随意变更，以保证会计信息的可比性。但是，不得随意变更会计政策并不意味着企业的会计政策在任何情况下均不能变更。

(二)会计政策变更的条件

符合下列条件之一，企业可以变更会计政策：

(1)法律、行政法规或国家统一的会计制度等要求变更。这种情况是指，按照法律、行政法规以及国家统一的会计制度的规定，要求企业采用新的会计政策，则企业应当按照法律、行政法规以及国家统一的会计制度的规定改变原会计政策，采用新的会计政策。例如，按企业会计准则的规定，从2007年开始，不允许企业采用后进先出法计量发出存货的成本，这就要求企业将原来以后进先出法计量的发出存货成本改为现行准则允许使用的会计政策。

(2)会计政策的变更能够提供更可靠、更相关的会计信息。这一情况是指，由于经济环境、客观情况的改变，使企业原来采用的会计政策所提供的会计信息，已不能恰当地反映企业的财务状况、经营成果和现金流量等情况，则企业应改变原有会计政策，按新的会计政策进行账务处理，以对外提供更可靠、更相关的会计信息。例如，某企业一直采用成本模式对投资性房地产进行后续计量，如果该企业能够从房地产交易市场上持续地取得同类或类似房地产的市场价格及其他相关信息，从而能够对投资性房地产地公允价值做出合理地估计,此时采用公允价值模式对投资性房地产进行后续计量可以更好地反映其价值。这种情况下,该企业可以将投资性房地产的后续计量方法由成本模式变更为公允价值模式。

需要注意的是,除法律、行政法规或者国家统一的会计制度等要求变更会计政策地,应当按照国家的相关规定执行外,企业因满足上述第 2 个条件变更会计政策时,必须有充分、合理的证据表明其变更的合理性,并说明变更会计政策后,能够提供关于企业财务状况、经营成果和现金流量等更可靠、更相关会计信息的理由。对会计政策的变更,企业仍应经股东大会或董事会等类似机构批准,并按照法律、行政法规等的规定报送有关各方备案。如无充分、合理的证据表明会计政策变更的合理性或者未经股东大会或董事会等类似机构批准擅自变更会计政策的,或者连续、反复地自行变更会计政策的,视为滥用会计政策,按照前期差错更正的方法进行处理。

上市公司的会计政策目录及变更会计政策后重新制定的会计政策目录,除应当按照信息披露的要求对外公布外,还应当报公司上市交易所备案。未报公司上市交易所备案的,视为滥用会计政策,按照前期差错更正的方法进行处理。

(三)不属于会计政策变更的情形

对会计政策变更的认定,直接影响到账务处理方法的选择。实务中,企业应当分清哪些属于会计政策变更,哪些不属于会计政策变更。以下两种情况不属于会计政策变更:

(1)本期发生的交易或者事项与以前相比具有本质差别而采用新的会计政策。例如,某企业以往租入的设备均为临时需要而租入的,企业按经营租赁账务处理方法核算,但自本年度起租入的设备均采用融资租赁方式,则该企业自本年度起对新租赁的设备采用融资租赁账务处理方法核算。该企业原租入的设备均为经营性租赁,本年度起租赁的设备均改为融资租赁,由于经营租赁和融资租赁有着本质差别,因而改变会计政策不属于会计政策变更。

(2)对初次发生的或不重要的交易或者事项采用新的会计政策。例如,某企业第一次签订一项建造合同,为另一企业建造 3 栋厂房,该企业对该项建造合同采用完工百分比法确认收入。由于该企业初次发生该项交易,采用完工百分比法确认该项交易的收入,不属于会计政策变更。

需要说明的是,会计政策变更并不意味着以前期间的会计政策是错误的,只是由于情况发生了变化,或者掌握了新的信息、积累了更多的经验,使得变更会计政策能够更好地反映企业的财务状况、经营成果和现金流量。如果以前期间会计政策的选择和运用是错误的,则属于前期差错,应按前期差错更正的账务处理方法进行处理。

三、会计政策变更的账务处理方法

(一)会计政策变更累积影响数

会计政策变更累积影响数是指按照变更后的会计政策对以前各期追溯计算的列报前期最早期初留存收益应有金额与现有金额之间的差额。这里的留存收益金额,包括盈余公积和未分配利润项目。

会计政策变更的累积影响数，是对变更会计政策所导致的对净损溢的累积影响，以及由此导致的对利润分配及未分配利润的累积影响金额，不考虑由于损溢的变化而应当补分的利润或股利。

会计政策变更的累积影响数通常可以通过以下各步计算获得：

第一步，根据新的会计政策重新计算受影响的前期交易或事项；

第二步，计算两种会计政策下的差异；

第三步，计算差异的所得税影响金额；

第四步，确定前期中每一期的税后差异；

第五步，计算会计政策变更的累积影响数。

(二)会计政策变更的账务处理方法

1. 追溯调整法

追溯调整法是指对某项交易或事项变更会计政策，视同该项交易或事项初次发生时即采用变更后的会计政策，并以此对财务报表相关项目进行调整的方法。

追溯调整法的运用通常由以下几步构成：

第一步，计算会计政策变更的累积影响数；

第二步，进行相关的账务处理；

第三步，调整财务报表相关项目及其金额；

第四步，财务报表附注说明。

采用追溯调整法时，对于比较财务报表期间的会计政策变更，应调整各该期间净损溢各项目和财务报表其他相关项目，视同该政策在比较财务报表期间一直采用。对于比较财务报表可比期间以前的会计政策变更的累积影响数，应调整比较财务报表最早期间的期初留存收益，财务报表其他相关项目的数字也应一并调整。

【例 14-1】甲公司是一家海洋石油开采公司，于 20×2 年开始建造一座海上石油开采平台，根据法律法规规定，该开采平台在使用期满要将其拆除，需要对其造成的环境污染进行整治。20×3 年 12 月 15 日，该开采平台建造完成并交付使用，建造成本共 120 000 000 元，预计使用寿命 10 年，采用平均年限法计提折旧。20×9 年 1 月 1 日甲公司开始执行《企业会计准则》，会计准则对具有弃置义务的固定资产，要求将相关弃置费用计入固定资产成本，对之前尚未计入资产成本的弃置费用，应当追溯调整。已知甲公司保存的会计资料比较齐备，可以通过会计资料追溯计算。甲公司预计该开采平台的弃置费用 10 000 000 元。假定折现率为 10%。不考虑企业所得税和其他税法因素的影响。该公司按净利润的 10%提取法定盈余公积。

根据上述资料，甲公司的账务处理如下：

(1)计算会计政策变更的累积影响数，如表 14－1 所示。

20×4 年 1 月 1 日，该开采平台计入资产成本弃置费用的现值＝10 000 000×(P/F,10%,10)＝10 000 000×0.385 5＝3 855 000(元)；每年计提折旧＝3 855 000÷10＝385 500(元)。

表 14-1　会计政策变更累积影响数

单位：元

年份	计息金额	实际利率	利息费用	折旧	税前利润	税后利润
20×4	3 855 000	10%	385 500	385 500	−771 000	−771 000
20×5	4 240 500	10%	424 050	385 500	−809 550	−809 550
20×6	4 664 550	10%	466 455	385 500	−851 955	−851 955
20×7	5 131 005	10%	513 100.50	385 500	−898 600.50	−898 600.50
小计	—	—	1 789 105.50	1 542 000	−3 331 105.50	−3 331 105.50
20×8	5 644 105.50	10%	564 410.55	385 500	−949 910.55	−949910.55
合计	—	—	2 353 516.05	1 927 500	−4 281 016.05	−4 281 016.05

(2)进行相关的账务处理

①调整确认的弃置费用

借：固定资产　　3 855 000

　贷：预计负债　　3 855 000

②调整会计政策变更累积影响数

借：利润分配——未分配利润　　4 281 016.05

　贷：累计折旧　　1 927 500

　　预计负债　　2 353 516.05

②调整利润分配

借：盈余公积——法定盈余公积　　428 101.61

　贷：利润分配——未分配利润　　428 101.61

(3)调整 20×9 年度财务报表相关项目的数字(财务报表略)

甲公司在列报 20×9 年度的财务报表时，应调整资产负债表的年初数，利润表及所有者权益变动表的上年数也应作相应调整。20×9 年度资产负债表的期末数栏和利润表及所有者权益变动表的未分配利润上年数栏应按调整后的数字为基础编制。

①资产负债表项目的调整

调增固定资产 1 927 500 元，调增预计负债 6 208 516.05 元，调减盈余公积 428 101.61元，调减未分配利润 3 852 914.44 元。

②利润表项目的调整

调增营业成本 385 500 元，调增财务费用 564 410.55 元，调减净利润949 910.55元。

③所有者权益变动表项目的调整

调减会计政策变更项目中盈余公积一栏的上年金额 428 101.61 元；调减会计政策变更项目中未分配利润一栏的上年金额 3 852 914.44 元。

(4)附注说明

本公司从 20×9 年起执行《企业会计准则》，对 20×3 年 12 月 15 日建造完成并交付使用的开采平台的弃置义务进行确认。此项会计政策变更采用追溯调整法，20×8 年的比较财务报表已重新表述。20×8 年运用新的方法追溯计算的会计政策变更累积影响数为－4 281 016.05 元。会计政策变更对 20×8 年度报告的损溢的影响为减少净利润 949 910.55 元，调减 20×8 年的期末留存收益 4 281 016.05 元；其中，盈余公积调减了 428 101.61 元，未分配利润调减了 3 852 914.44 元。

2. 未来适用法

未来适用法是指将变更后的会计政策应用于变更日及以后发生的交易或者事项，或者在会计估计变更当期和未来期间确认会计估计变更影响数的方法。

在未来适用法下，不需要计算会计政策变更产生的累积影响数，也无须重编以前年度的财务报表。企业会计账簿记录及财务报表上反映的金额，变更之日仍保留原有的金额，不因会计政策变更而改变以前年度的既定结果，并在现有金额的基础上再按新的会计政策进行核算。

四、会计政策变更账务处理方法的选择

对于会计政策变更，企业应当根据具体情况，分别采用不同的账务处理方法。

(1)法律、行政法规或者国家统一的会计制度等要求变更会计政策的情况下，企业应当按照国家发布的相关账务处理规定进行处理。例如，1993 年我国进行会计改革，会计政策发生了较大的变动，财政部制定了相关的新旧会计制度衔接处理办法，各行业在执行新制度过程中对于会计政策变更的处理，应按照衔接办法的规定进行处理。

(2)会计政策变更能够提供更可靠、更相关的会计信息的情况下，企业应当采用追溯调整法处理，将会计政策变更累积影响数调整列报前期最早期初留存收益，其他相关项目的期初余额和列报前期披露的其他比较数据也应当一并调整。

(3)确定会计政策变更对列报前期影响数不切实可行的，应当从可追溯调整的最早期间期初开始应用变更后的会计政策。

(4)在当期期初确定会计政策变更对以前各期累积影响数不切实可行的，应当采用未来适用法处理。例如，企业因账簿、凭证超过法定保存期限而销毁，或因不可抗力而毁坏、遗失，如火灾、水灾等，或因人为因素，如盗窃、故意毁坏等，也可能使会计政策变更的累积影响数无法计算。在这种情况下，会计政策变更可以采用未来适用法进行处理。

五、会计政策变更的披露

企业应当在附注中披露与会计政策变更有关的下列信息：

(1)会计政策变更的性质、内容和原因。包括：对会计政策变更的简要阐述、变更的日期、变更前采用的会计政策和变更后所采用的新会计政策及会计政策变更的原因。

(2)当期和各个列报前期财务报表中受影响的项目名称和调整金额。包括：采用追溯调整法时，计算出的会计政策变更的累积影响数；当期和各个列报前期财务报表中需要调整的净损溢及其影响金额，以及其他需要调整的项目名称和调整金额。

(3)无法进行追溯调整的，说明该事实和原因以及开始应用变更后的会计政策的时点、具体应用情况。包括：无法进行追溯调整的事实；确定会计政策变更对列报前期影响数不切实可行的原因；在当期期初确定会计政策变更对以前各期累积影响数不切实

可行的原因;开始应用新会计政策的时点和具体应用情况。

需要注意的是,在以后期间的财务报表中,不需要重复披露在以前期间的附注中已披露的会计政策变更的信息。

第二节 会计估计及其变更

一、会计估计变更的概念和特点

会计估计是指企业对其结果不确定的交易或事项以最近可利用的信息为基础所作的判断。

会计估计具有以下特点:

(1)会计估计的存在是由于经济活动中内在的不确定性因素的影响。在会计核算中,企业总是力求保持会计核算的准确性,但有些交易或事项本身具有不确定性,因而需要根据经验作出估计;同时,采用权责发生制原则编制财务报表这一事项本身,也使得有必要充分估计未来交易或事项的影响。可以说,在会计核算和信息披露过程中,会计估计是不可避免的。例如,估计固定资产折旧年限和净残值,需要根据固定资产消耗方式、性能、技术发展等情况进行估计。会计估计的存在是由于经济活动中内在的不确定性因素的影响所造成的。

(2)会计估计应当以最近可利用的信息或资料为基础。在会计核算中,由于经营活动内在的不确定性,企业不得不经常进行估计。一些估计的主要目的是为了确定资产或负债的账面价值,例如,坏账准备、担保责任引起的负债等;另一些估计的主要目的是确定将在某一期间记录的收益或费用的金额,例如,某一期间的折旧、摊销费用的金额、在某一期间内采用完工百分比法核算长期建造合同已获取收益的金额,等等。企业在进行会计估计时,通常应根据当时的情况和经验,以最近可利用的信息或资料为基础进行。但是,随着时间的推移、环境的变化,进行会计估计的基础可能会发生变化。因此,进行会计估计所依据的信息或资料不得不经常发生变化。由于最新的信息是最接近目标的信息,以其为基础所作的估计最接近实际,所以,进行会计估计时应以最近可利用的信息或资料为基础。

(3)进行会计估计并不会削弱会计核算的可靠性。进行合理的会计估计是会计核算中必不可少的部分,它不会削弱会计核算的可靠性。企业为了定期、及时地提供有用的会计信息,将延续不断的经营活动人为划分为一定的期间,并在权责发生制的基础上对企业的财务状况和经营成果进行定期确认和计量。例如,在会计分期的情况下,许多企业的交易跨越若干会计年度,以至于需要在一定程度上作出决定:哪些费用可以在利润表中作为当期费用处理;哪些费用应当递延至以后各期等。由于存在会计分期和货币计量的前提,在确认和计量过程中,不得不对许多尚在延续中、其结果不确定的交易或事项予以估计入账。但是,估计是建立在具有确凿证据的前提下,而不是随意的。例如,企业估计固定资产预计使用年限,应当考虑该项固定资产的技术性能、历史资料、同行业同类固定资产的预计使用年限、本企业经营性质等诸多因素,并掌握确凿证据后确定。企业根据当时所掌握的可靠证据作出的最佳估计，不会削弱会计核算的可靠性。

常见的需要进行估计的项目：

(1)存货可变现净值的确定；

(2)采用公允价值模式下的投资性房地产公允价值的确定；

(3)固定资产的预计使用寿命与净残值，固定资产的折旧方法；

(4)使用寿命有限的无形资产的预计使用寿命与净残值；

(5)可收回金额按照资产组的公允价值减去处置费用后的净额确定的，确定公允价值减去处置费用后的净值的方法；可收回金额按照资产组预计未来现金流量的现值确定的，预计未来现金流量的确定；

(6)合同完工进度的确定；

(7)公允价值的确定；

(8)预计负债初始计量的最佳预计数的确定；

(9)承租人对未确认融资费用的分摊；出租人对未实现融资收益的分配。

二、会计估计变更的概念及其原因

由于企业经营活动中内在不确定因素的影响，许多财务报表项目不能准确地计量，而只能加以估计。如果赖以进行估计的基础发生了变化，或者由于取得新的信息、积累更多的经验以及后来的发展变化，可能需要对会计估计进行修订。

会计估计变更，是指由于资产和负债的当前状况及预期经济利益和义务发生了变化，从而对资产或负债的账面价值或者资产的定期消耗金额进行调整。

通常情况下，企业可能由于以下原因而发生会计估计变更：

(1)赖以进行估计的基础发生了变化。企业进行会计估计，总是依赖于一定的基础，如果其所依赖的基础发生了变化，则会计估计也应相应作出改变。例如，企业某项无形资产的摊销年限原定为 10 年，以后发生的情况表明，该资产的受益年限已不足 10 年，则应相应调减摊销年限。

(2)取得了新的信息，积累了更多的经验。企业进行会计估计是就现有资料对未来所作的判断，随着时间的推移，企业有可能取得新的信息、积累更多的经验，在这种情况下，也需要对会计估计进行修订。例如，企业原对固定资产采用年限平均法按 15 年计提折旧，后来根据新得到的信息，固定资产经济使用寿命不足 15 年，只有 10 年，企业改按 10 年采用年限平均法计提固定资产折旧。

会计估计变更，并不意味着以前期间会计估计是错误的，只是由于情况发生变化，或者掌握了新的信息，积累了许多的经验，使得变更会计估计能够更好反映企业的财务状况和经营成果。如果以前期间的会计估计是错误的，则属于会计差错，按会计差错更正账务处理办法进行处理。

三、会计估计变更的账务处理

会计估计变更应采用未来适用法处理，即在会计估计变更当期及以后期间，采用新的会计估计，不改变以前期间的会计估计，也不调整以前期间的报告结果。其处理方法如下：

(1)会计估计变更仅影响变更当期的，其影响数应在变更当期予以确认。

(2)会计估计变更既影响变更当期又影响未来期间的，其影响数应当在变更当期和未来期间予以确认。例如，使用寿命有限的无形资产，如果有效使用寿命发生的变更，就会影响变更当期和以后有效使用年限内的年摊销费用。这类会计估计的变更，应于变更当期及以后各期进行确认。

(3)企业难以对某项变更区分为会计政策变更或会计估计变更的，应当将其作为会计估计变更处理。

【例 14-2】甲公司有一台管理用设备，原始价值为 84 000 元，预计使用寿命为 8 年，预计净残值为 4 000 元，从 20×3 年 1 月 1 日起采用年限平均法计提折旧。20×7 年初，由于新技术发展等原因，需要对原估计的使用年限和净残值作出修正，修改后的使用寿命为 6 年，净残值为 2 000 元。假定税法允许按变更后的折旧额在税前扣除。甲公司对上述会计估计变更的账务处理如下：

(1)不调整以前各期折旧，也不计算累积影响数。

(2)变更日后发生的经济业务改按新的估计提取折旧。

按原估计，每年折旧额为 10 000 元，已提折旧 4 年，共计 40 000 元，固定资产净值为 44 000 元。第 5 年相关科目的期初余额如下："固定资产"科目余额为 44 000 元，"累计折旧"科目余额为 40 000 元。

改变预计使用年限后，20×7 年 1 月 1 日起每年计提的折旧费用为 21 000 [(44 000 －2 000)÷(6－4)]元。20×7 年不必对以前年度已提折旧进行调整，只需按重新预计的尚可使用年限和净残值计算确定年折旧费用。有关账务处理如下：

借：管理费用	21 000	
贷：累计折旧		21 000

四、会计估计变更的披露

企业应当在附注中披露与会计估计变更有关的下列信息：

(1)会计估计变更的内容和原因；

(2)会计估计变更对当期和未来期间的影响数。包括会计估计变更对当期和未来期间损溢的影响金额，以及对其他各项目的影响金额；

(3)会计估计变更的影响数不能确定的，披露这一事实和原因。

【例 14-3】沿用**【例 14-2】**所述情形，甲公司应当在财务报表附注中作如下披露（假定甲公司适用的所得税税率为 25%）：

本公司一台管理用设备，成本为 84 000 元，原预计使用年限为 8 年，预计净残值为 4 000 元，按直线法计提折旧。由于新技术发展，该设备已不能按原预计使用年限计提折旧，甲公司于 20×7 年初将该设备的使用寿命变更为 6 年，将预计净残值变更为 2 000元，以反映该设备的真实使用寿命和净残值。此项估计变更影响本年度净利润减少数为 8 250[(21 000－10 000)×(1－25%)]元。

第三节　前期差错更正

一、前期差错的概念

前期差错是指由于没有运用或错误运用下列两种信息，而对前期财务报表造成省略或错报：(1)编报前期财务报表时预期能够取得并加以考虑的可靠信息；(2)前期财务报告批准报出时能够取得的可靠信息。

没有运用或错误运用上述两种信息而形成前期差错的情形主要有以下几个方面：

(1)计算以及账户分类错误。例如，企业购入的5年期国债，意图长期持有，但在记账时记入了交易性金融资产，导致账户分类上的错误，并导致在资产负债表上流动资产和非流动资产的分类错误。

(2)采用法律或者会计准则等行政法规、规章所不允许的会计政策。例如，按照《企业会计准则第17号——借款费用》的规定，为购建固定资产的专门借款而发生的借款费用，满足一定条件的，在固定资产达到预定可使用状态前发生的，应予以资本化，计入所购建固定资产的成本；在固定资产达到预定可使用状态后发生的，计入当期损溢。如果企业固定资产已达到预定可使用状态后发生的借款费用，也计入该项固定资产的成本，则属于采用法律或者会计准则等行政法规、规章所不允许的会计政策。

(3)对事实的疏忽或曲解以及舞弊。例如，企业对某项建造合同应按建造合同规定的方法确认营业收入，但该企业却按确认销售商品收入的原则确认收入。

(4)在期末对应计项目与递延项目未予调整。例如，企业应在本期摊销的费用在期末未予摊销。

(5)漏记已完成的交易。例如，企业销售已批商品，商品已经发出，开出增值税专用发票，销售商品收入确认条件均已满足，但企业在当期未将以及事项的销售收入入账。

(6)提前确认尚未实现的收入或不确认已实现的收入。例如，在采用委托代销商品的销售方式下，应以收到代销单位的代销清单时确认销售收入的实现，如企业在发出委托代销商品时即确认收入，则为提前确认尚未实现的收入。

(7)资本性支出与收益性支出划分差错。例如，企业发生的管理人员的工资一般作为收益性支出，而发生的在建工程的人员工资一般作为资本性支出。如果企业将发生的在建工程人员的工资计入了当期损溢，则属于资本性支出与收益性支出的划分差错。

二、前期差错更正的账务处理

如果财务报表项目的遗漏或错误表述可能影响财务报表使用者根据财务报表做出的经济决策，则该项目的遗漏或错误是重要的。重要的前期差错是指足以影响财务报表使用者对企业财务状况、经营成果和现金流量做出正确判断的前期差错。不重要的前期差错，是指不足以影响财务报表使用者对企业财务状况、经营成果和现金流量做出正确判断的前期差错。

前期差错的重要性取决于在相关环境下对遗漏或错误表述的规模和性质的判断。

前期差错所影响的财务报表项目的金额或性质，是判断该前期差错是否具有重要性的决定性因素。一般来说，前期差错所影响的财务报表项目的金额越大、性质越严重，其重要性水平越高。

企业发现前期差错时，应当根据差错的性质及时纠正。其处理方法如下：

(1)对于不重要的前期差错，企业可以采用未来适用法进行更正。即不需要调整财务报表相关项目的期初数，但应当调整发现当期与前期相同的相关项目。属于影响损溢的，应直接计入本期与前期相同的净损溢项目；属于不影响损溢的，应调整本期与前期相同的相关项目。

【例 14-4】甲公司在 20×6 年 12 月 31 日发现，其 20×5 年 1 月 1 日开始计提折旧的一台管理用固定资产，在 20×5 年按原值直接计入了当期管理费用。该固定资产的原始价值为 8 000 元，预计使用寿命为 4 年，预计净残值为零。甲公司采用年限平均法计提固定资产折旧。甲公司在 20×6 年 12 月 31 日更正此差错的账务处理如下：

借：固定资产　8 000

　贷：管理费用　4 000

　　累计折旧　4 000

(2)对于重要的前期差错，企业应当采用追溯重述法进行更正。追溯重述法是指在发现前期差错时，视同该项前期差错从未发生过，从而对财务报表相关项目进行更正的方法。追溯重述法的具体运用与追溯调整法相同。

【例 14-5】20×1 年 12 月 31 日，乙公司发现 20×0 年漏记了一项管理用固定资产的折旧费用 300 000 元，所得税申报表中也未扣除该项费用。假设该公司 20×0 年适用的所得税税率为 25%，采用会计方法计提的折旧额与按照税法规定计提的折旧额相同。除该事项外，无其他纳税调整事项。该公司按净利润的 10%和 5%提取法定盈余公积和任意盈余公积。甲公司在 20×1 年 12 月 31 日更正此差错的账务处理如下：

(1)进行相关的账务处理

①补提折旧

借：以前年度损溢调整　300 000

　贷：累计折旧　300 000

②调整应交所得税

借：应交税费——应交所得税　75 000

　贷：以前年度损溢调整　75 000

③将“以前年度损溢调整”科目余额转入未分配利润

借：利润分配——未分配利润　225 000

　贷：以前年度损溢调整　225 000

④因净利润减少，调减盈余公积

借：盈余公积——法定盈余公积　22 500

　　　　　——任意盈余公积　11 250

　贷：利润分配——未分配利润　33 750

(2)财务报表调整和重述(财务报表略)

乙公司在列报20×1年财务报表时，应当调整20×1年资产负债表相关项目的年初数，利润表相关项目及所有者权益变动表相关项目的上年金额也应进行调整。

①资产负债表项目的调整：调减固定资产300 000元，调减应交税费75 000元，调减盈余公积33 750元，调减未分配利润191 250元。

②利润表项目的调整：调增管理费用上年金额300 000元，调减所得税费用上年金额75 000元，调减净利润上年金额225 000元。

③所有者权益变动表项目的调整：调减前期差错更正项目中盈余公积上年金额33 750元，未分配利润上年金额191 250元，所有者权益合计上年金额225 000元。

三、前期差错更正的披露

企业应当在附注中披露与前期差错更正有关的下列信息：

(1)前期差错的性质；

(2)各个列报前期财务报表中受影响的项目名称和更正金额；

(3)无法进行追溯重述的，说明该事实和原因以及对前期差错开始进行更正的时点、具体更正情况。

【例14-6】沿用**【例14-5】**所述情形，乙公司应当在财务报表附注中作如下披露：

本年度发现20×0年漏记固定资产折旧300 000元，在编制20×0年与20×1年比较财务报表时，已对该项差错进行了更正。更正后，调减20×0年净利润及留存收益225 000元，调减固定资产300 000元。

第四节　资产负债表日后事项

一、资产负债表日后事项概述

(一)资产负债表日后事项的概念

资产负债表日后事项是指资产负债表日至财务报告批准报出日之间发生的有利或不利事项。

在理解这个定义时，需要明确以下几个问题：

(1)资产负债表日。包括年度资产负债表日和中期资产负债表日。年度资产负债表日是指每年的12月31日；中期资产负债表日，是指年度中间各期期末，包括月末、季末和半年末。例如，第一季度季报的资产负债表日为3月31日；半年报的资产负债表日为6月30日。

(2)财务报告批准报出日。是指对财务报告的内容负有法律责任的单位或个人批准财务报告向企业外部公布的日期。对于上市公司而言，财务报告批准报出日是指董事会批准财务报告报出的日期；对于其他企业而言，财务报告报出日是指经理(厂长)会议或类似机构批准财务报告报出的日期。

(3)资产负债表日后事项包括所有有利和不利的事项。即对于资产负债表日后有利或不利事项的处理原则相同。资产负债表日后事项，如果属于调整事项，对有利和不利的调整事项均应进行处理，并调整报告年度或报告中期的财务报表；如果属于非调整事项，对有利和不利的非调整事项均应在报告年度或报告中期的附注中进行披露。

(4)资产负债表日后事项不是在这个特定期内发生的全部事项。而是与资产负债表日存在状况有关的事项，或虽然与资产负债表日存在状况无关，但对理解和分析企业财务状况具有重大影响的事项。

(二)资产负债表日后事项涵盖的期间

资产负债表日后事项所涵盖的期间是自资产负债表日次日起至财务报告批准报出日止的一段时间。具体来说，资产负债表日后事项涵盖的期间包括：

(1)报告年度次年的1月1日或报告期间下一期第一天起至董事会或类似机构批准财务报告可以对外公布的日期，即以董事会或类似机构批准财务报告对外公布的日期为截止日期。

(2)董事会或类似机构批准财务报告对外公布日期，与实际对外公布日之间发生的与资产负债表日后事项有关的事项，由此影响财务报告对外公布日期的，应以董事会或类似机构再次批准财务报告对外公布的日期为截止日期。

如果管理层由此修改了财务报表，注册会计师应当根据具体情况实施必要的审计程序，并针对修改后的财务报表出具新的审计报告。

【例 14-7】甲上市公司20×3年的年度财务报告于20×4年2月15日编制完成，注册会计师完成整个年度审计工作并签署审计报告的日期为20×4年4月18日，董事会批准财务报告对外公布的日期为20×4年4月22日，财务报告实际对外公布日期为20×4年4月25日，股东大会召开日期为20×4年5月6日。

根据资产负债表日后事项涵盖期间的规定，甲公司20×3年资产负债表日后事项涵盖的期间为20×4年1月1日至20×4年4月22日。如果在20×4年4月22日至25日之间发生了重大事项，需要调整财务报告相关项目的数字或需要在财务报告附注中披露的，经调整或说明后的财务报告再经董事会批准的报出日期为20×4年4月28日，实际对外公布的日期为20×4年4月30日，则以董事会再次批准对外公布的日期为准，即资产负债表日后事项涵盖的期间为20×4年1月1日至20×4年4月28日。

(三)资产负债表日后事项的内容

资产负债表日后事项包括两类：一类是对资产负债表日存在的情况提供进一步证据的所有有利或不利事项，即调整事项；一类是资产负债表日后才发生的有利或不利事项，即非调整事项。

1.调整事项

调整事项，是指资产负债表日后至财务报告批准报出日之间发生的，为资产负债表日已经存在的情况提供新的或进一步证据，有助于对资产负债表日存在的情况有关的金额做出重新估计的事项。

调整事项的特点是：①它是在资产负债表日已经存在，资产负债表日后得以证实的事项；②它是对按资产负债表日存在状况编制的财务报表产生重大影响的事项。

企业发生的资产负债表日后调整事项，通常包括下列各项：①资产负债表日后诉讼案件，法院判决证实了企业在资产负债表日已经存在现时义务，需要调整原先确认的与该诉讼案件相关的预计负债，或确认一项新的负债；②资产负债表日后取得确凿证据，表明某项资产在资产负债表日发生了减值或者需要调整该项资产原先确认的减值金额；③资产负债表日进一步确认了资产负债表日前购入资产的成本或出售资产的收入；④资产负债表日后发现了财务报表舞弊或差错。

【例 14-8】20×0 年 12 月 15 日，甲公司因侵权被乙公司告上法庭，要求甲公司赔偿 800 万元。20×0 年 12 月 31 日法院尚未判决，考虑到乙公司胜诉要求甲公司赔偿的可能性较大，甲公司确认了 300 万元的预计负债。20×1 年 2 月 10 日，在甲公司20×0年度财务报告批准报出之前，法院一审判决甲公司败诉，要求甲公司赔偿乙公司经济损失 600 万元。

本例中，甲公司在 20×0 年 12 月 31 日结账时已经知道客户胜诉的可能性较大，但不知道法院判决的确切结果，因此确认了 300 万元的预计负债。20×1 年 2 月 10 日，法院判决的结果为甲公司预计负债的存在提供了进一步证据。此时，按照 20×0 年 12 月 31 日存在状况编制的财务报表已不能真实反映甲公司的实际情况，应据此对财务报表相关项目的数据进行调整。

2. 非调整事项

非调整事项，是指资产负债表日后至财务报告批准报出日之间发生的，不影响资产负债表日存在情况，但不加说明将会影响财务报告使用者做出正确估计和决策的事项。

非调整事项的特点是：①资产负债表日并未发生或存在，完全是资产负债表日后发生的事项；②对理解和分析财务报告有重大影响的事项。

企业发生的资产负债表日后非调整事项，通常包括下列各项：①资产负债表日后发生重大诉讼、仲裁、承诺；②资产负债表日后资产价格、税收政策、外汇汇率发生重大变化；③资产负债表日后因自然灾害导致资产发生重大损失；④资产负债表日后发行股票和债券以及其他巨额举债；⑤资产负债表日后资本公积转增资本；⑥资产负债表日后发生巨额亏损；⑦资产负债表日后发生企业合并或处置子公司；⑧资产负债表日后，企业利润分配方案中拟分配的以及经审议批准宣告发放的股利或利润。

【例 14-9】甲公司应收乙公司一笔货款，在 20×0 年 12 月 31 日时，乙公司经营状况良好，并无显示财务困难的迹象。但在 20×1 年 1 月 20 日乙公司发生火灾，烧毁了全部厂房、设备和存货，无法偿还甲公司的货款。对于这一事项，完全是资产负债表日后新发生的，与资产负债表日存在状况无关。但由于事情重大，如果不加以披露，会影响财务报表使用者对公司财务状况、经营成果做出正确的估计。因此，该事项属于资产负债表日后事项的非调整事项。

3. 调整与非调整事项的异同

调整与非调整事项的区别是：调整事项存在于资产负债表日或以前，资产负债表日后提供了证据，对以前已存在的事项做出了进一步说明；非调整事项在资产负债表日尚未存在，但在财务报告批准报出日之前发生或存在了。

这两类事项的共同点是：调整事项和非调整事项都是在资产负债表日后至财务报告批准报出日之间发生的，对报告年度的财务报告所反映的财务状况、经营成果都将产生重大影响。

需要指出的是，同一性质的事项可能是调整事项，也可能是非调整事项，这取决于有关状况是在资产负债表日或资产负债表日以前已经存在或发生，还是在资产负债日后发生的。

二、调整事项

（一）调整事项的处理原则

资产负债表日后发生的调整事项，应当如同资产负债表所属期间发生的事项一样，作出相关的账务处理，并对资产负债表日已编制的财务报表作相应的调整。由于资产负债表日后事项发生在次年，上年度的有关账目已经结转，尤其是损溢类账户在结转后已无余额。因此，资产负债表日后发生的调整事项，应当分别以下情况进行账务处理：

（1）涉及损溢的事项，通过“以前年度损溢调整”科目核算。调整减少以前年度利润或调整增加以前年度亏损的事项，以及由于以前年度损溢调整增加的所得税费用，记入“以前年度损溢调整”科目的借方；调整增加以前年度利润或减少以前年度亏损的事项，以及由于以前年度损溢调整减少的所得税费用，记入“以前年度损溢调整”科目的贷方。调整完成后，应将“以前年度损溢调整”科目的贷方或借方余额，转入“利润分配——未分配利润”科目。

（2）涉及利润分配调整的事项，直接在“利润分配——未分配利润”科目中核算。

（3）不涉及损溢及利润分配的事项，调整相关科目。

（4）进行上述账务处理的同时，还应调整财务报表相关项目的数字，包括：

①资产负债表日编制的财务报表相关项目的期末数或本年发生数；

②当期编制的财务报表相关项目的年初数或上年数；

③上述调整如果涉及附注内容的，还应当调整附注相关项目的数字。

需要说明的是，资产负债表日后事项发生的调整事项如果涉及货币资金和现金收支项目的，均不调整报告年度资产负债表货币资金项目和现金流量表各项目的数字。

（二）调整事项的具体账务处理方法

资产负债表日后事项中需要调整的事项很多，这里以列举的方式，说明主要调整事项及其账务处理。为简化处理，本节所有案例均假定：财务报告批准报出日为次年 4 月 30 日，所得税税率为 25%，按净利润的 10%提取法定盈余公积，提取法定盈余公积后不再作其他分配；资产负债表日后事项除特别注明外，调整事项按照税法规定均可调整应交纳的所得税；涉及递延所得税资产的，均假定未来期间很可能取得用来抵扣暂时性差异的应纳税所得额；所有案例不考虑财务报表附注中有关现金流量表项目的数字。

1. 资产负债表日后诉讼案件结案，法院判决证实了企业在资产负债表日已经存在现时义务，需要调整原先确认的与该诉讼案件相关的预计负债，或确认一项新负债

这一事项是指在资产负债表日或以前已经发生，但尚不具备确认负债条件而未确认，资产负债表日后至财务报告批准报出日之间获得了新的或进一步的证据（如法院的判决结果），表明已经符合负债确认的条件，因此应在财务报告中予以确认为一项新的负债；或者在资产负债表日已确认的某项负债，资产负债表日后至财务报告批准报出日之间获得新的或进一步的证据，表明需要对已确认的金额进行调整。

【例 14-10】甲公司与乙公司签订一项供销合同，合同规定甲公司在 20×5 年 10 月供应给乙公司一批物资，由于甲公司未能按合同发货，致使乙公司发生重大经济损失。乙公司通过法律程序要求甲公司赔偿经济损失 250 万元。该诉讼案件在 12 月 31 日尚未判决，甲公司已确认预计负债 180 万元，并将该项赔偿款反映在 12 月 31 日的财务报表上；乙公司未记录应收赔偿款。20×6 年 3 月 10 日，经法院一审判决，甲公司需要赔偿乙公司经济损失 220 万元。甲公司不再上诉，赔款已经支付。假定双方均于20×6年 3 月 30 日完成了 20×5 年度所得税汇算清缴。根据税法规定，上述预计负债所产生的损失不允许在税前扣除。甲公司和乙公司的账务处理如下：

(1)甲公司的账务处理：

①记录支付的赔偿款

	借方	贷方
借：以前年度损溢调整	400 000	
贷：其他应付款——乙公司		400 000
借：预计负债——未决诉讼	1 800 000	
贷：其他应付款——乙公司		1 800 000
借：其他应付款——乙公司	2 200 000	
贷：银行存款		2 200 000

需要说明的是，资产负债表日后发生的调整事项如涉及现金收支项目的，均不调整报告年度资产负债表的货币资金项目和现金流量表正表各项目的数字。本例中，虽然已经支付了赔偿款，但在调整财务报表相关项目的数字时，只需要调整上述第 1 笔和第 2 笔分录，不需要调整上述第 3 笔分录，上述第 3 笔分录，作为 20×6 年的会计事项处理。

②调整递延所得税资产

	借方	贷方
借：以前年度损溢调整(1 800 000×25%)	450 000	
贷：递延所得税资产		450 000

20×5 年末因确认预计负债 1 800 000 元时已确认相应的递延所得税资产，资产负债表日后事项发生后递延所得税资产不复存在，应予转回。

③调整应交所得税

	借方	贷方
借：应交税费——应交所得税(2 200 000×25%)	550 000	
贷：以前年度损溢调整		550 000

④将“以前年度损溢调整”科目余额转入未分配利润

	借方	贷方
借：利润分配——未分配利润	300 000	
贷：以前年度损溢调整		300 000

⑤因净利润变动，调整盈余公积

	借方	贷方
借：盈余公积	30 000	

贷:利润分配——未分配利润 30 000

⑥调整报告年度财务报表相关项目的数字(财务报表略)

a.资产负债表项目的调整:调增其他应付款 2 200 000 元,调减预计负债 1 800 000 元,调减递延所得税资产 450 000 元,调减应交税费 550 000 元,调减盈余公积 3 000 元,调减未分配利润 270 000 元。

b.利润表项目的调整:调增营业外支出 400 000 元,调减所得税费用 100 000 元,调减净利润 300 000 元。

c.所有者权益变动表项目的调整:调减净利润 300 000 元;提取法定盈余公积项目一栏调减 30 000 元,未分配利润一栏调增 30 000 元。

⑦调整 20×6 年 3 月份资产负债表相关项目的年初数(资产负债表略)

甲公司在编制 20×6 年 1、2 两个月份的资产负债表时,按照调整前 20×5 年 12 月 31 日的资产负债表的数字作为资产负债表的年初数,由于发生了资产负债表日后调整事项,甲公司除了调整 20×5 年度资产负债表相关项目的数字外,还应当调整 20×6 年 3 月份资产负债表相关项目的年初数,其年初数按照 20×6 年 12 月 31 日调整后的数字填列。

(2)乙公司的账务处理:

①记录收到的赔偿款

借:其他应收款——甲公司 2 200 000

贷:以前年度损溢调整 2 200 000

借:银行存款 2 200 000

贷:其他应收款——甲公司 2 200 000

如前所述,资产负债表日后发生的调整事项如果涉及货币资金收支项目的,均不调整报告年度资产负债表的货币项目和现金流量表正表各项目的数字。本例中,虽然已经支付了赔偿款并存入银行,但在调整财务报表相关项目的数字时,只需要调整上述第 1 笔分录,不需要调整上述第 2 笔分录。上述第 2 笔分录,作为 20×6 年的会计事项处理。

②调整应交所得税

借:以前年度损溢调整 550 000

贷:应交税费——应交所得税 550 000

③将“以前年度损溢调整”科目余额转入未分配利润

借:以前年度损溢调整 1 650 000

贷:利润分配——未分配利润 1 650 000

④因净利润变动,调整盈余公积

借:利润分配——未分配利润 165 000

贷:盈余公积(1 650 000×10%) 165 000

⑤调整报告年度财务报表相关项目的数字(财务报表略)

a.资产负债表项目的调整:调增其他应收款 2 200 000 元,调增应交税费 550 000 元,调增盈余公积 165 000 元,调增未分配利润 1 485 000 元。

b. 利润表项目的调整：调增营业外收入 2 200 000 元，调增所得税费用 550 000 元，调增净利润 1 650 000 元。

c. 所有者权益变动表项目的调整：调增净利润 1 650 000 元；提取法定盈余公积项目一栏调增 165 000 元，未分配利润一栏调减 165 000 元。

⑥20×6 年 3 月资产负债表项目的年初数（资产负债表略）

乙公司在编制 20×6 年 1、2 两个月份的资产负债表时，按照调整前 20×5 年 12 月 31 日的资产负债表的数字作为资产负债表的年初数，由于发生了资产负债表日后调整事项，乙公司除了调整 20×5 年度资产负债表相关项目的数字外，还应当调整 20×6 年 3 月份资产负债表相关项目的年初数，其年初数按照 20×5 年 12 月 31 日调整后的数字填列。

2. 资产负债表日后取得确凿证据，表明某项资产在资产负债表日发生了减值或者需要调整该项资产原先确认的减值金额

这一事项是指在资产负债表日，根据当时资料判断某项资产可能发生了损失或减值，但没有最后确定是否发生，因而按照当时最佳估计金额反映在财务报表中；但在资产负债表日至财务报告批准报出日之间，所取得新的或进一步的证据能证明该事实成立，即某项资产已经发生了损失或减值，则应对资产负债表日所作的估计予以修正。

需要注意的是，企业在年度资产负债表日至财务报告批准报出日之间发生的涉及资产减值准备的调整事项，如发生于报告年度所得税汇算清缴之前，应相应调整报告年度的所得税；如发生于报告年度所得税汇算清缴之后，应将与资产减值准备有关的事项产生的纳税调整金额，作为本年度纳税调整事项，相应调整本年度应交所得税。上述“报告年度”是指上年度，“本年度”是指报告年度的下一个年度。例如，某公司 20×5 年度的财务报告经董事会批准于 20×6 年 3 月 20 日报出，则这里的“报告年度”为 20×5 年，“本年度”是指 20×6 年。

【例 14-11】甲公司 20×5 年 6 月销售给乙公司一批产品，价款为 400 万元（含增值税）。乙公司于 7 月份收到所购物资并验收入库。按合同规定一个月内付款。由于乙公司财务状况不佳，到 20×5 年 12 月 31 日仍未付款。20×5 年末，甲公司已为该项应收账款计提坏账准备 20 万元。甲公司于 20×6 年 2 月 10 日（所得税汇算清缴前）收到法院通知，乙公司已宣告破产清算，无力偿还所欠部分货款。甲公司预计可收回应收账款的 60％。

本例中，甲公司在收到法院通知后，首先可判断该事项属于资产负债表日后事项。甲公司原对应收乙公司账款计提了 20 万元的坏账准备，按照新的证据应计提的坏账准备为 160 万元，差额 140 万元应当调整 20×5 年度财务报表相关项目的数字。

甲公司的账务处理如下：

①补提坏账准备

借：以前年度损溢调整　　1 400 000

　　贷：坏账准备　　1 400 000

②调整递延所得税资产

借：递延所得税资产　　350 000

贷:以前年度损溢调整 350 000

③将"以前年度损溢调整"科目余额转入未分配利润

借:利润分配——未分配利润 1 050 000

贷:以前年度损溢调整 1 050 000

④因净利润变动,调整盈余公积

借:盈余公积 105 000

贷:利润分配——未分配利润 105 000

⑤调整报告年度财务报表相关项目的数字(财务报表略)

a. 资产负债表项目的调整:调减应收账款 1 400 000 元;调增递延所得税资产 350 000元;调减盈余公积 105 000 元;调减未分配利润 945 000 元。

b. 利润表项目的调整:调增资产减值损失 1 400 000 元;调减所得税费用 350 000 元;调减净利润 1 050 000 元。

c. 所有者权益变动表项目的调整:调减净利润 1 050 000 元;提取法定盈余公积项目中盈余公积一栏调减 105 000 元,未分配利润一栏调增 105 000 元。

⑥调整 20×6 年 2 月资产负债表相关事项的年初数

甲公司在编制 20×6 年 1 月份的资产负债表时,按照上年资产负债表调整前的数字作为 20×6 年 1 月份资产负债表的年初数;20×6 年 2 月,由于发生了资产负债表日后调整事项,甲公司除了调整 20×5 年度资产负债表相关项目的数字外,还应当调整 20×6 年 2 月份资产负债表相关项目的年初数,其年初数按照 20×5 年 12 月 31 日调整后的数字填列。

3. 资产负债表日后进一步确定了资产负债表日前购入资产的成本或售出资产的收入

这类调整事项包括两方面的内容:①若资产负债表日前购入的资产已经按暂估金额等入账,资产负债表日后获得证据,可以进一步确定该资产的成本,则应该对已入账的资产成本进行调整。例如,购建固定资产已经达到可使用状态,但尚未办理竣工决算,企业已办理暂估入账;资产负债表日后办理决算,此时应根据竣工决算的金额调整暂估入账的固定资产成本等。②企业在资产负债表日已根据收入确认条件确认了资产销售收入,但资产负债表日后获得关于资产收入的进一步证据,如发生销售退回、销售折让等,此时也应调整财务报表相关项目的金额。需要说明的是,资产负债表日后事项的销售退回,既包括报告年度或报告中期销售的商品在资产负债表日后发生的销售退回;也包括以前期间销售的商品在资产负债表日后发生的销售退回。

资产负债表所属期间或以前期间所售商品在资产负债表日退回的,应作为资产负债表日后调整事项处理。发生于资产负债表日后至财务报告批准报出日之间的销售退回事项,实际上发生于年度所得税算清缴之前,其会计处理为:

资产负债表日后事项中涉及报告年度所属期间的销售退回,应调整报告年度利润表的收入、费用等。由于纳税人所得税汇缴清算是在财务报告批准对外报出后才完成,因此,应相应调整报告年度的应纳税所得额。

【例 14-12】甲公司 20×5 年 11 月销售给乙公司一批产品,取得收入 4 800 000 元(不含增值税),并结转成本 4 000 000 元。当年 12 月 31 日,该笔货款尚未收到,甲公司未对该项应收账款计提坏账准备。20×6 年 2 月 8 日由于商品质量问题，该批产品被全部退回。甲公司于 20×6 年 2 月 20 日完成 20×5 年所得税汇算清缴。甲公司适用的增值税率 17%。

本例中，销售退回业务发生在资产负债表日后事项涵盖期间内，属于资产负债表日后事项。由于销售退回发生在甲公司报告年度所得税汇算清缴之前，因此在所得税汇算清缴时，应扣除该部分销售退回所实现的应纳税所得额。

甲公司的账务处理如下：

①调整销售收入

借：以前年度损溢调整　　4 800 000

　应交税费——应交增值税（销项税额）　　816 000

　贷：应收账款——乙公司　　5 616 000

②调整销售成本

借：库存商品　　4 000 000

　贷：以前年度损溢调整　　4 000 000

③调整应交所得税

借：应交税费——应交所得税　　200 000

　贷：以前年度损溢调整　　200 000

④将“以前年度损溢调整”科目余额转入未分配利润

借：利润分配——未分配利润　　600 000

　贷：以前年度损溢调整　　600 000

⑤因净利润变动，调整盈余公积

借：盈余公积　　60 000

　贷：利润分配——未分配利润　　60 000

⑥调整报告年度财务报表相关项目的数字（财务报表略）

a. 资产负债表项目的调整：调减应收账款 5 616 000 元，应交税费 1 016 000 元，调增存货 4 000 000 元，调减盈余公积 60 000 元，调减未分配利润 540 000 元。

b. 利润项目的调整：调减主营业务收入 4 800 000 元，调减主营业务成本 4 000 000 元，调减所得税费用 200 000 元，调减净利润 600 000 元。

c. 所有者权益变动表项目的调整：调减净利润 600 000 元；提取法定盈余公积项目中盈余公积一栏调减 60 000 元，未分配利润一栏调增 60 000 元。

⑦甲公司 20×6 年 2 月份资产负债表的年初数

甲公司在编制 20×6 年 1 月份的资产负债表时，按照上年资产负债表调整前的数字作为 20×6 年 1 月份资产负债表的年初数；20×6 年 2 月，由于发生了资产负债表日后调整事项，甲公司除了调整 20×5 年度资产负债表相关项目的数字外，还应当调整 20×6 年 2 月份资产负债表相关项目的年初数，其年初数按照 20×5 年 12 月 31 日调整后的数字填列。

4. 资产负债表日后发现了财务报表舞弊或差错

这一事项是指资产负债表日至财务报告批准报出日之间发生的属于资产负债表期

间或以前期间存在的财务报表舞弊或差错。这种舞弊或差错应当作为资产负债表日后调整事项，调整报告年度的年度财务报告或中期财务报告相关项目的数字。具体账务处理按照重大会计差错更正的处理方法进行处理。

三、非调整事项

（一）非调整事项的处理原则

资产负债表日后发生的非调整事项，是资产负债表日以后才发生的事项，与资产负债表日存在状况无关，不需要对资产负债表日已编制的财务报表进行调整。但由于事项重大，如不加以说明，将会影响到财务报告使用者作出正确估计和决策。因此，非调整事项应在财务报表附注中加以披露。

（二）非调整事项的具体账务处理方法

资产负债表日后发生的非调整事项，应当在报表附注中披露每项重要的资产负债表日后事项的性质、内容，以及对财务状况和经营成果的影响。无法估计的，应当说明理由。

非调整事项的主要例子有：

1. 资产负债表日后发生重大诉讼、仲裁、承诺

资产负债表日后发生的重大诉讼、仲裁、承诺等事项，并不影响资产负债表日企业的财务状况和经营成果，但对企业的影响较大，可能影响企业未来获取现金流入的能力。为防止误导投资者以及其他财务报告使用者，应当在财务报表附注中进行披露。

2. 资产负债表日后资产价格、税收政策、外汇汇率发生重大变化

当资产负债表日后资产价格、税收政策或外汇汇率发生了重大变化时。虽然不应影响按资产负债表日企业的财务状况和经营成果。但会导致企业现有的资产、负债等状况发生较大变化，将对企业未来的财务状况和经营成果产生重大影响。因而，应对由此产生的影响在财务报表附注中进行披露。

3. 资产负债表日后因自然灾害导致的资产发生重大损失

资产负债表日后发生的自然灾害导致资产发生重大损失，是不可抗力所造成的。但这一事项对企业资产负债表日后财务状况的影响较大，如果不加以披露，有可能使财务报告使用者产生误解，导致做出错误的决策。因此，自然灾害导致资产发生重大损失的，应作为一个非调整事项在会计报表附注中进行披露。

4. 资产负债表日后发行股票和债券以及其他巨额举债

企业在资产负债表日后发行股票、债券以及巨额债务是比较重大的事项，虽然这一事项与企业资产负债表日的存在状况无关，但股票或债券的发行会改变企业的资本结构，还将影响到企业未来的生产经营能力和偿债能力。对这一事项做出披露，可以使财务报告使用者了解与此有关的情况及可能带来的影响。因此，应当在财务报表附注中进行披露。

5. 资产负债表日后资本公积转增资本

资产负债表日后企业以资本公积转增资本将会改变企业的资本结构，影响较大，应在财务报表附注中进行披露。

6. 资产负债表日后发生巨额亏损

资产负债表日后发生巨额亏损，虽然与企业资产负债表日存在状况无关，但企业发生巨额亏损将会对企业报告期后的财务状况和经营成果产生重大影响，应当在会计报表附注中及时披露该事项，以便为投资者和财务报告使用者做出正确决策提供信息。

7. 资产负债表日后发生企业合并或处置子公司

资产负债表日后发生的重大企业合并或处置子公司的事项，将会影响企业的股权结构、经营范围等，对企业未来的生产经营活动产生重大影响，应当在会计报表附注中进行披露。

8. 资产负债表日后，企业利润分配方案中拟分配的以及经审议批准宣告发放的股利或利润

资产负债表日后，企业制定的利润分配方案中拟分配的以及经审议批准宣告发放的股利或利润，因为其不符合负债定义中所强调的现时义务的标准，不应在资产负债表日确认为负债，而应当在财务报表附注中披露。

思考题

1. 什么是会计政策变更？会计政策变更账务处理的原则有哪些？

2. 什么是会计估计变更？会计估计变更账务处理的原则有哪些？

3. 前期差错调整的主要原因有哪些？应采取什么样的原则处理？

4. 会计政策变更、估计变更、前期差错以及资产负债表日后事项如何在财务报告中披露？

主要参考文献

[1] 财政部. 企业会计准则[M]. 北京：经济科学出版社，2006.

[2] 财政部会计司. 企业会计准则——应用指南[M]. 北京：中国财政出版社，2006.

[3] 财政部会计司编写组. 企业会计准则讲解[M]. 北京：人民出版社，2010.

[4] 财政部会计资料评价中心. 中级会计实务[M]. 北京：经济科学出版社，2015.

[5] 刘永泽，陈立军. 中级财务会计[M]. 大连：东北财经大学出版社，2008.

[6] 陈信元. 财务会计[M]. 北京：高等教育出版社，2008

[7] 戴德明，林钢，赵西卜. 财务会计[M]. 北京：中国人民大学出版社，2009.

[8] 杨金观，宗文龙. 中级财务会计[M]. 北京：中国财经出版社，2007.

[9] 葛家澍，杜兴强. 中级财务会计（上、下）[M]. 北京：中国人民大学出版社，2007.

[10] 吴晖，涂必玉. 中级财务会计[M]. 杭州：浙江工商大学出版社，2010.

[11] 李绍敬，贾建军. 中级财务会计[M]. 上海：上海财经大学出版社，2010.

[12] 钱逢胜. 中级财务会计[M]. 上海：上海财经大学出版社，2002.